Wissenszurechnung bei Organisationen

Frankfurter wirtschaftsrechtliche Studien

Herausgegeben von
Friedrich Kübler, Hans-Joachim Mertens
Eckard Rehbinder, Rudolf Wiethölter

Band 37

PETER LANG
Frankfurt am Main · Berlin · Bern · Bruxelles · New York · Oxford · Wien

Kristofer Bott

Wissenszurechnung bei Organisationen

PETER LANG
Europäischer Verlag der Wissenschaften

Die Deutsche Bibliothek - CIP-Einheitsaufnahme

Bott, Kristofer:

Wissenszurechnung bei Organisationen / Kristofer Bott. -
Frankfurt am Main ; Berlin ; Bern ; Bruxelles ; New York ;
Oxford ; Wien : Lang, 2000
(Frankfurter wirtschaftsrechtliche Studien ; Bd. 37)
Zugl.: Frankfurt (Main), Univ., Diss., 1999
ISBN 3-631-36176-9

D 30
ISSN 0723-0427
ISBN 3-631-36176-9

Was weiß eine Bank? Was weiß das Recht über das Wissen (einer Bank)? Wenn man – was nicht nur etymologisch naheliegt – Kennen und Können assoziiert: Was muß man kennen, was können, und wie kann man Problemlösungskapazität in diesem Sinne organisieren und für richtige Entscheidungen zur Verfügung stellen, als Bank, als Recht? Auf welche Unterscheidungen kommt es an, und unter welchen Voraussetzungen ist es – jeweils – sinnvoll, das, was dabei herauskommt, Subjekten zuzurechnen? -

Die vorliegende Arbeit über "Wissenszurechnung bei Organisationen" ist am Institut für Deutsches und Ausländisches Zivilrecht, Zivilprozeßrecht und Versicherungsrecht der Johann-Wolfgang-v.-Goethe-Universität in Frankfurt am Main entstanden. Dort war ich von 1993 bis 1996 wissenschaftlicher Mitarbeiter von Professor Dr. Dr. hc. Hans-Leo Weyers. Ich habe mich bemüht, Rechtsprechung und Literatur bis zum Dezember 1998 vollständig zu berücksichtigen resp. nachzutragen. Die Disputation fand am 08.12.1999 statt.

Professor Weyers hat die Arbeit angeregt und ihre Entwicklung mit konstruktiver Kritik begleitet. Vor allem ihm habe ich zu danken. Herrn Professor Dr. Eckard Rehbinder danke ich für das Zweitgutachten, ihm und seinen Kollegen Prof. Dr. Friedrich Kübler, Prof. Dr. Hans-Joachim Mertens und Prof. Dr. Rudolf Wiethölter für die Aufnahme der Arbeit in die Frankfurter wirtschaftsrechtlichen Studien.

Die Arbeit ist meinen Eltern gewidmet.

Frankfurt am Main, im Juni 2000

Kristofer Bott

Inhaltsverzeichnis

Literaturverzeichnis

Adams, Michael, Irrtümer und Offenbarungspflichten im Vertragsrecht, AcP 186/1986, S.453ff.

Aden, Menno, Die Haftung der einlösenden Bank bei abhandengekommenen Schecks, NJW 1994, S.413ff. (= Aden, NJW)

Aden, Menno, Paragraph 166 BGB durch die Technik überholt. Wissenszurechnung im Großunternehmen, besonders in der Filialbank, in: Blick durch die Wirtschaft vom 2.9.1996

Baecker, Dirk, Postheroisches Management. Ein Vademecum, Berlin 1994

Baumann, Horst, Die Kenntnis juristischer Personen des Privatrechts von rechtserheblichen Umständen, ZGR 1973, S.284ff.

Baumbach/Duden/Hopt, Handelsgesetzbuch, Kommentar. München 29. Aufl. 1995

Baumbach/Hefermehl, Wettbewerbsrecht, München 20. Aufl.1998

Baumbach/Hueck, GmbH-Gesetz, München 16. Aufl. 1996

Benöhr, Hans-Peter, Arglist und Kenntnis der Hilfspersonen beim Abschluß schuldrechtlicher Geschäfte, SavignyZ RomAbt. 87/1970, S.123ff.

Bischoff, Othmar/*Zehnpfenning*, Erich, /*Jung*, Walter T., Organisation und EDV im Bankbetrieb Bad Homburg v.d.H. 8. Aufl. 1993

Bohrer, Michael, Anmerkung zu BGH, Urt. v. 8.12.1989 - V ZR 246/87 -, DNotZ 1991,122, DNotZ 1991, S.124ff.

Bonin, Andreas v., *Köster*, Oliver, Internet im Lichte neuer Gesetze, ZUM 1997, S.821ff.

Breidenbach, Stephan, Die Voraussetzungen von Informationspflichten beim Vertragsschluß, München 1989

Büdenbender, Ulrich, Rückgewähransprüche im Bürgerlichen Recht, JuS 1998, S.38ff., S.135ff., S.227ff. und S.325ff.

Caemmerer, Ernst v., Wandlungen des Deliktsrechts, in: Hundert Jahre deutsches Rechtsleben, FS zum hundertjährigen Bestehen des Deutschen Juristentages, Bd. II, Karlsruhe 1960, S.49ff.

Canaris, Claus-Wilhelm, Anmerkung zu BGH NJW 1984,2279, NJW 1984, S.2281ff. (= Canaris, NJW)

Canaris, Claus-Wilhelm, Bankvertragsrecht, Teil 1, 4. Aufl./10.Lieferung, Berlin 1988. (= Canaris, Bankvertragsrecht)

Canaris/Schilling/Ulmer, Hg., Handelsgesetzbuch, Großkommentar, begründet von Hermann Staub

Erster Band, Einleitung; §§ 1-104, Berlin/New York 4. Aufl. 1995

Bankvertragsrecht, Teil 1, 4. Aufl./10.Lieferung, Berlin 1988

Crome, Carl, System des deutschen bürgerlichen Rechts, Bd. I Einleitung und Allgemeiner Theil, Tübingen und Leipzig, 1900

Donle, Lutz, Zur Frage der rechtserheblichen Kenntnis in Unternehmen, in FS-Klaka, München 1987, S.6ff.

Drexl, Josef, Wissenszurechnung im Konzern, ZHR 161/1997, S.491ff.

Druey, Jean Nicolas, Information als Gegenstand des Rechts, Zürich/Baden-Baden 1995

Dubischar, Roland, Die untersagte "Vorteilsannahme" nach § 14 Heimgesetz, DNotZ 1993, S.419ff.

Eisenhardt, Ulrich, Zum subjektiven Tatbestand der Willenserklärung, JZ 1986, S.875ff.

Eltzbacher, Paul, Die Handlungsfähigkeit nach deutschem bürgerlichem Recht, Berlin 1903

Emmerich, Volker, Das Recht des unlauteren Wettbewerbs, 5. Aufl. München 1998

Enneccerus, Ludwig/*Nipperdey*, Hans Carl, Allgemeiner Teil des bürgerlichen Rechts, Tübingen Bd.1, 14. Aufl. 1952, Bd.2, 14. Aufl. 1955

Enneccerus, Ludwig/*Kipp,* Theodor/*Wolff*, Martin, Lehrbuch des Bürgerlichen Rechts, Einleitung, Allgemeiner Teil, 12.-14.Aufl, 7.Bearb. Marburg 1919

Endruweit, Günter/*Kerner*, Hans-Jürgen, Unrechtsbewußtsein und soziale Norm, in: Hassemer/Lüderssen, Hg., Sozialwissenschaften im Studium des Rechts, Bd. III, Strafrecht, München 1978, S.67ff.

Esser, Josef, Grundsatz und Norm in der richterlichen Fortbildung des Privatrechts, 2. Aufl. Tübingen 1964. (= Esser, Grundsatz)

Esser, Josef, Schuldrecht, 2. Aufl. Karlsruhe 1960. (= Esser, Schuldrecht)

Esser, Josef, Vorverständnis und Methodenwahl in der Rechtsfindung, Frankfurt am Main 1972. (= Esser, Vorverständnis)

Esser, Josef, § 138 BGB und die Bankpraxis der Globalzession, ZHR 134/1971, S.320ff. (= Esser, ZHR)

Esser, Josef/*Schmidt*, Eike, Schuldrecht Band I, Allgemeiner Teil, 6. Aufl. Heidelberg 1984

Esser, Josef/*Weyers*, Hans-Leo, Schuldrecht Band II, Besonderer Teil, 7. Aufl. Heidelberg 1991 und 8. Aufl. (Teilband 1/Verträge) Heidelberg 1998

Feldman, Martha S./*March*, James G., Information in Organizations as Signal and Symbol, Administrative Science Quarterly 26/1981, S.171ff. (= March, Hg., Entschcidung und Organisation, Wiesbaden 1990, S.456ff.)

Flume, Werner, Die Haftung für Fehler kraft Wissenszurechnung bei Kauf und Werkvertrag, AcP 197/1997, S.441ff. (= Flume, AcP)

Flume, Werner, Anmerkung zu BGH Urt. v. 8.12.1989 - V ZR 246/87 (JZ 1990,548), JZ 1990, S.550ff. (= Flume, JZ)

Flume, Werner, Allgemeiner Teil des Bürgerlichen Rechts, Bd. II, Das Rechtsgeschäft, Berlin/New York, 4. Aufl. 1992 (= Flume, AT II)

Flume, Werner, Allgemeiner Teil des bürgerlichen Rechts I/2, Die juristische Person. Berlin/New York 1983 (= Flume, AT I/2)

Foerster, Heinz v., Wissen und Gewissen. Versuch einer Brücke, Hg. S.J. Schmidt, Frankfurt am Main 1993

Frisch, Wolfgang, Vorsatz und Risiko. Grundfragen des tatbestandsmäßigen Verhaltens und des Vorsatzes; zugleich ein Beitrag zur Behandlung außertatbestandlicher Möglichkeitsvorstellungen, Köln u.a. 1983

Fromm/Nordemann, Urheberrecht, 9. Aufl. Stuttgart u.a. 1998

Fuchs, Peter, Moderne Kommunikation. Zur Theorie des operativen Displacements, Frankfurt am Main 1993

Geßler/Hefermehl/Eckhardt/Kropff, Aktiengesetz, München 1973

Gierke, Otto von, Die Genossenschaftstheorie und die deutsche Rechtsprechung Berlin 1887 (Nd. 1963) (= v.Gierke, Genossenschaftstheorie)

Gierke, Otto von, Deutsches Privatrecht , Bd. I Allgemeiner Teil und Personenrecht, Leipzig 1895. (= v.Gierke, Privatrecht)

Giesberts, Ludger, Amtshaftung für überplante Altlasten auf ehemaligen Industrie-, Gewerbe- und Deponieflächen, DB 1996, S.361ff.

Griese, Joachim, Auswirkungen globaler Informations- und Kommunikationssysteme auf die Organisation weltweit tätiger Unternehmen, in Staehle/Conrad, Hg., Managementforschung 2, Berlin/New York 1992, S.163ff.

Grunewald, Barbara, Wissenszurechnung bei juristischen Personen, FS-Beusch, Berlin/New York 1993, S.301ff. (= Grunewald, FS-Beusch)

Grunewald, Barbara, Anm. zu BGH Urt. v. 24.01.1992 - V ZR 262/90 - LM § 463 BGB Nr.62. (= Grunewald, LM)

Gudian, Gunter, Fehlen des Erklärungsbewußtseins, AcP 169/1969, S.234ff.

Hachenburg, Kommentar zum Gesetz betreffend die Gesellschaften mit beschränkter Haftung, 7. Aufl. Berlin 1975

Hagen, Horst, Wissenszurechnung bei Körperschaften und Personengesellschaften als Beispiel richterlicher Rechtsfortbildung, DRiZ 1997, S.157ff.

Häsemeyer, Ludwig, Die gefährliche Kontovollmacht - BGHZ 83,293, JuS 1984, S.176ff.

Hefermehl, Wolfgang, Wechselgesetz und Scheckgesetz, München 17. Aufl. 1990

Heine, Günter, Die strafrechtliche Verantwortlichkeit von Unternehmen. Von individuellem Fehlverhalten zu kollektiven Fehlentwicklungen, insbesondere bei Großrisiken, Baden-Baden 1995

Heinsheimer, Rudolf, Die Anwendung des § 892 BGB auf Rechtsgeschäfte zwischen denselben natürlichen Personen und mit Verbänden, Gruchot 72/ 1932, S.174ff.

Herschel, Wilhelm, Anm. zu BAG Urt. v. 11.11.1960 - 4 AZR 361/58 - (JZ 1961,456), JZ 1961, S.458f.

Hess, Harald, Konkursordnung, 6. Aufl. Neuwied u.a. 1998

Hill, Wilhelm/*Fehlbaum*, Raymond/*Ulrich*, Peter, Organisationslehre, Bd. 1, 5. Aufl. Bern u.a. 1994

Hippel, Fritz v., Zum Aufbau und Sinnwandel unseres Privatrechts, Tübingen 1957 (= ders., Ideologie und Wahrheit in der Jurisprudenz, Ffm. 1973, S.83ff.).

Hoche, Ulrich, Besitzerwerb und Besitzverlust durch Besitzdiener, JuS 1961, S.73ff.

Hoeren, Thomas, Rechtsfragen des Internet, ebd., www.uni-muenster.de/Jura /itm/hoeren (Stand 1.4.1998).

Hoffmann, Hans-Joachim, Arglist des Unternehmers aus der Sicht für ihn tätiger Personen, JR 1969, S.372ff.

Huber, Ulrich, Zivilrechtliche Fahrlässigkeit, in: FS-E.R. Huber, Göttingen 1972

Hübner, Heinz, Allgemeiner Teil des Bürgerlichen Gesetzbuches, 2. Aufl. Berlin/New York 1996

Hutter, Michael/*Teubner*, Gunther, Der Gesellschaft fette Beute. Homo juridicus und homo oeconomicus als kommunikationserhaltende Fiktionen, in:

Fuchs/Göbel, Hg., Der Mensch - das Medium der Gesellschaft? Frankfurt am Main 1994, S.110ff.

Isele, Hellmut Georg, Anm. zu BGH Urt. v. 02.04.1962 - II ZR 42/61 - (JZ 1963,255) JZ 1963, S.257ff.

Jaeger, Konkursordnung, Großkommentar, 9. Aufl. bearb. von Wolfram Henckel, Berlin/New York, 1997

Jakobs, Günther, Strafrecht Allgemeiner Teil. Die Grundlagen und die Zurechnungslehre. Berlin/New York 2. Aufl. 1993 (= Jakobs, Strafrecht)

Jakobs, Günther, Über die Aufgabe der subjektiven Deliktseite im Strafrecht, in: Witter, Hg., Der psychiatrische Sachverständige im Strafrecht, Berlin u.a. 1987, S.271ff. (= Jakobs, subjektive Deliktseite)

Jauernig, Othmar, Hg., Bürgerliches Gesetzbuch, 8. Aufl. München 1997

John, Uwe, Die organisierte Rechtsperson, Berlin 1977

Jüttner, Michael, Die Zurechnung der arglistigen Täuschung Dritter im rechtsgeschäftlichen Bereich unter besonderer Berücksichtigung des Problems der "gespaltenen Arglist", Münster 1998

Kegel, Gerhard, Verwirkung, Vertrag und Vertrauen, FS Pleyer, Köln u.a. 1986, S.513ff.

Klingmüller, Ernst, Hg., Karlsruher Forum 1994: Möglichkeiten der Wissenszurechnung, Sonderbeilage zur Zeitschrift Versicherungsrecht, Karlsruhe 1994

Knappmann, Ulrich, Zurechnung des Verhaltens Dritter zu Lasten des Versicherungsnehmers, VersR 1997, S.261ff.

Knieper, Rolf, Das Schuldverhältnis, Kritische Justiz, 1992, S.1ff.

Köhler, Helmut, Zur Funktion und Reichweite der gesetzlichen Gewährleistungsausschlüsse, JZ 1989, S.761ff.

Knyphausen, Dodo zu, Unternehmungen als evolutionsfähige Systeme. Überlegungen zu einem evolutionären Konzept für die Organisationstheorie, Hersching 1988

Kohler-Gehrig, Eleonora, Wissensvertretung und Wissensorganisationspflicht der Gemeinden im Privatrechtsverkehr, VwBlBW 1998, S.212ff.

Kohls, Rainer, Bankrecht, 2. Aufl. München 1997

Kohte, Wolfhard, Die Kondiktionssperre nach § 814, 1.Alt. – Wissenszurechnung gespeicherter Daten im Bereicherungsrecht?, BB 1988, S.633ff.

Koller, Ingo, Wissenszurechnung, Kosten und Risiken, JZ 1998, S.75ff.

Kölner Kommentar zum Aktiengesetz, Hg. W.Zöllner, Bd. 2 Köln u.a. 2. Aufl./1.Lieferung 1986ff.

Kramer, Ernst A., Das Prinzip der objektiven Zurechnung im Delikts- und Vertragsrecht, AcP 171/1971, S.422ff.

Kramer, Rolf, Information und Kommunikation. Betriebswirtschaftliche Bedeutung und Einordnung in die Organisation der Unternehmung, Berlin 1965.

Kübler, Friedrich, Gesellschaftsrecht, Heidelberg 4. Aufl. 1994

Kuhn/Uhlenbruck, Konkursordnung, 11. Aufl. München 1994

Ladeur, Karl-Heinz, Zu einer Grundrechtstheorie der Selbstorganisation des Unternehmens, in: FS-Ridder, Neuwied 1989, S.179ff.

Larenz, Karl, Allgemeiner Teil des deutschen bürgerlichen Rechts, 1. Aufl. München 1967. (= Larenz, AT)

Larenz, Karl/*Wolf*, Manfred, Allgemeiner Teil des deutschen bürgerlichen Rechts, 8. Aufl. München 1998. (= Larenz/Wolf)

Lehmann, Heinrich/*Hübner*, Heinz, Allgemeiner Teil des Bürgerlichen Gesetzbuches, 15. Aufl. Berlin 1966

Lepsius, Rainer, Art. Industrie und Betrieb, in: René König, Hg., Das Fischer-Lexikon Soziologie, Frankfurt am Main 1958, S.122ff.

Littbarski, Sigurd, Verjährungsrechtliche Divergenzen im Sachmängelrecht, NJW 1981, S.2331ff.

Lorenz, Stephan, Mala fides superveniens im EBV und Wissenszurechnung von Hilfspersonen. JZ 1994, S.549ff.

Lottermann, Stefan/*Bolduan*, Christina, Das im Unternehmen vorhandene Wissen muß besser erschlossen werden, in Frankfurter Allgemeine Zeitung Nr. 248 vom 26.10.1998, S.37.

Luhmann, Niklas, Das Recht der Gesellschaft, Frankfurt am Main 1993 (= Luhmann, Recht der Gesellschaft)

Luhmann, Niklas, Die Gesellschaft der Gesellschaft, Frankfurt am Main 1998 (= Luhmann, Gesellschaft der Gesellschaft)

Luhmann, Niklas, Die Wissenschaft der Gesellschaft, Frankfurt am Main 1992 (= Luhmann, Wissenschaft der Gesellschaft)

Luhmann, Niklas, Funktionen und Folgen formaler Organisation, 3. Aufl. Berlin 1976 (= Luhmann, Funktionen und Folgen)

Luhmann, Niklas, Legitimation durch Verfahren, 2. Aufl. Frankfurt am Main 1989 (= Luhmann, Verfahren)

Luhmann, Niklas, Organisation, in: Küpper/Ortmann, Hg., Mikropolitik: Rationalität, Macht und Spiele in Organisationen, Opladen 1988, S.165ff. (= Luhmann, Organisation)

Luhmann, Niklas, Rechtssoziologie, 3. Aufl. Opladen 1987 (= Luhmann, Rechtssoziologie)

Luhmann, Niklas, Soziologie des Risikos, Berlin/New York 1991 (= Luhmann, Risiko)

Luhmann, Niklas, Soziale Systeme - Grundriß einer allgemeinen Theorie, 2. Aufl. Frankfurt am Main 1988 (= Luhmann, Soziale Systeme)

Luhmann, Niklas, Wie ist Bewußtsein an Kommunikation beteiligt?, in ders., Soziologische Aufklärung Bd.6, Opladen 1995, S.37ff. (= Luhmann, Bewußtsein)

Lutter, Marcus, Bankenvertreter im Aufsichtsrat, ZHR 145/1981, S.224ff.

Lutter/Hommelhoff, GmbH-Gesetz, Kommentar, 13. Aufl. Köln 1991

Lutter/Hommelhoff, GmbH-Gesetz, Kommentar, 14. Aufl. Köln 1995

Malsch, Thomas, Arbeit und Kommunikation im informatisierten Produktionsprozeß, in: Lutz, Hg., Technik und sozialer Wandel. Verhandlungen des 23. Deutschen Soziologentages in Hamburg 1986, Frankfurt am Main/New York 1987, S.164ff.

Manigk, Alfred, Willenserklärung und Willensgeschäft. Ihr Begriff und ihre Behandlung nach Bürgerlichem Gesetzbuch. Ein System der juristischen Handlungen. Berlin 1907, ND Aalen 1970

Mayntz, Renate/*Ziegler*, Rolf, Soziologie der Organisation, in König, Hg., Handbuch der Empirischen Sozialforschung Bd. I, Stuttgart 1969

Medicus, Dieter, Allgemeiner Teil des BGB, 6. Aufl. Heidelberg 1994. (= Medicus, AT)

Medicus, Dieter, Probleme der Wissenszurechnung, in: Klingmüller, Hg., Karlsruher Forum 1994: Möglichkeiten der Wissenszurechnung, Sonderheft der Zeitschrift Versicherungsrecht, Karlsruhe 1994, S.4ff. (= Medicus, Probleme)

Medicus, Dieter, Schuldrecht II, Besonderer Teil, 6. Aufl. München 1993. (= Medicus, SRBT)

Mertens, Hans-Joachim, Verkehrspflichten und Deliktsrecht, VersR 1980, S.397ff. (= Mertens, VersR)

Mertens, Hans-Joachim, Deliktsrecht und Sonderprivatrecht. Zur Rechtsfortbildung des deliktischen Schutzes von Vermögensinteressen. AcP 178/1978, S.227ff. (= Mertens, AcP)

Meyer-Reim, Utz/*Testorf*, Regina, Wissenszurechnung im Versicherungsunternehmen, VersR 1994, S.1137ff.

Mugdan, Benno, Hg., Die gesamten Materialien zum Bürgerlichen Gesetzbuch für das Deutsche Reich, Berlin 1899

Müller-Freienfels, Wolfram, Die Vertretung beim Rechtsgeschäft, Tübingen 1955

Münchener Kommentar zum Bürgerlichen Gesetzbuch, 2. Aufl. München 1984/1990, 3. Aufl. München 1992ff.

Niesert, Burkhard, BGH führt für Konkursanfechtung den Begriff der "objektiven Kenntnis" ein (zu BGH BB 1995,640), BB 1996, S.805ff.

Nonaka, Ikujiro, The Knowledge-Creating Company, in: Harvard Business Review 69/1991 Nov./Dez., S.96ff.

Oldenbourg, Hans, Die Wissenszurechnung, Mannheim u.a. 1934

Palandt, Bürgerliches Gesetzbuch, 57. Aufl. München 1998

Pawlowsky, Peter, Betriebliche Qualifikationsstrategien und organisationales Lernen., in Staehle/Conrad, Hg., Managementforschung 2, Berlin/New York 1992, S.177ff.

Peters, Frank, Die Kenntnis vom Schaden als Verjährungsvoraussetzung bei § 852 BGB, JZ 1983, S.121ff.

Peters, Frank/*Zimmermann*, Reinhard, in: Gutachten und Vorschläge zur Überarbeitung des Schuldrechts, Bd. I, herausgegeben vom Bundesminister der Justiz, Köln 1981, S.77ff. (Verjährung)

Pfeiffer, Thomas, Anm. zu BGH Urt. v. 31.01.1996 - VIII ZR 297/94 - EWiR § 166 BGB 1/96, S.636f.

Pieroth, Bodo, Interpretationsproblem § 48 IV VwVfG, NVwZ 1984, S.681ff.

Pleyer, Klemens, Eigentum und Wirtschaftsordnung, JuS 1963, S.8ff.

Prölss/*Martin*, Versicherungsvertragsgesetz, 26. Aufl. München 1998

Rabel, Ernst, Unmöglichkeit der Leistung, in ders., Gesammelte Aufsätze, Bd. I, Hg. Hans G. Leser, Tübingen 1965, S.1ff. (= Rabel, Unmöglichkeit)

Rabel, Ernst, Das Recht des Warenkaufs Bd. I (1936), ND Berlin 1964. (= Rabel, Warenkauf)

Raiser, Ludwig, Anmerkung zu BGH Urt. v. 9.2.1960 - VIII ZR 51/59 (JZ 1961,24), JZ 1961, S.26ff. (= Raiser, JZ)

Raiser, Ludwig, Vertragsfunktion und Vertragsfreiheit, in: Hundert Jahre deutsches Rechtsleben, FS zum hundertjährigen Bestehen des Deutschen Juristentages, Bd. I, Karlsruhe 1960, S.101ff. (= Raiser, Vertragsfunktion)

Raiser, Thomas, Recht der Kapitalgesellschaften, München 1983 (= Raiser, Kapitalgesellschaften)

Raiser, Thomas, Rechtssoziologie, Frankfurt am Main 1987 (= Raiser, Rechtssoziologie)

Ramdohr, Hermann, Das Rechtsprinzip zum Schutze mangelhafter menschlicher Erkenntnisfähigkeit im B.G.B., Gruchot XLIV S. 115ff.

Reich, Norbert, Markt und Recht. Theorie und Praxis des Wirtschaftsrechts in der Bundesrepublik Deutschland, Neuwied u.a. 1977.

Reichel, Hans, Schlechtgläubigkeit der Aktiengesellschaft zufolge Schlechtgläubigkeit eines Vereinsorgans, Hanseatische Rechtszeitschrift 4/1921, S.78ff.

Reichsjustizamt, Zusammenstellung der gutachtlichen Äußerungen zu dem Entwurf eines Bürgerlichen Gesetzbuches, Bd. VI (Nachträge) 1891, ND Osnabrück 1967

Reichwein, Heinz, Wie weit ist der Aktiengesellschaft und anderen juristischen Personen das Wissen ihrer Organe zuzurechnen (sog. Wissensvertretung)?, SJZ 66/1970, S.1ff.

Reihe Alternativkommentare, Kommentar zum Bürgerlichen Gesetzbuch, Neuwied u.a., 1. Aufl. 1979ff.

Reinersdorff, Wolfgang v., Anm. zu BGH Urt. v. 31.01.1996 - VIII ZR 297/94 - (WiB 1996, 394) WiB 1996, 395f.

Reinersdorff, Wolfgang v., Anm. zu BGH Urt. v. 02.02.1996 - V ZR 239/94 - (WiB 1996,493) WiB 1996,495f.

Reinhardt, Rudolf, Die Haftung der Bank bei Hereinnahme von Inhaberschecks vom Nichtberechtigten, Gedächtnisschrift für Rudolf Schmidt, Berlin 1966, S.115ff.

Reinking, Kurt/*Kippels*, Georg, Arglisthaftung und Organisationsverschulden, ZIP 1988, S.892ff.

Reischl, Klaus, "Wissenszusammenrechnung" auch bei Personengesellschaften? - BGH, NJW 1995,2159 - JuS 1997, S.783ff.

Reithmann, Christoph, Internationales Vertragsrecht, 4. Aufl. Köln 1988

Reuter, Alexander, Umwelthaftung, strikte Organisation und kreative Unordnung – Überlegungen zu einer Schnittstelle zwischen Recht und Organisationslehre, DB 1993, S.1605ff.

Richardi, Reinhard, Die Wissensvertretung AcP 169/1969 S.385ff.

Röhl, Klaus F., Die strukturelle Differenz zwischen Individuum und Organisation oder Brauchen wir ein Sonderprivatrecht für Versicherungen und andere Organisationen?, in: FS-Stiefel, München 1987, S.574ff. (= Röhl, FS-Stiefel)

Röhl, Klaus, Zu einer Jurisprudenz der Organisation. Anmerkungen zu einem Buch von Meir Dan-Cohen, in: Hoffmann-Riem/Mollnau/Rottleuthner, Hg., Rechtssoziologie in der Deutschen Demokratischen Republik und in der Bundesrepublik Deutschland, Baden-Baden 1990, S.266ff. (= Röhl, Organisation)

Rolland, Walter, Schuldrechtsreform - Allgemeiner Teil, NJW 1992, S.2377ff.

Römmer-Collmann, Carsten, Wissenszurechnung innerhalb juristischer Personen, Frankfurt am Main u.a., 1998

Roßnagel, Alexander, Neues Recht für Multimediadienste, NVwZ 1998, S.1ff.

Roth, Gerhard, Kognition: Die Entstehung von Bedeutung im Gehirn, in: Krohn/Küppers, Hg., Emergenz: Die Entstehung von Ordnung, Organisation und Bedeutung, Frankfurt am Main 2. Aufl. 1992, S.104ff.

Roth, Wulf-Henning, Irrtumszurechnung, FS-Gaul, Bielefeld 1997, S.585ff.

Rothoeft, Dietrich, Faktoren der Risikoverteilung bei privatautonomem Handeln, AcP 70/1970, S.230ff.

Rüthers, Bernd, Allgemeiner Teil des BGB, 10. Aufl. München 1997

Scheuch, Silke, Anm. zu BGH Urt. v. 31.01.1996 - VIII ZR 297/94 - LM § 166 BGB Nr.35. (= Scheuch, LM)

Scheuch, Silke, Die Zurechnung des Wissens ausgeschiedener Gesellschafter von Personen-Handelsgesellschaften, in FS-Hans Erich Brandner, Köln 1996, S.121ff. (= Scheuch, FS-Brandner)

Scheuch, Silke, "Wissenszurechnung" bei GmbH und GmbH & Co., GmbHR 1996, S.828ff. (= Scheuch, GmbHR)

Schimanski/Bunte/Lwowski, Bankvertragsrecht I, München 1997

Schimikowski, Peter, Haftung des Versicherungsnehmers für Verhalten und Kenntnis anderer Personen, Versicherungswirtschaft 1995, S.626ff.

Schilken, Eberhard, Wissenszurechnung im Zivilrecht, Bielefeld 1983

Schlechtriem, Peter, Schuldrecht Allgemeiner Teil, 2. Aufl. Tübingen 1991

Schmid, Hugo, Über den notwendigen Inhalt ärztlicher Dokumentation, NJW 1987, S.681ff.

Schmidt, Eike, Systemsteuerung durch juristische Erkenntnis? In Hejl/Köck/ Roth, Hg., Wahrnehmung und Kommunikation, Frankfurt am Main u.a. 1978, S.291ff.

Schmidt, Karsten, Gesellschaftsrecht, Köln u.a. 3. Aufl. 1997

Schmidt, Eike/*Brüggemeier*, Gert, Zivilrechtlicher Grundkurs, 4. Aufl. Neuwied u.a. 1991

Schoch, Die Frist zur Rücknahme begünstigender Verwaltungsakte nach § 48 IV 1 VwVfG, NVwZ 1985, S.880ff.

Scholz, Franz, GmbH-Gesetz, Köln 7. Aufl. 1986, 8. Aufl. 1993

Schroth, Ulrich, Beweisverwertungsverbote im Strafverfahren, JuS 1998, S.969ff.

Schultz, Michael, Zur Vertretung im Wissen, NJW 1990, S.477ff.

Schultz, Wolfgang, Die Bedeutung der Kenntnis des Vertretenen beim Vertreterhandeln für juristische Personen und Gesellschaften, NJW 1996, S.1392ff. (= Schultz, NJW 1996)

Schultz, Wolfgang, Nochmals: Die Bedeutung der Kenntnis des Vertretenen beim Vertreterhandeln für juristische Personen und Gesellschaften, NJW 1997, S.2093ff. (= Schultz, NJW 1997)

Schumacher, Kurt, Die Gleichstellung der GmbH. mit ihren Gesellschaftern, Juristische Wochenschrift 1937, S.2250ff.

Sieger, Kurt, Das rechtlich relevante Wissen der juristischen Person des Privatrechts und seine Auswirkungen auf die aktienrechtliche Organhaftung, Zürich 1979.

Simon, Herbert A. Das Verwaltungshandeln. Eine Untersuchung der Entscheidungsvorgänge in Behörden und privaten Unternehmen, dt. Übers., Stuttgart 1955.

Simon, Veit, Der Schutz des Drittschuldners bei der Pfändung von Forderungen, Juristische Wochenschrift 1914, S.725ff.

Soergel, Bürgerliches Gesetzbuch mit Einführungsgesetz und Nebengesetzen, Berlin u.a. 12. Aufl. 1987ff.

Staudinger, Kommentar zum Bürgerlichen Gesetzbuch, Berlin u.a. 12. Aufl. 1978ff., 13. Aufl. 1993ff.

Streitz, Siegfried, Ordnungsmäßigkeit, NJW-CoR 1996, S.221ff.

Taupitz, Jochen, Anm. zu BGH Urt. v. 2.2.1996 - V ZR 239/94 - EWiR § 463 BGB 1/96, S.585 (= Taupitz, EWiR)

Taupitz, Jochen, Anm. zu BGH Urt. v. 2.2.1996 - V ZR 239/94 - JZ 1996,734ff. (= Taupitz, JZ)

Taupitz, Jochen, Wissenszurechnung nach englischem und deutschem Recht, in Klingmüller, Ernst, Hg., Möglichkeiten der Wissenszurechnung, S.16ff. (= Taupitz, Wissenszurechnung)

Theis, Anna Maria, Organisationskommunikation, Opladen 1994

Tintelnot, Albrecht, Gläubigeranfechtung kraft Wissenszurechnung – insbesondere zu Lasten Minderjähriger, JZ 1987, S.800ff.

Tuhr, Andreas v., Allgemeiner Teil des Deutschen Bürgerlichen Rechts, Bd. , Berlin 1910, Bd. II 1, Berlin 1914

Waltermann, Raimund, Arglistiges Verschweigen eines Fehlers bei der Einschaltung von Hilfskräften (zu BGH Urt. v. 24.01.1992 - V ZR 262/90), NJW 1993, S.889ff. (= Waltermann, NJW)

Waltermann, Raimund, Zur Wissenszurechnung - am Beispiel der juristischen Personen des privaten und des öffentlichen Rechts, AcP 192/1992, S.181ff. (= Waltermann, AcP)

Walther, n.n., Zur Arglist des Inhabers eines Großbetriebes im Werkvertragsrecht, Baurecht 1996, 455ff.

Walz, W. Rainer, Sachenrechtliches Systemdenken im Wandel, KritVJ 1990, S.374ff.

Weick, Karl E., Der Prozeß des Organisierens, Frankfurt am Main 1985

Weick, Karl/*Roberts*, Karlene, Collective Mind in Organizations: Heedful Interrelating on Flight Decks, Administrative Quarterly 38/1993, S.357ff.

Werner, Winfried, Aufsichtsratstätigkeit von Bankenvertretern, ZHR 145/1981, S.252ff.

Westerhoff, Ralph, Organ und (gesetzlicher) Vertreter: eine vergleichende Darstellung anhand der Wissens-, Besitz- und Haftungszurechnung, München 1993

Westermann, Harry, Besitzerwerb und Besitzverlust durch Besitzdiener, JuS 1961, S.79ff. (= Westermann, Besitzerwerb)

Westermann, Harry, Die Grundlagen des Gutglaubensschutzes, JuS 1963, S.1ff. (= Westermann, Gutglaubensschutz)

Westermann, Harry, Haftung für fremdes Handeln, JuS 1961, S.333ff. und S.382ff. (= Westermann, Haftung)

Wetzel, Rita, Die Zurechnung des Verhaltens Dritter bei Eigentumsstörungstatbeständen, Tübingen 1971

Weyers, Hans-Leo, Unfallschäden. Praxis und Ziele von Haftpflicht- und Vorsorgesystemen, Frankfurt am Main 1971 (= Weyers, Unfallschäden)

Weyers, Hans-Leo, Versicherungsvertragsrecht, 2. Aufl. Neuwied u.a. 1995 (= Weyers, Versicherungsvertragsrecht)

Weyl, Richard, System der Verschuldensbegriffe im Bürgerlichen Gesetzbuche, München 1905.

Wieacker, Franz, Die Methode der Auslegung des Rechtsgeschäfts, JZ 1967, S.385ff. (= Wieacker, JZ)

Wieacker, Franz, Privatrechtsgeschichte der Neuzeit, 2. Aufl. Göttingen 1967 (= Wieacker, Privatrechtsgeschichte)

Wiegand, Wolfgang, Der gutgläubige Erwerb beweglicher Sachen nach §§ 932ff. BGB, JuS 1974, S.201ff.

Wiesner, Georg, Zum Beginn der Ausschlußfrist des § 626 Abs.2 BGB bei Kenntniserlangung durch Organmitglieder, BB 1981, S.1533ff.

Wilhelm, Jan, Rechtsform und Haftung bei der juristischen Person, Köln u.a. 1981 (= Wilhelm, Rechtsform)

Wilhelm, Jan, Kenntniszurechnung kraft Kontovollmacht? AcP 183/1983, S.1ff. (= Wilhelm, AcP)

Wilhelm, Jan, Mängelhaftung und Kenntnis des Gläubigers vom Mangel, JZ 1982, S.488ff. (= Wilhelm, JZ)

Willke, Helmut, Systemtheorie III: Steuerungstheorie, Stuttgart u.a. 1995.

Witte, Eberhard, Das Informationsverhalten in Entscheidungsprozessen, Tübingen 1972.

Woeste, Karlfriedrich, Einreichung unterschlagener Schecks durch einen ungetreuen Angestellten zur Gutschrift auf seinem Bankkonto, NJW 1960, S.131ff.

Wolf, Manfred, Anm. zu BGH Urt. v. 17.5.1995 - VIII ZR 40/94 - LM H. 10/1995 § 166 BGB Nr.34.

Wolff, Hans Julius, Organschaft und juristische Person, Bd. I, Juristische Person und Staatsperson, Berlin 1933, Bd. II, Theorie der Vertretung, Berlin 1934

Zweigert, Konrad, Rechtsvergleichend-Kritisches zum gutgläubigen Mobiliarerwerb, RabelsZ 23, 1958, S.1ff.

Teil A

Darstellung und Kritik des geltenden Rechts der Wissenszurechnung bei Organisationen

I. Einleitung

1. Problemübersicht

Anhand welcher Kriterien ist zu entscheiden, ob eine Organisation von bestimmten Umständen Kenntnis hat oder hätte haben müssen? Es fällt schon nicht ganz leicht, diese Frage systemgerecht einem bestimmten Rechtsgebiet zuzuordnen[1]. Dies bestätigt ein Blick in die Kommentarliteratur. Wer sich hieraus umfassend über das Thema informieren will[2], muß nicht nur die Kommentierung der unterschiedlichsten Vorschriften aus dem BGB einsehen[3], sondern auch die Kommentare zum Aktien-[4] und zum GmbH-Gesetz[5], zum Handels- bzw. Bankrecht[6], zum Insolvenz-[7], Versicherungs-[8] oder Wertpapierrecht[9], um nur die wichtigsten zu nennen.

---

1 Im IPR wird unterschiedlich qualifiziert: Geschäfts- oder Vollmachtsstatut, soweit es um die Frage der Zurechnung der Kenntnisse von Vertretern geht, vgl. *Reithmann-Hausmann* Rz. 965 und die Nachweise ebd.

2 Vgl. aber auch die Arbeiten von *Roemmer-Collmann,* passim, und von *Schilken*, 1.Teil B, Kap. VII - XI (s. Literaturverzeichnis). Die Dissertationen von *Adler*, Wissen und Wissenszurechnung, insbesondere bei arbeitsteilig aufgebauten Organisationen (Diss. Mainz 1997), und von *Baum* (Die Wissenszurechnung, zitiert bei *Koller* (s. Literaturverzeichnis)) konnten nicht mehr berücksichtigt werden.

3 Vgl. etwa die Kommentierung zu §§ 26, 28, 166, 407, 463, 626, 638, 852, 892, 932, 990 BGB in *Staudingers* Kommentar zum Bürgerlichen Gesetzbuch.

4 *Geßler/Hefermehl-Hefermehl*, Rz. 66ff. zu § 78, KK-*Mertens* Rz. 63ff. zu § 76 AktG.

5 *Lutter/Hommelhoff,* Rz. 2ff. zu § 36, *Hachenburg-Mertens,* Rz. 273 zu § 35, *Baumbach/Hueck-Zöllner,* Rz. 83ff. zu§ 35, *Scholz-Emmerich* Rz. 69ff. zu § 13 und *Scholz-Schneider* Rz. 80ff. zu § 35 GmbHG.

6 *Baumbach/Duden/Hopt* Rz. 4 zu § 125 HGB und Rz. A/16 zu "Bankgeschäfte", *Habersack,* in: Großkommentar HGB § 125 Rz. 19ff., *Canaris*, Bankvertragsrecht Rz. 106 und Rz. 797ff., *Schimanski* u.a., § 61 Rz. 151ff.

7 *Jaeger/Henckel*, § 30 KO, Rz. 51ff., *Kuhn/Uhlenbruck* § 30 Rz. 30-30c, *Hess* § 30 Rz. 34f.

8 *Prölss/Martin*, z.B. zu § 20 Rz. 3ff.

Dieser Befund ist einerseits nicht verwunderlich, da erstens unter den Begriff der Organisation rechtlich unterschiedlich verfaßte Gebilde fallen, und da es zweitens auf die Kenntnis oder das Kennenmüssen bestimmter Umstände in den unterschiedlichsten Zusammenhängen ankommt. Die in den einzelnen Gesetzestexten[10] ausdrücklich benannten Fälle rechtserheblicher Kenntnis sind dabei nicht die einzigen, in denen die Kenntnis bestimmter Umstände von Bedeutung ist[11]. Wenn man sich im Zentrum vermögensrechtlich bedeutsamen Handelns einen freien Willen denkt, der im wesentlichen in Willenserklärungen resp. Verletzungshandlungen rechtliche Bedeutung erlangt, wird auch das diesen Willen lenkende Wissen zu einer zentralen dogmatischen Kategorie. Unkenntnis kann zur Anfechtung einer Willenserklärung berechtigen und den Vorwurf schuldhaften Handelns entfallen lassen. Aber Kenntnis ist nicht nur ein Kriterium der Zurechnung rechtsgeschäftlicher oder rechtswidriger Handlungen. Die Erfüllung bestimmter Verhaltenserwartungen kann darüber hinaus ganz allgemein jedenfalls von dem mit guten Gründen auch zu Recht erwartet werden, dem diese Erwartungen bekannt sind.

Der dadurch bezeichnete Zustand ist andererseits insofern mißlich, als er einer präzisen Bestimmung der Reichweite einzelner Argumente zur Wissenszurechnung bei Organisationen entgegensteht. Sollen die für juristische Personen geltenden Regeln auch auf die GmbH & Co. KG anwendbar sein[12]? Macht es einen Unterschied, ob arglistiges Verhalten eines Unternehmens im rechtsgeschäftlichen Bereich in Rede steht (z.B. bei §§ 463 S.2, 638 I BGB) oder dessen Kenntnis vom Eintritt eines Schadens und der Person des Ersatzpflichtigen (§ 852 I BGB)[13], ob die Verjährungseinrede wegen dieser Kenntnis gegenüber

---

9 *Hefermehl*, Rz. 10ff. zu Art. 21 ScheckG.

10 Außerhalb des BGB vgl. etwa § 15 HGB, § 138 IV ZPO, §§ 29ff. KO und 3 AnfG bzw. §§ 130ff. InsO, §§ 16, 20, 23 II u.a. VVG, §§ 21 Scheck- und WG, § 14 HeimG, §§ 4, 13 VI, 21 UWG, § 9 I MuSchG, § 5 TDG.

11 Vgl. z.B. BGHZ 20,149 (Kenntnis vom Inhalt eines Bestätigungsschreibens), BGH WM 1959,81 (Kenntnis von der Einbeziehung einer Forderung in ein Kontokorrentverhältnis), BGHZ 41,282 (Unwirksamkeit der Anstellung eines Arbeitnehmers), BGH NJW 1970, 2015 (Durchgriffshaftung bei Kenntnis seitens der Mitglieder eines Vereins), BGH NJW 1988,1199 (Kenntnis vom Handeln eines nur gesamtvertretungsberechtigten Geschäftsführers als - eine - Voraussetzung einer Duldungsvollmacht).

12 Offen gelassen in BGH NJW 1995,2159 zu § 463 S.2 BGB, dafür BGH NJW 1996,1339 und bereits RG JW 1927,1675 (S.1676), ebenso *M.Wolf*, LM H. 10/1995 § 166 BGB Nr.34 und *W.Schultz*, NJW 1996,1392, einschränkend (nur für die GmbH & Co KG) *Reischl* S.783ff., jeweils zur erstgenannten Entscheidung des BGH.

13 Vgl. BGH NJW 1974,319, 1985,2583, 1986,2315, 1996,2508, DÖV 1997,877 und NJW 1998, 142 (Wissenszurechnung nur, wenn der Wissende mit der Erledigung der betreffenden Angelegenheit betraut wurde, in der zuletzt zitieren Entscheidung nur bestätigend anläßlich eines Falles, in welchem die Drittgerichtetheit einer Amtspflicht (Aufsicht über

privatrechtlich verfaßten Unternehmen oder Sozialversicherungsträgern geltend gemacht wird[14]? Scheinbare und vielleicht auch tatsächliche Widersprüche stellen sich ein[15]. So soll einerseits gelten, daß das Wissen *auch nur eines* Organmitgliedes einer juristischen Person als deren Wissen zu werten ist[16]. Andererseits berechtigt im Falle der Gesamtvertretung nach wohl einhelliger Ansicht[17] der Willensmangel auch nur eines Vertreters die vertretene juristische Person grundsätzlich zur Anfechtung eines in ihrem Namen geschlossenen Rechtsgeschäftes[18], trotz des einen Irrtum oder eine Täuschung an sich ausschließenden Wissens *auch nur eines* anderen Vertreters. Des weiteren sollen sich Unternehmen einerseits der Verantwortung für eine ordnungsgemäße Organisation ihres Informationsflusses nicht im Verweis auf "Feinheiten der Unternehmensgliederung"[19] entziehen dürfen; andererseits kann aber eine "abteilungsmäßige Organisation und selbständige Bearbeitung (...) auch im Interesse des Vertragspartners an einer schnellen Erledigung" liegen[20] und eine Kenntniszurechnung deswegen auszuschließen sein. Schließlich soll einer juristischen Person das Wissen eines ihrer Mitglieder gelegentlich auch dann zuzurechnen sein, wenn dieses Mitglied nicht zum Vertreter - und auch nicht zum "Wissensvertreter" - bestellt ist[21], wenn es dieses Wissen zwar als Organ,

---

die Geschäftsführung eines Notars, §§ 839 BGB, 50 I u.a. BNotO) von der Kenntnis der Aufsichtsbehörde abhing).

14 Vgl. BGH NJW 1974,319 einerseits, NJW 1994,1150 andererseits.

15 Vgl. auch die Einschätzung von *v.Reinersdorff*, WiB 1996,395 (zu BGH, Urt. v. 31.01.1996, VIII ZR 297/94 = WiB 1996,394 = NJW 1996, 1205): "... mit vielen Unklarheiten versehene(r) Rechtsprechungszusammenhang"; anders allerdings *ders.* im Anschluß an BGH Urt. v. 02.02.1996, WiB 1996,493f., S.495; vgl. auch *Reischl* S.783.

16 Vgl. bereits *Bolze*, Praxis Bd. 1, Nr. 1186 (Urt. des RG vom 2.2.1885 = SeuffA 40, Nr.275) und Bd. 16, Nr. 231 m.w.N., RGZ 53,227; 83,433; 131,343; RG JW 1935,2044; BGH WM 1955,830; BGHZ 20,149; BGH WM 1959,81; BGHZ 41,282; BAG DB 1985,237; BGH BB 1990,1222.

17 Vgl. die zustimmende Darstellung bei *Schilken* S.139f.; daneben zur AG KK-*Mertens*, § 76 Rz. 69f., *Geßler/Hefermehl-Hefermehl* § 78 Rz. 67, zur GmbH *Baumbach/Hueck-Zöllner* § 35 GmbHG Rz. 83, *Lutter-Hommelhoff*, § 36 GmbHG Rz. 9; a.A. *Grunewald*, FS-Beusch S.308.

18 RGZ 78,347: "...denn die juristische Person schließt ein Rechtsgeschäft bei Gesamtvertretung eben nur durch alle Vertreter gültig ab; wird es in einem dieser Vertreter ungültig abgeschlossen, so ist es überhaupt ungültig.".

19 KG NJW-RR 1989,620 zu § 1 UWG; vgl. auch BGH NJW 1990,975 und NJW 1996,1339 zu § 463 S.2 BGB.

20 OLG Hamm, WM 1996,1928; vgl. auch OLG Hamburg WM 1994,1107, OLG Karlsruhe, WM 1995,378, OLG Köln, VersR 1956,297 und OLG Stuttgart, VersR 1990,76.

21 BGH NJW 1996, 1339, S.1340.

aber außerhalb seiner Organtätigkeit erworben hat[22] oder der juristischen Person nicht mehr angehört[23], während eine Wissenszurechnung umgekehrt in Fällen ausscheiden kann, in welchen der Wissende nicht gerade mit der Durchführung derjenigen Tätigkeit ausdrücklich betraut wurde, in deren Zusammenhang es auf Kenntnis ankommt[24]. - Solche Widersprüchlichkeiten sind nicht grundsätzlich unbefriedigend, weil sie zu fallweisen Distinktionen nötigen und einfachen Ableitungen aus vermeintlich übergeordneten Prinzipien im Wege stehen. Unbefriedigend ist aber eine Situation, in der Unklarheit bereits darüber besteht, wo eigentlich die Probleme der Wissenszurechnung bei Organisationen in rechtlicher Hinsicht liegen - im Vertretungsrecht, im theoretischen Verständnis der juristischen Person (im Unterschied zur Gesamthand), bei der Definition der "Kenntnis" oder den einzelnen "Wissensnormen"[25] -, weil dann auch nicht klar ist, vor welchem Wertungshintergrund die maßgeblichen Unterscheidungen eigentlich zu entwickeln sind.

Die Vielzahl der geschriebenen und ungeschriebenen Regeln, die auf Kennen oder Kennenmüssen abstellen, spiegelt schließlich - und darin liegt ein weiteres charakteristisches Problem der Wissenszurechnung bei Organisationen - die Bandbreite möglicher Fallkonstellationen, wenn man einmal davon absieht, daß, sofern es aus zivilrechtlicher Sicht um Kenntnis oder Kennenmüssen von Organisationen geht, durchweg Vermögenstransaktionen - in einem weiten, Geld und Dienstleistungen einschließenden Sinne - betroffen sind. Deshalb gelingt auch eine Zuordnung des dogmatischen Problems zu bestimmten,

---

22 BGH WM 1955,830, anders BGH NJW 1990,2544 (S.2545); grundsätzlich für die Zurechnung auch privat erlangter Kenntnis *Sieger*, Das rechtlich relevante Wissen etc., Zürich 1979, S.62ff.

23 RG JW 1935,2044. Vgl. aber *Müller-Freienfels*, S.416 Fn. 7: Das Reichsgericht habe sich mit dieser Entscheidung in Widerspruch zur herrschenden Auffassung im deutschen Schrifttum gesetzt. Wie das RG aber auch BGH WM 1959,81; vgl. auch BGH NJW 1990,975 und NJW 1995,2159: Zurechnung jedenfalls dann, wenn die fragliche Information "typischerweise aktenmäßig festgehalten" wird.

24 BGH NJW 1974,319, VersR 1977,739, NJW 1985,2583, NJW 1986,2315, NJW 1992, 1755 und NJW 1996,2508 zu § 852 I BGB, OLG Hamm WM 1996,1928 zu § 814 BGB m.w.N.; in diese Richtung auch die Rechtsprechung des BAG zur Kenntnis des Kündigungsberechtigten i.S. des § 626 II BGB in der seit 1969 geltenden Fassung, vgl. BAG DB 1977,1856, DB 1978,353; weitergehend BGH BB 1990,1222: Kenntnis eines Organmitgliedes reicht aus, enger wieder BGH NJW 1998,3274: Kenntnis der Mitglieder der Gesellschafterversammlung in ihrer Eigenschaft als Mitwirkende an der kollektiven Willensbildung. Die Bedeutung der organisationsinternen Zuständigkeit in Fällen, in denen es auf die Kenntnis komplexerer Sachverhalte und deren zutreffende rechtliche Einschätzung ankommt (Wettbewerbsrecht), betont *Donle*, S.6ff.; vgl. auch *Häsemeyer*, S.179.

25 Dieser Begriff bei *Waltermann*, AcP S.185.

eingrenzbaren sozialen und wirtschaftlichen Konfliktsituationen nicht ohne weiteres; dies um so mehr, als sich unter den Begriff der Organisation, selbst den der wirtschaftlich tätigen Organisation, die unterschiedlichsten sozialen Gebilde subsumieren lassen.

Zu dieser uneinheitlichen, durch ganz unterschiedliche Interessenkonflikte gekennzeichneten Lage ist in neuerer Zeit ein weiterer problematischer, indes tatsächlich organisationsspezifischer Sachverhalt hinzugekommen. Während der Umstand, daß Aktiengesellschaften, Gemeinden oder staatliche Institutionen, also durchaus große und in unterschiedlichste Zuständigkeiten ausdifferenzierte Organisationen als juristische Personen am Rechtsverkehr teilnehmen, zweifellos auch dem historischen Gesetzgeber bekannt war[26], werfen die Möglichkeiten der elektronischen Datenverarbeitung neuartige Probleme auf, die die weithin akzeptierte und für die Dogmatik der Wissenszurechnung bei Organisationen so grundlegende wie folgenreiche These fraglich erscheinen lassen, daß es sich bei dem rechtlich relevanten Wissen um einen Bewußtseinszustand handele[27].

Damit ist ein weiteres, hier zuletzt anzusprechendes Problem bezeichnet. Es ist nicht ganz klar, was "Kenntnis" eigentlich meint[28], auch wenn - vielleicht auch: gerade weil - eine unmittelbar einleuchtende Definition schnell zur Hand ist: Einen spezifischen Bewußtseinszustand, nämlich das Für-Wahr-Halten einer Tatsache[29]. Aber wenn das stimmt, wie kann man wissen, ob jemand Kenntnis hat? Bewußtseinszustände sind nur dem zugänglich, der sie je aktuell hat, ganz abgesehen davon, daß damit die Frage nur auf das Problem der Definition von "Bewußtheit" verschoben wird. Also muß etwas anderes gemeint sein. Aber was, wenn die Kenntnis einer Organisation betroffen ist? Zwar wissen sicherlich auch hier einzelne Menschen, was sie wissen. Aber offensichtlich ist damit das, was eine Organisation weiß oder wissen kann, nicht angemessen erfaßt. Einerseits ist "Kenntnis" sicherlich ein normativer Begriff, die Kriterien seiner

---

26 Das Wissenszurechnungsproblem bei Organisationen beschäftigte schon *Ulpian*: Ob gegen eine Stadtgemeinde die *actio de dolo* gegeben sei, müsse bezweifelt werden: *quid enim municipes dolo facere possunt*? Wenn sie aber aufgrund arglistigen Verhaltens ihrer Verwalter etwas erlangt habe, sei dies herauszugegen (Dig. 4,3,15,1), vgl. *Benöhr*, S.172f. Einen kurzen historischen Überblick gibt *Roemmer-Collmann*, S.24ff.

27 Vgl. *Aden*, "§ 166 BGB durch die Technik überholt. Wissenszurechnung in Großunternehmen, besonders in der Filialbank" in Blick durch die Wirtschaft vom 2.9.1996, *Kohte* S.638, Soergel-*Leptien*, Nachtrag 9.Lfg. (Mai 1996) zu § 166 BGB Rz. 6 sowie die Beiträge in *Klingmüller*, Hg., Möglichkeiten der Wissenszurechnung.

28 Vgl. auch *Medicus*, Probleme S.5f.

29 Vgl. die Kommissionsprotokolle zur 2.Lesung zu §§ 892, 893 BGB, S.86: "Das "Kennen" bedeute(t) hier wie an anderen Stellen des Entw. soviel wie "für wahr halten""; zustimmend zitiert auch von *Roemmer-Collmann* S.22.

Definition sind also aus dem rechtlichen Zusammenhang der Kenntnis-Tatbestände zu entwickeln. Andererseits stellt sich aber, wenngleich weniger vordringlich als im Strafrecht, die Frage, wie weit man sich, wenn es um ein subjektives Tatbestandsmerkmal geht, bei dessen Definition vom Selbstverständnis der betroffenen Subjekte entfernen sollte. Es könnte ja sein, daß Rücksicht hierauf anhand der Kenntnis-Tatbestände gerade intendiert ist, so daß man doch wieder auf die Frage geworfen wäre, was "Kenntnis" für die Organisation selbst bedeutet, nicht, um dieses Selbstverständnis einfach zu übernehmen, aber doch immerhin in der Absicht, es bei der Definition von "Kenntnis" mit zu berücksichtigen.

2. Übersicht über den Aufbau der Arbeit

Das Problem der Wissenszurechnung bei Organisationen soll hier wie folgt angegangen werden:

In einem ersten Teil wird eine Darstellung des geltenden Rechts der Wissenszurechnung bei Organisationen gegeben. Weil das Gesetz nur wenige ausdrückliche Anhaltspunkte gibt, sind vor allem die von Rechtsprechung und Literatur entwickelten Regeln darzustellen. Rechtsprechung und Literatur bewegen sich andererseits auch hier nicht vollständig jenseits der gesetzlichen Vorgaben. Die von Rechtsprechung und Literatur herangezogenen gesetzlichen Vorgaben - vertretungsrechtliche Regeln und solche über die Verschuldenszurechnung - sind im Hinblick darauf zu untersuchen, inwieweit ihr Regelungsgehalt für die Problematik der Wissenszurechnung bei Organisationen fruchtbar gemacht werden kann. Weil die Rechtsprechung selten Anlaß zur ausführlichen Formulierung und Begründung allgemeiner Rechtsgedanken sieht, stammen erste Konzepte, die sich dem Problem der Wissenszurechnung bei Organisationen gleichsam als solchem widmen, aus der Literatur. Diese Konzepte, teils inzwischen von der Rechtsprechung übernommen, sind abschließend kritisch darzustellen. Ergebnis dieser Darstellung wird - natürlich - nicht sein, daß all diese Konzepte falsch wären, aber doch, daß sie die Problematik von einem m.E. falschen Ausgangspunkt angehen, indem sie "die Organisation", insbesondere die "arbeitsteilige Organisation" und ihr Verhältnis zur Information in den Mittelpunkt der Bemühungen rücken. Damit ist ein System von Organisationspflichten intendiert, aus dessen Perspektive die gesetzliche, anhand der Kenntnis-Tatbestände vorgegebene Interessenwertung aus dem Blick gerät.

Der zweite Teil widmet sich daher ausschließlich dem Versuch, die Funktion subjektiver Tatbestandsmerkmale zu ermitteln, soweit diese auf jemandes Kenntnisstand abstellen. Dies geschieht in der Annahme, daß sich diese Funktion tatbestandsübergreifend ermitteln und für die Lösung des Problems der Wissenszurechnung bei Organisationen fruchtbar machen läßt. Wesentliches Ergebnis dieser Funktionsbestimmung wird sein, daß sich die Kenntnis-Tatbestände auf ein Problem beziehen, das mit der situations- und personenübergreifenden Generalisierung normativer Verhaltenserwartungen einhergeht, das Problem der situativen und persönlichen Angemessenheit der auf diese Weise etablierten Normen. Bezogen auf dieses Problem läßt sich die Funktion der auf jemandes Kenntnisstand abstellenden Tatbestände dahingehend zusammenfassen, daß sie den Prozeß der Rechtsfindung für konkrete Handlungsmöglichkeiten sensibilisieren, deren Realisierung nicht schon aufgrund objektiver, an Rollenübernahmen und Funktionsausübungen anknüpfender Wertungen berechtigterweise erwartet werden kann, sondern eben erst - und nur - dann, wenn sie sich tatsächlich ergeben, weil jemand bestimmte Umstände kennt oder lediglich (grob) fahrlässig nicht kennt. Daraus läßt sich kein allgemeiner Rechtsgedanke herleiten, der unmittelbar für Subsumtionen zur Verfügung stünde; auch der Begriff der "Kenntnis" wird nicht als ein solcher Ableitungstatbestand, sondern als Problembegriff aufgefaßt, der vor dem Hintergrund der Wertungen des konkreten Tatbestandszusammenhanges dazu anhalten soll, die spezifischen Bedingungen organisierten Handelns und Wissens zu berücksichtigen. Allgemein gültig soll vielmehr die von dieser Funktionsbestimmung her zu entwickelnde Fragestellung sein, wobei sich zur Beantwortung dieser Frage Kriterien angeben lassen, die die Wissenszurechnungsproblematik bei Organisationen nicht nur im Einzelfall anzugehen erlauben.

In Konsequenz dieser Überlegung ist im dritten Teil darzustellen, welche Bedeutung der jeweilige Tatbestandszusammenhang mit seinen Planvorgaben, seinen objektiven und subjektiven Wertungskriterien für die Wissenszurechnung bei Organisationen hat. Dabei ist in zweifacher Hinsicht die Handlungsrelevanz der fraglichen Information herauszuarbeiten: Als Information, die jemand in einer bestimmten Rolle oder Funktion bei einer bestimmten Handlung hatte oder hätte haben müssen, und als Information, die es jemandem ermöglicht, in bestimmter Weise, nämlich unter Beachtung der Wertungsvorgaben des je einschlägigen Tatbestandszusammenhanges, zu handeln. An die Stelle der Frage nach dem Wissen einer Organisation wird die Frage nach dem einem bestimmten organisierten Geschehensablauf zur Verfügung stehenden Wissen treten. Der maßgebliche Gedanke wird sein, die Wissenszurechnungsdogmatik vor dem Hintergrund dieser Wertungen auf die Rekonstruktion von Handlungsmöglichkeiten einzurichten, so daß sich als Ausgangsfrage für die Wissenszurechnung bei Organisationen die Frage stellt, ob angesichts des Vorhandenseins der Information von der Disposition eines bestimmten Geschehensablaufs zu demjenigen Verhalten gesprochen werden kann, das den

"Umständen"[30] im Sinne der Wertungsvorgaben des Tatbestandszusammenhanges Rechnung trägt. Das Ergebnis ist nicht überraschend, es bringt lediglich eine andere Ordnung in die bislang vorgetragenen Argumente, indem es die Zuständigkeit für und die Beteiligung an demjenigen organisierten Geschehensablauf betont, in dessen Zusammenhang Kenntnis oder Kennenmüssen erheblich werden, zu Lasten eines Systems organisatorischer Kommunikationspflichten.

Abschließend sollen die Ergebnisse der Arbeit anhand einiger akuter Problemfälle vorgeführt und getestet werden.

II. Die maßgeblichen Grundsätze der Rechtsprechung[31]

Bereits kurz nach Inkrafttreten des Bürgerlichen Gesetzbuches bemerkte das Reichsgericht anläßlich der Frage, ob ein mangels Zahlung erhobener Wechselprotest gültig sei, wenn dieser gegenüber einem Vorstandsbeamten der Reichsbankstelle ohne Feststellung der Abwesenheit des anderen Vorstandsbeamten aufgenommen wurde, § 28 II BGB verkörpere ein allgemeines Rechtsprinzip, wonach im Falle der Kollektivvertretung die Kenntnis einer Tatsache auf seiten eines Kollektivvertreters genüge, um die Kenntnis der vertretenen Person anzunehmen[32]. Dieses gelegentlich als maßgeblich für das gesamte Körperschaftsrecht bezeichnete Prinzip[33] bestätigten in den unterschiedlichsten Zusammenhängen zunächst das Reichsgericht, später auch der Bundesgerichtshof[34].

Das Charakteristische dieses Satzes liegt darin, daß er die Frage nach dem Wissen einer Organisation auf die Frage nach dem Wissen eines - irgendeines - vertretungsberechtigten Organmitgliedes reduziert. Einerseits bleibt so die Aufteilung der Zuständigkeiten innerhalb des Organs ebenso außer Betracht wie der Grad der tatsächlichen Einflußnahme des betreffenden Organmitgliedes auf den

---

30 Vgl. § 166 BGB.

31 Zu deren Entwicklung seit BGHZ 109,327 *Hagen* S.157ff.; ein kurzer Überblick auch bei *Koller* S.75ff., vgl. außerdem *Roemmer-Collmann* S.30ff.

32 RGZ 53,227; zuvor bereits RG JW 1889,154, RG SeuffA 40 Nr. 275 (= Bolze, Praxis 1 Nr.1186 = Gruchot 29 Nr.43).

33 BGHZ 20,149, S.153, *Kübler* § 10 III 3. b), KK-*Mertens*, 1.Aufl. § 76 AktG Rz. 12, *Wiesner* S.1533.

34 RG SeuffA 49, Nr.275 und JW 1935,2044, BGH WM 1955,830, BGHZ 20,149, WM 1959,81, BGHZ 41,282, 109,327, BB 1990,1222, vgl. auch BAG DB 1985,237; einschränkend RGZ 59,400, S.408: Kenntnis auch nur eines *der am Abschluß des Rechtsgeschäftes beteiligten* Vertreter sei ausreichend

in Rede stehenden Vorgang[35]. Andererseits könnte danach, jedenfalls wenn man *e contrario* argumentieren wollte, die Zurechnung der Kenntnis eines nicht dem Organ angehörenden Organisationsmitgliedes von vornherein ausgeschlossen sein[36]. Diese Regel erscheint einerseits zu weitgehend, andererseits zu eng, jedenfalls aber zu schematisch. Eine in beiden Richtungen differenzierte Beurteilung hätte einerseits die organisationsinterne Zuständigkeit innerhalb des Organs nicht von vornherein auszublenden, dürfte andererseits das rechtlich relevante Wissen der Organisation nicht als ausschließlich durch die Organmitglieder vermittelt ansehen.

In Anlehnung an § 166 BGB hat ebenfalls bereits das Reichsgericht dem allgemeinen Rechtsgedanken des § 28 II BGB einen weiteren allgemeinen Rechtsgedanken an die Seite gestellt, wonach der, der einen anderen mit der Wahrnehmung bestimmter Aufgaben in eigener Verantwortung betraut, sich das Wissen zurechnen lassen muß, welches der andere, als "Wissensvertreter"[37], in Ausführung dieser Aufgaben erlangt[38].

An diesen beiden allgemeinen Rechtsgedanken orientierte sich die höchstrichterliche Rechtsprechung über eine lange Zeit. Sie erlaubten, einzeln oder in Kombination, eine im Ergebnis zufriedenstellende Entscheidung der unterschiedlichsten Fälle[39]. Die Zurechnung des Wissens eines Organmitgliedes allein aufgrund seiner Organstellung konnte eingeschränkt werden durch den Verweis auf die in § 166 BGB vorausgesetzte Einflußnahme auf den fraglichen Vorgang selbst, in dessen Zusammenhang es auf Kenntnis ankam. Dadurch war es möglich, etwa das Wissen ausgeschiedener Organmitglieder für irrelevant zu erklären[40]. Das Wissen nicht dem Organ angehörender Organisationsmitglieder

---

35 Kritisch hierzu *Baumann* S.284ff., *Reichwein* S.1ff.

36 I.d.S. RG SeuffA 77, Nr.65.

37 Von diesem zu unterscheiden ist der sog. Wissens*erklärungs*vertreter, der einen anderen bei der Mitteilung oder der Erteilung einer Auskunft, der Abgabe einer "Wissenserklärung" vertritt; vgl. *Weyers*, Versicherungsvertragsrecht Rz. 366ff., *Schimikowski* S.626ff.; allgemein zur Zurechnung des Verhaltens Dritter zu Lasten des Versicherungsnehmers zuletzt *Knappmann* S.261ff.

38 RGZ 101,402.

39 Die mangels eindeutiger gesetzlicher Grundlagen mögliche, nicht durch bestimmte Theorien der juristischen Person eingeschränkte Flexibilität der Rechtsprechung betont *Wiesner* S.1534ff.; ebenso die Einschätzung von *Flume*, AT I/2, § 11 IV.

40 So RG SeuffA 77, Nr.65, RGZ 59,400, S.408, anders, nämlich im Sinne der absoluten Wissenszurechnung RG JW 1935,2044 und über lange Zeit die wohl herrschende Meinung, vgl. die Nachweise in Fn. 34 sowie *Scheuch*, FS- Brandner S.121ff. und *dies.*, GmbHR S.828f., *Baumann* S.285; ausdrücklich auch noch BGH NJW 1990,975 für die Berücksichtigung der Kenntnis des früheren Bürgermeisters einer Gemeinde; in dieser Entscheidung war allerdings vor allem ausschlaggebend, daß die fragliche Information

hingegen konnte gegebenen Falles nach Maßgabe des angeblich in § 166 BGB zum Ausdruck gelangten allgemeinen Rechtsgedankens Berücksichtigung finden[41]. Umgekehrt konnte aber vor allem der aus § 166 BGB herzuleitenden Relevanz der Unkenntnis eines Vertreters gegenüber der Kenntnis eines lediglich zur Vertretung berechtigten, aber am Abschluß des Rechtsgeschäftes nicht beteiligten Organmitgliedes der entweder auf die Organtheorie oder auf § 28 II BGB gestützte Einwand entgegengehalten werden, daß es nicht auf die Beteiligung, sondern nur auf die Organstellung ankomme[42].

Hingegen stand der vertretungsrechtliche Ausgangspunkt, der beiden Regeln zugrundeliegt, unter dogmatischen Gesichtspunkten niemals ganz außer Streit[43]. Dies hängt zum einen damit zusammen, daß die Frage nach dem Wissen einer juristischen Person die nie anders als kontrovers geführte Auseinandersetzung um das angemessene rechtstheoretische Verständnis derselben berührt. Die gelegentlich auch als "Theorie der absoluten Wissenszurechnung"[44] bezeichnete These, wonach das Wissen eines Organmitgliedes Wissen der juristischen Person sei, läßt sich dem Anschein nach[45] nur unter Berufung auf *v.Gierkes* Theorie der realen Verbandsperson rechtfertigen und zieht deshalb auch die Kritik an dieser auf sich[46]. Aber bereits die in Betracht zu ziehenden gesetzlichen Regeln - §§ 28 II und 166 BGB - geben hinreichenden Anlaß zu Auseinandersetzungen. Denn beide Vorschriften haben im Grunde - gemessen an der weitreichenden Bedeutung der Kenntnis resp. des Kennenmüssens - recht spezielle Sachverhalte zum Gegenstand. § 28 II stellt eine Ausnahmeregelung für den Fall der Passivvertretung dar, die zudem nicht jemandes Kenntnis, sondern den Zugang von Willenserklärungen betrifft. § 166 BGB bezieht sich

---

(Mangelhaftigkeit eines Grundstückes) "typischerweise aktenmäßig festgehalten wird"; so auch *Medicus*, Probleme, S.11 und *Bohrer* S.124ff. Zu dieser Entscheidung außerdem *Flume*, JZ, S.550 und *ders*., AcP S.441ff.

41 RGZ 72,107, 131,343, BGHZ 32,53, 41,17, NJW 1968,988, 1974,319, 1974,458, 1984, 1953, 1989,2879, 1992,1099, 1993,1066, 1994,1150, ZIP 1995,929, NJW 1996, 1205,1967 und 2508, OLG Hamm WM 1996,1928, OLG Frankfurt/M. DB 1976,93

42 BGH WM 1959,81ff.; vgl. die Darstellung bei KK-*Mertens*, § 76 Rz. 64.

43 Vgl. KK-*Mertens*, a.a.O. (§ 166 nicht auf juristische Personen anwendbar), ebenso *Bohrer* S.126, *Schilken* S.127ff., *Westerhoff* S.65ff. und *Donle* S.6.

44 Auch der "absoluten Wissensvertretung", *Reichwein* S.2.

45 Vgl. aber *Reichel* S.199ff., der die Organtheorie vehement ablehnt und gleichwohl für § 892 BGB zum Ergebnis gelangt, daß der böse Glaube auch nur eines Organs, unabhängig von dessen Beteiligung beim Grundstückserwerb, die juristische Person bösgläubig macht.-

46 Zur Kritik an der sog. Theorie der absoluten Wissenszurechnung vor allem *Baumann* S.285 ("modifikationslose Zusammenrechnung"), *Reichwein* S.1ff. ("Übertragungsautomatismus" (ebd. S.5)) und *Sieger* S.2 und S.125; vgl. auch *Flume*, AT I/2 § 11 IV, *Taupitz*, JZ S.734, *Medicus*, Probleme, S.14, *Bohrer* S.126.

auf die "rechtlichen Folgen einer Willenserklärung" und zumindest in Abs. II ("Vollmacht") eindeutig auf die gewillkürte Stellvertretung[47].

Neben dieses Problem der Rückführung der maßgeblichen Regeln (nicht auf eine einzelne Vorschrift, aber doch) auf eine gesetzliche Grundlage ist in neuerer Zeit die grundsätzlichere Frage getreten, ob das rechtlich relevante Wissen einer Organisation überhaupt "in den Köpfen" ihrer Organisationsmitglieder ausfindig zu machen ist, ihrer Organmitglieder, Vertreter oder Wissensvertreter, oder ob nicht - daneben oder auch vor allem - "gespeichertes", in Akten und Datenbanken vorhandenes Wissen im Mittelpunkt der rechtlichen Betrachtung zu stehen hat. Diese Betrachtungsweise[48] hat in jüngster Zeit Eingang in die höchstrichterliche Rechtsprechung gefunden[49]. Auf ihrer Grundlage findet eine zumindest teilweise Ablösung der am Vertretungsrecht orientierten Erwägungen durch eine Argumentation statt, die die Verfügbarkeit, die Zugänglichkeit der fraglichen Information in den Vordergrund rückt[50] und Kriterien ordnungsgemäßen Informationsverhaltens zu erarbeiten sucht[51]. Danach soll es im wesentlichen darauf ankommen, ob die fragliche Information typischerweise "aktenmäßig" festgehalten wird[52], ob eine Pflicht zum internen Informationsaustausch[53] oder jedenfalls ein Anlaß bestand, die fragliche Information abzurufen[54]. Bislang läßt sich nicht absehen, ob diese - ihrer Idee

---

47 Vgl. auch die Kritik von *Schilken* S.127ff., an der von *Baumann* S.291, geäußerten Annahme, bei den Vorarbeiten zum BGB sei davon ausgegangen worden, § 166 BGB finde auf juristische Personen Anwendung.

48 Sie stand bei einer dem Thema "Möglichkeiten der Wissenszurechnung" gewidmeten Tagung des Karlsruher Forum im Vordergrund, s. *Klingmüller*, Hg., Möglichkeiten der Wissenszurechnung.

49 BGH NJW 1993,2807 (= VersR 1993, 1089), BGH NJW 1996,1339 (hierzu *Taupitz*, JZ S.734ff. und EWiR § 463 BGB 1/96, S.585), zuletzt BGH NJW 1997,1917 zu §§ 989f. BGB, Art. 21, 39 ScheckG.

50 *Bohrer* S.124ff.; *Grunewald*, LM; s. auch bereits BAG AP § 626 BGB "Ausschlußfrist" Nr.11: keine Berufung des Kündigungsberechtigten auf später erlangte Kenntnis, wenn die Organisation des Betriebs zu einer Verzögerung des Fristbeginns führt, obwohl eine andere Organisation sachgemäß und zumutbar wäre.

51 *Grunewald*, FS- Beusch, S.304ff., *Reinking/Kippels*, S.892, *Taupitz*, Wissenszurechnung S.16ff., 26ff.; ähnlich im Ansatz auch *Bohrer* S.124ff. und KK-*Mertens*, § 76 AktG Rz. 64.

52 BGH NJW 1995,2159, BGH NJW 1996,1339; dies war auch ein wesentliches Kriterium in BGHZ 109,327, vgl. *Hagen*, S.159 und *Bohrer* S.129.

53 *Taupitz*, Wissenszurechnung S.26ff.

54 BGH NJW 1989, 2879, NJW 1993,2807, NJW 1996,1339 und NJW 1996,2734 sowie OLG Karlsruhe, NJW-RR 1995,177. Vgl. auch *Medicus*, AT Rz. 904a und *ders.*, Probleme, S.12 und öfter, sowie *W.Schultz*, NJW 1996,1392 und NJW 1997,2093.

nach gar nicht notwendigerweise auf Organisationen zu beschränkende[55] - Argumentation den vertretungsrechtlichen als generellen Ausgangspunkt auch in der Rechtsprechung verdrängen wird[56]. Aber sie fügt sich, und darin liegt ein gewissermaßen strategischer Vorteil, der generellen Tendenz zur Standardisierung von Verhaltensanforderungen, zur Immunisierung der entscheidungserheblichen Kriterien gegen "subjektive" Gegebenheiten der Akteure zumindest im vermögensrechtlichen Bereich. Aus der Frage nach Kenntnis oder Kennenmüssen wird - unter der Hand oder auch ganz offen - die Frage nach der Einhaltung von Verkehrspflichten[57]. Hierbei besteht aber die Gefahr, daß die Funktion derjenigen Vorschriften aus dem Blick gerät, die Kenntnis oder Kennenmüssen relevant werden lassen[58]. Denn objektive Verhaltensstandards, deren Beachtung Verkehrspflichten gebieten, schützen den, der auf ihre Einhaltung vertraut; wer ihnen nicht entspricht, hat das Nachsehen. Subjektive Verhältnisse sind irrelevant. Der Adressat entsprechender Verhaltenserwartungen darf sich nicht darauf berufen, er habe nicht gewußt, was von ihm erwartet wird. Unwissen ist sein Risiko. Wenn es auf Kenntnis oder Kennenmüssen ankommt, soll es aber umgekehrt, soll Unwissen Risiko des anderen sein.

---

55 Vgl. *Bohrer* S.130.

56 Vgl. immerhin BGH NJW 1996,1339, S.1341: "(...) die Wissenszurechnung gründet nicht in der Organstellung oder einer vergleichbaren Position des Wissensvermittlers (Organtheorie), sondern im Gedanken des Verkehrsschutzes und der daran geknüpften Pflicht zu ordnungsgemäßer Organisation der gesellschaftsinternen Kommunikation." In einem Urteil des 3.Senats vom 16.01.1997 - III ZR 117/95 - zu § 839 BGB, § 7 AtG (Mülheim-Kärlich) heißt es dann wieder, die Klägerin müsse sich das Abgesprochene jedenfalls unter dem Gesichtspunkt der Wissenszurechnung entsprechend § 166 I BGB entgegenhalten lassen. Von "Wissensvertretung" spricht auch der 6.Senat in dem in DÖV 1997, 877ff. veröffentlichten Urteil. In BGH NJW 1998,142 (ebenfalls zu § 839 BGB) heißt es wieder, die Wissenszurechnungsfrage sei nicht nach § 166 BGB zu beantworten.

57 *Bohrer* S.129f., *Drexl* S.503f., *Canaris,* Bankvertragsrecht Rz. 106, BGH NJW 1996,1339; vgl. bereits *V.Simon*, S.721ff., 725 zu §§ 406, 407 BGB: "Zur Verkehrspflicht gehört bei den heutigen Verkehrsverhältnissen unter anderem auch, daß man eingehende Briefe liest und im Falle längerer Abwesenheit für die Nachsendung von Postsendungen sorgt. Wer diese Verkehrspflichten im Rahmen bestehender Schuldverhältnisse verletzt, verstößt zwar an sich noch nicht gegen Treu und Glauben, wohl aber dann, wenn "er aus seinem Verschulden zum Nachteile des anderen einen Vorteil herleiten will" (RGZ 58,409)" .

58 Hierzu Teil B.

III. Gesetzliche Grundlagen und Dogmatik der Wissenszurechnung bei Organisationen

Die maßgeblichen Regeln der Rechtsprechung zur Wissenszurechnung bei Organisationen seien nochmals zusammengefaßt: Wer einen anderen mit der Wahrnehmung bestimmter Aufgaben in eigener Verantwortung betraut, muß sich das Wissen zurechnen lassen, das der andere in Ausführung dieser Aufgaben erlangt und kann sich auf eigene Unkenntnis nicht berufen. Das Wissen eines Organmitgliedes ist Wissen der juristischen Person, der es angehört. Handelt es sich bei den fraglichen Umständen um solche, deren Vorliegen typischerweise "aktenmäßig" festgehalten wird, ist der Tatbestand der Kenntnis (vielleicht auch "Kennenmüssen") jedenfalls dann erfüllt, wenn ein Anlaß bestand, die Akten einzusehen. Kenntnis (vielleicht auch "Kennenmüssen") liegt zudem dann vor, wenn bei ordnungsgemäßer Kommunikation Kenntnis vorgelegen hätte.

Die zuletzt genannten Grundsätze sind neueren Datums, während sich die erstgenannten bereits in Entscheidungen des Reichsgerichts finden. Diese wiederum sind nicht nur älter, sondern auch näher am Gesetzestext: Für die Zurechnung des Wissens selbständig handelnder Dritter kann immerhin auf § 166 I, für die Idee, daß das Wissen auch nur eines Organmitgliedes Wissen der juristischen Person sei, auf § 28 II BGB[59] verwiesen werden[60]. Allerdings gelingt, wie schon angedeutet, eine direkte, am Wortlaut dieser Vorschriften orientierte Anwendung gerade in den problematischen Fällen nicht. § 28 II BGB betrifft den Zugang von Willenserklärungen, der Kenntnis ihres Empfängers gerade nicht voraussetzt. § 166 BGB bezieht sich auf die Abgabe von Willenserklärungen in fremdem Namen und betrifft jedenfalls in Abs. II nur den Fall des Handelns aufgrund rechtsgeschäftlich erteilter Vertretungsmacht. Von vornherein nicht ohne weiteres einer gesetzlichen Grundlage zuzuordnen ist demgegenüber das Kriterium des "typischerweise aktenmäßig festgehaltenen" Wissens. Es hat aber den Vorteil, daß es die Besonderheiten organisationsspezifischer Informationsverwaltung schon vom Ansatz her berücksichtigt. Denn es trägt der zumindest für größere Organisationen typischen, häufig bereits auf gesetzlichen Dokumentationspflichten beruhenden Existenz solcher gewissermaßen latent vorhandener Information Rechnung. An diesem Problem

---

59 Dem entsprechen §§ 78 II S.2 AktG, 35 II S.3 GmbHG, 25 I S.3 GenG; vgl. aber auch §§ 86 II und 89 BGB.

60 Vgl *Flume*, AT I/2, § 11 IV: "..die Zurechnung des Wissens des Mitglieds eines Vertretungsorgans der juristischen Person an die juristische Person [ist] für die rechtliche Beurteilung als Vertretungsproblem zu sehen. Grundnormen für dieses Vertretungsproblem sind (...) § 166 BGB und § 28 II BGB."

der latent vorhandenen Information orientieren sich aus einem etwas anderen Blickwinkel auch die Überlegungen zu einem ordnungsgemäßen Kommunikationsverhalten, zum Zusammenhang von Arbeitsteilung und Wissenszurechnung, und schließlich das sogenannte Gleichstellungsargument; es besagt, daß ein einzelner Bürger, der mit einer Organisation einen Vertrag schließe, durch die für Organisationen charakteristische "Wissensaufspaltung" nicht schlechter gestellt werden dürfe, als wenn er mit einem anderen Bürger kontrahiert hätte. Bei diesen Überlegungen steht nicht so sehr die Frage des Zugriffs auf gespeicherte Information, sondern das allgemeinere, für Organisationen charakteristische Problem im Vordergrund, daß Wissen und Handeln nicht, wie offenbar beim Menschen, in einer physischen Einheit integriert sind, sondern statt dessen in verschiedene Funktionseinheiten auseinanderfallen.

Die folgende kritische Darstellung soll klären, wie weit die vorhandenen gesetzlichen Vorschriften - zu den genannten vertretungsrechtlichen Regeln kommen §§ 278 und 31 BGB hinzu - und die teils in Anlehnung an sie, teils auch ganz eigenständig entwickelten Regeln zu einer dem spezifischen Sachverhalt angemessenen und dem Gesetz entsprechenden Lösung des Problems der Wissenszurechnung bei Organisationen beitragen.

1. Wissenszurechnung gemäß den Regeln zur aktiven Stellvertretung

a) Die Grenzen einer Anwendung des § 166 BGB

aa) Einleitung, Problemübersicht

Die wichtigste, im Grunde sogar die einzige Vorschrift des BGB[61], die eine Antwort auf die Frage nach Kenntnis oder Unkenntnis für den Fall gibt, daß hierfür mehrere Personen in Betracht kommen, ist § 166. Deswegen betrifft die Auseinandersetzung um die rechtserhebliche Kenntnis einer Organisation zu einem wesentlichen Teil das Problem der Anwendbarkeit dieser Vorschrift. In dieser Auseinandersetzung gibt es, etwas vereinfachend gesagt, im wesentlichen zwei Standpunkte. Man kann die Auffassung vertreten, § 166 BGB enthalte eine allgemeine Wissenszurechnungsregel, die bei der Beantwortung der Frage nach Kenntnis oder Kennenmüssen einer Organisation fruchtbar gemacht werden könne[62], oder der Ansicht sein, § 166 BGB sei eine im wesentlichen für den Fall der gewillkürten Vertretung einer natürlichen Person gedachte Regelung.

---

[61] Vgl. aber § 88 III AktG, §§ 2 III, 19, 44 und 79 VVG, §§ 4 II und 13 VI UWG sowie 564c HGB.

[62] So insbesondere *Roemmer-Collmann*, Teil 2 und 3, vgl. auch ebd. S.217ff.

Im folgenden ist deshalb zu untersuchen, welche Konsequenzen die Anwendung des § 166 BGB auf diejenigen Sachverhalte hat, die bei der Frage nach dem Wissen einer Organisation typischerweise Probleme aufwerfen. Dabei steht nicht so sehr die Frage im Vordergrund, ob und gegebenenfalls mit welchen Abänderungen diese Vorschrift im einen oder anderen Fall angewandt werden kann. Vielmehr ist zu untersuchen, wie weit der vertretungsrechtliche Ausgangspunkt als solcher geeignet ist, die unter dem Stichwort Wissenszurechnung bei Organisationen anfallenden Probleme angemessen zu erfassen, wie weit also die erstgenannte Auffassung zutrifft, wonach § 166 BGB eine Grundregel für die Lösung dieses Problems enthalte. Eine entsprechende Zuordnung dieses umfangreichen Problemfeldes hat unweigerlich zur Folge, daß auch die über eine direkte Anwendung des § 166 BGB hinausführenden Bewertungskriterien zumindest in Anlehnung an vertretungsrechtliche Kategorien entwickelt werden. Dies wird nicht nur im Blick auf die Figur des "Wissensvertreters" deutlich, sondern auch bei der sogenannten Theorie der absoluten Wissenszurechnung, die den Streit um Organ- oder Vertretertheorie in die Auseinandersetzung mit hineinzieht. Deshalb ist nach der Berechtigung einer solchen Weichenstellung zu fragen.

bb) Der Regelungsgehalt des § 166 BGB

Nach § 164 I S.1 BGB wirkt die Willenserklärung des zur Vertretung berechtigten Vertreters für und gegen den Vertretenen. Folgerichtig kommt es gemäß § 166 I, "soweit die rechtlichen Folgen einer Willenserklärung durch Willensmängel oder durch die Kenntnis oder das Kennenmüssen gewisser Umstände beeinflußt werden", auf die Person des Vertreters an. Diese Regelung beruht zwar auf dem Gedanken der Repräsentationstheorie, die das in Vertretung vorgenommene Rechtsgeschäft als ein solches des Vertreters ansieht[63]. Schon vor deren Durchsetzung stand aber außer Zweifel, daß sich ein unwissender Geschäftsherr in bestimmten Fällen die schädliche Kenntnis eines für ihn Handelnden entgegenhalten lassen müsse[64]. Auf die Repräsentations-

---

63 Vgl. die Begründung in den Motiven, bei *Mugdan* S.477. Kritisch zu Versuchen einer Einheitslösung der "berühmten Frage" (*Zitelmann*, Gutachten Bd. VI S.141) aus dem Wesen der Stellvertretung vor allem *Müller-Freienfels*, S.389ff.

64 Für die Kenntnis des beauftragten bzw. freiwilligen Geschäftsführers siehe RGZ 76,107, S.108f. ("altüberlieferter und den Bedürfnissen des Lebens entsprechender Rechtszustand"), vgl. auch RGZ 15,264; zum klassischen römischen Recht und dessen Entwicklung *Benöhr* S.123ff., siehe auch ebd. S.191: Geschäftsherrn- und Repräsentationstheorie unterscheiden sich in der Konstruktion der Stellvertretung, erlauben aber beide die Berücksichtigung der Kenntnis sowohl des Vertreters, als auch des Vertretenen. Vgl. auch *Medicus*, AT § 55 Rz. 899: die in § 166 I getroffene Entscheidung leuchte jenseits aller Theorien ein.

theorie verweist § 166 BGB allerdings insofern, als er erstens hinsichtlich der Willensmängel *allein* auf die Person des Vertreters verweist, zweitens die Relevanz des Kenntnisstandes des Vertretenen zur Ausnahme erklärt und nur unter den Voraussetzungen des Abs. II berücksichtigt.

Allerdings ist gerade vor dem Hintergrund der Repräsentationstheorie § 166 BGB nur unter Vorbehalt als eine Zurechnungsregel zu verstehen. Denn wenn der Vertreter eine eigene Willenserklärung abgibt, folgt die Zurechnung des in fremdem Namen vorgenommenen Rechtsgeschäftes mit dem Inhalt und den Folgen, die im Falle der Kenntnis oder des Kennenmüssens gelten, bereits aus § 164 I BGB. Nicht Wissen oder Unwissen des Vertreters werden dem Vertretenen zugerechnet, sondern das nach dem Kenntnisstand des Vertreters zu beurteilende Rechtsgeschäft insgesamt[65].

Der Anlaß für die in § 166 ausgesprochene Regelung ist offensichtlich das Problem, daß beide, Vertreter und Vertretener, im Hinblick auf das Zustandekommen eines solchen Rechtsgeschäftes tätig werden: Der Vertretene, indem er den Vertreter zu dessen Vornahme ermächtigt, der Vertreter, indem er es im Namen des Vertretenen abschließt. Deswegen muß man die Frage beantworten, auf wessen Kenntnis es ankommt, wenn diese - aufgrund anderer Vorschriften - von Bedeutung ist. Dieses Problem besteht aber nur dann, wenn der Vertreter und der Vertretene überhaupt etwas wissen können und es deshalb grundsätzlich auf beider Wissen ankommen kann. Nun kann aber - so sagt man jedenfalls - die vertretene Organisation als solche gar nichts wissen. Andernfalls wäre ja "Wissenszurechnung" - verstanden als Zurechnung des Wissens derjenigen natürlichen Personen, die für die Organisation handeln, zu dieser, und nicht als Wertungsakt, den die Anwendung des Tatbestandes der Kenntnis, des Vorsatzes, der Bösgläubigkeit etc. darstellt[66] - gar kein Problem[67]. Wenn es aber

---

65 Ebenso *L.Raiser*, JZ S.27; *Wilhelm*, AcP S.1ff., 19, *W.-H.Roth* S.585f. Von akzessorischer Wissenszurechnung bei §§ 166 I und 278 BGB spricht bereits *Oldenbourg*, S.10ff.; ihm folgend *Richardi*, S.387 und S.390, *Sieger*, S.5.

66 Subjektive Merkmale erschließen sich "nicht irgendwie sinnlich erfahrbar aus objektiven Gegebenheiten der realen Dingwelt (...)." Sie werden "nicht empirisch festgestellt, sondern im Wege retrospektiv nachvollziehender Sinngebung für ein soziales Handeln kommunikativ festgesetzt", *Endruweit/Kerner*, S.67ff., 102; vgl. hierzu auch Teil B, IV. 2.

67 Folgerichtig daher *Richardi* S.388: "Keine Schwierigkeit bereitet das Problem der Wissenszurechnung, wenn jemand in seiner *Persönlichkeit* durch einen anderen repräsentiert wird. Eine juristische Person kann nur durch ihre Organe handeln. Deren Wille ist ihr Wille, deren Wissen folglich ihr Wissen.", ebenso *Oldenbourg*, III. Kap. § 4, auf dessen Arbeit sich *Richardi* an dieser Stelle bezieht: Es sei allgemein anerkannt, daß das Wissen des Organs einer juristischen Person gleich dem Wissen der juristischen Person selbst sei: "Soviel ist sicher, daß das organÄschaftliche Verhalten, auch wenn es sich wirklich um eine Art der Zurechnung handeln sollte, eine Sonderstellung einnimmt, die sich aus dem

von vornherein nur auf das Wissen des Vertreters ankommen kann, bedarf es keiner Regel, nach der es vorrangig auf das Wissen des Vertreters ankommt[68].

Im Falle der gewillkürten Vertretung einer natürlichen Person kann die für den Inhalt des Rechtsgeschäftes maßgebliche Kenntnis nur bei denjenigen Personen vorhanden sein, auf deren Verhalten auch das Zustandekommen des Rechtsgeschäftes beruht. Das maßgebliche Wissen und Handeln läßt sich trotz arbeitsteiligen Zusammenwirkens anhand der Rechtsgeschäftsregeln erschliessen, weil Vertreter und Vertretener rechtsgeschäftlich tätig werden. Anders bei einer Organisation; hier besteht zum einen die Vertretungsbefugnis der Organmitglieder, Gesellschafter oder (sonstigen) Angestellten unabhängig von irgend einem darauf gerichteten rechtsgeschäftlichen oder sonstigen Verhalten des Vertretenen, der Organisation selbst. Zum anderen ist genau deshalb bei jeder grösseren Organisation statt des Kenntnisstandes des Vertretenen der Kenntnisstand anderer, häufig sehr vieler anderer Organisationsmitglieder in Betracht zu ziehen, die ihrerseits Vertreter sein können, aber nicht sein müssen. Das für den Inhalt eines in Vertretung abgeschlossenen Rechtsgeschäftes maßgebliche Wissen wird in rechtsgeschäftlichen Kategorien nur insofern erfaßt, als die zu seinem Abschluß und seiner Durchführung beitragenden Organisationsmitglieder rechtsgeschäftlich tätig werden. Das bei der Frage nach dem Wissen einer Organisation sich stellende Problem besteht demnach etwa darin, daß unter mehreren vertretungsberechtigten Mitgliedern der Organisation eines die im Zusammenhang mit der Vornahme eines Rechtsgeschäftes erheblichen Umstände kennt oder kennen muß, ein anderes hingegen nicht. Ebenso für Organisationen charakteristisch ist die Situation, in welcher die erhebliche Kenntnis bei jemandem vorhanden ist oder hätte sein müssen, der zwar der Organisation angehört, aber nicht zu deren Vertretung berechtigt ist. Im Hinblick auf derartige Fälle bietet sich eine Lösung anhand der Grundsätze zur sogenannten Wissensvertretung an, ebenso in einer Vielzahl sehr unterschiedlicher Fallkonstellationen, in welchen Kenntnis oder Kennenmüssen gar nicht im Zusammenhang rechtsgeschäftlich begründeter Schuldverhältnisse erheblich ist. Hierbei stellt sich am deutlichsten die Frage, ob die maßgeblichen Kriterien gerade aus § 166 BGB herzuleiten sein sollen.

Wesen des Vereins als eines organisierten Verbandes ergibt. Es liegt daher hier zweifellos eine von der gewöhnlichen Zurechnung im Gegenstand wie in den Voraussetzungen wesentlich verschiedene Erscheinung vor, die für die Erörterung der Zurechnung in ihrer normalen Form auszuscheiden hat".

68 *Richardi* S.396; vgl. auch *Grunewald*, FS- Beusch S.302,304, *Schilken* S.132, *Taupitz*, JZ S.735 und bereits *Heinsheimer*S.190, Fn 42: "§ 166 paßt nur auf Fälle, in denen der "Vertretene" eine von der des "Vertreters" abweichende, selbständige Kenntnis haben kann." In der Denkschrift zur Reichstagsvorlage (*Mugdan* S.838) hieß es zu § 162 I [= § 166 I BGB]: "Diese Regel gilt für die Vertretung kraft gesetzlicher Vollmacht ausnahmslos."

cc) Kenntnis des einen, Unkenntnis des anderen Vertreters im Zusammenhang rechtsgeschäftlich begründeter Schuldverhältnisse

Wenn die Satzung bzw. der Gesellschaftsvertrag einer Organisation Einzelvertretung vorsehen, ein unwissender Vertreter das Rechtsgeschäft vornimmt und der wissende Vertreter am Abschluß des Rechtsgeschäftes nicht beteiligt war, ergibt sich aus § 166 I BGB, daß nicht seine Kenntnis, sondern die Unkenntnis desjenigen den Ausschlag gibt, der das Rechtsgeschäft als Vertreter vornimmt[69]. Denn dessen Verhalten löst "die rechtlichen Folgen einer Willenserklärung" aus, die § 166 BGB ins Auge faßt.

Anders ist die Situation bei Gesamtvertretung[70]. Aber § 166 I BGB, der auf die Person desjenigen abstellt, der das Rechtsgeschäft abschließt, führt angesichts der Beteiligung sowohl des wissenden, als auch des unwissenden Vertreters zu einer Patt-Situation, die ohne Zuhilfenahme einer weiteren Regel nicht aufzulösen ist[71]. Hierin liegt ein bemerkenswerter Unterschied etwa zu § 278 BGB, der ja das Verschulden auch nur eines Erfüllungsgehilfen dem Geschäftsherrn zurechnet. Der Unterschied ist dadurch gerechtfertigt, daß anhand des § 278 BGB über die Folgen der gestörten Abwicklung eines bereits wirksam entstandenen, gesetzlich oder rechtsgeschäftlich begründeten Schuldverhältnisses zu entscheiden ist, während die Willenserklärung eines Vertreters über das Zustandekommen eines Rechtsverhältnisses überhaupt erst entscheidet[72]. Hierüber soll der Vertretene gerade auch insoweit disponieren dürfen, als er dessen Bestand von der gemeinsamen Erklärung zweier Vertreter abhängig machen kann. Ein Irrtum oder die auf eine Täuschung zurückzuführende Fehlvorstellung auch nur eines der beiden Vertreter sollten deshalb die vertretene Organisation zur Anfechtung berechtigen[73], sofern nicht Umstände hinzutreten,

---

69 *Baumann* S.291f., *Lutter-Hommelhoff*, § 36 GmbHG Rz. 4, *Baumbach/Hueck-Zöllner*, § 35 GmbHG Rz. 85, Scholz-*Schneider*, § 35 GmbHG Rz. 82; RGZ 59,400, S.408; dort war allerdings auch der nach § 439 BGB maßgebliche Zeitpunkt ("beim Abschlusse des Kaufes") entscheidend; vgl. auch RG SeuffA 77, Nr.65: Kenntnis des Vertreters, der die Auflassung erklärt, gibt keinen Anspruch aus § 463 S.2 BGB, wenn den Kaufvertrag schließende Vertreter unwissend war.

70 Die Erheblichkeit des Wissens auch nur eines Gesamtvertreters wurde bejaht in RGZ 53,227 und BGHZ 20,149, abgelehnt in BGH NJW 1988,1199 (Kenntnis vom Handeln eines vollmachtslosen Vertreters).

71 Vgl. auch *Westerhoff* S.33f. und *Heinsheimer* S.186.

72 RGZ 110,145.

73 S.o. Fn. 17, 18; vgl. auch BGH NJW 1988,1199. Eine andere Frage ist, ob in einem solchen Fall der (Gegen-)Beweis der Unkenntnis erbracht werden kann; die Kenntnis eines Vertretungsorganes mag in vielen Fällen die Kenntnis auch des anderen indizieren. Ebenso eine andere Frage ist, ob bei Kenntnis eines der beiden nicht die Ausübung eines Anfechtungsrechtes gerade wegen Irrtums nach § 242 BGB ausgeschlossen ist, weil eine

die diesen Mangel kompensieren, insbesondere also das Wissen des einen Vertreters um die Unkenntnis des anderen[74]. Demgegenüber kann die Kenntnis auch nur eines der beiden etwa von der Mangelhaftigkeit einer Kaufsache die Arglisthaftung des Verkäufers begründen, weil sich das Erfordernis der Gesamtvertretung nur auf die Abgabe einer Willenserklärung bezieht. Die Aufklärung des Käufers über einen Mangel der Kaufsache (§ 463 S.2 BGB) bedarf, weil die Aufklärung keine Willenserklärung ist, keiner dahingehenden Ermächtigung des für den Verkäufer Handelnden (anders wiederum die Erklärung über den Vorbehalt nach § 464). Das Kriterium, das im Falle der Gesamtvertretung über das Anfechtungsrecht einer Vertragspartei oder über die Gewährleistungsrechte des Käufers zu entscheiden hilft, ist also in beiden Fällen nicht aus § 166 BGB zu begründen, sondern im Hinblick auf die einzelnen Vorschriften, aus denen sich die Bedeutung der Kenntnis ergibt[75].

Wenn hingegen, gleich, ob Einzel- oder Gesamtvertretungsmacht, ein nicht am Abschluß eines wirksam zustandegekommenen Rechtsgeschäftes beteiligter Vertreter die fragliche Kenntnis hat oder hätte haben müssen, müßte gemäß § 166 I BGB wiederum die Teilnahme am Abschluß des Rechtsgeschäftes den Ausschlag geben und das Wissen eines weiteren, lediglich zur Vertretung berechtigten Organisationsmitgliedes unerheblich sein. Denn § 166 I BGB setzt voraus, daß der Wissende als Vertreter tätig wird[76]. Die Berücksichtigung seines Wissens zu Lasten des Vertretenen beruht in diesem Fall darauf, daß der Betreffende ermächtigt ist, für den Vertretenen rechtsgeschäftlich zu handeln. Dies bedeutet natürlich nicht, daß eine Wissenszurechnung nur in Betracht käme, wenn sie der Vertretene gewollt hat. Dem Vertretenen wird nach § 166 I das Wissen seines Vertreters auch gegen seinen Willen zugerechnet, die Wissenszurechnung beruht also insofern nicht auf seiner Willenserklärung[77]. Aber ohne eine - und sei es nur dem Anschein nach vorhandene – Bevollmächtigung seitens des Vertretenen hat der Vertreter gar keine Vertretungsmacht, und eine Wissenszurechnung findet ebensowenig statt wie eine Zurechnung des Rechtsgeschäftes insgesamt. Viel besser könnte man also argumentieren[78], daß sich der Vertretene die Kenntnis einer ihn nicht vertretenden oder gar nicht hierzu berechtigten Person schon deshalb nicht zurechnen lassen muß, weil ihn auch - mangels eines Handelns als Vertreter resp. mangels Vertretungsmacht - dessen Handeln nicht bindet. Nur geht es,

---

Informationspflicht im Interesse des Anfechtungsgegners bestand; vgl. KK-*Mertens*, § 76 AktG Rz. 70 und *Hachenburg-Mertens* § 35 GmbHG Rz. 277.

74 Vgl. noch Teil C, IV. 4.

75 Ebenso *Richardi* S.391 und *Müller-Freienfels* S.392 und 413ff., *Druey*, S.305f.

76 *Medicus*, AT § 55 Rz. 904c.

77 *Wetzel* S.37ff., *Richardi* S.397ff. und S.403.

78 Vgl. BAG JZ 1961,456, S.457

wenn Kenntnis oder Kennenmüssen entscheidungserheblich sind, nicht immer, ja nicht einmal in der überwiegenden Anzahl der Fälle[79], um ein rechtliches Können bzw. Dürfen, sondern nur um die faktische Möglichkeit eines bestimmten Verhaltens aufgrund des (fahrlässigen Nicht-)Vorhandenseins bestimmter Information[80]. Hinzu kommt, daß § 166 I BGB dem Vertretenen ja auch die Unkenntnis eines Vertreters zurechnet. Deshalb widerspricht die Zurechnung des Wissens eines nicht aktuell vertretenden oder nicht einmal zur Vertretung berechtigten "Wissensvertreters" in Analogie zu § 166 I BGB dem Ergebnis, daß bei einer direkten Anwendung dieser Vorschrift auf den (unwissenden) Vertreter herauskäme[81].

Der Rückgriff auf die Organtheorie ändert für den Fall, das der Wissende Mitglied des Vertretungsorgans ist, an diesem aus § 166 I BGB herzuleitenden Ergebnis nichts. Denn die Geschäftsführer und Vorstände sind zwar Organwalter, aber gerade nicht in Person, sondern wenn und soweit sie „walten", also vertreten oder in Ausführung der ihnen zustehenden Verrichtungen (§ 31 BGB) handeln. Die Unterscheidung zwischen Organhandeln und Individualhandeln berücksichtigt ja auch die Organtheorie[82]. Sie vereinnahmt nicht jede Aktivität eines Verbandsmitgliedes für den Verband, sondern sieht ihn selbst nach bestimmten Kriterien als durch seine Organe handelnd an. Von ihren eigenen Voraussetzungen her lassen sich diese Kriterien gleichfalls nur unter Bezug auf die Vornahme des Rechtsgeschäfts bzw. der zum Schadensersatz verpflichtenden Handlung als einer Organhandlung ermitteln. Organmitglieder handeln für das Organ und berechtigen und verpflichten damit die juristische Person nur dann, wenn sie dies satzungskonform im Namen der Organisation oder in Ausführung der ihnen zustehenden Verrichtungen tun. Auch hier bleibt aber zweifelhaft, ob - was § 166 I vor dem Hintergrund sowohl der Organ- als auch der Vertretertheorie voraussetzt - ein Handeln des Wissenden oder fahrlässig Unwissenden als Vertreter überhaupt erforderlich sein soll. Ist nämlich ein Rechtsverhältnis zwischen Vertretenem und Dritten durch einen oder mehrere Vertreter wirksam zustande gebracht und kommt es auf Wissen oder Nichtwissen gar nicht im Zusammenhang mit der Frage des Bestandes eines in Ver-

---

79 Genau genommen nur bei den Willensmängeln i.e.S. sowie - auf andere Art und Weise - dann, wenn Kenntnis Einfluß auf den Bestand oder die Möglichkeit der Geltendmachung eines Rechtes oder eines Anspruchs hat, vgl. Teil C IV. 2.

80 Vgl. RGZ 110,145, S.147 und die ablehnende Anm. von *Herschel* zur vorgenannten (Fn. 78) Entscheidung des BAG.

81 Vgl. RGZ 101,402 und RG SeuffA 77, Nr. 65.

82 *v.Gierke,* Privatrecht S.524ff.; zu den Erfordernissen einer Körperschaftshandlung gehöre, "daß erstens ein verfassungsmäßiges Organ als solches gehandelt hat, (...)".

tretung geschlossenen Rechtsgeschäftes an, ist auch die Vertretungsmacht der Beteiligten nicht von Belang[83].

Der Wissende vermag allerdings aufgrund seines Wissens tätig zu werden, kann einen Irrtum ausräumen, auf bestimmte Umstände hinweisen etc. Diese faktische Möglichkeit der Einflußnahme, nicht die Befugnis zur Vornahme eines Rechtsgeschäftes in fremdem Namen, steht im Vordergrund, wenn es auf Kenntnis ankommt. Das gilt mit Einschränkungen auch für das Kennenmüssen, wobei hier die Erwartung an ein bestimmtes Verhalten diejenige an ein bestimmtes - eben ein sorgfältiges (§ 122 II BGB) - Informationsverhalten mit einbezieht. Diesen Zusammenhang von Wissen resp. Wissen-Können und Handlungsmöglichkeiten berücksichtigend, schlägt *Baumann*[84] eine Analogie zu § 166 II BGB im rechtsgeschäftlichen Bereich für die Berücksichtigung der Kenntnis solcher Organmitglieder vor, die das fragliche Rechtsgeschäft zwar nicht selbst abgeschlossen, aber ein weiteres Organmitglied hierzu veranlaßt haben[85]. Das Argument ist in der Sache zutreffend, soweit es die Unterscheidung zwischen rechtsgeschäftlichem Handeln und tatsächlicher Einflußnahme betont. Nicht unproblematisch ist aber auch hier die Begründung gerade aus § 166 BGB. Gleichfalls zutreffend ist zwar der Hinweis auf die zu enge Fassung des Abs. II dieser Vorschrift, die ein Handeln "nach bestimmten Weisungen des Vollmachtgebers" verlangt. Das ist weithin anerkannt[86]. Fraglich ist aber, wie man darüber hinwegkommen soll, daß im Falle der Vertretung einer juristischen Person niemals diese selbst den Vertreter zur Vornahme eines bestimmten Rechtsgeschäftes veranlaßt, geschweige denn Weisungen erteilt, sondern allenfalls ein *anderer* Vertreter[87]. Der § 166 II BGB sicherlich zugrundeliegende Gedanke, das Wissen des Vertretenen sei dann zur berücksichtigen, wenn er aufgrund seines Wissens hätte eingreifen können und sollen, § 166 II BGB sei Reaktion auf ein *venire contra factum proprium*[88], kann für die vertretene

---

83 Deutlich RG SeuffA 40, Nr.275.

84 ZGR 1973, S.293ff.; ebenso *Tintelnot* S.800, *Taupitz*, JZ S.734f., *Scheuch*, GmbHR S.829f., *Scholz-Emmerich*, § 13 GmbHG Rz. 71 und *Roemmer-Collmann*, S.75, 99f., 126ff. u.ö.

85 Ebenso *Wilhelm*, Rechtsform S.46f.

86 *Palandt-Heinrichs*, § 166 Rz. 11; vgl. bereits RGZ 131,343, S.356, außerdem *W.Schultz*, NJW 1996, S.1393.

87 Die in §§ 44 GmbHG und 94 AktG gemeinte Vertretung durch Stellvertreter spricht zwar von Vertretung der Vertreter; vertreten wird aber immer die juristische Person. Die Erteilung solcher Anweisungen unter Organmitgliedern wird auch die Ausnahme sein; a.A. *Baumann* S.293, dagegen *Grunewald*, FS-Beusch S.304; abl. auch Soergel-*Hadding* § 26 Rz. 11 a.E., *Palandt-Heinrichs* § 166 Rz. 10 und *Waltermann*, AcP S.221.

88 *Baumann* a.a.O. (Fn. 78); vgl. auch *Scholz-Emmerich*, 7.Aufl. § 13 GmbHG Rz.71; die 8.Aufl. formuliert vorsichtiger, aber insoweit nicht anders: nicht § 166 II analog, sondern

juristische Person nicht in Anspruch genommen werden, wenn man davon ausgeht, daß sie, als solche handlungsunfähig, auch nichts wissen kann[89]. Denn dann kann sie auch nichts veranlassen und keinen Einfluß nehmen. Veranlassen, Vollmachten und Weisungen erteilen i.S. des § 166 II können natürlich die Organ- oder Organisationsmitglieder untereinander. Diese wiederum sind allerdings entweder selbst Vertreter, oder aber werden jedenfalls - mit Ausnahme der BGB-Gesellschafter, §§ 714f. BGB - gerade nicht vertreten. Nicht die zu enge Fassung des § 166 II BGB steht hier im Wege, sondern der Umstand, daß die Vertreter einer juristischen Person weder untereinander vertreten, noch veranlassen, in *ihrem* Namen Rechtsgeschäfte zu schließen. Immerhin sind aber Organmitglieder Menschen, also unbestritten handlungs-, wissens- und weisungsfähig und jedenfalls insofern mit den in § 166 II BGB angesprochenen Personen vergleichbar[90]. Allerdings liegt gerade beim Handeln im Namen einer juristischen Person auch dann noch eine wesentliche Voraussetzung des § 166 II BGB nicht vor. Denn die im Tatbestand des § 166 II BGB erfaßte Nähe zum abgeschlossenen Rechtsgeschäft ist nicht lediglich eine aus Gründen der möglichen Einflußnahme bedeutsame *faktische* Verbindung mit diesem, sondern vor allem die Konsequenz daraus, daß die Wirkungen des Rechtsgeschäfts in der Person des Vertretenen eintreten[91]. Die Kenntnis des Vertretenen ist nicht schon deshalb erheblich, weil er Einfluß nehmen kann, sondern weil ihn die Folgen der in seinem Namen abgegebenen Willenserklärung treffen. Hierüber hilft scheinbar die Erwägung hinweg, daß im Falle der von den für sie handelnden Vertretern *per definitionem* zu unterscheidenden juristischen Person oder Gesellschaft[92] diese in § 166 II BGB vorausgesetzte Identität des Vertretenen mit dem Beeinflussenden von vorn-

---

§ 166, § 166 II nur, wenn nicht mehr die Gesellschaftermehrheit (so die 7.Aufl.), sondern nur noch ein Gesellschafter „das Geschäft hätte verhindern können" (auch dies erst in der 8.Aufl.). Zwar mag § 166 II hinsichtlich der „bestimmten Weisungen" weit auszulegen sein, es geht doch immer noch um solche des Vertretenen. Deshalb sprechen auch die von *Baumann* zitierten Materialien zu § 46 E I (= § 31 BGB; *Mugdan* S.408) nur von § 166 Absatz 1 (ebd. S. 408 a.E.: „...Wissen und Wissenmüssen bestimmen sich dabei nach dem Vorstande (§ 117)". [= § 166 I; Abs. II = § 118 des Entwurfs]).

89 Ebenso *Schilken* S.136, *Staudinger-Coing*, 11.Aufl. § 166 Rz. 2. Umgekehrt könnte man fragen: Wenn sie sich widersprüchlich verhalten kann, weil es beim *venire c.f.p.* gar nicht auf Subjektives ankommt, warum kann sie dann nicht auch "wissen" i.S.d. Gesetzes? - Die Antwort ist, daß es beim widersprüchlichen Verhalten nicht, wohl aber bei § 166 II auf Wissen (oder Wissenmüssen) ankommt. Der Wissende verhält sich als solcher widersprüchlich.

90 In diesem Sinne *Druey*, S.307, Fn.52 und *Roemmer-Collmann*, S.100.

91 A.A. *Schumacher* S.2250.

92 Vgl. § 125 I HGB im Gegensatz zu § 714 BGB.

herein niemals vorliegen kann[93]. Dann stellt sich aber erst recht die Frage, warum überhaupt auf diese Vorschrift zurückgegriffen werden muß[94], wenn nicht lediglich in der Art eines Stichwortes, das Anlaß für anderweit begründete Erwägungen gibt.

Man kann nun sagen, das wissende Organmitglied sei schon als solches unter bestimmten Voraussetzungen *verpflichtet* - nicht im Sinne einer Leistungspflicht, sondern einer Obliegenheit -, das ihm zur Verfügung stehende Wissen den übrigen Organmitgliedern mitzuteilen oder sonst zu aktualisieren, *obwohl* es selbst weder als Vertreter, noch als Vertretener in Erscheinung tritt[95]. Diese Regel hätte aber mit § 166 BGB gleichfalls nichts zu tun. Allenfalls wäre an § 242 BGB[96] und an den generellen Arglisteinwand zu denken, als dessen Ausprägung § 166 II allerdings verstanden werden kann, wie überhaupt die Versagung eines Rechtsvorteils im Falle der Kenntnis oder des Kennenmüssens bestimmter Umstände häufig dann aus Treu und Glauben herzuleiten sein wird, wenn dies nicht schon nach dem Gesetzestext geboten ist[97]. Demgegenüber vertritt insbesondere *Schilken*[98]- vor allem gegen die aus § 166 I BGB herzuleitende Einschränkung auf die Relevanz des Kenntnisstandes des jeweils vertretenden Organmitgliedes gewandt - die Auffassung,

„organschaftliche Repräsentanz bedeute(t) nicht verhaltenes, erst durch spezifisches rechtsgeschäftliches Handeln oder Entgegennahme von Willenserklärungen sich aktualisierendes Auftreten im Namen des vertretenen Geschäftsherrn wie bei der Stellvertretung, sondern stets aktuelles „da sein" für die selbst „wissensunfähige" juristische Person."

Deshalb gelte „auf der Basis der Organtheorie der (...) Grundsatz, daß der Kenntnisstand jedes vertretungsberechtigten Organmitglieds der juristischen Person zuzurechnen (sei).". Das Kriterium des Handelns im Namen der Organisation, auf das § 166 BGB durch den Verweis auf § 164 Bezug nimmt, gilt aber ebenso für die organschaftliche Vertretung. Allein die Tatsache der Organstellung erlaubt nicht den Schluß, daß das Wissen eines Organmitgliedes für die

---

93 *Taupitz*, JZ S.735.

94 Vgl. auch *John*, S.235.

95 So bereits das RG SeuffA 40, Nr.275, *Lutter-Hommelhoff*, 13.Aufl. § 36 GmbHG Rz. 4; differenzierend die 14.Aufl. § 36 Rz. 3ff.

96 So auch das RG a.a.O. (Fn. 95); es sei in hohem Maße unbillig, wenn die Gesellschaft die Nachteile eines schuldhaften Verhaltens ihres selbstgewählten Vertreters auf den gegenüberstehenden Dritten abwälzen wollte, vollends wenn dieser um die Kenntnis jenes Vertreters wußte und auf deren Mitteilung an den Mitvertreter rechnen durfte.

97 So galt schon vor Änderung des § 626 BGB im Jahre 1968 (Einfügung des Abs. II), daß der um das Vorliegen eines Kündigungsgrundes wissende Kündigungsberechtigte gehalten war, sein Kündigungsrecht in angemessener Zeit auszuüben, andernfalls war es verwirkt, vgl. *Esser*, Schuldrecht § 132 5. b).

98 A.a.O. (Fn. 89), S.135; ähnlich Soergel-*Leptien*, § 166 Rz. 5.

Folgen der Willenserklärung eines anderen Organmitgliedes eher in Betracht kommen soll als das Nichtwissen dieses anderen, der nicht nur ebenfalls Organmitglied ist, sondern auch als solches gehandelt hat. Wenn es Organwissen gibt, muß es auch Organ-Nichtwissen geben[99]. Wenn die juristische Person durch ihre Organe selbst handelt, ist deren (Nicht-)Wissen (Nicht-)Wissen der juristischen Person, *sofern sie als Organe handeln*. Die Organtheorie besagt nur, daß der Kenntnisstand der Organmitglieder kraft ihrer Organstellung als Kenntnis *oder* Unkenntnis der juristischen Person selbst gilt, noch nicht hingegen, wie zu entscheiden ist, wenn ein Organmitglied die fraglichen Umstände kennt, ein anderes hingegen nicht. *v.Gierke* selbst vertrat allerdings zur Frage des gutgläubigen Erwerbs die Auffassung, dieser könne nur angenommen werden, "wenn bei Besitzerwerb jeder Gesellschafter in gutem Glauben war. ... Eine kollektive Einheit, wie sie der Vorstand bildet, wird eben durch jeden ihrer Träger bösgläubig."[100] Diese Behauptung bleibt aber ohne weitere Begründung nicht nur zu schematisch. Anhand der Prämissen der Theorie der realen Verbandsperson ließe sich auch genauso gut das Gegenteil begründen, wonach eine kollektive Einheit eben durch jeden ihrer Träger gutgläubig werde[101]. Vergleicht man diese Behauptung mit weiteren Äußerungen *v.Gierkes*, gelangt man indes zu der Annahme, daß hier eine allgemein - über die Frage des guten Glaubens beim Erwerb vom Nichtberechtigten hinaus - gültige Regel gar nicht aufgestellt werden sollte[102]. Statt dessen erweist sich in der Zusammenschau seiner Äußerungen zu diesem Punkt die Bedeutung des konkreten Regelungszusammenhanges, in dem es auf Kenntnis oder Kennenmüssen ankommt. Dies läßt sich aber vor dem Hintergrund jeder beliebigen Theorie der juristischen Person akzeptieren.

dd) Kenntnis außerhalb rechtsgeschäftlich begründeter Schuldverhältnisse, insbesondere beim Besitzerwerb mittels eines Besitzdieners

Man sollte annehmen, daß das Vertretungsrecht außerhalb des Bereichs rechtsgeschäftlich begründeter Schuldverhältnisse von vorneherein keinen Anhaltspunkt für die Zuordnung von Wissenszurechnungsfragen bietet. In nicht nur

---

99 *v.Gierke,* Privatrecht S.519: „Über das Wissen oder Nichtwissen der Körperschaft entscheidet der Inhalt des Gemeinbewußtseins, das in den hierzu berufenen Bewußtseinsorganen zustandekommt.", ähnlich *ders.*, Genossenschaftstheorie S.627: Die juristische Person werde durch die hierfür geeigneten Organe in einen rechtswirksamen Zustand des eignen Wissens oder Nichtwissens versetzt.

100 Genossenschaftstheorie, S.585.

101 Ebenso *Sieger* S.98.

102 Vgl. die dieser Annahme entgegenstehenden, in Fn. 82 und 99 zitierten Äußerungen *v.Gierkes*.

terminologischer Anlehnung ist hier aber - vor allem bei der Anwendung der §§ 852 und 990 BGB - die Figur des Wissensvertreters entwickelt worden.

Das gilt auch für die Wissenszurechnung bei Organisationen. Kenntnis oder Kennenmüssen eines nicht vertretungsberechtigten Mitglieds der Organisation sollen dieser dann zugerechnet werden können, wenn dieses Organisationsmitglied als Wissensvertreter für die Organisation tätig geworden ist[103]. Ausdrücklich unter Verwendung dieses Begriffs hatte, soweit ersichtlich, zuerst das Reichsgericht einen Fall entschieden, in dem es um die Kenntnis eines Versicherungsnehmers von gefahrerhöhenden Umständen ging[104]. Der Wissende war ein Angestellter des Versicherungsnehmers, einer Genossenschaft. Hier fragte das Reichsgericht, ob sich der Direktor des Unternehmens die Kenntnis dieses Angestellten anrechnen lassen müsse. Aus § 166 I BGB hätte sich nun zwanglos ergeben, daß eine Kenntnis der Genossenschaft nicht anzunehmen war, weil der sie vertretende Direktor nichts wußte[105]. § 166 war aber gar nicht anzuwenden, weil es nicht um die rechtlichen Folgen einer Willenserklärung ging. Die Zurechnung des Wissens des Angestellten mußte also auf eine andere Vorschrift gestützt werden; das Reichsgericht griff zu § 242 BGB[106]:

"Wenn der verantwortliche Leiter eines geschäftlichen Unternehmens dessen Innenbetrieb in der Weise regelt, daß Tatsachen, deren Kenntnis von Rechtserheblichkeit ist, nicht von ihm selbst, sondern von einem bestimmten Angestellten zur Kenntnis genommen werden, so muß er sich im Verhältnis zu einem Dritten, der aus der Tatsachenkenntnis Rechte herleitet, die Kenntnis des Angestellten wie eine eigene anrechnen lassen. Wenn auch der Angestellte nicht sein Stellvertreter im Willen ist, eine Willenserklärung überhaupt nicht in Betracht kommt, so ist er doch zum Wissensvertreter bestellt, und der Leiter des Unternehmens würde in einem solchen Falle gegen Treu und Glauben im geschäftlichen Verkehr verstoßen, wenn er aus der inneren Geschäftsverteilung dem Dritten gegenüber den Einwand der Unkenntnis herleiten wollte."

Der Entscheidung des Reichsgerichts hat sich der BGH in einem Urteil zu § 852 BGB aus dem Jahre 1968 ausdrücklich angeschlossen[107]. In diesem Fall war fraglich, ob sich der Geschädigte die Kenntnis eines mit der Schadensbearbeitung beauftragten Dritten zurechnen lassen müsse. Der Geschädigte war

---

103 *Palandt-Heinrichs*, § 166 Rz. 6, 9, BGH NJW 1968,988, OLG Frankfurt DB 1976,93, BGH NJW 1984,1240, BGH NJW 1985,2583, BGH NJW 1989,2323, BGH NJW 1994, 1150, OLG Karlsruhe WM 1995,378

104 RGZ 101,402, ähnlich zuvor auch RGZ 97,279, allerdings ohne Beteiligung einer juristischen Person.

105 Vgl. auch RG SeuffA 77, Nr.65: Unkenntnis des den Kaufvertrag abschließenden Vertreters einer Aktiengesellschaft steht gegen § 463 S.2 BGB selbst dann, wenn der die Auflassung vornehmende Vertreter die Umstände kannte.

106 Kritisch dazu *M.Schultz* S.478.

107 BGH NJW 1968,988; vgl. auch BGH NJW 1989,2879 zu § 142 II BGB.

eine natürliche Person, es ging also nicht um das Problem, wann eine Organisation als wissend zu behandeln oder das Wissen eines ihrer Mitglieder ihr zuzurechnen sei. Der BGH entschied, daß sich der Geschädigte die seitens des Beauftragten erlangten Kenntnisse anrechnen lassen müsse. Dies jedenfalls deshalb, weil *ihm selbst* Umstände bekannt waren, die in zumutbarer Weise die Kenntnis der tatbestandlichen Umstände ermöglichten. Mit deren Ermittlung war der Dritte beauftragt und insofern als Wissensvertreter angesehen worden. Dieses zusätzliche Kriterium paßt aber nicht auf Organisationen. Nicht, daß man nicht auch jedes einzelne Organisationsmitglied als mit einer bestimmten Tätigkeit betraut ansehen könnte. Vielmehr überträgt die Organisation nicht die Ermittlung von Umständen, die sie selbst wahrnehmen könnte, auf Dritte - es sei denn, man nähme an, die Organisation könne selbst Umstände wahrnehmen, könne selbst als wissend bezeichnet werden. Dann wäre aber wiederum eine Zurechnung der Kenntnis des (auch wissenden) Dritten über § 166 I BGB nicht erforderlich.

Beide Entscheidungen lassen sich also nicht gut für die Begründung eines in § 166 BGB enthaltenen und auf Organisationen anwendbaren Rechtsgedankens verwenden[108], weil im ersten Fall § 166 BGB nicht anwendbar war und die zweite Entscheidung nicht die Frage nach der Kenntnis einer Organisation zum Gegenstand hatte.

Auf § 166 BGB bezieht sich der BGH[109] auch in zwei wichtigen Entscheidungen zur Bedeutung der Bösgläubigkeit des Besitzdieners beim Besitzerwerb vom Nichtberechtigten: In der ersten Entscheidung heißt es, § 166 BGB könne zwar "nicht schlechthin entsprechend" angewandt werden, immerhin repräsentiere aber der Besitzdiener in gewissem Sinne den Besitzherrn tatsächlich und stelle gleichsam das Organ dar, durch das dieser beim Besitzerwerb handele. Dem Besitzherrn sei die Kenntnis oder das Kennenmüssen des Besitzdieners beim Besitzerwerb dann zuzurechnen, wenn des letzteren Verhalten auf dem Verhalten des ersteren beruhe, von diesem abhängig sei; dies wiederum sei der Fall, wenn der Besitzherr den Besitzdiener nicht sorgfältig ausgewählt und beaufsichtigt habe, wobei diese Erwägung § 831 BGB entlehnt wurde. Die zweite Entscheidung ergänzt die vorgenannten Kriterien dahingehend, daß eine Haftung des Besitzers auch - vielleicht auch: vor allem - dann anzunehmen sei, wenn er den (bösgläubigen) Besitzdiener vollkommen selbständig habe handeln lassen und dieser im Rahmen der ihm zu freier Entscheidung zugewiesenen Tätigkeit den Besitz für den Besitzherrn erworben habe. Hier dominiert also wieder das vertretungsrechtliche Element.

---

108 So aber BGH NJW 1994,1150, erwähnt auch in BGH NJW 1989,2879 und 1989,2881; hier waren die entscheidenden Kriterien allerdings andere, vgl. Teil C, V. 6.

109 BGHZ 16,259 und 32,53; vgl. auch BGHZ 41,17.

Die Konturen eines gerade aus § 166 BGB abzuleitenden Rechtsgedankens werden allerdings auch aus diesen beiden Entscheidungen zu §§ 989, 990 BGB nicht recht deutlich[110]. Die frühere Entscheidung des IV. Senats lehnte im Ausgangspunkt eine Anwendung des § 166 ausdrücklich ab, weil es nach dieser Vorschrift *vor allem* auf die Kenntnis des Vertreters - analog: Besitzdieners - ankomme, der böse Glaube des Besitzers hingegen im Rahmen der §§ 989, 990 I immer schade. Man könnte ergänzen, daß eine analoge Anwendung des § 166 I BGB auch insofern bedenklich gewesen wäre, als das Wissen eines Boten - analog: Besitzdieners - unter dieser Vorschrift nach herrschender Ansicht unberücksichtigt bleiben muß[111]. Allerdings erinnert die Formulierung, wonach der Besitzdiener den Besitzherrn in gewissem Sinne repräsentiere und für diesen handele, an § 166[112], dessen analoge Anwendung der BGH in der späteren Entscheidung des VIII. Senats ausführlich begründet.

Zweifellos ist die Situation, in der ein Vertreter in fremdem Namen eine Willenserklärung abgibt, mit derjenigen vergleichbar, in der ein Besitzdiener die tatsächliche Sachherrschaft erlangt, zumal dieser den Besitzherrn bei der Einigung über den Eigentumserwerb vertreten kann: Die Weisungsgebundenheit hinsichtlich der Sache schließt die Vertretung bei der Einigung über ihren Erwerb (§§ 929ff., eventuell auch § 854 II BGB) nicht aus. Es ist genau genommen sogar dieselbe Situation, derselbe Sachverhalt. Indes ist dieser Sachverhalt einmal aus vertretungsrechtlicher, daneben aus der Perspektive der §§ 985ff. BGB zu betrachten. In dieser Hinsicht besteht aber die Gemeinsamkeit auf einer sehr abstrakten Ebene: In beiden Fällen hat jemandes Handeln Wirkungen für einen anderen. Die Zurechnungsregeln des BGB - neben §§ 164ff. ist an §§ 278, 831 und 31 BGB zu denken - lassen sich aber nicht ohne weiteres zu einer verbindlichen Norm zusammenfassen, wonach das Handeln (und Wissen) eines A Wirkung für B hat, wenn A irgendwie für B "tätig wird". Vielmehr formulieren sie innerhalb des rechtlichen Zusammenhanges, in dem sie stehen, die Bedingungen, unter denen die Zurechnung des jeweils näher benannten Verhaltens erfolgen soll. Die Beantwortung der Frage nach der Wissenszurechnung beim Besitzerwerb setzt die Zuordnung dieses Problems zu einem konkreten Regelungskomplex voraus. Allein die Erlangung

---

110 Vgl. auch die Kritik von *L.Raiser*, JZ S.26ff., *Wilhelm*, AcP S.16ff.

111 Vgl. nur Palandt-*Heinrichs* § 166 Rz. 2, Staudinger/*Schilken* § 166 Rz. 4, Soergel/*Leptien* § 166 Rz. 6, MK-*Schramm* § 166 Rz. 23 und bereits RGZ 9,346 (348); hiergegen zurecht aber *Wetzel*, S.53f.: Bote und Stellvertreter unterscheiden sich darin, welchen Teil sie an der Willensentscheidung - um die es bei § 990 nicht geht - haben.

112 Vgl. BGHZ 32,53, S.57; kritisch hierzu *L.Raiser*, a.a.O. (Fn. 110): §§ 166 und 831 BGB seien zu verschieden, als daß ein beiden gemeinsamer Rechtsgedanke mit Recht behauptet werden könne.

des Besitzes ist nun weder eine rechtsgeschäftliche[113], noch notwendig eine deliktische[114] oder sonst zu Schadensersatz verpflichtende Handlung. Selbst der bösgläubige Besitzer ist zum Schadensersatz nur verpflichtet, wenn er die Sache schuldhaft - insoweit gilt § 278 BGB - nicht herausgeben kann. Von vornherein paßt also keine der vorgenannten Vorschriften. Hält man sich demgegenüber an den Wortlaut des § 990 I BGB ("Besitzer"), so ließe sich hieraus ohne weiteres eine im Rahmen der §§ 985ff. bereits enthaltene Zurechnungsregel herleiten, wonach der böse Glauben eines Besitzdieners irrelevant zu sein hätte. Schließlich treffen Herausgabe- und Ersatzpflicht ebenfalls nur den Besitzer, nicht den Besitzdiener, während die Kenntnis des vollmachtlosen Vertreters diesem schadet, nicht dem Vertretenen. Deshalb ist zweifelhaft, ob gerade diejenigen Kriterien, nach denen dem Vertretenen das rechtsgeschäftliche Handeln eines Stellvertreters, und damit dessen Wissen resp. Unwissen zugerechnet wird, den Besonderheiten der in §§ 989, 990 angesprochenen Situation gerecht werden.

Dagegen ist vor allem einzuwenden, daß sich § 166 BGB auf die Abgabe einer Willenserklärung bezieht, die Erlangung des Besitzes hingegen eine tatsächliche Handlung ist[115]. Das ist ein nicht nur formaler Unterschied. Denn die Zurechnung der Kenntnis des Vertreters beruht nicht nur darauf, daß er eine (eigene) Willenserklärung abgibt, sondern daß er sie als Vertreter, also in fremdem Namen und aufgrund einer Ermächtigung des Vertretenen abgibt. Die Anknüpfung der Wissenszurechnung an die Abgabe einer Willenserklärung im Namen des Vertretenen bedeutet auch, daß Kenntnis oder Unkenntnis des Vertreters dem Vertretenen in dessen Verhältnis zu dem Geschäftspartner des letzteren schädlich oder nützlich sind, nicht im Verhältnis zu irgendeinem sonstigen Dritten. Kenntnis oder Kennenmüssen gerade des Vertreters sind schließlich nicht zuletzt deswegen gemäß § 166 I BGB vorrangig von Bedeutung, weil er die rechtliche Beziehung zwischen dem Vertretenen und dem Dritten, der aus etwaiger Kenntnis einen Vorteil haben mag, im Kontakt mit diesem herstellt[116].

---

113 Ausnahme: § 854 II BGB

114 Str., vgl. *Richardi* S.393 und *Waltermann*, AcP S.203f.; a.A. für den vorliegenden Zusammenhang *Medicus*, Probleme, S.9 und *ders.*, AT § 55 Rz. 903. Aber bei abhandengekommenen Sachen, die der Besitzdiener nicht stiehlt oder unterschlägt (§ 992 BGB), kann eine Eigentumsverletzung kaum darin gesehen werden, daß er lediglich die Besitzentziehung perpetuiert. Außerdem tritt die Rechtsfolge Schadensersatz erst bei verschuldeter Unmöglichkeit der Herausgabe ein.

115 *Richardi* S.392f.; vgl. aber S.402: anwendbar sei der allgemeine Rechtsgedanke des § 166 I.

116 Vgl. die Prot. zu § 118 E [§ 166 *Abs. II* BGB], *Mugdan* S.740: "Hinsichtlich des Einflusses des Kennens und Kennenmüssens fand der einzige vom Entw. abweichende

Diese von § 166 BGB ins Auge gefaßte Situation unterscheidet sich von der des Besitzerwerbs mittels eines Besitzdieners in rechtlicher und tatsächlicher Hinsicht. Der Anspruch gegen den unrechtmäßigen Besitzer ist aus dem Eigentum begründet, nicht aus einem Rechtsgeschäft. Mit dem Besitzdiener hat der Eigentümer beim Besitzerwerb typischerweise nichts zu tun. Deshalb fällt das auch aus diesem Gesichtspunkt begründete und in § 166 I BGB gegebene Kriterium weg, wonach mit dem Kenntnisstand des Vertreters derjenige zuerst zu berücksichtigen ist, der mit dem Dritten ein Rechtsgeschäft abschließt, auf dessen Verhalten und Wissen sich der Dritte einstellt[117]. Vor allem aber ist es nicht ganz genau, wenn man sagt, der Besitzdiener habe, wenn er selbständig handele, eine dem Vertreter ähnliche Funktion für den Besitzherrn. Denn als Besitzdiener, sofern also das besitzrechtliche Innenverhältnis in Rede steht, ist er weisungsgebunden und dem Boten, dessen Wissen unter § 166 BGB nach herrschender Ansicht außer Betracht zu bleiben hat[118], eher vergleichbar als dem Vertreter. Und umgekehrt: Soweit er befugt ist, selbständig zu handeln, ist nicht das besitzrechtliche Verhältnis zwischen ihm und dem Besitzer angesprochen, sondern die Befugnis zu rechtsgeschäftlichem Handeln in fremdem Namen. Daß der Vertretene unmittelbaren Besitz erlangt und gegebenen Falles Schuldner des Herausgabe- bzw. Ersatzanspruchs wird, beruht nicht auf dem selbständigen Handeln eines Vertreters, sondern darauf, daß derjenige, der die physische Sachherrschaft erlangt, in dieser Hinsicht als unselbständiger Besitzdiener eines anderen anzusehen ist[119]. Die Begriffe Vertreter/Vertretener resp. Besitzer/Besitzdiener bezeichnen nicht Eigenschaften oder Funktionen der durch sie angesprochenen (natürlichen oder juristischen) Personen, sondern tatbestandliche Voraussetzungen. Der Besitzdiener ähnelt nicht dem Vertreter, sondern er ist es außerdem oder auch nicht, worauf es aber für die Bestimmung der Besitzverhältnisse ebensowenig wie für die Haftung des Besitzers ankommt[120]. Ein Vergleich müßte deshalb nicht angestellt werden zwischen unterschiedlichen Rechtsbegriffen - Handeln in Vertretung einerseits, Erlangung des Besitzes mittels eines Besitzdieners andererseits - im Hinblick auf

---

Vorschlag des Antrages 2, auf die Kenntniß des Vertreters [wenn dieser aufgrund einer Vollmacht und nach bestimmten Weisungen handelt, K.B.] keine Rücksicht zu nehmen, die Zustimmung nicht, weil diese Regelung die Sicherheit des dem Vertreter gegenüberstehenden Dritten zu sehr gefährden würde."

117 Ebenso *Wilhelm*, AcP S. 24f.

118 Vgl. nur *Palandt-Heinrichs*, § 166 Rz. 2; kritisch hierzu *Wetzel* (wie Fn. 111).

119 *Richardi* S.393: Das Wollen und Wissen des handelnden Besitzdieners berühre die Sachherrschaft des Besitzherrn nicht.

120 Vgl. auch BGH NJW 1988,973 ("Auge und Ohr") - soweit der Versicherungsagent als Vermittler handelt, ist sein Wissen dem Versicherer nicht zuzurechnen (§ 44 VVG); soweit er als dessen Vertreter handelt (§ 43 VVG), gilt § 166 I BGB.

die tatsächliche Ähnlichkeit der Situation, sondern zwischen tatsächlichen Situationen im Hinblick auf die zum Schadensersatz verpflichtenden Vorschriften (§§ 989, 990 I BGB). Man müßte nicht fragen, ob der Besitzdiener dem Vertreter so sehr ähnelt, daß § 166 Anwendung findet, sondern ob die Situation, in der ein Besitzdiener den Mangel des Besitzrechts seines Besitzherrn kennt, der Bösgläubigkeit des Besitzherrn selbst so ähnlich ist, daß eine Anwendung des § 990 I BGB gerechtfertigt erscheint[121].

Auf diesem Wege läßt sich die Haftung des Besitzers im Falle der Bösgläubigkeit seines Besitzdieners besser unmittelbar aus §§ 989, 990, 855 begründen, indem man jeweils fragt, in welcher Weise die Erlangung und Ausübung des Besitzes an bestimmten Sachen beim Besitzer organisiert ist, und auf die Disposition dieser Organisation - nicht als Subjekt, sondern als Handlung, "Erwerb"[122] - zur Beachtung des fremden Eigentums aufgrund des Vorhandenseins der fraglichen Information beim Besitzdiener abstellt[123].

b) Zusammenfassung, Ergebnis

§ 166 BGB und die zu dieser Vorschrift entwickelten Grundsätze der Wissensvertretung sind zu einem festen Bestandteil der Auseinandersetzung über das rechtlich relevante Wissen einer Organisation auch über den versicherungsrechtlichen Bereich hinaus geworden[124]. Der Anwendungsbereich des § 166 BGB ist aber sinnvollerweise auf die vom Wortlaut dieser Vorschrift erfaßten Fälle der Vertretung natürlicher Personen zu beschränken. Bei der Lösung des Problems der Wissenszurechnung bei Organisationen kann ihr keine grundsätzliche Bedeutung zukommen. Ebenso deutet der Versuch, den Wissenden dann, wenn er nicht wirklich Vertreter ist, zum Wissensvertreter zu erklären, in die falsche Richtung, sofern damit mehr als eine terminologische Anlehnung an § 166 BGB gemeint ist. Beides sollten die vorstehenden Ausführungen belegen.

Dies ist auch in systematischer Hinsicht gerechtfertigt, denn § 166 I BGB ist keinesfalls eine in dem Sinne abschließende Regelung, daß die Kenntnis weiterer Beteiligter unberücksichtigt bleiben müßte, nur weil sie nicht aktuell als Vertreter handeln oder auch nur hierzu berechtigt sind. Hier erweist sich eine restriktive Auslegung dieser Vorschrift als Vorteil. Eine "Ermächtigung" des "Wissensvertreters" im Sinne einer Bevollmächtigung zu rechtsgeschäftlichem Handeln ist nur für die Zurechnung der Wirkungen seiner Willenserklärung erforderlich, und ein derartiges Erfordernis wäre systemwidrig, wenn

---

121 So auch BGHZ 32,53, S.57.
122 Vgl. Teil C, II. 3.
123 Vgl. Teil C, IV. 3. e).
124 Vgl. zuletzt insbesondere *Roemmer-Collmann*, passim; hierzu unten III. 4. b).

diejenige Handlung, in deren Zusammenhang es auf Kenntnis ankommt, ihrerseits keine rechtsgeschäftliche Handlung darstellt. Andererseits entfällt die aus der Bevollmächtigung herzuleitende Legitimation für eine Wissenszurechnung, wenn der Wissende nicht im Rahmen der rechtsgeschäftlichen Zuständigkeitsordnung der Organisation handelt, so daß die Begründung für und wider eine Zurechnung seines Wissens anders ausfallen muß.

Die vom Vertretungsrecht aus zu stellende Frage, ob und mit welchem Inhalt jemand rechtsverbindlich einen anderen berechtigen und verpflichten kann und darf, ist eine andere als die, ob es jemandem beim Vorhandensein bestimmter Information möglich ist, sich dieser Information entsprechend zu verhalten[125]. Wenn zwei natürliche Personen in der Weise zusammenarbeiten, daß eine die andere vertritt, betreffen beide Fragen tatsächlich denselben Sachverhalt. Auf diese Situation paßt § 166 BGB. Handelt es sich statt dessen um eine Organisation, korrespondiert die Wahrscheinlichkeit des Vorhandenseins der fraglichen Information nicht notwendig und nicht einmal typischerweise mit der Anzahl derjenigen Personen, die beim Abschluß eines bestimmten Rechtsgeschäftes mitwirken oder denen auch nur die Befugnis, dies zu tun, übertragen ist. Diese Situation ist in § 166 BGB nicht mitbedacht[126]. Sie kann aber von Fall zu Fall, von Organisation zu Organisation so verschieden sein und ist in jedem Fall so sehr von der des "gewillkürten", nicht institutionalisierten Handelns einer natürlichen Person für eine andere unterschieden, daß bei einer Analogie zu § 166 BGB von dessen einzelnen Voraussetzungen kaum etwas übrig bleibt.

Wenn § 166 BGB auf Fälle der gewillkürten Stellvertretung beschränkt bleibt und man den Sinn dieser Vorschrift nicht in einer generellen Zurechnungsregel sieht, sondern als Aufforderung versteht, das bei der Vornahme eines Rechtsgeschäftes vorhandene oder aktualisierbare (Kennenmüssen) Wissen je nach dem Grad des Einflusses der beteiligten Personen zu berücksichtigen[127], er-

---

[125] Vgl. ausführlich unten Teil B, IV. 3.

[126] Vgl. auch *John*, S.230-235, S.235.

[127] So vor allem *Roemmer-Collmann* (vgl. III. 4. b)); vgl. auch *Larenz/Wolf*, § 46 Rz. 114 a.E. Dies war auch der Standpunkt der Geschäftsherrntheorie, vgl. *Benöhr* S.191; vgl. aber auch den Vereinheitlichungsentwurf eines Stellvertretungsgesetzes des Internationalen Instituts für Rechtsvergleichung, Rom, abgedruckt in Unidroit, Institut international pour l'unification du droit privé, Annuaire 1960, Rom 1961, S.328ff., S. 344; dessen Art.14 lautet: "Pour déterminer si un acte accompli par le représentant doit être annulé pour défaut ou pour vice de consentement, ou pour apprécier l'influence qu'ont exercée sur cet acte la connaissance ou l'ignorance de certains faits, il faut prendre en considération soit la personne du représentant, soit la personne du représenté, soit les deux personnes à la fois selon l'influence que chacune d'elles ou toutes les deux ont exercée sur l'accomplissement de l'acte." (auch hierzu vgl. *Benöhr*, a.a.O. S.124, die engl. Fassung auch bei *Flume*, AT I/2, § 52, 5 a), S.867.).

öffnen sich allerdings von hier aus Möglichkeiten auch der Beurteilung des Wissens eines Unternehmens oder einer Gemeinde. Denn dort ist in der Tat - unter Umständen! - sehr viel mehr Wissen in die Organisation eines rechtlich relevanten Vorganges eingebunden, als in dem von § 166 BGB ins Auge gefaßten Fall der Zusammenarbeit zweier natürlichen Personen. Dieses Wissen muß nicht deswegen unberücksichtigt bleiben, weil der Vertreter unwissend ist und der Wissende nicht vertritt. Aber die Kriterien, nach denen es zu berücksichtigen sein kann, müssen nicht dem Vertretungsrecht entlehnt werden.

Wenn demnach im Bereich der Wissenszurechnung bei Organisationen auf § 166 BGB zurückgegriffen wird, so mag dies im Ergebnis angebracht sein, sofern es um die Zurechnung der vorhandenen und beim Abschluß eines Rechtsgeschäftes erheblichen Kenntnis eines satzungsmäßig oder rechtsgeschäftlich bestellten Vertreters geht, der das Rechtsgeschäft im Namen der Organisation abschließt[128]. Hierzu benötigt man eigentlich gar keine ausdrückliche Regel. Soweit danach aber auch das Wissen solcher Personen, die entweder beim Abschluß des Rechtsgeschäftes nicht beteiligt oder noch nicht einmal zur Vertretung berechtigt sind, als Wissen der juristischen Person gelten soll[129], kann diese Zurechnung kaum auf § 166 BGB gestützt werden. Vor allem aber ist die vertretungsrechtliche Qualifikation des Problems der Wissenszurechnung bei Organisationen unangemessen, sofern es auf Kenntnis oder Kennenmüssen nicht unmittelbar und ausschließlich im Zusammenhang mit der Frage nach der wirksamen rechtsgeschäftlichen Berechtigung bzw. Verpflichtung einer Organisation ankommt.

2. § 28 II BGB

§ 28 II BGB ist - neben § 166 BGB - die zweite gesetzliche Regel, die eine Lösung des Wissenszurechnungsproblems in Aussicht stellt[130]. Anders als § 166 BGB bezieht sie sich auch zweifelsfrei auf Organisationen[131], wenn auch nur auf deren Vertretungsorgane. Allerdings ist in dieser Vorschrift von Kenntnis nicht die Rede[132]. Voraussetzung des Wirksamwerdens von Willenserklärungen ist deren Zugang, nicht die Kenntnisnahme des Empfängers[133]. Zugunsten des Erklärenden wird „Zugang" angenommen, wenn nur einem Vertreter des Vereins seine Erklärung zugeht, obwohl die Vereinssatzung Gesamtvertretungsmacht vorsieht. Was der Erklärungsempfänger weiß oder wissen sollte, ist für

---

[128] Siehe aber die Bedenken hiergegen oben III. 1. a) bb): Das von § 166 ins Auge gefaßte Problem, daß Vertreter und Vertretener Kenntnis haben können, stellt sich bei der Vertretung einer Organisation nicht; die Organe bzw. deren Mitglieder werden ebenfalls nicht vertreten.

[129] Z.B. gemäß den Regeln zur Wissensvertretung.

den Eintritt der Rechtswirkung „Zugang“ unerheblich. Diese Vorschrift regelt das, was der Erklärende tun muß, um den Zugang seiner Willenserklärung in einer Situation sicherzustellen, in welcher für ihn Ungewißheit über den Erklärungsempfänger besteht, die aus dessen Organisation folgt. Sie erspart demjenigen, der eine Willenserklärung - oder auch eine Anzeige bzw. Mitteilung - abgibt, ein umständliches Vorgehen und den damit verbundenen Aufwand[134].

Natürlich ist für die Rechtsfolge, die aus dem Zugang einer – empfangsbedürftigen - Willenserklärung folgt, für deren Wirksamkeit also (§ 130 BGB), auch die Vermutung ausschlaggebend, daß der Empfänger von der Erklärung Kenntnis erlangen kann, zumal bei der Erklärung gegenüber Anwesenden. Das Risiko einer unzureichenden kognitiven (informationellen) Binnenorganisation trägt aber der Empfänger, gegebenen Falles also der Verein bzw. die Organisation. Diese Risikozuweisung kommt gerade dadurch zum Ausdruck, daß es für den Zugang auf Kenntnis oder Kennenmüssen *nicht* ankommt[135]. Wem etwas auf den Kopf zu erklärt wird, der wird nicht mit der Einlassung gehört, er habe von dieser Erklärung keine Kenntnis erlangt, deswegen sei sie ihm nicht zugegangen. Auch eine Anfechtung wegen Irrtums kommt nicht in Betracht. Allenfalls kann ein Irrtum über den Inhalt der von ihm selbst erklärten Annahme vorliegen. Wenn der Verein die aus dem Zugang einer Willenserklärung sich für ihn ergebenden rechtlichen Konsequenzen nicht realisiert, weil die anderen Vorstandsmitglieder von der Erklärung keine Kenntnis erlangen, so ist diese Unkenntnis Risiko des Vereins. Allerdings wiegt dieses Risiko nicht zu schwer, weil durch den Zugang einer Willenserklärung die Organisation nicht in der Weise belastet wird wie durch die Abgabe einer

---

130 S.a. die entsprechenden Vorschriften im AktG (§ 78 II S.2) und im GmbHG (§ 35 II S.3); aus der Rspr. RGZ 53,227, S.230f., BGHZ 20,149, S.153 m.w.N. Aus der Literatur zugunsten einer Analogie etwa *Palandt-Heinrichs* § 28 Rz. 2, *v.Tuhr* AT I,2 § 37, S.529, *Enneccerus-Nipperdey* § 109, S.431 Fn 23, *Th.Raiser*, Kapitalgesellschaften S.229, *Kübler* § 10 III 3b; *Wiesner* S.1536; weitere Nachweise bei *Schilken* S.127 Fn. 433; gegen die Anwendung von § 28 II BGB mit unterschiedlichen Erwägungen *Baumann* S.296, *Waltermann*, AcP S.221f., *Bohrer* S.126f., *Roemmer-Collmann* S.63ff. und MK-*Reuter* § 28 BGB Rz. 5ff.

131 Siehe allerdings §§ 86 S.2 und 89 BGB.

132 Ebenso *Bohrer* S.126f., *Waltermann* AcP S.222; vgl. auch *Baumann* S.296: entsprechende Anwendung allenfalls, wenn die Kenntnis auf einer Mitteilung der Gegenseite beruht.

133 MK-*Förschler*, § 130 BGB Rz. 10 m.w.N. Fn. 23, BAG NJW 1993,1093.

134 § 28 II BGB hatte ausweislich der Materialien den Sinn, den Zugang von Willenserklärungen an Vereine auch ohne das aufwendige Zustellungsverfahren nach §§ 166ff., 171 ZPO zu ermöglichen, vgl. Motive S.100 (bei *Mugdan* S.407) und Protokolle S.1036 und 1039 (bei *Mugdan* S.614f.).

135 Siehe BGH NJW 1975,382 (384 a.E.); ebenso *Roemmer-Collmann* S.53.

solchen, für die § 28 II BGB eben nicht gilt[136]. In der typischen Situation des Vertragsschlusses betrifft der Zugang entweder die Abgabe eines Angebotes oder die Annahme eines solchen. In beiden Fällen ist die Organisation weniger schutzwürdig, weil sie - im Kollektiv - entscheiden kann, ob sie das Angebot annimmt bzw. damit rechnen muß, daß ihr eigenes - im Kollektiv erklärtes - Angebot angenommen wird. Hieraus erklärt sich die gegenüber der aktiven Vertretung mindere Schutzbedürftigkeit der Organisation; nicht der Organisation als solcher, sondern der in zulässiger Weise getroffenen Disposition über die Bedingungen, unter denen rechtsgeschäftliches Handeln ihr zuzurechnen sein soll.

Die Anwendung des § 28 II BGB führt sicherlich nicht zu völlig abwegigen Ergebnissen, soweit es sich um die Zurechnung des Wissens einzelner Organmitglieder handelt. Insbesondere die Frage nach dem Wissen einer Organisation infolge des "Zugangs" von Wissenserklärungen oder Mitteilungen wird man anhand dieser Vorschrift beantworten können[137] - nicht wegen der vermeintlichen Ähnlichkeit von Wissens- und Willenserklärungen allerdings[138], sondern deswegen, weil sich hier derjenige, dem die Organisation Unkenntnis entgegenhalten will, selbst darum bemüht hat, diese in Kenntnis zu setzen[139]. Bei einer dogmatischen Betrachtung muß aber die Frage im Vordergrund stehen, ob mit dieser Vorschrift der richtige Ausgangspunkt nicht nur für die Entscheidung konkreter Fälle, sondern auch für die systemgerechte Zuordnung des Problems der rechtserheblichen Kenntnis einer Organisation insgesamt bezeichnet ist. Diese Frage wiederum muß nach dem zuvor Gesagten verneint werden.

3. §§ 278, 31 BGB

Eine Alternative zur vertretungsrechtlichen Qualifikation stellen § 278 S.1[140] oder § 31[141] BGB in Aussicht. Der Anwendungsbereich dieser Vorschriften ist

---

136 Vgl. bereits RG JW 1889, S.154. Ebenso *Sieger* S.81f. und *Reichwein* S.5.

137 *Waltermann*, AcP S.222f., *Baumann* S.296, *Roemmer-Collmann* S.53 und *Flume*, AT I/2, § 11 IV S.404; einige Vorschriften verlangen ausdrücklich die Erlangung der Kenntnis durch Mitteilung oder Anzeige (z.B. §§ 111, 174, 571) andere stellen die Kenntnis der Mitteilung oder Anzeige gleich, z.B. §§ 694, 1070 II, 2129 II S.2.

138 Vgl. die dasselbe Problem betreffenden Überlegungen zur "Ähnlichkeit" von Vertreter und Besitzdiener, oben S. III. 1. a) dd) a.E.

139 A.A. *Wiesner* S.1536: Kenntniszurechnung unabhängig von der Art der Kenntniserlangung; das berücksichtigt m.E. den Unterschied zwischen "Zugang" und "Kenntnis" nicht hinreichend.

140 Dazu *Hoffmann* S.372ff.

141 Vor allem *K.Schmidt* § 10 V, *Habersack*, in: Großkommentar HGB, § 125 Rz. 20 und *Schilken* S.132ff.

aber gleichfalls aufgrund des systematischen Zusammenhanges, in dem sie stehen, begrenzt; die Begrenzung ergab sich bei § 166 BGB aus dessen Bezug zur Abgabe einer Willenserklärung in fremdem Namen, sie ergibt sich bei § 278 aus dem Verweis auf die bestehende Verbindlichkeit, bei § 31 aus dem Bezug dieser Vorschrift zu Problematik des Schadensausgleichs.

Wie in §§ 164ff., 166 BGB, so wird auch in § 278 BGB nicht Wissen zugerechnet, sondern ein bestimmtes Verhalten. Der Geschäftsherr hat für das Verhalten eines Dritten einzustehen, das objektiv einen Leistungsstörungstatbestand darstellt und subjektiv schuldhaft (d.h.: vorsätzlich oder fahrlässig) sein muß. Dieses Verhalten begründet eine - sekundäre - Verbindlichkeit, so wie die Abgabe einer Willenserklärung in fremdem Namen (regelmäßig) eine primäre Leistungsverpflichtung begründet. § 278 S.1 setzt voraus, daß sich der Schuldner zur Erfüllung seiner zuvor begründeten Verbindlichkeit eines Dritten bedient. Nur vor diesem Hintergrund - als Vorsatz- bzw. Fahrlässigkeitskomponente des Verschuldens - kommt es auf die Kenntnis des Erfüllungsgehilfen an, soweit überhaupt - angesichts des objektivierten Fahrlässigkeitsmaßstabes - für Kenntnis Raum ist. Nun ist aber in den Fällen, in denen der Bestand oder der Inhalt einer Verbindlichkeit gerade von der Kenntnis oder der fahrlässigen Unkenntnis von Umständen erst abhängt und nicht vorgängig begründete Pflichten zur Kenntnisnahme bestehen, keine Verbindlichkeit zur Hand, zu deren Erfüllung die Organisation angehalten werden könnte[142]. Immer dann, wenn der Geschäftsherr ein bestimmtes Verhalten schuldet, soll die Einschaltung eines Dritten als Erfüllungsgehilfen gerade auch deswegen sein Risiko sein, weil er um den Bestand einer Verbindlichkeit ebenso weiß, jedenfalls aber wissen muß, wie um die Einschaltung des Dritten, dessen er sich bei der Erfüllung bedient. Handelt es sich um eine vertraglich begründete Verbindlichkeit, trägt der Geschäftsherr das Risiko eines Fehlverhaltens seines Erfüllungsgehilfen nicht zuletzt deswegen, weil er selbst eine bestimmte Leistung versprochen hat[143]. Hier steckt das Element des Wissens-Könnens im Versprechen, der grundsätzlich Handlungs-, Erklärungs- und Rechtsbindungsbewußtsein voraussetzenden und wegen Irrtums oder Täuschung anfechtbaren Willenserklärung. Auch wenn der Erfüllungsgehilfe eine gesetzlich begründete Verbindlichkeit eines Geschäftsherrn schuldhaft verletzt, wird dieser in aller Regel jedenfalls die Möglichkeit haben, von dieser Verbindlichkeit Kenntnis zu erlangen (so etwa im Falle des § 990 I BGB). Eine rechtsgeschäftliche Verbindlichkeit entsteht nicht ohne die Erklärung eines darauf gerichteten Willens, eine gesetzliche Verbindlichkeit selten ohne eine wissentliche Handlung des Verpflichte-

---

142 *Richardi* S.387ff.; ebenso *Waltermann*, AcP S.188.

143 Vgl. zur Übertragbarkeit der für die Geschäftsherrnhaftung berechtigten Erwägungen auf die Problematik der Wissenszurechnung noch unten III. 5. b).

ten, auch wenn diese natürlich nicht auf die willentliche Begründung einer Verpflichtung gerichtet sein muß. Wer sich schließlich ohne Wissen des Geschäftsherrn in die Leistungserfüllung einmischt, ist kein Erfüllungsgehilfe[144]. Das bedeutet: Die Einstandspflicht des Geschäftsherrn für ein Fehlverhalten seines Erfüllungsgehilfen beruht nicht zuletzt darauf, daß er mit ihr rechnen, ihre Folgen abschätzen und in diesem Sinne beherrschen kann bzw. können muß - weil er weiß bzw. wissen muß, daß eine Verbindlichkeit besteht, die er zu erfüllen hat und weiß bzw. wissen muß, daß hierbei ein anderer für ihn oder statt seiner tätig wird. Dies ist in einer Vielzahl typischer Problemfälle nicht der Fall[145].

Ähnlich verhält es sich mit § 31 BGB. Abgesehen davon, daß diese Vorschrift eine Regelung für die angemessene Durchführung des Schadensausgleichs darstellt[146], setzt die Zurechnung des Handelns eines Organmitglieds etc. die in Ausführung einer ihm zustehenden Verrichtung begangene, zum Schadensersatz verpflichtende Handlung voraus. Wenn der einschlägige Haftungstatbestand kein Verschulden voraussetzt, kommt es auf Kennen oder Kennenmüssen nicht an. Auch begründet keinesfalls jedwedes Handeln einer Person, die Mitglied des Organs eines Vereines oder einer Kapitalgesellschaft ist, eine Ersatzpflicht der Körperschaft. Wenn § 31 den allgemeinen Rechtsgedanken enthielte, daß sich juristische Personen das Handeln und folglich das Wissen ihrer Organmitglieder zurechnen lassen müßten bzw. deren Handeln und Wissen Handeln und Wissen der juristischen Person sei[147], würde er sich als Regel selbst aufheben, denn das Zurechnungskriterium „in Ausführung etc." setzt gerade voraus, daß sich die Handlungen derjenigen natürlichen Personen, die für die juristische Person tätig werden, nach dieser zuzurechnenden und ihr nicht zuzurechnenden unterscheiden lassen, daß es mit anderen Worten Handeln und Wissen der Organwalter gibt, das der juristischen Person nicht zugerechnet wird[148].

Ein Anwendungsbereich für § 278 bleibt, wenn es um die Frage geht, ob sich der Geschäftsherr im Rahmen eines bestehenden Schuldverhältnisses die Kenntnis oder fahrlässige Unkenntnis eines Erfüllungsgehilfen zurechnen lassen muß, ohne daß Kenntnis als Verschuldenselement von Bedeutung wäre. Hier wäre mit der vorbestehenden Verbindlichkeit auch der Maßstab für einen im Interesse des Gläubigers gebotenen Umgang mit Information zur Hand. Davon

---

144 Vgl. nur *Palandt-Heinrichs*, § 278 BGB Rz. 7, *Esser-Schmidt*, SRAT, § 27 I.

145 Vgl. auch *Westerhoff* S.44f.

146 Vgl. unten III. 5. b) bb); den Unterschied betont auch *Roemmer-Collmann* S.70.

147 *K.Schmidt* § 10 V, S.248 und *Schilken* S.132ff.

148 *v.Gierke,* Privatrecht S.530: "In allen Fällen aber reicht ihre [i.e. der Körperschaft] rechtliche Identität mit dem Organe nur soweit, wie sich dessen Zuständigkeit erstreckt. Was daher ein Organ außerhalb seiner Zuständigkeit rechtswidrig thut, fällt lediglich dem Individuum zur Last." Vgl. bereits oben III. 1. a) cc).

wären etwa Fälle betroffen, in denen jemand als Erfüllungsgehilfe bei oder vor Vertragsschluß arglistig Mängel der vertragscharakteristischen Leistung verschweigt, ohne selbst am Vertragsschluß beteiligt (und so von § 166 I erfaßt) zu sein. Unmittelbar anwendbar wäre § 278 im Kauf- und Werkvertragsrecht insoweit ohnehin dann, wenn man eine Pflicht zur Aufklärung auch bei fahrlässiger Unkenntnis des Mangels annähme. Das wiederum ist keine Frage der Wissenszurechnung, sondern ein Problem der Konkurrenz gewährleistungsrechtlicher und allgemeiner schuldrechtlicher Regeln[149].

4. Wissenszurechnung in Anlehnung an § 166 BGB zugrundeliegende Rechtsgedanken

Die Schwierigkeiten selbst einer analogen Anwendung des § 166 BGB lassen sich zumindest in konstruktiver Hinsicht vermeiden, wenn man die Auffassung vertritt, diese Vorschrift sei Ausdruck eines allgemeinen Rechtsgedankens. Denn die Analogie subsumiert doch immerhin den zwar vom Wortlaut der Regel nicht erfaßten Ausnahmefall unter diese, während ein "allgemeiner Rechtsgedanke" eine zusätzliche, allgemeinere Regel behauptet, als deren Unterfall sich § 166 BGB lediglich darstellt[150]. In der Sache handelt es sich also um eine eigenständige, nicht an die Voraussetzungen des § 166 BGB gebundene Begründung der unter dem Begriff des Wissensvertreters versammelten Wertungen.

a) Der Ausgangspunkt Richardis

Die These, § 166 enthalte einen allgemeinen Rechtsgedanken zur selbständigen, nicht auf der Abgabe einer Willenserklärung beruhenden Wissenszurechnung, hat zuerst *Richardi*[151] aufgestellt. Aus der Anerkennung der Stellvertretung ergebe sich nicht, auf wessen Wissen es ankomme: Auf das Wissen des Vertreters oder das des Vertretenen. Dies sei vielmehr eine Frage des objektiven Rechts, deren Beantwortung auch nicht dadurch präjudiziert sei, daß der Vertreter, wie es die Repräsentationstheorie sieht, eine eigene Willenserklärung abgibt. Die Frage, ob jemandem das Wissen eines anderen zuzurechnen sei, stelle sich zwar stets im Rahmen der Stellvertretung, müsse aber aus einem anderen Rechtsgedanken entschieden werden. Sie sei nicht bei der gesetzlichen, sondern nur bei der gewillkürten Vertretung ein Problem, weil sie voraussetze, daß auch der Vertretene rechtsgeschäftlich handeln könne. Der zwar auch, aber eben nicht nur für § 166 I BGB maßgebliche Gedanke laute: Wer einen anderen

---

149 Vgl. *Esser-Weyers*, SRBT § 5 II 2. e) a.E. und § 6 II.
150 *Richardi* S.395ff.
151 *Richardi* S.385ff.

mit Entscheidungsgewalt betraut, um sich über ihn am Rechtsverkehr zu beteiligen, muß auch dessen Kenntnisse gegen sich gelten lassen. Eine Wissenszurechnung sei überall dort anzuerkennen, wo der Dritte bei der Erledigung ihm übertragener Angelegenheiten eine tatsächlich ähnliche Stellung wie ein Vertreter bei der Vornahme von Rechtsgeschäften hat. Wissensvertreter könne also nur sein, wer mit Wissen und Wollen des Geschäftsherrn die rechtserhebliche Kenntnis erlangen kann. Die Wissenszurechnung trete allerdings unabhängig vom Willen des Geschäftsherrn schon dann ein, wenn dieser sich arbeitsteilig am Rechtsverkehr beteilige; der Geschäftsherr müsse also die Wissenszurechnung selbst nicht gewollt haben, wohl aber das Tätigwerden seines "Wissensvertreters".

Eine Begründung dieses Rechtsgedankens wird damit allerdings nicht gegeben. Die Behauptung, wer einen anderen für sich handeln lasse, müsse sich auch das in Ausführung dieser Handlung erlangte Wissen zurechnen lassen, bleibt eine - deswegen nicht schon unrichtige - Behauptung. Daß die Anerkennung der Stellvertretung und die Repräsentationstheorie *nicht* verbindlich darüber entscheiden, auf wessen Wissen es ankommen soll, läßt zunächst einmal nur die Frage offen, was *statt dessen* das Kriterium des objektiven Rechts ist, auf welchem im übrigen ja auch die Anerkennung der Stellvertretung beruht. Nicht unproblematisch ist es, dieses Kriterium von den Regeln der Empfangsvertretung her zu entwickeln[152]. Zwar stimmen diese Regeln und die zuvor genannte Wissenszurechnungsregel im Ergebnis ihrer Anwendung überein: Das Verhalten desjenigen, der für einen anderen tätig wird, entfaltet ohne Rücksicht auf beider Willen unmittelbar Rechtswirkungen für und gegen diesen. Aber die Rechtswirkungen, die im Falle der Kenntnis oder des Kennenmüssens eintreten, unterscheiden sich von denen, die im Falle der Entgegennahme einer Willenserklärung eintreten, zu Lasten des Geschäftsherrn[153]. Der aus diesem Unterschied resultierenden erhöhten Schutzbedürftigkeit des Geschäftsherrn trägt *Richardi* dadurch Rechnung, daß er die Anforderungen an die Person des Wissens-/Empfangsvertreters von der jeweiligen Kenntnisnorm her bestimmt und darauf abstellt, ob dieser mit Wissen und Wollen des Geschäftsherrn ermächtigt sei, gerade diejenige Handlung vorzunehmen, in deren Zusammenhang seine eigene Kenntnis von Bedeutung wäre.

Dieses wichtige, die Wissenszurechnung begrenzende Kriterium müßte sich nun auch dann als tragfähig erweisen, wenn der Geschäftsherr eine Organisation ist. Hierbei ergeben sich Schwierigkeiten, wenn für einen solchen Geschäftsherrn eine Vielzahl von Personen tätig ist. *Richardis* Ausführungen stellen allerdings das Problem der Wissenszurechnung gerade bei solchen Organisationen auch

---

[152] Vgl. *Richardi* S.398ff.

[153] Vgl. oben III. 2, S.ff.

nicht in den Vordergrund. Sie behaupten die Erheblichkeit des Wissens natürlicher Personen, die für *andere* natürliche Personen und mit deren Wissen und Wollen handeln. Diese können allerdings aus der Sicht *Richardis* auch Mitglieder des Organs einer juristischen Person sein: wer mit deren Wissen und Wollen handelt, handelt mit Wissen und Wollen des Geschäftsherrn, weil das Wissen der Organmitglieder ebenso wie deren Willen als Wissen und Wollen der juristischen Person anzusehen seien[154]. Dieser Gedanke löst die für eine Wissenszurechnung in Betracht kommenden Sachverhalte letztlich in Zwei-Personen-Beziehungen auf. In einer derartigen Zwei-Personen-Beziehung kann man davon sprechen, daß der (Wissens-)Vertreter mit Wissen und Wollen des anderen tätig wird, vor allem dann, wenn sich die Vertretungsmacht auf die Vornahme eines einzelnen, bestimmten Rechtsgeschäftes oder einer sonstigen, nicht rechtsgeschäftlichen Tätigkeit bezieht. In den Fällen, in denen die Vertretungsverhältnisse einerseits auf Dauer angelegt sind, andererseits sich über eine Vielzahl von Personen erstrecken, kann aber nicht davon die Rede sein, daß das, was die einzelnen Vertreter unternehmen, mit Wissen und Wollen des Vertretenen bzw. des Vertretungsorgans geschehe. Erst recht gilt dies für die Tätigkeit all derer, die nicht zum Handeln im Namen der Organisation ermächtigt sind. Das die Vertretungsmacht der verschiedenen Vertreter tragende "Wissen und Wollen" des Vertretungsorgans erschöpft sich im Wissen um die Erteilung oder auch nur den Bestand der zugrundeliegenden Vollmacht, unter Umständen noch nicht einmal dies, wenn diese nicht seitens des Organs selbst erteilt wird, sondern durch einen weiteren Vertreter, oder wenn ein Wechsel innerhalb des Organs stattfindet, der ja den Bestand erteilter Vollmachten nicht berührt. Daß aus dem rechtsgeschäftlichen Handeln eines Vertreters gleichwohl die Organisation selbst berechtigt und verpflichtet wird, beruht nur insoweit auf dem Wissen und Wollen der Organmitglieder, als dieses für den Bestand der Vertretungsmacht erforderlich ist. Für die Entscheidung hierüber kommt es aber im übrigen nicht auf ein das Handeln des Vertreters begleitendes Wissen und Wollen des Vertretungsorgans an, weil dies den berechtigten Erwartungen des Dritten an den Bestand der Vertretungsmacht entgegenstünde. Dies ist nur dann anders, wenn der Betreffende gerade ohne oder außerhalb seiner Vertretungsmacht tätig wird und sein Handeln gleichwohl Wirkung für die Organisation haben soll[155]. Über die Berechtigung der Erwartungen des Dritten an den Bestand einer Vertretungsmacht ist aber nach anderen Kriterien zu entscheiden als über die Berechtigung seiner Erwartungen daran, daß bei der Organisation bestimmtes Wissen vorhanden ist und daß diesem Wissen entsprechend gehandelt wird. Hier wird also wieder das für Organisationen charakteristische

---

154 *Richardi* S.388.

155 Als - eine - Voraussetzung der Duldungsvollmacht, vgl. BGH NJW 1988,1199.

Auseinanderfallen von rechtlichem Können bzw. Dürfen einerseits, tatsächlichen Einflußnahmemöglichkeiten andererseits bedeutsam[156].

Stellt man nun für die Zurechnung des Wissens eines "Wissensvertreters" unter Anwendung des von *Richardi* vorgeschlagenen Kriteriums darauf ab, ob jener mit Wissen und Wollen des Vertretungsorgans im Rahmen einer bestimmten, ihm anvertrauten Aufgabe tätig wird, ist der Kreis der hiernach in Betracht kommenden "Wissensvertreter" in einem großen Unternehmen oder einer Gemeinde von vornherein sehr klein, wenn man hierfür die konkrete Kenntnis der Organmitglieder davon, daß der Betreffende mit einer bestimmten Aufgabe betraut ist, verlangt. Das erscheint nicht gerechtfertigt, weil das rechtlich relevante Wissen ja gerade in der Person dessen vorhanden ist, der insoweit für die Organisation tätig wird. Der Kreis der Wissensvertreter umfaßte hingegen jedes mit der Durchführung der in Rede stehenden Tätigkeit betraute Organisationsmitglied, wenn man das Wissen um sein generelles Tätigwerden für die Organisation ausreichen ließe, oder auch nur das Wissen darum, daß bestimmte Aufgaben in bestimmten Abteilungen wahrgenommen werden. Dann ist aber im Grunde genommen das Kriterium der Wissenszurechnung schlicht die Tätigkeit des Wissenden im Rahmen der ihm zustehenden Aufgabenerfüllung.

Hier stellt sich allerdings ein weiteres für Organisationen charakteristisches Problem, das im genuinen Anwendungsbereich des § 166 BGB nicht auftaucht. Denn - in diesem weiten Sinne - mit Wissen und Wollen der Organisation im Hinblick auf eine bestimmte Aufgabe werden regelmäßig auch Organisationsmitglieder tätig sein, die die erhebliche Kenntnis gerade nicht haben. Gerade dies sind aber die wirklich problematischen Fälle. Hier geht es nicht, wie unter § 166 BGB, darum zu entscheiden, ob es auf die Kenntnis des "Wissensvertreters" oder die des Geschäftsherrn ankommen soll, sondern darum, ob die Kenntnis des einen Wissensvertreters den Ausschlag gegenüber der Unkenntnis des anderen geben soll[157].

Hier könnte man allerdings, in Fortführung des eingangs genannten Rechtsgedankens, fragen, wer von den in Betracht zu ziehenden Organisationsmitgliedern mehr mit der in Rede stehenden Tätigkeit, dem Verkauf, Besitzerwerb, der Geltendmachung von Ansprüchen etc. betraut war. Dieser Versuch einer Identifizierung der fraglichen Tätigkeit mit dem Handeln gerade nur einer Person - dem Betrauten - begegnet aber wiederum dem zumindest für größere Organisationen charakteristischen Sachverhalt, daß etwa der Verkauf oder der Besitzerwerb nicht einer einzigen Person übertragen sind, sondern mehreren, etwa einer Abteilung oder sogar unterschiedlichen Abteilungen. Dieser

---

[156] Vgl. oben III. 1. b).
[157] Vgl. z.B. RGZ 59,400.

Umstand wirkt sich auf das einer solchen Handlung zugrundeliegende Wissen aus. Dieses mag einer haben, aber für sich behalten, vielleicht nur deswegen, weil er nicht auch weiß, daß es auf dieses Wissen ankommt, daß dann, wenn er selbst der Verkäufer oder Besitzer wäre, an ihn selbst aufgrund seines Wissens bestimmte Erwartungen gerichtet wären. Dieses Wissen mag auch, gerade weil in dem Augenblick, in dem es erlangt wird, offen ist, ob es darauf ankommen wird oder nicht, auf Papier oder in einer Datenbank für einen etwaigen späteren Zugriff gespeichert sein. Die Erwartungen, die aufgrund dieses Wissens an eine einzelne Person und deren Verhalten - so auch an den Geschäftsherrn und seinen Wissensvertreter - gerichtet sind, richten sich in diesem Falle an das Kommunikationsverhalten einer Mehrheit von Personen und ändern so auch ihren Inhalt: Nicht mehr nur das Verhalten einer Person aufgrund ihrer Kenntnis bestimmter Umstände steht zur Debatte, sondern das Verhalten mehrerer Personen zueinander. Das heißt: Derjenigen Handlung, deren Beurteilung von der Kenntnis oder dem Kennenmüssen bestimmter Umstände abhängt, entspricht eine andere Form des Wissens und des auf seine Aktualisierung gerichteten Verhaltens, als der Handlung eines einzelnen, mit seinem Geschäftsherrn kooperierenden "Wissensvertreters". Das einer organisierten Handlung zugrundeliegende Wissen ist einerseits latent und "aufgespalten", andererseits aber - möglicherweise - leichter verfügbar, weil die Kooperation gleichsam eingespielt und professionalisiert, eben: organisiert ist.

In dieser zumindest für größere Organisationen typischen Situation erweist sich der Gedanke, daß die Wissenszurechnung auf der Übertragung einer Aufgabe zu selbständiger Erledigung beruhe, in mehrfacher Hinsicht zwar nicht als falsch[158], aber als unzureichend. Gegenüber sogenannter gespeicherter Information, die nicht von vornherein einer einzigen Person zuzuordnen ist (etwa weil es sich um ihre Akten, ihren Computer handelt), ist dieser Ansatz indifferent. Akten oder Computer kommen für sich genommen nicht als Wissensvertreter in Betracht. Die Frage, wie das Verhalten der in einen bestimmten Arbeitsablauf eingebundenen potentiellen Wissensvertreter untereinander aussehen muß, damit man die Organisation als wissend oder fahrlässig nicht wissend ansehen kann, ist von diesem Ausgangspunkt her nicht zu beantworten, weil er nur das Verhältnis zwischen Vertretenem und (Wissens-)Vertreter ins Auge faßt. Andererseits ist dieses Verhältnis zwischen Vertretenem und (Wissens-)Vertreter beim Handeln für eine Organisation ein anderes als beim Handeln für eine andere natürliche Person. Eine Organisation läßt nicht mit ihrem Wissen und Wollen verschiedene Vertreter für sich selbst handeln. Ebensowenig handeln die einzelnen Vertreter mit Wissen und Wollen des Vertretungsorganes für dieses. Eine Organisation wird vielmehr in unterschied-

---

[158] Vgl. die in Teil C IV. vorgeschlagenen Kriterien zur Wissenszurechnung.

lichen Aspekten ihres Verhaltens durch einzelne oder mehrere Personen repräsentiert. Was das rechtsgeschäftliche Handeln in ihrem Namen anbelangt, mag die Vorstellung einer Hierarchie der Handlungsbefugnisse gerechtfertigt sein, an deren Spitze das Vertretungsorgan in tatsächlicher oder fiktiver Identität mit der Organisation selbst steht. Für die Wissenszurechnung ist diese Konstruktion nicht zwingend erforderlich, soweit nicht die Frage der Befugnis zu rechtsgeschäftlichem Handeln im Namen der Organisation betroffen ist, sondern die Frage des Vorhandenseins und der Aktualisierung bestimmten Wissens anläßlich einer solchen oder auch unabhängig von einer solchen rechtsgeschäftlichen Handlung[159]. Die auf das Vorhandensein bestimmter Information gegründete Berechtigung einer bestimmten Verhaltenserwartung muß hier nicht an das Verhältnis zwischen dem einzelnen (Wissens)Vertreter und dem Vertretungsorgan, an dessen "Wissen und Wollen" anknüpfen. -

Wichtig und festzuhalten ist aber zum einen die Betonung der Zuständigkeit als Kriterium der Eingrenzung desjenigen Personenkreises, dessen Wissen als Wissen der Organisation in Betracht kommt, zum anderen die zusätzliche Orientierung dieses Kriteriums am Tatbestand der jeweiligen Kenntnisnorm. Denn um die Auslegung und Anwendung dieser Normen, die auf Kenntnis oder Kennenmüssen abstellen, geht es letztlich bei der Frage nach der Kenntnis einer Organisation[160].

b) Die Ansicht Roemmer-Collmanns

Gleichfalls von § 166 BGB ausgehend, hat zuletzt *Roemmer-Collmann*[161] eine Reihe von Wertungsgesichtspunkten erarbeitet, die für die Wissenszurechnung maßgeblich sein sollen. Er nennt[162] als erstes den "Grundsatz der Steuerbarkeit", wonach der Wissensstand derjenigen Personen maßgeblich sein soll, die die fragliche (rechtsgeschäftliche) Entscheidung gleichsam "in der Hand" halten (und insofern steuern können), sodann den "Vertrauensgrundsatz", wonach der Rechtsverkehr auf eine Aktualisierung des bei rechtsgeschäftlichem Handeln vorhandenen Wissens vertrauen dürfe, drittens den Gedanken des "Vorteilsausgleichs" sowie das "Verantwortungsprinzip" - wonach dem Nutzen der Arbeitsteilung eine Zuordnung der aus ihr resultierenden Risiken entsprechen müsse - und schließlich den Gesichtspunkt der Sach- und Entscheidungsnähe des Vertreters resp. des Vertretenen. -

---

159 Vgl. Teil C, IV. 2.

160 So auch *Richardi* selbst, S.391, *Druey* S.305f. und bereits *Müller-Freienfels* S.392 und 413ff.; grundsätzlich auch *Waltermann*, AcP S.181ff., 191ff.

161 S. Literaturverzeichnis.

162 S.74ff., 85ff., S.217 Nr.2.

Zur Idee des "Vorteilsausgleichs" als einem Kriterium der Wissenszurechnung soll im folgenden Abschnitt der Arbeit Stellung genommen werden[163]. Hinsichtlich der weiteren Grundsätze ist zu überlegen, inwieweit sie ihre Berechtigung gerade dem vertretungsrechtlichen Zusammenhang verdanken, dem sie entlehnt sind[164], und ob sie, soweit dies der Fall ist, gleichfalls aus § 166 BGB begründet werden können, wenn nicht gerade die Zurechnung des Wissens eines bevollmächtigten und konkret handelnden Vertreters bzw. eines als Zurechnungsperson in Betracht kommenden Vertretenen ist.

Der Grundsatz der Steuerbarkeit nennt einen für die Wissenszurechnung wesentlichen Aspekt, weil Wissen als handlungsbezogenes Wissen rechtlich erheblich wird[165]. Er findet aber in § 166 Abs.1 und 2 BGB nur insofern Ausdruck, als rechtsgeschäftliches Handeln für einen anderen betroffen ist, der selbst steuern kann und durch das rechtsgeschäftliche Handeln seines hierzu ermächtigten Vertreters gebunden wird. Darüber hinaus ist aber nicht jedes Wissen zurechenbar, auch wenn es Handlungs- oder Steuerungsmöglichkeiten gibt. Einerseits liegt es auf der Hand, daß über dieses Wissen hinaus eine bestimmte Beziehung des Wissenden zu demjenigen Vorgang vorhanden sein muß, in dessen Zusammenhang Kenntnis erheblich wird. Andererseits ist nicht einleuchtend, daß der Wissende durchweg Vertreter oder auch nur Mitglied der Organisation sein muß, daß also die Einbindung des Wissenden in die rechtsgeschäftliche Zuständigkeitsordnung der Organisation entscheidend sein soll[166]. Über die Steuerbarkeit hinaus wird also ein Kriterium benötigt, anhand dessen entschieden werden kann, ob die unterlassene Gegensteuerung zu Lasten der Organisation gehen soll oder nicht. Des weiteren ist zu bedenken, daß der unwissende Vertreter als solcher eben nicht so handeln kann wie jemand, der die erheblichen Umstände kennt, sei er Vertreter oder auch nicht. Wenn Steuerbarkeit den Ausschlag geben soll, muß man also angeben, wieso dieser Mangel gegenüber den Steuerungsmöglichkeiten des Wissenden unerheblich sein soll. M.E. wird der Regelungsgehalt des § 166 überdehnt, wenn man auch *diese* Kriterien dort angelegt sehen will.

Das Argument, der Rechtsverkehr dürfe auf eine Aktualisierung des bei rechtsgeschäftlichem Handeln vorhandenen Wissens vertrauen, kann m.E. zu einer Begründung der Wissenszurechnung nur beschränkt herangezogen werden. Fraglich ist zunächst, was als "vorhandenes" Wissen i.d.S. anzusehen ist und wie weit wiederum das Vertretungsrecht - genauer: die rechtsgeschäftliche Zuständigkeitsordnung der Organisation und damit § 166 BGB - hierfür die

---

163 S.o. zuvor unter III. 4. b).

164 Vgl. oben III. 1.

165 Vgl. Teil B IV.

166 So wohl auch *Roemmer-Collmann* selbst, S.86f. (unter aa), a.E.).

leitenden Kriterien liefern kann, wenn es nicht beim Vertreter oder dem Vertretenen oder dessen Organen vorhanden ist. Problematisch ist außerdem, aus welchem Anlaß und weshalb ein dahingehendes Vertrauen des Rechtsverkehrs berechtigt ist und was dieses Vertrauendürfen für die Organisation bedeuten soll. Einen faktischen Anhaltspunkt für konkretes Vertrauen hat der Geschäftspartner nur insoweit, als er mit Repräsentanten der Organisation in Kontakt tritt. Ein Einblick in die Binnenverhältnisse, die für die Informationsbasis bestimmter außenwirksamer Handlungen der Organisation sorgen, mithin einen konkreten Anhaltspunkt für Vertrauen, hat er hingegen nicht. Allerdings kommt es auch regelmäßig nicht auf konkretes Vertrauen, sondern auf typisiertes Vertrauendürfen, auf die Wahrscheinlichkeit eines bestimmten Sachverhalts an[167]. Darüber hinaus erlangt aber auch dieses Vertrauen Bedeutung nur insofern, als es auf die Geltung bestimmter – gesetzlicher oder anderer - Regeln gerichtet ist. Die Aussage, jemand solle auf ein bestimmtes Verhalten vertrauen dürfen, ist insoweit nichts weiter als ein Zusatzargument zu einem Ergebnis, das zunächst einmal aus der Anwendung dieser Regeln folgt. § 166 BGB schützt nun nicht das Vertrauen des Geschäftspartners darauf, daß Vertreter oder Vertretener bestimmte Umstände kennen oder auch nur Information untereinander austauschen, sondern nur das Vertrauen darauf, daß es, je nach dem Grad der Beteiligung am Rechtsgeschäft, auf den Wissensstand des Vertreters oder eben auch des Vertretenen ankommt, und daß beide sich diesem Wissen oder Nichtwissen entsprechend verhalten. An diesem Punkt erweist sich nun die "Unvollständigkeit" des § 166 als hinderlich, der ja auf das nach anderen Vorschriften erhebliche Kennen oder Kennenmüssen verweist. Denn das für den Kenntnis-Fall erwartbare Verhalten und die Möglichkeiten, Kenntnis zu erlangen und weiterzugeben, sind, je nach Tatbestandszusammenhang und Sachverhalt zu unterschiedlich, als daß man die Kriterien der Berechtigung entsprechenden Vertrauens lediglich vor dem Hintergrund des § 166 BGB entwickeln könnte. Und schließlich schützen § 166 I und II ebenso das Vertrauen des Vertretenen darauf, daß er sich das Wissen solcher Personen, die nicht zu rechtsgeschäftlichem Handeln ermächtigt sind oder zwar dies, aber nicht als solche für ihn handeln, auch nicht zurechnen lassen muß. Mit einer Reformulierung des Regelungsgehaltes des § 166 unter dem Gesichtspunkt des Vertrauensschutzes ist daher m.E. für die Wissenszurechnung über den Wortlaut des § 166 hinaus nicht viel gewonnen.

Dasselbe gilt schließlich für den Gedanken der Sach- und Entscheidungsnähe. Zweifellos spricht für die Zurechnung des Wissens eines Vertreters gem. § 166 I BGB, daß er derjenige ist, der am ehesten Kenntnis haben kann, weil der in einer konkreten Situation für den Vertretenen handelt und insofern mit den je

---

[167] Vgl. *Kegel*, FS Pleyer, S.533f.

erheblichen Umständen konfrontiert ist. Wenn aber - etwa mangels Sachkenntnis oder auch aufgrund nicht fahrlässiger Unaufmerksamkeit - nicht der handelnde Vertreter, hingegen ein ihn (planmäßig, zufällig) begleitender, sachkundiger Organisationsmitarbeiter beispielsweise den gem. §§ 460, 464 erheblichen Mangel erkennt, wird man dessen Wissen nicht außer Acht lassen wollen. Die Frage, die sich dann stellt, ist, ob der Vertreter, dem der Vertretene die rechtsgeschäftliche Entscheidung überlassen hat, hinsichtlich der Wissenszurechnung hinter dem nicht zur Vertretung berechtigten Mitarbeiter zurückstehen muß. Das Problem liegt in der Abwägung zwischen kaufrechtlichen und vertretungsrechtlichen Wertungsvorgaben. Die Lösung wird daher nicht aus einem § 166 zu entnehmenden Grundgedanken zu entwickeln sein, dessen Wortlaut zu einem ganz eindeutigen, aber - in diesem Fall - offenbar unangemessenen Ergebnis führen würde, weil das Problem dort gar nicht mitbedacht ist. -

Der Versuch, die Wissenszurechnung bei Organisationen von § 166 BGB her zu erschließen, ist mit dem Problem konfrontiert, daß diese Vorschrift nicht nur ihrem Wortlaut nach, sondern auch hinsichtlich ihrer systematischen Stellung einen eingeschränkten Anwendungsbereich hat. Von hier aus entwickelte Grundsätze bedürfen über diesen Anwendungsbereich einer besonderen Begründung. Wenn sämtliche Mitglieder des Vertretungsorgans hinsichtlich der Rechtsstellung eines Scheineigentümers ebenso gutgläubig sind wie der die Sache erwerbende Angestellte, kann man die Kenntnis eines ausgeschiedenen Mitglieds des Vertretungsorgans[168] nicht gut anhand des § 166 BGB zurechnen. Wenn der Grundsatz die Nichtanwendung der Norm in ihrem genuinen, d.h. vom Wortlaut erfaßten Anwendungsbereich zur Folge hat[169], kann auch von einer Analogie nicht die Rede sein. Damit ist über den heuristischen Wert solcher Grundsätze noch nichts gesagt. Die von *Roemmer-Collmann* angeführten Sachargumente hätten m.E. aber diejenigen Normen mit einzubeziehen, in deren Zusammenhang es auf Kenntnis ankommt, weil sich aus ihnen zuerst ergibt, welches Gewicht der Vertretungsmacht oder der rechtsgeschäftlichen Zuständigkeitsordnung überhaupt zukommen soll, welches Verhalten für den Fall der Kenntnis zurecht erwartet werden darf und welche Möglichkeiten der Kenntnisnahme hinsichtlich der "Umstände" (§ 166) tatsächlich bestehen. Damit verschiebt sich auch die Zuordnung des Wissenszurechnungsproblems.

---

168 Vgl. Roemmer-Collmann, S.187.

169 Siehe auch das im vorigen Absatz genannte Beispiel und die Vorschläge von *Roemmer-Collmann* S.197ff. zur Zurechnung des Wissens von Personen, die zur Vertretung nicht befugt sind. Das Unwissen des handelnden Vertreters bliebe - trotz § 166 I - irrelevant gegenüber dem Wissen des beteiligten, nicht vertretungsberechtigten Organisationsmitgliedes.

Es erscheint nicht als ein Problem der Anwendung des § 166 BGB oder der ihm zugrundeliegenden Grundgedanken, sondern als ein solches der Anwendung der einzelnen Kenntnisnormen, das nur dann im Rückgriff auf § 166 BGB zu lösen ist, wenn es im Rahmen dieser Normen und nach dem Sachverhalt tatsächlich um die Zurechnung des Wissens eines für die Organisation handelnden Vertreters oder Organmitgliedes geht.

5. Wissenszurechnung und Risiken der Arbeitsteilung

Ein gewichtiges, jedenfalls häufig gebrauchtes Argument bezieht sich auf die für Organisationen charakteristische Arbeitsteilung. Dieses Phänomen legt eine Verallgemeinerung der in § 166 BGB ausgesprochenen und gleichfalls auf Arbeitsteilung bezogenen Regel nahe. So sieht *Waltermann* in § 166 (vor allem dessen Abs.1) einen allgemeinen Rechtsgedanken angelegt, wonach

"... derjenige, der einen anderen (...) mit der Erledigung bestimmter Angelegenheiten betraut, sich das in diesem Rahmen erlangte Wissen des anderen zurechnen lassen muß. Nur im Recht der Stellvertretung hat dieser Gedanke durch § 166 BGB Eingang in die gesetzliche Regelung gefunden, er beansprucht aber auch darüber hinaus, als Ausdruck eines auf den Gedanken der Risikozuweisung zurückgehenden Zurechnungsprinzips, in anderen Bereichen Geltung."

Das deckt sich mit dem Ausgangspunkt *Richardis*. Der für die Regel des § 166 BGB maßgebliche Wertungsgesichtspunkt besteht nach *Waltermanns* Ansicht

"in der Zuweisung eines Risikos (...), das der Vertretene durch die Einschaltung der Hilfskraft (u.U. durch die Duldung ihres Tätigwerdens) geschaffen hat: Wesentlich für diese mit § 166 I zum Ausdruck gebrachte gesetzliche Wertung ist, daß der Vertretene sich die Vorteile einer Arbeitsteilung in seinem Interesse zunutze macht. Der Vertretene begibt sich dadurch der Möglichkeit, selbst von Umständen Kenntnis nehmen zu können, die nach dem Gesetz erheblich sind, er hat es andererseits in der Hand, das dadurch entstehende Risiko zu beherrschen." [170].

Das Argument, wer die Vorteile der Arbeitsteilung für sich in Anspruch nehme, müsse auch für deren Nachteile einstehen, findet sich in diesem Zusammenhang auch ohne ausdrücklichen oder auch nur impliziten Bezug auf die Vorschrift des § 166 BGB[171]. So schreibt *Canaris*[172], größere Unternehmen dürften durch

---

170 Ähnlich *S.Lorenz*, S.555, zur Wissenszurechnung im Eigentümer-Besitzer-Verhältnis und bereits *Wetzel*, S.40.

171 Vgl. außer den zuvor Genannten *Larenz/Wolf*, § 46 Rz. 112, *Meyer-Reim/Testorf* S.1140, *Reinking/Kippels* S.896, *Scheuch*, LM, *M.Schultz* S.480 ("Leitgedanke der Wissenszurechnung überhaupt"), *Drexl* S.505, wohl auch *Lutter* S.242 ("Tücken einer großen Organisation"), *Roemmer-Collmann* S.88ff. u.ö. (vgl. auch ebd. S.217 Nr.2), *Westerhoff* S.42, vgl. aber auch ebd. S.54: eine dogmatisch exakte Begründung der Wissenszurechnung liege darin noch nicht; nur einschränkend ("rechtspolitische Billigkeitserwägung") auch *Sieger* S.79.

die stärkere Arbeitsteilung und die damit verbundene "Wissensaufspaltung" nicht privilegiert werden; daher sei es grundsätzlich ihr Betriebs- und Organisationsrisiko, ob und wie sie die umgehende Weiterleitung der Information über die fragliche Tatsache an alle in Betracht kommenden Stellen gewährleisten. Darin liege eine (weitere) Verschärfung der Vertrags- und Schutzpflichthaftung von einer echten Verschuldenshaftung in Richtung auf eine Risikohaftung. Weiter führt *Canaris* aus:

"Das muß nicht unbedingt immer heißen, daß ein Unternehmen nun hinsichtlich sämtlicher Informationen immer als Einheit zu behandeln ist, doch sollte das zumindest bezüglich besonders wichtiger und/oder dramatischer Umstände wie der Zahlungseinstellung oder des Todes eines Bankkunden gelten. Im übrigen wird man in der Tat sogar noch einen Schritt weitergehen und mit dem Schutzzweck von § 278 BGB, den Gläubiger vor den Risiken der Arbeitsteilung zu bewahren, in dieser Frage uneingeschränkt Ernst machen können. Zwar ist persönliches Verschulden vorausgesetzt, doch dürfte fiktives reichen, das dann vorliegt, wenn, hätte der Geschäftsherr das fragliche Geschäft vorgenommen, bei ihm Verschulden vorgelegen hätte."

Diese Argumentation schließt die in *Richardis* Überlegungen verbleibende Lücke, indem sie als maßgeblichen positiven Wertungsgesichtspunkt der Wissenszurechnung die arbeitsteilige Organisation, genauer: Die Arbeitsteiligkeit der Organisation, (letztlich also: diese selbst) herausstellt: Arbeitsteilung berge Gefahren, die Risiko dessen sein sollen, der Arbeitsteilung betreibt und den Nutzen aus ihr zieht.

Es gibt aber auch Gegenstimmen[173], die zu beachten sich lohnt. Denn so unproblematisch ist das Arbeitsteilungsargument nicht.

---

172 Bankvertragsrecht I, 4.Aufl. 1988 Rz. 106; vgl. auch *Canaris'* Diskussionsbeitrag in *Klingmüller*, Hg., Möglichkeiten der Wissenszurechnung, S.33ff.

173 "Dass die Organisation aus ihrer arbeitsteiligen Wirkungsweise Nutzen zieht und darum auch die Konsequenzen tragen soll, sagt nichts aus.", *Druey* S.306; vgl. auch *Koller* S.75ff., sowie die oben Fn. 20 genannten Entscheidungen einiger Oberlandesgerichte (Z.B. OLG Suttgart VersR 1990,76 "Es liegt auf der Hand, daß es bei einer juristischen Person, die arbeitsteilig durch Organe und Arbeitnehmer tätig wird, nicht auf die Möglichkeit der Kenntnisnahme durch jeden beliebigen Mitarbeiter ankommen kann.".) Ähnlich bereits RGZ 166,98, S.104 zu § 990 BGB: Der umfangreiche Geschäftsbetrieb der (beklagten) Bank und die darin durchgeführte Arbeitsteilung habe Verdachtsgründe nicht aufkommen lassen. Die Geschäftseinrichtung der Bekl. sei zu berücksichtigen; damit werde der an die Sorgfaltspflicht anzulegende Maßstab nicht preisgegeben, sondern nur erwogen, welche Anforderungen an ein größeres Kreditinstitut gestellt werden können. - Vgl. zur Arbeitsteilung im Bankbetrieb auch *Woeste* S.131ff., ebenfalls restriktiv im Hinblick auf die Wissenszurechnung im Rahmen des § 990 BGB.

a) Risiken der Arbeitsteilung als maßgebliches Wertungskriterium der Wissenszurechnung bei Organisationen?

Der Risikobegriff bezeichnet solche Nachteile oder als nachteilig empfundenen Ereignisse im weitesten Sinne, deren Eintreten sich mit Gewißheit weder ausschließen noch vorhersagen läßt, Dinge, die geschehen oder auch nicht geschehen können, die sich jedoch, im Unterschied zu Katastrophen oder anderen Schicksalsschlägen, menschlichem Handeln zurechnen lassen[174]. Man wird annehmen können, daß Risiken weder als solche in der Welt sind, noch einen natürlichen Urheber haben, der von vornherein als erster Risikoträger in Betracht zu ziehen wäre. Der bekannte Satz *casum sentit dominus* ist ebenso wie die Alternative, die Angabe eines verantwortlichen Ersatzpflichtigen, eine mehr oder minder akzeptable, jedenfalls begründungsbedürftige Zurechnung[175].

Um Wertungsfragen geht es aber nicht nur bei der Zurechnung von Risiken. Schon der "Nachteil" existiert nicht als solcher. Das wird vielleicht bei Unfällen i.w.S., vor allem bei bei Körper- oder Sachschäden, nicht unmittelbar ersichtlich. Hier ist der Nachteil evident. Gleichwohl, das zeigen nicht nur die für den Wertungsansatz vorhandenen Rechtsgutsverletzungstatbestände des Deliktsrechts, ist die Frage des Nachteils ausschließlich eine solche des rechtlich erheblichen Nachteils. Ohne "Leistung" gibt es keine "Leistungsstörung", ohne "Eigentum" weder Verletzungen desselben noch einen Erwerb vom "Nichtberechtigten" etc.

Im Zusammenhang mit der Wissenszurechnungsproblematik ist nun von Risiken der Arbeitsteilung nicht generell die Rede, sondern in zweifacher, spezieller Hinsicht. Erstens bezieht sich der Risikobegriff auf die Tatsache der Wissensaufspaltung. Wissensaufspaltung birgt Risiken, d.h. bringt Nachteile mit sich - aber welche Nachteile und für wen? Wenn man nicht bei einer organisationssoziologischen Betrachtung stehen bleibt, muß der externe Bezug hinzugedacht werden, also die rechtlich relevante Beziehung der Organisation zu Dritten. Hier kommen zweitens diejenigen Tatbestände in den Blick, die die Kenntnis oder die (grob) fahrlässige Unkenntnis einer Organisation erheblich werden lassen, und zwar als Kriterium der Risikozuweisung. Was sind das also für Nachteile, die diesen Dritten aus der rechtlichen Verbindung mit einer Organisation erwachsen können? Offensichtlich sehr unterschiedliche, beispielsweise: Ein Sachmangel beim Kauf (§§ 460, 464, 463 S.2), der (ersatzlose) Verlust des Eigentums infolge gutgläubigen Erwerbs, §§ 932ff., 990, der

---

[174] Zur näheren Charakterisierung des Risikobegriffs, insbesondere zur Unterscheidung Risiko/Gefahr im Hinblick auf die Art und Weise der Zurechnung auf Handelnde oder Betroffene vgl. *Luhmann*, Risiko, insbes. S.30ff.

[175] *Weyers*, Unfallschäden S.485ff.

Eintritt einer rechtsgeschäftlichen Bindung durch das Handeln eines nicht zur Vertretung Berechtigten, die Ungewißheit über die Drittwirkungen der Zession einer Forderung gegen die Organisation (§§ 406-408) oder über den Lauf der Verjährung (§ 852), um nur einen kleinen Ausschnitt derjenigen Tatbestände in Erinnerung zu rufen, in deren Rahmen es auf das Wissen einer Organisation ankommen kann.

Es ist nicht auf den ersten Blick einsichtig, daß all diese Nachteile als Risiken von einem Punkt aus, nämlich im Verweis auf die Arbeitsteilung der Organisation und die hiermit verbundene Wissensaufspaltung, angegangen werden könnten. Die Verbindung zum Arbeitsteilungsargument schafft das Kenntniskriterium, von dem aus sich ja die Wissenszurechnungsfrage stellt. Von der Kenntnis des Käufers (bei Vertragsschluß oder Ablieferung) - um die vorgenannten Beispiele aufzugreifen - hängt es ab, ob er Gewährleistungsrechte geltend machen kann oder nicht, von der des Verkäufers, ob dieser trotz eines Haftungsausschlusses und außerdem auf Schadensersatz haftet, von der des Erwerbers, ob er Eigentum erwirbt und für den Fall des verschuldeten Untergangs Ersatz leisten muß, von der des Dritten, ob der Vertretene berechtigt und verpflichtet wird, von der des Schuldners, welche Wirkung Rechtsgeschäfte mit dem Zedenten haben, von der des Geschädigten schließlich, wann der Deliktsanspruch verjährt. Die Argumentation muß also, wenn sie die Tatsache der Arbeitsteilung in den Kenntnis-Tatbestand einbeziehen will, wie folgt lauten: Die Organisation, die in irgendeiner Art und Weise (in irgend einem "Spalt") über die fragliche Information verfügt, wird mit dem jeweiligen Nachteil deshalb belastet, weil sie es in der Hand hat, diesen Nachteil zu vermeiden, indem sie sich nämlich so organisiert, daß sie die fragliche Information dort zur Verfügung hält, wo sie gebraucht wird.

Hierbei ist nun einiges problematisch. Zunächst ist die Argumentation vollständig zirkulär, wenn sie die Intention haben sollte, statt der Haftungs-, Erwerbs-, Verjährungs- etc. -Frage die Wissenszurechnungsfrage zu beantworten. Geht man davon aus, daß Arbeitsteilung ein wenn nicht hinreichendes, so doch notwendiges Definitionsmerkmal des Begriffs der Organisation ist, daß es also Organisation ohne Arbeitsteilung nicht gibt, lautet die vorgeschlagene Lösung, daß eine Organisation Kenntnis hat, wenn die Information "irgendwie" im arbeitsteiligen Zusammenhang vorhanden ist, weil sie eine Organisation ist. Zur Organisation gehört auch der Hausmeister. Auf dessen Wissen wird es regelmäßig nicht ankommen, trotz Arbeitsteilung. Aber warum? - Das Problem steckt offenbar im "irgendwie". Hierauf gibt das Arbeitsteilungsargument keine Antwort[176].

Hinzu kommt folgendes. Wissenszurechnungsfragen stellen sich nicht nur in Schadenshaftungszusammenhängen. Das ist nicht einmal eine besonders wichtige Gruppe, weil die Bedeutung subjektiver Handlungselemente im Haftungsbereich aus verschiedenen einsichtigen und hier nicht auszuführenden Gründen gering ist. Standardisierung und bereichsspezifische, nicht auf Umstände (Kennenmüssen) bezogene Vorhersehbarkeit geben den Ton an[177]. Verläßt man den Schadenshaftungsbereich, geraten vollkommen andere Gerechtigkeitsprobleme in den Blick, denen das Gesetz durchweg anhand differenzierter Risikozuweisungregeln und -kriterien begegnet. Das Arbeitsteilungsargument verleitet dazu, diese die Schutzwürdigkeit auch des Gegners ins Auge fassenden Differenzierungen zugunsten eines eher groben Direktzugriffs einzuebnen. Soll etwa Wissensaufspaltung auch dann zu Lasten der Organisation gehen, wenn in Zessionsfällen Zedent und Zessionar die Zession nicht offenlegen, weil sie - aus vollständig legitimen, aber ausschließlich in ihrem Interesse liegenden Gründen - die Zession geheimhalten wollen? Welche Rolle spielt die Arbeitsteilung, wenn der Eigentümer einer Sache in Kenntnis der Umstände zögert, sie von der Organisation als rechtlosem, aber beim Erwerb gutgläubigem Eigenbesitzer im Klageweg herauszuverlangen, weil er selbst noch Rechtsfragen zu klären hat? Offenlegung und Rechtshängigkeit lassen die Kenntnis der Organisation hier ebenso irrelevant werden wie in Bereicherungsfällen (§§ 818 IV, 819). Auch diese Beispiele lassen sich ergänzen, sie führen auf einen für die Bedeutung der Kenntnis-Tatbestände wesentlichen Zusammenhang zwischen der Schutzwürdigkeit des Gegners und dessen eigenem, subjektivem Handlungsspielraum[178].

Und schließlich: Das Gesetz selbst berücksichtigt durchaus den Umstand arbeitsteiliger Organisation in einer für die Wissenszurechnung maßgeblichen Art und Weise. Das Wissen ihrer Organe und/oder ihrer sonstigen Vertreter muß sich die Organisation durchweg zurechnen lassen, wenn und weil Organe und Vertreter für die Organisation handeln. Das ist zwar möglicherweise zu eng, immerhin aber ein Kriterium. Und ein Weiteres wird durch das Gesetz unmiß-

---

176 *Canaris* (a.a.O., Fn. 172) scheint dieses Problem zu sehen ("... das muß nicht unbedingt immer heißen, daß ein Unternehmen nun hinsichtlich sämtlicher Informationen immer als Einheit zu behandeln ist, ..."). Aber wo sind dann die Abgrenzungskriterien, über die "besonders wichtigen und/ oder dramatischen Umstände" hinaus? Und was ist, wenn sie der Gegner selbst kennt, was in vielen Konstellationen typischerweise der Fall ist (vgl. unten Fn. 189) - "Mit"verschulden""?

177 Vgl. Teil B, III. 2. b).

178 Vgl. auch hierzu Teil B IV.

verständlich vorgegeben, durch das Arbeitsteilungsargument hingegen, sofern es die Organisation als solche anspricht, nicht aufgegriffen: Nicht um "das Wissen" der Organisation schlechthin geht es, sondern um das Wissen des Käufers, Verkäufers, Erwerbers, Schuldners, Geschädigten etc., bei einer bestimmten Gelegenheit (dem Vertragsschluß, der Ablieferung, dem Erwerb oder der Zeit danach, bei der Zahlung, dem Erwerb der Forderung, etc.) und nicht zuletzt um die Kenntnis bestimmter Umstände. Von hier müßte man, unter Berücksichtigung der je anzutreffenden Konfliktlagen und Interessenwertungen des Tatbestandszusammenhangs, ausgehen, wenn man Kriterien zur Eingrenzung des rechtlich relevanten Wissens "der Organisation" angeben wollte.

b) Nutzen und Risiken der Arbeitsteilung als Kriterium der Haftungsverlagerung und der Bezug zur Wissenszurechnungsfrage

Wer die Nutzen der Arbeitsteilung zieht, soll auch die Risiken tragen. - Dieser Satz faßt einen wesentlichen Aspekt derjenigen Erwägungen zusammen, auf welchen Haftungsverlagerungen aufgrund der §§ 278, 31, 831 und teils auch § 823 I (oder Abs. III)[179] BGB beruhen. Daher lohnt die Frage, ob sich nicht auch die Wissenszurechnung von diesem Gedanken leiten lassen könne. Denn daß insbesondere große Organisationen aus Arbeitsteilung auch insofern Nutzen ziehen, als ihr wirtschaftliches Handeln auf enorme Informationsverarbeitungskapazitäten zurückgreifen kann, dürfte außer Streit sein, ebenso, daß diese Kapazitäten wesentlich auf Wissensverteilung, also unterschiedliche Zuständigkeiten für Sammlung, Sichtung und Weitergabe von Information beruht. Daß hiermit ebenso enorme Koordinationsprobleme verbunden sind[180] und daß

---

179 Vgl. *Mertens*, AcP S.226ff., zur "Gehilfenhaftung" kurz S.235f., *ders.*, VersR S.408, *Esser-Weyers*, SRBT § 58 I 3, *v.Caemmerer* S.115ff., *H.Westermann*, Haftung S.333ff. und 382ff.

180 Die soziologische und betriebswirtschaftliche Literatur hierzu füllt Bibliotheken; vgl. etwa *Lepsius*, S.128ff.: "Der tatsächlich in der sozialen Organisation des Betriebes stattfindende Kommunikationsfluß ist daher vom organisatorisch Geplanten sehr verschieden, was zu großen Schwierigkeiten führen kann, insbesondere bei zunehmender Größe des Betriebes und entsprechender Verlängerung des Kommunikationsweges." oder *H.A. Simon* S.107: "Eine Organisation ist kein Organismus. Das einzige Gedächtnis, das sie besitzt, ist das kollektive Gedächtnis aller Teilnehmer. Dieses genügt den Organisationsbedürfnissen nicht; denn was in *eines* Mannes Sinn ist, ist nicht notwendig allen anderen erreichbar, und wenn ein Individuum die Organisation verläßt, verliert die Organisation diesen Teil ihres "Gedächtnisses". Daher benötigen die Organisationen weit mehr als Individuen ein "künstliches" Gedächtnis. Was für ein Individuum einfach Sache der Gewohnheit werden würde, muß die Organisation in Handbüchern zur Instruktion neuer Mitglieder aufzeichnen. Als Vorratslager von Information dienen Registraturen, Korrespondenzordner, andere Akten, Büchereien, Nachschlagewerke und dergleichen. Sie werfen selbst eine ganze Reihe neuer schwieriger Organisationsprobleme auf, z.B.

mit zunehmender Größe die Selektivität der Informationsverarbeitung eine immer bedeutendere Rolle spielt, daß Information möglicherweise gar nicht in dieser Weise "verarbeitet", gesammelt, gesichtet und weitergegeben kann wie körperliche Gegenstände, und daß die Vermehrung des Wissens unweigerlich zu einer Vermehrung des Nichtwissens führt, all das soll an dieser Stelle außer Acht bleiben[181]. Es bleibt die Feststellung, daß Organisationen immerhin in erheblichem Maße informations- und wissensbasierte Systeme sind[182] und daß sie daraus Nutzen ziehen.

Allerdings zweifellos nicht nur sie selbst. Ohne Arbeitsteilung, genauer: ohne institutionalisierte, in einer wirtschaftlichen oder juristischen Einheit integrierte Arbeitsteilung würde auch die Gesellschaft im übrigen - auch Organisationen gehören ja dazu - auf die meisten Produkte, Dienstleistungen, auf Arbeitsplätze und nicht zuletzt auf Wissen verzichten müssen[183].

So abstrakt läßt sich über Nutzen und Nachteile der Arbeitsteilung also nicht sinnvoll reden. Es fehlt der Bezug auf konkrete Rechtsprobleme, bei deren Lösung das - verkürzend so genannte - Arbeitsteilungsargument als Kriterium der Risikozuweisung brauchbar sein kann, und auf deren Ebene im Hinblick auf seine Brauchbarkeit nach Vergleichsgesichtspunkten gesucht werden kann. Die Rolle, die dieses Argument im Bereich der Schadenshaftung für die Haftungsverlagerung auf "Geschäftsherren" spielt, ist bekannt und muß hier nicht dargelegt werden. Einige Stichworte müssen genügen[184]. Wo es nach den Grundsätzen der Gehilfenhaftung in vertraglichen oder außervertraglichen Schuldverhältnissen um Haftungsverlagerung geht, steht der Umstand im Vordergrund, daß der Geschäftsherr Anlaß für Fehlverhalten und Schädigungen gibt, die eben "bei der Erfüllung" oder "in Ausführung einer Verrichtung" bestimmter Verbindlichkeiten oder Tätigkeiten geschehen, daß er abstrakt oder konkret "beherrscht" und "kontrolliert", an all dem verdient und, wenn schon nicht von Moment zu Moment, so doch auf mittlere Sicht besser imstande ist,

---

Fragen der Klassifikation und (auch der räumlichen) Anordnung, der Auswahl der Information und so fort". - Einen umfassenden Überblick über die Bedeutung des Kommunikationsproblems aus der Perspektive verschiedener Organisationstheorien gibt *Theis* S.118-215.

181 Vgl. Teil C II. 2.

182 So die Formulierung von *Willke* S.287ff.; hierzu vgl. Teil C, II. 1.

183 Ebenso im Bezug auf Wissensaufspaltung und -zurechnung *Koller* S.80 (unter II.). Wollte man die Wissenszurechnungsproblematik den Verkehrspflichten zuschlagen (vgl. unten III. 6.), müßte unter diesem Gesichtspunkt eine Interessenabwägung "zwischen der Größe des Risikos und den Zwecken, denen die Handlung dient, insbesondere auch ihrer Bedeutung für die Allgemeinheit" vorgenommen werden; vgl. - zu den echten Verkehrs(sicherungs)pflichten - *v.Caemmerer* S.78.

184 Vgl. außer den oben Fn. 179 Genannten *Esser-Schmidt*, SRAT § 27.

zur Vermeidung von Störungen und Schädigungen beizutragen, als der unmittelbar Schädigende bzw. Schuldige. Außerdem kann er die Risiken besser berechnen und sich entsprechend versichern. Trotzdem ist natürlich die Einstandspflicht nicht unbegrenzt. Bereits die gesetzlichen Vorgaben fordern den Bezug des Fehlverhaltens zum Organisationsbereich (in Ausführung, Erfüllungs- bzw. Verrichtungsgehilfe) und geben in § 831 I S.2 immerhin Entlastungsmöglichkeiten. Die Korrekturen und Ergänzungen dieser Vorgaben durch Rechtsprechung und Lehre haben, vor allem unter dem Gesichtspunkt des Organisationsverschuldens, nicht die Abschaffung, sondern die Modifikation dieser Kriterien im Auge, wenngleich im Hinblick darauf, die zu weitgehenden Entlastungsmöglichkeiten des Geschäftsherrn einzuschränken. -

Was läßt sich hier nun für die Wissenszurechnung gewinnen? Auffällig ist zunächst, daß das Kriterium für die Haftungsverlagerung nicht die "Aufspaltung", die Arbeitsteilung als solche ist[185], sondern der Zusammenhalt, nicht die schlichte Mitgliedschaft, sondern der Bezug der pflichtwidrig schuldhaften, rechtswidrigen oder einfach nur schadensverursachenden Tätigkeit zum planmäßigen Vollzug der Organisationsaufgaben. Auffallend ist weiter, sofern die Haftung für Organisationsverschulden betroffen ist, der Bezug der dieses "Verschulden" voraussetzenden Organisationspflichten auf die Schadensvermeidung. In beiden Fällen also ein Appell an die interne Steuerung und Kontrolle, der um so unnachgiebiger ist, um so weniger Entlastung zuläßt, als just diejenigen Gefahrenpotentiale betroffen sind, die die Organisation kraft ihrer Tätigkeit grundsätzlich steuern und kontrollieren kann[186]. Wenn Steuerung und Kontrolle gefragt sind, ist vor allem Wissen gefragt - nicht konkret nachweisbares, sondern normativ erwartbares Wissen um Schadensrisiken, die - hier kann man das sagen - ihren Ursprung eben in der Tätigkeit der Organisation, im Handeln ihrer Mitglieder haben[187]. Hier geht es nun überhaupt nicht um Wissenszurechnung. Auf konkret-aktuelle Vermeidungsmöglichkeiten kraft vorhandenen Wissens kommt es nicht an, sondern auf die normativ erwartbaren, je nach Art der Organisation variierenden Möglichkeiten der Personalkontrolle im Hinblick auf Leistungsstörungen und Schäden.

Wenn hingegen Kenntnis entscheidungserheblich ist, sieht es anders aus. Hier ist auch durchweg nicht das technisch-pragmatische Wissen um Gefahrenpotentiale betriebsbezogenen Handelns und deren Kontrolle betroffen, das Wissen um Nachteile also, die man als von der Organisation ausgehend be-

---

185 Vgl. *v.Caemmerer* S.117: "Die Arbeiten werden nicht gefährlicher, wenn der Betriebsinhaber nicht selbst tätig wird, sondern Arbeitnehmer für sie einsetzt".

186 Vgl. *Mertens*, VersR S.408 unter V 2.

187 "Personalrisiko", vgl. *Mertens*, a.a.O. (vorige Fn.), *Esser-Schmidt*, a.a.O. (Fn. 184), AK-*Dubischar* und MK-*Hanau*, jeweils zu § 278 Rz. 1.

zeichnen und ihr als ihr Risiko zurechnen kann, sondern sogenanntes propositionales oder Faktenwissen: um die Richtigkeit von Grundbüchern, den Bestand von Vertretungsbefugnissen etc.[188] Hier geht es auch von vornherein nicht um Schadensrisiken und deren Übernahme durch die Organisation, sondern - beispielhaft - um das Risiko einer planwidrigen Vermögensverschiebung oder Vertragsanbahnung, um das Risiko unvollständiger Information bei Vertragsschluß, um unrechtmäßiges "Haben" oder um andere, in sich sehr unterschiedliche und daher, so wird man *prima facie* annehmen können, auch unterschiedlich beherrschbare Risiken. Die Frage etwa, ob man einer Organisation die angemessene Ausbildung ihrer Mitarbeiter zumuten kann, ist eine andere als diejenige, ob man ihr den Erwerb eines Grundstücks von jemandem gestatten soll, der als Eigentümer im Grundbuch eingetragen ist, während es in Wirklichkeit einem anderen gehört, der keinen Anlaß gesehen hat, einen Widerspruch eintragen zu lassen.

Das Argument, die Wissensaufspaltung müsse man als Risiko der Organisation behandeln, bringt für die Gehilfenhaftung nichts Wesentliches, weil es hier durchweg gar nicht um Kenntnis und um subjektiv-konkrete Handlungsmöglichkeiten geht. Jenseits dieses Bereichs ist der Ertrag dieses Arguments zweifelhaft, weil es nur behauptet, daß man die Wissensaufspaltung als Organisationsrisiko behandeln müsse, ohne anzugeben, warum die Wissensaufspaltung ein Risiko nicht nur für die Organisation, sondern für andere darstellt, und weil es sich weder um die Möglichkeiten der Beherrschung dieses Risikos noch um dessen Bezug zu denjenigen Risiken kümmert, die etwa beim Gutglaubenserwerb, beim Handeln ohne Vertretungsmacht, bei der Verjährung deliktischer Ansprüche etc. angesprochen und anhand differenzierender Kriterien zugewiesen sind. Man müßte zunächst angeben, warum all diese Gefahren, die *nur* für den Kenntnisfall (je nach dem einschließlich (grob) fahrlässiger Unkenntnis) vom Gesetz als Risiko der Organisation ausgewiesen werden, von der Organisation abstrakt oder konkret beherrschbar sind. Man müßte darüber hinaus, weil es eben auf Kenntnis etc. ankommt, angeben, warum auch für den Fall der Wissensaufspaltung die Organisation als Risikoträger in Betracht kommt, genauer - denn organisiertes Handeln bedingt Wissensaufspaltung -: für den Fall, daß sich die fragliche Information innerhalb der Organisation, aber nicht dort, wo sie gebraucht wird, befindet. In diesem Zusammenhang müßte man fragen, wer eigentlich diese Information aus welchem Anlaß braucht und welche Bedeutung es haben soll, wenn jedenfalls der Gegner bereits über sie verfügt[189]. Und man müßte schließlich begründen, daß dann, wenn es auf

---

[188] Zu den Gegenständen der Kenntnis vgl. Teil C III. 3.

[189] So im Falle des Schuldnerschutzes bei Zessionen, durchweg beim Gutglaubenserwerb (nicht abhandengekommene, sondern willentlich aus der Hand gegebene Sachen, ähnlich

Kenntnis etc. ankommt, in Wirklichkeit nicht subjektiv-konkrete Handlungsmöglichkeiten (im Kenntnisfall) oder deren (grob) fahrlässige Versäumung gemeint sind, sondern abstrakt-normative Vermeidungsmöglichkeiten, über die die Organisation als solche verfügt. Also in jedem Fall um einen Ausschluß der Möglichkeit, sich auf Unkenntnis hinauszureden. Nach meiner Einschätzung[190] widerspricht das dort, wo es tatsächlich auf Kenntnis etc. ankommt, nicht nur dem Wortlaut des Gesetzes, sondern durchweg auch der gesetzlichen Interessenwertung.

"Arbeitsteilung" ist demnach für sich genommen keine (Risikozuweisungs-) *Norm*[191], sondern - ebenso wie die Herstellung eines Produktes, die Ausübung eines Berufes oder die Benutzung eines Kraftfahrzeuges - ein *Sachverhalt*, auf den je nach dem in Rede stehenden rechtlichen Zusammenhang einzelne und sehr verschiedene Normen angewandt werden, und erst aus deren Anwendung ergibt sich, ob Arbeitsteilung - gleich der Herstellung eines gefährlichen Produktes, der Ausübung bestimmter Berufe oder der Benutzung eines Kraftfahrzeuges - ein Risiko ist und wessen Risiko Arbeitsteilung sein soll. Der Satz, eine Organisation müsse sich das Wissen eines mit einer bestimmten Tätigkeit betrauten Mitarbeiters als eigenes anrechnen lassen, ist deshalb insofern nicht falsch, als er in der Tat eine Risikozuweisung zum Ausdruck bringt: Der Geschäftsherr muß das Wissen eines anderen gegen sich gelten lassen und kann sich nicht auf eigenes Unwissen oder das Unwissen eines anderen berufen. Aber er ist erst das Ergebnis einer Wertung[192], deren Begründung nicht ihrerseits darauf verweisen kann, daß Arbeitsteilung riskant sei. Die Begründung dieser Wertung wiederum kann nicht auf die Risikozuweisungskriterien derjenigen Normen rekurrieren, nach welchen der Geschäftsherr gem. §§ 278, 31, 823 und 831 BGB für ein Fehlverhalten seiner Leute einzustehen hat, wenn diese Normen nicht einschlägig sind, weil es nicht um Personalrisiken mit Bezug auf Haftungsfragen geht.

---

bei anderen "Veranlassungsfällen" (Glaube an Vertretungsmacht, auch bei Duldungs- und Anscheinsvollmacht)), bei § 68, §§ 109 II, 111, 1366 II und 1830, §§ 116f. und 764, 121 bei Täuschungsanfechtung und in Fällen des § 123 II S.1, §§ 132 II S.1, 372 S.2, § 307 I S.2, § 327, § 405, §§ 571 und 574f., § 626 II, §§ 568 und 625, §§ 720 und 2019, häufig bei § 852, § 1070 II, § 1121 II, § 1156, 1357 II, 1366 II, bei §§ 1412, 1427, 1453.

190 S. hierzu Teil B.

191 Vgl. nochmals *v. Caemmerer* (oben Fn. 185).

192 Vgl. BGH NJW 1990,1601, S.1602 zur Zulässigkeit eines formularmäßigen Zustimmungsvorbehaltes für die Abtretung eines Grundschuldrückgewähranspruchs; mit diesem Zustimmungsvorbehalt verfolge die Bank den legitimen Zweck, das organisations- und geschäftstypische Risiko aufzufangen, das darin liege, daß ihr die Kenntnis eines Mitarbeiters von der Abtretung des Rückgewähranspruchs im Rahmen der §§ 407, 408 BGB zugerechnet werde.

6. Das Gleichstellungsargument

In der in BGHZ 109,327[193] veröffentlichten Entscheidung zur Frage des arglistigen Verschweigens eines Grundstücksmangels argumentierte der BGH, der mit einer Gemeinde einen Vertrag schließende Bürger dürfe im Prinzip nicht schlechter gestellt werden, als wenn er es nur mit einer einzigen natürlichen Person zu tun habe. Nur so lasse sich die strukturelle Besonderheit der organisatorischen Aufspaltung gemeindlicher Funktionen in personeller und zeitlicher Hinsicht ausgleichen.

Dieses Argument hat weithin Zustimmung gefunden[194], auch, daß seine Geltung nicht auf das fiskalische Handeln öffentlich-rechtlicher Körperschaften beschränkt sein müsse[195]. Es zielt gleich dem zuvor behandelten Arbeitsteilungsargument darauf, die durch arbeitsteilige Organisation verursachten Probleme dem Risikobereich eben dieser Organisation zuzuweisen, legt aber besonderes Gewicht auf den Vergleich zwischen organisierter Arbeitsteilung und nicht arbeitsteiligem Handeln natürlicher Personen. Dieser Vergleich fließt in die Bewertung des Verhaltens der Organisation in der Weise ein, daß diese dann als wissend behandelt wird, wenn eine natürliche Person über die entsprechende Information verfügt hätte. Dies erfordert von Fall zu Fall die Einschätzung des mutmaßlichen Informationsverhaltens eines einzelnen Menschen in der Situation, in der sich die Organisation befand, deren Kenntnis in Rede steht, also den Vergleich einer tatsächlichen mit einer hypothetischen, normativ bestimmten Situation.

Auch diese Methode ist in mehrfacher Hinsicht nicht ganz unproblematisch[196]. Eine Korrektur des Satzes, ein Bürger dürfe nicht schlechter gestellt werden, drängt sich geradezu auf: aber auch nicht besser[197]. Selbst wenn dieser Zusatz zu beachten sein sollte, bliebe aber ein positives Kriterium übrig: Er, der Bürger, soll eben gerade so gestellt werden, wie er stünde, hätte er mit einem anderen Bürger kontrahiert. Allerdings bleibt dann die Frage, warum man die Organisation an einem Bürger mißt, nicht an einer anderen, etwa einer ord-

---

[193] Urt. v. 08.12.1989, II ZR 92/87 = NJW 1990,975, DNotZ 1991,122 m.Anm. *Bohrer* = JZ 1990,548 m.Anm. *Flume*; zur Entstehungsgeschichte dieser Entscheidung *Hagen* S.157ff.

[194] Vgl. *Medicus*, Probleme S.11f. und die Diskussionsbeiträge von *Canaris*, *Diederichsen* und *Kötz*, außerdem *Waltermann*, AcP S.184 und S.207.

[195] BGH NJW 1996,1339.

[196] Vgl. *Bohrer* S.129: Das Gleichstellungsargument behaupte, was es beweisen wolle; darzulegen sei, wie die angestrebte Gleichstellung begründet werden könne. Kritisch auch *Koller* S.75ff., besonders unter B I.

[197] BGH a.a.O. (Fn. 195) S.1340 a.E.; vgl. auch *Taupitz*, JZ S.735 (zur vorgenannten Entscheidung).

nungsgemäß organisierten Organisation[198]. Auch dieser Vergleich zwischen Bürger und Organisation macht allerdings aus der Sicht des Gleichstellungsargumentes einen wesentlichen Aspekt der Wertung zugänglich: Gerade der Unterschied zwischen Organisation und Bürger soll diesem nicht zum Nachteil werden. Das Informationsverhalten, das einzelne Menschen untereinander erwarten dürfen, sollen sie auch von einer Organisation erwarten dürfen.

Das Gleichstellungsargument mißt die konkret betroffene Organisation also an einem einzelnen "ordentlichen Informationsverwalter". Dieser mag je nachdem, in welchem Zusammenhang und auf welche Information es ankommt, unterschiedlich ausfallen. Über die Art und Weise, in der Menschen denken, wahrnehmen, vergessen und sich erinnern, bestehen hinreichend gefestigte Vorstellungen, die sich mit den Vorstellungen über das Informationsverhalten einer Organisation vergleichen lassen. Charakteristisch für das menschliche Informationsverhalten scheint in diesem Sinne insbesondere die Fähigkeit zur reibungslosen Vergegenwärtigung bestimmter Bewußtseinsinhalte. Was man nicht weiß, fällt einem vielleicht bei längerem Nachdenken ein. Außerdem kann man sich informieren. Irgend etwas denkt man sich immer. Der Mensch unterscheidet sich hierbei, dies die Prämisse des Gleichstellungsarguments, von der Organisation vor allem dadurch, daß sein Informationsverhalten zwar im Kontakt mit seiner Umwelt, aber doch immer innerhalb seines Bewußtseins stattfindet. Zwar mag er sich in unterschiedlichen Situationen befinden und deswegen je nach Situation unterschiedliche Assoziationen haben, Denken und Wahrnehmen kommen doch immer wieder in seinem Hirn, vielleicht auch seinem Bewußtsein zur Einheit. Die Vorstellung einer Einheit, in der Denken und Wahrnehmen zusammenlaufen, liefert das entscheidende Unterscheidungskriterium: "Wissensaufspaltung" findet beim Menschen nicht statt. Entweder er weiß etwas, oder er weiß es nicht. Die organisationstypische Differenzierung in unterschiedliche Funktionsbereiche hingegen bedeutet, wenn man als Einheit des Wissens das menschliche Bewußtsein setzt und die unterschiedlichen Funktionsbereiche durch einzelne Menschen repräsentiert denkt, Vervielfältigung des Wissens. Und natürlich des Nichtwissens; insofern ist der Begriff Wissensaufspaltung irreführend. Diese Vervielfältigung führt jedenfalls, wenn man die Organisation ihrerseits als Einheit betrachtet, unter Umständen dazu, daß die fragliche Information *gleichzeitig* vorhanden *und* nicht vorhanden ist. Der eine weiß etwas, der andere weiß es nicht, beide gehören zur Organisation: Wissensaufspaltung.

Aus dieser Wissensaufspaltung entsteht ein zweifaches Problem. Erstens das der Organisation selbst, die Koordination der Information, die Bereitstellung

---

[198] Hierzu sogleich, unter III. 7.

einer optimalen Informationsbasis dort, wo Entscheidungen getroffen werden. Das ist im wesentlichen ein Problem einerseits der Selektivierung des Informationsverhaltens für das, was als für die Entscheidung relevante Information gilt, andererseits der Integration des auf diese Weise disparat entstehenden Wissens[199]. Zweitens entsteht das Problem desjenigen, der mit einer Organisation in Kontakt gerät. Er ist daran interessiert, daß die Organisation über bestimmte Information verfügt und diese in seinem Interesse nutzt. Sein Problem liegt, dies unterstellt das Gleichstellungsargument, darin, daß dies bei Organisationen aufgrund der Aufspaltung des Wissens möglicherweise nicht der Fall ist, seltener jedenfalls, als es der Fall wäre, wenn er mit einer natürlichen Person in Kontakt geriete, und dies, obwohl es der Fall sein könnte, da ja die Information vielleicht - irgendwo - vorhanden ist. Das Gleichstellungsargument berücksichtigt das letztgenannte Problem, besser gesagt: es unterstellt, daß die Organisation für dieses Problem verantwortlich ist. Denn bei ihr ist das Wissen "aufgespalten", und dies wäre es nicht, wenn die Organisation eine natürliche Person wäre.

So hätte in dem eingangs zitierten Fall eine natürliche Person sich vermutlich zumindest an die knapp ein Jahr vor dem Abschluß des Kaufvertrages erfolgte Besichtigung des Grundstückes, die den Mangel erkennen ließ, erinnert und wäre deshalb als wissend i.S. des § 463 S.2 BGB anzusehen gewesen. Ebenso wäre eine natürliche Person, der der Eintritt eines Schadensfalles und die Person des Ersatzpflichtigen schriftlich mitgeteilt worden waren, ab diesem Zeitpunkt als in Kenntnis gesetzt zu behandeln. In einem Fall, in welchem es sich statt dessen um die gemäß § 852 BGB relevante Kenntnis eines Sozialversicherungsträgers handelte, argumentierte das OLG Hamm in diesem Sinne: Der Grundsatz der Einheitlichkeit der öffentlichen Hand und die befriedende Aufgabe des Instituts der Verjährung verböten es, daß infolge der gesetzlichen Zuständigkeitszersplitterung im Versorgungswesen für jede zuständige Behörde eine für ihren Leistungsbereich gesonderte Verjährung gelte.

Der BGH hob dieses Urteil allerdings auf[200]; es verkenne die Bedeutung, die der Zuständigkeitsverteilung bei der Erledigung öffentlicher Aufgaben zukomme[201]. Hier liegt m.E. die wesentliche Problematik des Gleichstellungsarguments. Es

---

[199] Vgl. die Nachweise oben Fn. 180 und Teil C, II.

[200] BGH NJW 1974,319; dort auch das Zitat der Vorinstanz. Vgl. auch die Nachweise oben Fn. 24.

[201] Vgl. ebenso BGH NJW 1996,2508, DÖV 1997,877 und NJW 1998,142 zu § 839 BGB: soweit der Bereich hoheitlicher Behördentätigkeit betroffen sei, müsse unter Berücksichtigung der für den jeweiligen Verwaltungsbereich geltenden Verfahrens- und Zuständigkeitsvorschriften darauf abgestellt werden, welche Funktion der informierte Amtswalter innerhalb der Behörde ausübe.

führt, strikt befolgt, gleich dem zuvor behandelten Arbeitsteilungsargument dazu, daß eine Organisation immer dann von den fraglichen Umständen Kenntnis hat, wenn auch nur eines ihrer Mitglieder diese Kenntnis hat. Denn dieses ist eine natürliche Person, könnte sich also dem Dritten gegenüber, wenn dieser mit ihr statt mit der Organisation in Kontakt geraten wäre, nicht auf Unkenntnis berufen. So soll aber der Dritte auch dann gestellt werden, wenn er es mit einer Organisation zu tun hat. Hat, um einen extremen Fall zu bilden, der bereits zuvor bemühte[202] Hausmeister X einer Bank erfahren, daß der Kontoinhaber Y einen das Konto seines Arbeitgebers Z belastenden Überweisungsauftrag gefälscht hat, müßte die Bank dem Z schon deswegen aus schuldhafter Vertragsverletzung zur Gutschrift des überwiesenen Betrages verpflichtet sein, weil X, wäre er selbst die Bank, hierzu verpflichtet wäre. Daß dies nicht angeht, jedenfalls aber im Widerspruch zu sämtlichen einschlägigen Regeln nicht nur der Wissenszurechnung steht, liegt auf der Hand.

Der BGH verwies in der erstgenannten Entscheidung auf eine Reihe von Einschränkungen, denen das Gleichstellungsargument unterliege: Es gelte jedenfalls dann, wenn es um die Risikoverteilung bei Grundstücksgeschäften gehe, eine Gemeinde als Verkäufer auftrete[203] und die fragliche Information typischerweise aktenmäßig festgehalten werde. Damit wird allerdings das Gleichstellungsargument nicht eingeschränkt, sondern in einem wesentlichen Punkt aufgehoben. Den Platz der natürlichen Person, des "ordentlichen Informationsverwalters", nimmt, sofern das Kriterium der aktenmäßigen Dokumentation betroffen ist, die ordnungsgemäß organisierte Organisation ein[204], denn nur bei dieser werden - typischerweise! - Akten geführt. Auf diese Weise wird der Bürger außerdem besser gestellt, als für den Fall, daß er es mit einem anderen, typischerweise keine Akten führenden Bürger zu tun hätte[205].

Darin, daß jedenfalls in etlichen Fällen die Zuständigkeit oder Unzuständigkeit des wissenden Organisationsmitgliedes zu berücksichtigen ist, besteht Einigkeit. Denn wenn es auf Wissen oder Wissenmüssen ankommt, dann immer im Zusammenhang mit der Vornahme einer konkreten Handlung, etwa dem Erwerb des Besitzes, dem Abschluß oder der Durchführung eines Kaufvertrages etc. Es geht also nicht um das Wissen einer Person als solcher, sondern um das ihr in einer bestimmten Hinsicht zu einem bestimmten Zeitpunkt zur Verfügung stehende Wissen. Diesen Punkt verfehlt das Gleichstellungsargument schon im

---

202 S. oben III. 5. a).

203 Kritisch hierzu *Medicus*, Probleme S.12: Es sei nicht anzunehmen, daß der Bürger einer Gemeinde größeres Vertrauen entgegenbringe als anderen Organisationen; ebenso *Jüttner* S.208.

204 Ebenso *Taupitz*, Wissenszurechnung S.28.

205 So BGH NJW 1992,1099, ebenfalls zu § 463 S.2 BGB.

Ansatz. Denn die nach dem Sinn und Zweck der Kenntnis-Vorschriften gebotene Beachtung der organisationsinternen Zuständigkeit, genauer: des Grades der Beteiligung des Wissenden an dem in Rede stehenden Vorgang, bedeutet nichts anderes als das Zugeständnis, daß die für Organisationen charakteristische "Wissensaufspaltung" legitim ist[206].

Daraus ergibt sich ein weiterer, grundlegender Einwand gegen das Gleichstellungsargument. Das Problem der Koordination der Information kann eine Organisation nicht mit denselben Mitteln bewältigen, die dem Menschen zu Gebote stehen. Dieser verfügt in Gestalt seines Bewußtseins über den wohl nach wie vor mit großem Abstand effektivsten, weil intuitiv und in Gedanken gleichsam automatisch arbeitenden Koordinationsmechanismus, jener wird die intuitive Eigenständigkeit und Undurchschaubarkeit eben dieses Mechanismus, die statt des Denkens auf Kommunikation angewiesene Aufgabe der Koordination all der Einzelbewußtseine, gerade erst zum Hauptproblem[207]. Eine Organisation an den Fähigkeiten eines Bewußtseins zu messen, ist also unfair. Andererseits sind die Kapazitäten eines Bewußtseins natürlich beschränkt. Auch dann, wenn man die externen Informationsmöglichkeiten mit in Betracht zieht, sind sie ungleich geringer als die einer größeren Organisation, die ja auf vielerlei denkende Mitarbeiter, Akten, Datenspeicher etc. zurückgreifen kann. Aber eben nur zurückgreifen *kann*: mit der Menge der potentiell verfügbaren Information steigt erstens die Schwierigkeit der Koordination, der Aktualisierung zur richtigen Zeit am richtigen Ort, und wächst zweitens die Notwendigkeit der Selektion. Je mehr Information anfällt, desto entscheidender werden Relevanzkriterien, die die Selektion steuern. Je mehr Wissen möglich ist, desto mehr Nichtwissen gibt es. Eine zentrale physische Instanz, die die Koordination steuern, die Selektionskriterien liefern und verbindlich machen könnte, läßt sich nun bei Organisationen nicht ausfindig machen. Organisationen haben kein Gehirn. Sie zerfallen vielmehr in unterschiedliche Funktionsbereiche, die nicht von vornherein physisch integriert sind, sondern im Medium der Kommunikation erst integriert werden müssen. Genau diesen Umstand thematisiert zwar die Prämisse des Gleichstellungsargumentes: Organisation bedeutet Wissensaufspaltung. Dies ist eine empirische Prämisse. Auf einer empirischen Prämisse beruht auch die Erwägung, um derentwillen es bei der rechtlichen Beurteilung eine Sachverhaltes in manchen Fällen auf Kenntnis

---

206 So auch *Druey* S.306: "Die funktionsunabhängige Wissenszurechnung ist eine Verkennung der Organisation in ihrem eigensten Wesen als Informations-Verteilung", ähnlich *Koller* S.80 (unter II.). Vgl. auch RGZ 166,98, S.104 und die Rechtsprechung des BGH zur Kenntnis des Sozialversicherungsträgers gem. § 852 I BGB, oben Fn. 24.

207 Vgl. nochmals *H.A.Simon*, a.a.O. (Fn. 180).

oder Kennenmüssen ankommt[208]: Wer kennt, kann, wem bestimmte Umstände bekannt sind oder hätten bekannt sein müssen, von dem kann ein bestimmtes Verhalten erwartet werden, er muß den rechtlichen Nachteil tragen, wenn er diese Umstände kennt und sich nicht entsprechend verhält, oder sich nicht entsprechend verhält, aber hätte verhalten können, weil er diese Umstände hätte kennen können. Wenn dies richtig ist, stellt sich aber erstens erneut die Frage, warum der Maßstab, an dem das Wissen oder Wissenmüssen einer Organisation gemessen wird, sich an den empirischen Bedingungen des Informationsverhaltens einer natürlichen Person, des "ordentlichen Informationsverwalters" orientiert, und nicht an den empirischen Bedingungen des Informationsverhaltens einer Organisation. Ein Grund ist sicherlich der, daß hierzu in der juristischen Diskussion sehr viel weniger gefestigte Vorstellungen existieren als im Falle des Wissens einer natürlichen Person. Außerdem unterscheiden sich Organisationen hinsichtlich ihres Informationsverhaltens sehr viel mehr voneinander, als dies bei Menschen der Fall scheint. Was für eine Gemeinde gilt, stimmt bei einer kleinen Personenhandelsgesellschaft schon nicht mehr. Diese Erwägung spricht aber nicht für das Gleichstellungsargument, sondern für eine nähere Betrachtung der Möglichkeiten (und Probleme) organisationeller Wissenserzeugung. Zweitens hat ein Vergleich zwischen Bürger und Organisation, der den Unterschied zwischen den empirischen Bedingungen des Informationsverhaltens beider einebnet, indem er "Wissensaufspaltung" von vornherein der Organisation anlastet, eine vor denjenigen gesetzlichen Vorschriften, die Kenntnis voraussetzen, nicht zurechtfertigende Schlechterstellung der Organisation zur Folge. Denn jedenfalls dann, wenn es auf positive Kenntnis ankommt, bedeutet dies doch wohl, daß die fragliche Information bei der Vornahme einer bestimmten Handlung zur Verfügung steht, das aus der Wissensaufspaltung folgende Problem der Koordination der Information also gelöst wurde. -

Die Forderung nach der Berücksichtigung der Probleme, die eine Organisation mit der effektiven oder ordnungsgemäßen Koordination ihrer Informationsbasis haben mag, bedeutet nicht, daß man die Auswirkungen dieser Probleme dem Bürger auferlegen müßte, der mit der Organisation in Kontakt gerät. Es ist sicher richtig, daß "Wissensaufspaltung" ein Problem ist, das Organisationen haben, und für dessen Lösung sie selbst am besten die angemessenen Mittel finden können und müssen. Es hat nach dem zuvor Gesagten nur den Anschein, als sei das Gleichstellungsargument - gleich dem Arbeitsteilungsargument - nicht geeignet, gerade zu einer Beantwortung der Frage beizutragen, wie das Verhalten einer Organisation beschaffen sein muß, damit man sagen kann, sie habe zu einem bestimmten Zeitpunkt bei diesem Verhalten von bestimmten

---

[208] Vgl. Teil C I. 2.

Umständen Kenntnis gehabt oder nicht. Dafür spricht zuletzt folgende Überlegung: Es ist nicht einzusehen, weshalb eine Organisation, die mit einer *anderen* Organisation in rechtlich relevanten Kontakt gerät, nicht schlechter gestellt werden soll, als für den Fall, daß sie es mit einem Bürger zu tun hätte. Wenn aber die Beantwortung der Frage nach dem Wissen einer Organisation davon abhängt, ob ihr ein Bürger gegenübersteht oder eine andere Organisation, geht es offenbar nicht um die Frage, wann eine Organisation als wissend zu behandeln ist, sondern direkt etwa um deren Haftung in Vertragsverhältnissen (§ 463 S.2 BGB) mit Bürgern unter Umgehung des Tatbestandsmerkmals der Kenntnis. Daß Bürger und Gemeinde typischerweise einen Haftungsausschluß für Sachmängel vereinbart haben - so auch in BGHZ 109,327 -, das Risiko des Vorhandenseins eines solchen Mangels also mit ebenso guten, wenn nicht besseren Gründen dem Käufer zuzuweisen wäre, zumal dann, wenn dieser - so ebenfalls in BGHZ 109,327 - das Grundstück selbst seit über 10 Jahren selbst mitbenutzt hatte - all dies bleibt dann gegebenen Falles außer Betracht.

7. Ordnungsgemäße Kommunikation als Verkehrspflicht

Wenn es um die Frage geht, ob eine Organisation von bestimmten Umständen Kenntnis hatte oder hätte haben müssen, liegt ein weiteres, hier zuletzt zu behandelndes Argument nahe: Jedenfalls dann soll eine Organisation als wissend oder fahrlässig unwissend anzusehen sein, wenn im Falle einer ordnungsgemäßen Organisation ihrer Kommunikations- und Informationsabläufe die fragliche Information bei der entsprechenden Handlung zur Verfügung gestanden hätte. Die Befürworter dieses Arguments - zu nennen sind vor allem, mit unterschiedlichen Ansichten im Detail, *Bohrer*[209], *Canaris*[210] und *Taupitz*[211]

---

209 S.129: "Wie die Verkehrssicherungspflicht auf dem Gedanken beruht, daß Rechtsgüterschutz nicht nur durch Anforderungen an Tun oder Unterlassen bewirkt wird, sondern "daß jeder, der Gefahrengquellen schafft, die notwendigen Vorkehrungen zum Schutz Dritter zu treffen hat" [Pal-Thomas, 50. Aufl., § 823 Rdn. 58], beruht Wissensverantwortung auf dem Prinzip, daß die Teilnehmer des Rechts-(geschäfts-)verkehrs zu dessen Schutz nicht nur für ihre tatsächliche Kenntnis einzustehen haben, sondern schon bei der Informationsentgegennahme, -dokumentation und -nutzung Drittbelange zu berücksichtigen haben." und, ebd.: "Die Kenntnis der juristischen Person ergibt sich (...) aus der Verfügbarkeit der Information, deren Erfassung und Nutzung nicht im Belieben steht, sondern normativen (Verkehrsschutz-)Anforderungen unterliegt. (...) Wissensverantwortung schließt ein, Entgegennahme und Verfügbarkeit relevanter Informationen zu organisieren.". Kritisch hierzu auch *Roemmer-Collmann*, S.42f. und S.55ff.

210 Vgl. insoweit dessen Diskussionsbeitrag in *Klingmüller*, Hg., Möglichkeiten der Wissenszurechnung, S.33ff.

211 Wissenszurechnung etc., S.26ff. und S.50 (Diskussionsbeitrag): Grundlage sei eine auf den Gedanken von Treu und Glauben zu stützende Rechtspflicht (Organisationspflicht)

- betonen, daß derjenige, der mit einer Organisation in Kontakt tritt, ein solches ordnungsgemäßes Informationsverhalten erwarten dürfe. Der BGH hat sich dem in einer als grundsätzlich bezeichneten[212] Entscheidung angeschlossen[213].

a) Das Problem des normativen Bezugspunktes für ordnungsgemäße Kommunikation

Die wesentliche Frage in diesem Punkt ist natürlich die nach der Ausfüllung des Begriffs der ordnungsgemäßen Kommunikation, also gewissermaßen nach der Ordnung, der gemäß organisierte Kommunikation zu verlaufen hat. Allgemeine Regeln ordnungsgemäßer Kommunikation sind *ex ante* nur schwer aufzustellen[214], weil der eventuell erheblichen Umstände so viele sind wie der rechtlichen Zusammenhänge, in denen es auf ihre Kenntnis ankommt[215]. Der Einheitlichkeit des Ausgangspunktes steht eine nicht ohne weiteres übersehbare Vielfalt möglicher Fallkonstellationen gegenüber. Bislang existieren solche Regeln - anders als für den Straßenverkehr[216] - jedenfalls nicht[217], so daß von

---

aufgrund der Beherrschung eines selbsteröffneten Verkehrsbereichs - vergleichbar einer entsprechenden, auf vergleichbare Gesichtspunkte gestützten "Verkehrspflicht"; ihm folgend *Drexl* S.503f. Vgl. auch, allerdings wesentlich enger, nämlich auf ordnungsgemäße Organisation der Geschäftsführung der Gesellschaft bezogen, KK-*Mertens*, § 76 AktG Rz. 64, *Grunewald* FS- Beusch S.301ff.; *Larenz/Wolf*, § 46 Rz. 112 will darauf abstellen, "ob nach Treu und Glauben eine Pflicht besteht, einzelne Umstände aktenmäßig festzuhalten oder sonst den Informationsaustausch zu organisieren." Zustimmend zum Gedanken ordnungsgemäßer Kommunikation im Verkehrsschutzinteresse auch *Flume*, AcP S.451, *Jüttner* S.221.

212 BGH Urt. v. 15.04.1997, NJW 1997,1917, S.1918 (= WM 1997, 1092 (S.1093).

213 Urt. v. 02.02.1996, V ZR 239/94, NJW 1996,1339 (= BGHZ 132,30ff.).

214 A.A. möglicherweise *Grunewald*, FS- Beusch, S.305; zwar müsse definiert werden, welche Informationen innerhalb einer Gruppe von Organmitgliedern weitergereicht werden müsse, wenn ordnungsgemäß verfahren wird; allzu schwer zu beantworten sei dies aber nicht; vgl. aber auch ebd. S.311, im Hinblick auf Vertreter, die nicht dem Vertretungsorgan angehören: Schwierig sei die Umschreibung dessen, wie eine ordnungsgemäße Informationserfassung und -Weiterleitung zu erfolgen habe.

215 Das ordnungsgemäße Informationsverhalten einer Organisation hätte sich u.a. auf folgende Umstände zu beziehen: Auf die Richtigkeit von Grundbuch- und anderen Registereintragungen betreffend die Rechtsverhältnisse etwaiger Vertragspartner, deren Binnenorganisation hinsichtlich der Verfügungs- und Vertretungsberechtigungen, u.U., ob sie minderjährig oder verheiratet sind und in welchem Güterstand sie leben, ob und an wenn sie Forderungen abtreten, bei Vertragsschluß ob, sie nicht vielleicht Anfechtungsgründe haben.

216 Vgl. *Canaris'* Diskussionsbeitrag in *Klingmüller*, Hg., Möglichkeiten der Wissenszurechnung, S.34, r.Sp. Kritisch zur Einordnung der Arglist-Zurechnung in den Bereich der Verkehrspflichten (Bohrer) auch *Jüttner*, S.167 und *Roemmer-Collmann* (wie Fn. 209).

geltendem Recht, dessen Darstellung Aufgabe dieses Teils der Arbeit ist, an sich nicht gesprochen werden kann. Darüber hinaus muß man angesichts dieser Situation fragen, welche konkreten Erwartungen eigentlich die Umwelt an Organisationen bezüglich deren Kommunikationsverhaltens stellt[218]. Daß der Gegner erwartet, die Organisation werde wohl in Kenntnis der je maßgeblichen Umstände handeln, wird nicht ausreichen. Allerdings geht ja auch nicht um konkrete Erwartungen, sondern um ein generelles Erwarten-Dürfen. -

Nicht sehr weit führt es wohl, eine Pflicht zur ordnungsgemäßen Organisation des Informationsaustauschs nach Treu und Glauben hinsichtlich der Information über *alle rechtlich relevanten Vorgänge und Umstände* - jedenfalls regelmäßig - zu bejahen[219], denn auf die Kenntnis nicht rechtlich relevanter Vorgänge und Umstände kommt es von vornherein aus rechtlicher Sicht niemals an, so daß ein Abgrenzungskriterium hiermit nicht gegeben ist. Andererseits verdeutlicht der Rückgriff auf Treu und Glauben, daß konkrete Pflichten oder auch nur Obliegenheiten, daß also Ordnungsmaßstäbe für den Kommunikationsfluß in Organisationen bislang nicht existieren. Das erhöht die Anforderungen an Darlegungs- und Beweislasten der Befürworter des Arguments. "Ordentlichkeit", etwa des bekannten Familienvaters, kann ein Ansatzpunkt für die Bestimmung von Sorgfaltspflichten sein, die sich zu vorgängigen Pflichtverhältnissen oder überhaupt zu schutzwürdigen Interessen Dritte in Beziehung setzen lassen. Mit den berechtigten Erwartungen des Dritten als solchen ist ein relativ unspezifischer Bezugspunkt benannt. Denn der Dritte kann ja alles mögliche sein: Eigentümer, Käufer, Verkäufer, Bankkunde, Schädiger etc.

b) Ein Idealmodell ordnungsgemäßer Kommunikation

Der Gedanke ordnungsgemäßer Kommunikation hat, wenn ich es richtig sehe, folgende Situation vor Augen: Wichtige Information (etwa das Wissen um die Unrichtigkeit des Grundbuchs) ist irgendwo vorhanden (bei einem Organisationsmitglied, aufgeschrieben oder in einer Datenbank). Dort wo sie gebraucht wird - wo die Entscheidung über den Erwerb des Grundstücks getroffen wird - ist sie nicht vorhanden. Nun bezieht sich die Frage ordnungsgemäßer Kommunikation darauf, ob das Wissen um die Unrichtigkeit des Grundbuchs von A nach B gelangen muß. Bejahendenfalls bestünde die Aufgabe darin, für diesen Kommunikationsfluß zu sorgen, also B etwa in der Weise zu instruieren: Sagt uns Bescheid, wenn ihr merkt, daß das Grundbuch unrichtig ist.

---

217 Vgl. auch den Diskussionsbeitrag von *Medicus* in *Klingmüller*, Hg., Möglichkeiten der Wissenszurechnung, S.52 und *Roemmer-Collmann* (wie Fn. 209).

218 Ähnlich *Koller* S.80 (unter III.), vgl. auch *Jüttner*, S.208f.

219 *Larenz/Wolf*, § 46 Rz. 112.

Es gibt aber nicht nur A und B, sondern unter Umständen mehr Anlaufstellen für wichtiges Wissen, als das Alphabet Buchstaben hat. Darüber hinaus ist wichtig nicht nur das Wissen um die Unrichtigkeit von Grundbüchern. Da für den Erwerb von Grundstücken unter Umständen andere Zuständigkeiten bestehen können als für die Geltendmachung von Schadensersatzansprüchen etc., würde auch A zu einer Variablen. Hinzu kommt der Entscheidungsbezug der Information. A muß nicht immer wissen, ob das Grundbuch richtig ist etc., sondern nur dann wenn ein Grundstücksgeschäft verhandelt wird etc. Schließlich kann Ungewißheit darüber bestehen, wo - bei B, C, oder D etc. - das Wissen um die Unrichtigkeit des Grundbuchs anfallen wird.

Eine Organisation, die unter diesen Bedingungen sicherstellen wollte, daß die relevante Information dorthin gelangt, wo sie für konkrete Entscheidungen gebraucht, wird, müßte sämtliche Organisationsinstanzen komplett vernetzen. Dieses Kommunikationsnetz müßte so eingerichtet sein, daß die beispielhaft genannten Relevanzkriterien - welche Information, wer braucht sie, wann braucht er sie, wo haben wir sie "gespeichert" - an jedem Knotenpunkt verinnerlicht werden könnten. Die Aufgabe - vermutlich - der Organisationsleitung bestünde darin, eine derartiges Kommunikationsnetz einzurichten, eine wesentliche Aufgabe der einzelnen Organisationsmitglieder wäre, darauf zu achten, daß etwa anfallende Information dorthin gelangt, wo sie benötigt wird. Hierbei ist noch gar nicht mitbedacht, daß Organisationen ja auch auf Informationen aus sind, die keine unmittelbare rechtliche Bedeutung haben, außerdem auf solche, die deshalb rechtliche Bedeutung haben, weil sich die Organisation insoweit nicht auf Unkenntnis herausreden kann. Jede Organisation wird dieses Ziel zumindest insoweit anstreben, als solche Informationen betroffen sind, die für ihre eigenen Entscheidungen unmittelbare Bedeutung haben[220]. Und sie wird es zweifellos auch insoweit permanent verfehlen, wenn sie überhaupt irgend etwas entscheiden, also handeln und nicht andauernd abwarten und nachfragen will, ob nicht noch irgendwo relevante Information ist oder kommen wird.

c) Der Bezugspunkt für die Ordnungsgemäßheit der Kommunikation

Eine derartige Komplettvernetzung braucht natürlich niemand, und von nicht ordnungsgemäßem Kommunikationsfluß zu reden, wo sie fehlt, wäre weltfremd[221]. Fraglich ist, in welchem Umfang solche Kommunikationschancen vorhanden sein sollen, damit man von einem ordnungsgemäßen Umgang mit derjenigen Information sprechen kann, die die Kenntnis-Tatbestände zum

---

[220] Neben das Optimierungs- tritt allerdings das Kostenkriterium, vgl. in diesem Zusammenhang nur den Diskussionsbeitrag von *Honsel*, in *Klingmüller*, Hg., Möglichkeiten der Wissenszurechnung, S.35.

Gegenstand haben. Dabei wird es im wesentlichen um eine Frage der Zumutbarkeit der Organisation[222] entsprechender Abfrage-, Nachfrage- und sonstiger Informationspraktiken gehen.

Diese Kriterien ordnungsgemäßer Kommunikation können sich nun ebensowenig wie diejenigen der Bestimmung sonstiger Sorgfaltsanforderungen lediglich auf ein unspezifisches Ideal der Organisation beziehen, sie müssen vielmehr die Wertungen mitberücksichtigen und umsetzen, die die einzelnen Kenntnis-Tatbestände enthalten. Dies schon deshalb, weil diese Tatbestände den Gegenstand der Kenntnis vorgeben. Es leuchtet, um nur ein Beispiel zu nennen, nicht ein, daß man einer Organisation das Wissen um die Unrichtigkeit des Grundbuchs eines ihrer Mitarbeiter zurechnet, der von entsprechenden Erwerbsabsichten keine Ahnung hat, wenn die Organisationsleitung das Grundbuch eingesehen[223] und der wahre Eigentümer die Eintragung eines Widerspruchs in Kenntnis der Unrichtigkeit unterlassen hat. Es leuchtet auch nicht ein, daß ein Versicherungsangestellter umfangreiche Recherchen nach Vorerkrankungen eines Versicherungsnehmers anstellen soll, wenn dieser sie selbst genau kennt und bewußt verschweigt. Diese Wertung läßt sich nicht im isolierten Blick auf ordnungsgemäße Kommunikation erzielen, sie kommt nur zustande, wenn die Möglichkeiten und Obliegenheiten des Gegners mitbedacht werden. Bei dieser Sichtweise taucht dann auch die Frage auf, mit welchem Recht der Gegner erwartet, daß eine Organisation ihre Kommunikation in einer bestimmten Weise organisiert.

d) Berücksichtigung der gegnerischen Interessen im Rahmen der Kenntnis-Tatbestände

Mit Rücksicht auf die einzelnen Kenntnis-Tatbestände erscheint nun durchaus fraglich, ob ein ausschließlich auf ordnungsgemäße Kommunikation abstellender Ansatz der Funktion des Tatbestandsmerkmals der Kenntnis Rechnung trägt. Eine umfassende Antwort auf diese Frage setzt die Bestimmung dieser Funktion voraus, die ihrerseits einem späteren Kapitel vorbehalten bleiben soll[224]. Deshalb muß es hier bei einigen kurzen Bemerkungen bewenden.

Es ist für den, der aus der Kenntnis oder dem Kennenmüssen seines Gegenüber einen Rechtsvorteil herleiten will, tatsächlich eine mißliche Situation, daß das, was ihm von Rechts wegen zusteht, gerade von der Kenntnis des anderen oder

---

221 Ebenso *Taupitz*, a.a.O. (Fn. 211) S.27, l.Sp.; vgl. auch OLG Köln, VersR 1956,297, vorletzter Absatz a.E.

222 Im Sinne von: "des Organisierens".

223 Das ist nicht Voraussetzung des gutgläubigen Erwerbs, vgl. nur Palandt-*Bassenge*, § 892 Rz. 1, *Jauernig-Jauernig*, § 892 Ziff. 6 d), Rz. 15.

224 Siehe Teil B, bes. unter IV,

von Umständen abhängen soll, die den Vorwurf (grob) fahrlässiger Unkenntnis rechtfertigen. Denn Kenntnis, als ein "subjektiver" oder "innerer" Sachverhalt, ist schwer vorherzusehen und schwer zu beweisen. Daß der andere in einem Rechtsstreit, in dem es darauf ankommt, gewußt haben oder die Situation so beschaffen gewesen sein wird, daß eventuelle Unkenntnis auf Fahrlässigkeit beruht, läßt sich *ex ante* nicht mit Sicherheit erwarten. Das Informationsverhalten des anderen ist deswegen grundsätzlich Risiko dessen, der sich auf Kenntnis berufen will und dies regelmäßig beweisen muß.

Diese aus der Erheblichkeit subjektiver Tatbestandmerkmale sich ergebenden Schwierigkeiten und Risiken sind aber offenbar vom Gesetzgeber im Interesse desjenigen gewollt, dessen Kenntnis in Rede steht, unter Berücksichtigung der schutzwerten Interessen des anderen. Diese Risikozuweisung ist durchweg in der Sache gerechtfertigt[225]. Insbesondere die Möglichkeiten des Gegners sind im Gesetz regelmäßig mitbedacht, wenn es dessen Rechtsstellung an die Kenntnis oder das Kennenmüssen eines anderen bindet[226]. Durchweg sind die Umstände, deren Kenntnis erheblich wird, auch für den Gegner selbst von Belang. So beispielsweise im Falle der §§ 460, 463 S.2, 464 BGB. Rechtzeitige und umfassende eigene Kenntnisnahme dieser Umstände lägen also in seinem Interesse. Hat er diese Kenntnis erlangt, hat er es in der Hand, das Risiko von sich abzulenken. Der Verkäufer, der um den mangelhaften Zustand der Kaufsache weiß, kann auf diesen Umstand während der Vertragsverhandlungen hinweisen. Dann ist die verkaufte Sache entweder vertragsgemäß, wenn sie der Käufer gleichwohl - zu einem niedrigeren Preis - kaufen will, oder aber er hat den Mangel nicht zu vertreten, §§ 460, 464 BGB, weil ihn der Käufer kennt. Der Käufer seinerseits kann sich die Sache anschauen, bevor er sie kauft. Entdeckt er einen Mangel, kann er vom Kauf Abstand nehmen oder den Preis herunterhandeln. Einen Haftungsausschluß für Sachmängel zu vereinbaren, ist er nicht verpflichtet. Verhält er sich also in einer in seinem eigenen Interesse liegenden Art und Weise, ist er auf § 463 S.2 BGB und damit den Nachweis arglistigen Verschweigens nicht angewiesen. Häufig werden diese Möglichkeiten in der Weise ausdrücklich gesetzlich berücksichtigt, daß sie den Kenntnisstand des anderen überhaupt nur dann relevant werden lassen, wenn jener eine Obliegenheit verletzt hat, eine Anzeige, Mitteilung oder Eintragung unterlassen hat. In vielen Fällen hat schließlich der, dem Kenntnis oder Kennenmüssen des anderen einen Rechtsvorteil geben, diese Kenntnis gar

---

225 Vgl. BGHZ 117,168 (179) zur Anknüpfung der Haftungsverjährung des ausscheidenden BGB-Gesellschafters an die Kenntnis des Gläubigers vom Ausscheiden.

226 Vgl. hierzu Teil B IV.

selbst[227]. Klärt hier der Betreffende den anderen über die erheblichen Umstände auf, oder unternimmt er andere, in seinem Interesse gebotenen Schritte[228], hängt seine Rechtsstellung nicht vom Informationsverhalten, von der Aufmerksamkeit oder überhaupt von den internen Verhältnissen des anderen ab. Der andere kann sich im Falle entsprechender Interessenwahrung auf Seiten des Gegners nicht gegen Kenntnis wehren und im Prozeß nicht auf Unkenntnis hinausreden. -

Es gibt also offenbar Sachverhalte, in denen jemand von einem anderen ein bestimmtes Verhalten allein aufgrund eines objektiven Sachverhaltes: aufgrund eines Versprechens oder eines bestimmten Auftretens erwarten darf, und solche, in denen gerade erst die Kenntnis des anderen über die Berechtigung dieser Erwartung entscheidet. Diejenigen Tatbestände, denen zufolge es auf jemandes Kenntnis ausdrücklich ankommt, stellen durchweg - da ja Kenntnis niemals allein ausschlaggebend ist, sondern immer nur als Kenntnis eines Käufers, Erwerbers etc. - ein Programm objektiver Wertungskriterien zur Verfügung, in dem die Interessen und Handlungsmöglichkeiten des anderen angemessene Berücksichtigung finden. Wo das nicht der Fall ist, wäre die Frage zu stellen, ob es überhaupt auf Kenntnis ankommen soll, oder ob nicht offene Korrekturen in diesem Punkt angebracht sind[229]. Es erscheint jedoch unangemessen, gerade bei der Bestimmung dessen, was als Kenntnis oder Kennenmüssen einer Organisation zu gelten hat, die Erwartungen des Dritten "als solchen" generell allzu sehr in den Vordergrund zu stellen. Aus den Protokollen zu § 166 BGB ergibt sich nichts Gegenteiliges[230]. Nicht allgemein die Erwartungen des Dritten an eine ordnungsgemäß organisierte Kommunikation bei dem Vertretenen oder zwischen diesem und seinem Vertreter hat der Gesetzgeber für berechtigt gehalten, sondern die Erwartung des Dritten, daß es hinsichtlich der Kenntnis auf die Person des Vertreters auch dann (zusätzlich) ankomme, wenn dieser aufgrund einer Vollmacht und nach bestimmten Weisungen des Vertretenen handelt[231].

Im übrigen wird man annehmen können, daß interne Verhältnisse, insbesondere also die Art und Weise, in der eine Organisation ihre Kommunikation orga-

---

227 So typischerweise in Fällen der §§ 116, 117 und 764 (innere Vorbehalte), der §§ 109 II, 178, 1366 II, 1427 und 1830, der §§ 111 und 174, der §§ 1357 II, i.V.m. 1412, 1412, 1453 (mangelnde Handlungsbefugnis), der §§ 405-408, 571, 574f., 720 und 2019 sowie des § 1156 (Veränderung der Gläubigerstellung), des § 561 II (Entfernung der dem Vermieterpfandrecht unterliegenden Sachen), der §§ 533 (Undank des Schenkers), 568 und 625 (Fortsetzung des Miet- bzw. Dienstverhältnisses), 626 II (Kündigungsgrund), manchmal auch bei § 852 BGB (Schaden und Person des Ersatzpflichtigen).

228 Beispiel: Klage auf Herausgabe der Sache, des Erlangten (§§ 818 IV, 819, 989, 990).

229 Hierzu sogleich unter e).

230 So aber *Taupitz*, Wissenszurechnung S.26 und Fn.100.

231 Vgl. das Zitat aus den Motiven, oben Fn. 116.

nisiert, den Dritten grundsätzlich nichts angehen, sofern die Organisation sich ihm gegenüber in der Art und Weise verhält, die sie ihm oder jedermann gegenüber schuldet. Auf dieses ordnungsgemäße Außenverhalten kommt es an, und über die Berechtigung der Erwartungen an dieses Verhalten ist anhand eines Kriteriums zu entscheiden, das, als "subjektives", die Berechtigung dieser Erwartungen an Umstände knüpft, bezüglich deren Vorliegens sich normative Erwartungen schwer etablieren lassen, eben weil es sich um "innere" Umstände handelt, die von Person zu Person und von Augenblick zu Augenblick wechseln können[232]. Man kann zweifellos faktisch erwarten, daß jemand in Kenntnis bestimmter Umstände handelt, wobei zu fragen bliebe, auf welche Tatsachen sich diese Erwartung stützt. Denn die Möglichkeiten, sich über den Wissensstand anderer zu informieren, sind begrenzt, zumal, wenn man sich mit ihnen nicht in ständigem Kontakt befindet und die Zeitdimension, also vergangenes oder zukünftiges Wissen einbezogen wird. Diese Erwartung ist riskant, weil der andere in Unkenntnis sein kann. Dieses Enttäuschungsrisiko soll, wenn es auf Kenntnis ankommt, zu Lasten des Erwartenden gehen. Vor diesem Hintergrund ist die Frage nach der Angemessenheit von Kommunikationspflichten zu stellen.

Wenn man sagt, eine Organisation müsse so organisiert sein, daß bestimmte Informationen zu bestimmten Anlässen gegenwärtig sind, geht es also tendenziell nicht um die Frage nach Kenntnis oder Kennenmüssen, weil davon abhängt, ob man von ihr erwarten konnte, daß sie den Käufer aufklärt, den Erwerb einer dem Veräußerer nicht gehörenden Sache unterläßt oder einen Deliktsanspruch binnen 3-Jahres-Frist geltend macht. Vielmehr steht die Frage im Vordergrund, ob sie bestimmten Erwartungen an ihr Informationsverhalten gerecht wird oder nicht. Die Konzentration der Fragestellung auf das Informationsverhalten, das der andere berechtigterweise soll erwarten dürfen, birgt demnach die Gefahr einer Umkehr der anhand des Tatbestandsmerkmals der Kenntnis intendierten gesetzlichen Wertung, weil die Risiken unzulänglichen Informationsverhaltens zumindest dann, wenn es auf positive Kenntnis ankommt, grundsätzlich der andere tragen soll[233].

e) Möglichkeiten der Berücksichtigung schutzwürdiger Interessen des Gegners jenseits von Kommunikationspflichten

Wenngleich die anhand subjektiver Tatbestände intendierte Interessenwertung die Frage nach berechtigten Interessen des Gegners an einer ordnungsgemäßen

---

232 Vgl. Teil B IV. 2.

233 Ebenso *Druey* S.306.

Kommunikation in einem anderen Licht erscheinen läßt, schließt dies einen Wertungsspielraum nicht aus.

Zunächst lassen sich berechtigte Interessen des Dritten bei den Anforderungen an den Beweis der Kenntnis berücksichtigten[234]. Zwar läßt sich allein vom Beweisrecht her nicht die allgemeine Frage beantworten, wann eine Organisation als wissend oder fahrlässig unwissend zu behandeln ist, weil das Beweisrecht auf das materielle Recht verweist, dem zu entnehmen sein muß, welche Umstände darzulegen und gegebenen Falles zu beweisen sind. Ganz unabhängig davon, nach welchen Kriterien eine Organisation als wissend oder fahrlässig unwissend angesehen werden soll, kann aber die Beweislast hinsichtlich der nach diesen Kriterien erheblichen Umstände dem Sachverhalt angepaßt werden. Wenn etwa dem Käufer keine andere Wahl bleibt, als entweder den ihm diktierten Gewährleistungsausschluß zu akzeptieren oder den Kauf zu unterlassen, der Verkäufer also die Asymmetrie der Verhandlungsmacht (nicht die Arbeitsteilung!) zu seinem Vorteil nutzt, könnte sich dies auf die an den Nachweis eines "arglistigen Verschweigens" zu stellenden Anforderungen auswirken. Wenn in diesem Fall Umstände substantiiert dargelegt sind, die nach den jeweiligen Kriterien auf Kenntnis schließen lassen, der Verkäufer das Vorliegen dieser Umstände aber bestreitet, ist ihm der Beweis des Gegenteils zuzumuten, weil ihm beim Abschluß des Kaufvertrages lediglich aufgrund ungleich verteilter Verhandlungsmacht die Mühe erspart geblieben ist, sich so um den Zustand der Sache zu kümmern, wie es in seinem eigenen Interesse an einer realistischen Einschätzung der Risiken des Geschäftes erforderlich gewesen wäre, wenn die gesetzlichen Gewährleistungsregeln gelten würden. Solange die Frage als tatsächliche (beweisrechtliche), und damit von Fall zu Fall anzugehende behandelt wird, besteht auch kein Anlaß zur Konstruktion einer möglicherweise gesetzeswidrigen Fahrlässigkeitshaftung für verborgene Mängel.

Für den Nachweis der Kenntnis kann es auch eine Rolle spielen, ob und vor allem zu welchem Zweck bestimmte Informationen typischerweise aktenmäßig festgehalten werden. Wenn etwa Dokumentationspflichten bestehen, die die Organisation selbst betreffen, oder wenn auch nur eine entsprechende Dokumentationspraxis bei Organisationen eines bestimmten Typs üblich ist, kann *prima facie* Kenntnis anzunehmen sein, wenn diese Pflichten oder Praktiken gerade den Sinn haben, bestimmte Information im Hinblick auf bestimmte, die

---

234 Vgl. etwa RGZ 88,4, zu § 407 BGB: Übergang der Beweislast auf den Schuldner, wenn "die Vermittelung der Kenntnis an sich nach den Anschauungen des Verkehrs zuverlässig erscheint." In diesem Sinne zur Indizwirkung des Zugangs der Offenlegungserklärung zuletzt BGH ZIP 1997, 890, S.891 m.w.N. Vgl. auch *Bohrer* S.128 und *Dubischar* S.427f. (zu § 14 HeimG).

Interessen des Dritten berührende Vorgänge verfügbar zu halten. Dann würde zu Lasten der Organisation widerleglich vermutet, daß sie diesen Verpflichtungen nachgekommen ist[235]. Häufig ist der Sinn solcher Dokumentationspflichten allerdings gerade der, dem von ihrem Schutzzweck in personeller Hinsicht erfaßten Personenkreis den Nachweis des Vorliegens in einem weiteren Sinne subjektiver - im Bereich des Schuldners liegender - Umstände zu ersparen, weil sie diesem Personenkreis tatsächlich und beweisrechtlich nicht zugänglich sind[236]. Hierbei handelt es sich also um die beweisrechtlichen Auswirkungen einer durch materielles Recht getroffenen Risikozuweisung, die an das Vorhandensein bestimmter Kenntnis gerade nicht anknüpft.

Überhaupt *muß* es ja, wenn im konkreten Fall über Gewährleistung oder andere Fragen zu entscheiden ist, nicht auf Kenntnis ankommen. Die Fixierung auf Wissenszurechnungsfragen darf nicht zu der Annahme verleiten, jeder Fall, in dem Kenntnis von Gesetzes wegen erheblich wird, müsse und könne just von diesem Punkt her gelöst werden. Wenn der je zur Entscheidung anstehende Sachverhalt sich in einem wesentlichen Punkt von demjenigen unterscheidet, den der Gesetzgeber anhand dieses Kriteriums entschieden haben wollte und eine gerade diesen Punkt berücksichtigende Regel nicht exisitiert, ist schon dies ein Argument gegen die Erheblichkeit der Kenntnis. Das gilt ja für sämtliche gesetzlichen Vorschriften und ist keine Besonderheit der Wissenszurechnungsproblematik. Es wird daher eine Reihe von Fallkonstellationen geben, in denen es gerechtfertigt ist, eine Organisation mit dem Risiko eines Schadenseintritts, einer Leistungsstörung, der Verjährung eines Anspruchs etc. zu belasten, weil sie ihre Information nicht ordentlich koordiniert hat, oder auch ganz unabhängig davon, wie sie ihre Information koordiniert hat. Letzteres dann etwa, wenn in Vertragsverhältnissen eine Standardisierung des Leistungsprogramms des Sach-, Werk- oder Dienstleistungsschuldners gerade deswegen sinnvoll erscheint, weil dem Gläubiger dieser Leistung ein Informationsverhalten, das ihn zur Wahrung seiner eigenen Interessen in Stand setzte, nicht zugemutet werden kann. Dann soll der Gläubiger eben darauf *vertrauen* dürfen, daß er das, was man üblicherweise und billigerweise erhält, auch von demjenigen Vertragspartner erhält, den er sich erstens mangels Vergleichsmöglichkeit nicht wirklich frei aussuchen, dessen Leistungspflichten er mangels Verhandlungsmacht nicht beeinflussen und in dessen Produktions- und Arbeitsabläufe er, und sei es nur mangels eigener Sachkenntnis, keinen Einblick nehmen kann. Dies gilt um so mehr, wenn die Gerechtigkeitsvorgaben des Tatbestandszusammenhangs - wie das Gewährleistungsrecht des Kaufvertrages - nicht (oder jedenfalls: nicht durchweg) akzeptabel erscheinen, weil sich die

---

235 So auch *Medicus*, Probleme S.7f.

236 Zu den Dokumentationspflichten des Arztes vgl. *H. Schmid* S.681ff.

tatsächlichen Verhältnisse und (mit ihnen) die allgemeinen Gerechtigkeitsvorstellungen seit der Abfassung des BGB gewandelt haben. Insofern ist es für die Wissenszurechnungsdogmatik nicht ganz glücklich, daß die *leading cases* just die Arglisthaftung des Verkäufers aus § 463 S.2 BGB betreffen[237]; in der Sache geht es hier wohl nicht um (subjektive) Arglist, sondern um objektive, an typische Wissensmöglichkeiten hinsichtlich der Sachqualität anknüpfende Informationspflichten und deren fahrlässige Verletzung[238]. -

Wenig sinnvoll erschiene es auch, Fragen der Sittenwidrigkeit oder der Unlauterkeit (§ 138 BGB, § 1 UWG) als Probleme individueller Vorwerfbarkeit - und damit, soweit die Kenntnis der Sittenwidrigkeit etc. betroffen ist, u.U. als Wissenszurechnungsprobleme - zu behandeln, während tatsächlich die Etablierung oder Bewahrung bestimmter Marktordnungsregeln betroffen ist[239]. Bemerkenswert in diesem Zusammenhang ist, daß der Gesetzgeber im Rahmen der Reform des Insolvenzrechts eine Reihe subjektiver Tatbestände, deren Vorliegen Voraussetzung für den Erfolg einer Anfechtung nach der Konkursordnung oder dem Anfechtungsgesetz war, ausdrücklich beseitigt oder modifiziert hat[240]. Die hierdurch dem anfechtenden Gläubiger auferlegten Darlegungs- und Beweisschwierigkeiten wurden als unangemessen empfunden, weil sie die Verbreiterung der ohnehin regelmäßig geringen Haftungsmasse behinderten. Hier wurde den berechtigten Interessen der Gegenseite - in diesem Fall auch: der Gläubigerschaft ingesamt - also durch Gesetzesänderung Rechnung getragen.

Schließlich mag es tatsächlich Fälle "organisierter Arglosigkeit"[241] geben, in denen einer Organisation versagt sein muß, sich auf Unkenntnis zu berufen, weil derjenige Geschehensablauf, für den fraglich ist, ob er in Kenntnis oder

---

237 Vgl. BGH NJW 1990,975; 1992,1099; 1995,1549; 1995, 2159; 1996,1205 und 1996,1339.

238 Vgl. auch die Kritik von *Esser-Weyers*, SRBT, § 5 II. 2. a.E., *Koller* S.81 (unter III. a.E.) und - vor allem zu BGHZ 109,327 - *Flume*, AcP S.447ff.

239 Zu subjektiven Elementen des § 1 UWG vgl. nur *Emmerich*, S.51ff. und *Baumbach/Hefermehl*, Wettbewerbsrecht Einl. UWG Rz. 125-128 (Rz. 128). Zu "§ 138 BGB und [der] Bankpraxis der Globalzession" vgl. *Esser*, ZHR S.321ff.: "Die Nichtigkeitskontrolle nach § 138 BGB sollte nicht auf die subjektiven Elemente des "Bewußtseins" der Kreditinstitute (!) von dem Pflichtenkonflikt abstellen, in welchen sie den Kunden angesichts der branchenmäßig unvermeidlichen Abtretung von Verkaufserlösforderungen an seine Vorbehaltslieferanten treibt. Statt dieses jeweils ausweichbaren individuellen Hindernisses sollte die objektive Unvereinbarkeit einer präventiven Abtretungspraxis mit einem marktwirtschaftlich geordneten Kreditwesen ausgesprochen werden, ...".

240 Vgl. insbesondere §§ 130, 131 und 138 InsO, § 3 I AnfG n.F. gegenüber §§ 30, 31 KO und § 3 I Nr.1 AnfG a.F.; zu "Objektivierungen" des Kenntnisbegriffs im Zusammenhang mit § 30 Nr.2 KO des alten Rechts vgl. *Niesert* S.805ff.

241 Vgl. *Pfeiffer*, EWiR § 166 BGB 1/96, S.636 (= Urt. v. 31.1.1996 VIII ZR 297/94 = NJW 1996,1205 = ZIP 1996,500) und *Dubischar* S.428 (zu § 14 HeimG).

Unkenntnis vonstatten ging, bewußt in der Weise selektiv organisiert ist, daß diejenigen Umstände, deren Kenntnis Arglosigkeit etc. ausschließt, gar nicht zu irgend jemandes Kenntnis gelangen können[242]. Hierbei handelt es sich aber nicht um Auslegung und Anwendung des Tatbestandsmerkmals der Kenntnis, sondern um eine unmittelbare Behandlung der Haftungs-, Verjährungs- etc.-Frage unter Umgehung dieses subjektiven Tatbestandsmerkmals[243]. Denn wenn es auf Kenntnis ankommt, gehen eine nicht-ordentliche Koordination der Information, gehen Unwissen, Irrtum, Gutgläubigkeit etc. vorbehaltlich der Berechtigung des Vorwurfs fahrlässiger Unkenntnis, soweit ausreichend, grundsätzlich zu Lasten der Gegenseite.

Dies gilt auch für § 852 BGB, wo es auf die positive Kenntnis des Geschädigten ankommt und fahrlässige Unkenntnis nicht ausreicht. Die Erwägung, der Verjährungsbeginn dürfe nicht von der Willkür des Gläubigers abhängen[244], steht m.E. im Widerspruch zur Funktion des Tatbestandsmerkmals der Kenntnis. Wenn es dort heißt, der Anspruch des Geschädigten verjähre in 30 Jahren, falls nicht der Gläubiger die erforderliche Kenntnis erlangt, so bedeutet dies im Grundsatz nichts anderes, als daß der Verjährungsbeginn über einen Zeitraum von 30 Jahren hinweg aus der Sicht des Schuldners vom Zufall abhängt, davon nämlich, daß der Gläubiger die erforderliche Kenntnis erlangt[245]. Vor der Willkür des Gläubigers wird der Schuldner nur insofern geschützt, als der Gläubiger *dann, wenn* er diese Kenntnis erlangt, über den Zeitpunkt der Geltendmachung seines Anspruchs nicht mehr frei verfügen kann[246]. Die Frage, ob eine solche Regelung deswegen unangemessen ist, weil sie dem Schädiger den Kenntnisbeweis auferlegt und dem Geschädigten zuwenig Sorgfalt bei der Behandlung ihn selbst betreffender Angelegenheiten abverlangt[247], steht auf einem anderen Blatt.

---

242 So in den Fällen RGZ 135,247, BGH NJW 1977,581 und ZIP 1997,890, jeweils zu § 407 BGB

243 Ebenso *Walther* S.458 zu BGH NJW 1992,1754, § 638 BGB betreffend.

244 *Medicus*, Probleme S.13, ebenso BGH NJW 1968,988 (nicht eine Organisation betreffend, s.o. III. 1. a) dd)).

245 Vgl. auch BGH NJW 1986,2315.

246 Vgl. BGH a.a.O. (vorige Fn.), S.2316: Der Schädiger habe keinen Anspruch darauf, daß die Behörden - etwa unter dem Gesichtspunkt des Schuldnerschutzes - eine Organisationsform schaffen, die die Kenntnis i.S. des § 852 I BGB zum frühestmöglichen Zeitpunkt eintreten läßt; ähnlich im Anschluß hieran BGH NJW 1992,1755 und NJW 1996, 2508. Vgl. auch BGH NJW 1998,142, unter II. 2. der Gründe: der Wissenszurechnung solle im im Interesse des von der Verjährung bedrohten Geschädigten bewußt eine enge Grenze gezogen werden.

247 Vgl. *Peters*, JZ S.121ff. und *ders./Zimmermann* S.247f., 305f.

f) Anwendungsbereich für Grundsätze ordnungsgemäßer Kommunikation

Ein Anwendungsbereich für noch zu entwickelnde Grundsätze ordnungsgemäßer Informationsverwaltung und Kommunikation bleibt insbesondere dann, wenn fahrlässige Unkenntnis ausreicht[248]. Hier ist auch von vornherein Raum für die Berücksichtigung typischerweise aktenmäßig festgehaltener oder in Datenspeichern vorhandener Information: Wenn solche Information vorhanden ist und der Grund, um dessentwillen sie festgehalten wird, gerade die Berücksichtigung derjenigen Interessen Dritter ist, die vom Schutzzweck der Kenntnisnorm erfaßt sind, wird man fahrlässige Unkenntnis annehmen können. Solche Fälle werden allerdings nicht häufig sein, weil sich die nach gesetzlichen Vorschriften zu dokumentierenden Umstände mit denjenigen, deren Kenntnis rechtlich erheblich wird, kaum überschneiden[249]. Aber auch darüber hinaus lassen sich vom Tatbestand der einzelnen Kenntnisnorm her Kriterien für den Umgang mit solchen Daten entwickeln, anhand derer man sich über die rechtlich erheblichen Umstände informieren kann[250]. Auch zumutbare Informationsmöglichkeiten im Binnenbereich der Organisation, die nicht auf die Abrufbarkeit fixierter Daten, sondern auf Kommunikationspflichten abstellen, können selbstverständlich vom Fahrlässigkeitsbegriff her Berücksichtigung finden.- Hier, im Bereich der fahrlässigen Unkenntnis, realisiert sich auch der prozessuale Vorteil, den das Fahrlässigkeitskriterium im Hinblick auf die vom Gegner darzulegenden Umstände gibt. Denn ob und wann jemand tatsächlich in die Akten geschaut oder Datenbestände überprüft hat, wird sich kaum jemals substantiiert darlegen und beweisen lassen.

In diesem Zusammenhang ist daran zu erinnern, daß innerhalb bestehender Schuldverhältnisse auch die in § 122 II angesprochene Kenntnis oder die fahrlässige Unkenntnis eines Erfüllungsgehilfen oder gesetzlichen Vertreters im Rahmen bestehender Schuldverhältnisse gemäß § 278 zu Lasten der Organisation gehen kann, daß also parallel zur Verschuldens- eine Wissenszurechnung stattfinden kann[251]. Mit der bestehenden Sonderverbindung hätte das Kriterium ordnungsgemäßer Kommunikation, die der Gegner zu Recht erwarten darf, einen eindeutigen inhaltlichen Bezugspunkt, durch die Bindung an bestimmte persönliche Voraussetzungen (Erfüllungsgehilfe, gesetzlicher Vertreter) wäre eine eindeutige Ermittlung des betroffenen Personenkreises im Hinblick auf Sinn und Zweck der Sonderverbindung gegeben.

---

[248] Ebenso im Ergebnis *Koller* S.85.

[249] Vgl. den Überblick über "Ordnungsgemäßheit" im Umgang mit Daten bei *Streitz* S.221.

[250] Siehe Teil C IV. 5.

[251] Vgl. Teil A, III. 3.

Andererseits muß sich auch im Rahmen der bei Fahrlässigkeit gebotenen Frage nach Informationsmöglichkeiten die Tatsache einer notwendigen oder gar ordnungsgemäßen (Datenschutz, Geheimhaltungspflichten[252]) Wissensaufspaltung zugunsten der Organisation auswirken können. Denn je umfangreicher die Aufgaben der Organisation und die bei der Aufgabenerfüllung zu bewältigenden Informationslasten sind, desto sinnvoller ist Wissensaufspaltung. Die "ideale Organisation" ist nicht die, in der jeder alles weiß, was im Interesse eines anderen liegen mag, sondern die, in der eine hochselektive, aufgabenbezogene Informationsverarbeitung stattfindet[253]. Wenn bei bzw. trotz einer solchen Organisation ein Informationsaustausch "möglich und naheliegend" war[254], dann stellt das Unterlassen eines solchen Austausches aber keinen Verstoß gegen eine *generelle* (Organisations-)Pflicht zur ordnungsgemäßen Kommunikation im Interesse eines Dritten dar, sondern ein den situativen, *konkreten* Anforderungen (den "Umständen") nicht angemessenes und deshalb fahrlässiges Informationsverhalten.

Demgegenüber muß sich die Anwendung des Merkmals positiver Kenntnis im Grundsatz darauf beschränken, das tatsächlich vorhandene Wissen zu berücksichtigen. Die Frage, die hier zu beantworten bleibt, ist die, wo und wie es vorhanden sein muß, wie der Bereich des relevanten (zurechenbaren) Wissens von dem des irrelevanten (nicht zurechenbaren) Wissens abzugrenzen ist. Damit ist eine personen- oder abteilungsübergreifende, gegebenen Falles sogar filialübergreifende Wissenszurechnung keinesfalls ausgeschlossen, weil es ja in Organisationen häufig entsprechend eingerichtete Kommunikationsnetze und Informationszugriffsmöglichkeiten gerade deshalb gibt, damit die, die jeweils handeln, die relevante Information zur Verfügung haben. Das Kriterium ordnungsgemäßer Kommunikation darf aber nicht dazu verleiten, den Maßstab ausschließlich auf Anforderungen an die ordnungsgemäße Organisation auszurichten, ohne Rücksicht auf die jeweils auf *beiden* Seiten faktisch vorhandenen Handlungsspielräume. Bei einem einseitigen Rückgriff auf Kommunikationspflichten droht die Gefahr, daß die gesetzlichen Wertungen und das

---

[252] Die hieraus für die Wissenszurechnung resultierenden Probleme sind allerdings gering, vgl. hierzu Teil C, V. 5.

[253] Vgl. den Diskussionsbeitrag des Richters *Steffen*, in Klingmüller, Hg., Möglichkeiten der Wissenszurechnung, S.33: "Es hat nicht nur einen rechtsstaatlichen, sondern einen guten sachlichen Grund, daß wir in unserer Ausbildung als allererstes lernen, wenn uns eine Akte auf den Tisch gepackt wird, zu fragen "warum mir?". - Auf die Funktion und den Aufgabenbereich des wissenden Amtswalters stellt der BGH ab in BGH NJW 1998,142, vgl. o. Fn. 201.

[254] Vgl. BGH NJW 1989,2879 und die weiteren Nachweise oben Fn. 54; zu BGH NJW 1989,2879 s.u. Teil C, V. 6. a).

Gewicht, das diese den Erwartungen des Gegners an ein bestimmtes Kommunikationsverhalten beimessen, außer Acht bleiben.

IV. Das Problem einer gesetzlichen Grundlage der Wissenszurechnung bei Organisationen, insbesondere der Qualifikation des Zurechnungsproblems

Das überzeugendste Argument gegen eine Begründung aus den zuvor behandelten Vorschriften einerseits, den zu ihnen oder auch unabhängig von ihnen entwickelten allgemeinen Rechtsgedanken andererseits, ist sicherlich eine alternative Begründung. Dabei stellt sich die Frage, in welcher Weise die vorhandenen gesetzlichen Vorgaben für eine Lösung des Wissenszurechnungsproblems bei Organisationen fruchtbar gemacht werden können. Gegenüber der Annahme einer "planwidrigen Regelungslücke"[255] und einem allzu schnellen Rückgriff auf allgemeine Gerechtigkeitsargumente erscheint Vorsicht geboten. Denn der überwiegende Teil der heute als problematisch angesehenen Fälle - etwa die Hereinnahme eines Schecks durch eine Bank, der Kauf oder Verkauf eines Grundstücks durch den Fiskus - ist in wesentlichen Punkten keinesfalls durch eine Problematik gekennzeichnet, die zu Beginn des Jahrhunderts nicht voraussehbar gewesen, vielmehr besonderen wirtschaftlichen oder sozialen Entwicklungen geschuldet wäre.

Natürlich hat sich andererseits viel geändert. In tatsächlicher Hinsicht spielt die noch gegenwärtig immer rascher fortschreitende Entwicklung der Informations- und Kommunikationstechnologie eine enorme Rolle. Elektronische Vernetzungen lassen Kommunikation unter Abwesenden ohne konkrete Interaktion, also ohne gleichzeitige Bindung der Aufmerksamkeit der Kommunikationsteilnehmer (wie beim Telefonieren) zu, ohne daß eine Fixierung der Mitteilung auf Papier erforderlich wäre. Das wiederum erhöht (gegenüber dem Schriftverkehr) die Möglichkeiten der Teilnahme an Kommunikation, reduziert allerdings auch die Möglichkeit, Mitteilungen als solche, d.h. als bewußt adressierte Information, zuzurechnen[256].

Allerdings darf das Mehr an Informations- und Kommunikationsmöglichkeiten nicht mit einem Zuwachs an Wissen und real stattfindenden Kommunikationen gleichgesetzt werden. Ein Zuwachs an Möglichkeiten steigert zunächst einmal nur die Ungewißheit darüber, welche Möglichkeiten Realität werden können bzw. sollen. Ein Mehr an Informations- und Kommunikationsmöglichkeiten

---

[255] *Waltermann*, AcP S. 226 und *ders.*, NJW S.893 und S.895.

[256] Vgl. hierzu *Luhmann*, Gesellschaft der Gesellschaft, Bd. 1 Kap. 2, VII.

steigert außerdem die Notwendigkeit zur Selektion, so daß die mehr oder minder bewußt außer Acht gelassenen mit den realisierten Möglichkeiten gleichmäßig Schritt halten, insbesondere also das Wissen mit dem Unwissen wächst. Im Blick auf die rechtliche Entwicklung hat, soweit die Wissenszurechnungsfragen bei Organisationen betroffen sein können, vor allem die Frage nach Entlastungsmöglichkeiten im Hinblick auf die Realisierung organisationsspezifischer Risiken eine andere Beurteilung erfahren. Die "strukturelle Differenz zwischen Individuum und Organisation"[257] wird bei einer formalen Gleichstellung von Bürger und Organisation im Schema abstrakter Schuldner/Gläubiger-, Veräußerer/Erwerber- etc. Beziehungen offensichtlich unterschlagen.

Dieser Befund kann aber nicht von der Aufgabe entbinden, das gesetzliche Problemlösungsprogramm, soweit es erkennbar vorhanden ist, zunächst einmal im Hinblick auf seine Angemessenheit zu rekonstruieren. Zum einen deshalb, weil sich auf diese Weise die vorhandenen Argumente bestimmten gesetzlichen Vorgaben zuordnen lassen, so daß erkennbar wird, inwieweit sie diese nachvollziehen oder von ihnen abweichen. Zum anderen deshalb, damit die etwa für notwendig gehaltenen Abweichungen als solche auch kenntlich werden und als eigene, alternativ zu begründende Entscheidungen ausgewiesen werden können.

1. Die Reichweite der rechtsgeschäftlichen und haftungsrechtlichen Zurechnungsregeln

Das Vertretungsrecht zunächst gibt zwar Anhaltspunkte, rechtfertigt aber die Zurechnung nur bei der Abgabe von Willenserklärungen vor dem Hintergrund entsprechender Vertretungsmacht. Man wird insoweit davon ausgehen können, daß der Fall der Einzelvertretung einer juristischen Person durch ihren gesetzlichen Vertreter nach der Auffassung des historischen Gesetzgebers ohne weiteres jedenfalls *im Sinne* des § 166 I entschieden werden sollte[258], nämlich so, daß dessen Kenntnisstand für den Inhalt des Rechtsverhältnisses zwischen der vertretenen juristischen Person und dem Dritten entscheidend sein solle. Dies ließe sich vor dem Hintergrund sowohl der Fiktionstheorie, als auch der

---

[257] *Röhl*, FS Stiefel, S.574ff.

[258] Die - soweit ersichtlich - einzige Äußerung hierzu stammt aus den Motiven zum 1. Entwurf (der allerdings im Streit zwischen Organ- und Vertretertheorie noch eher der letzteren zuneigte, *Schilken* S.130), vgl. *Mugdan* I S.408 a.E. zu § 46 E I. [= § 31 BGB]: "Das Erforderniß der Uebereinstimmung des wirklichen mit dem erklärten Willen, die Erheblichkeit von Zwang, Betrug, Irrthum, Wissen und Wissenmüssen bestimmen sich dabei nach dem Vorstande (§ 117)" [§ 117 = § 166 Abs.1 BGB]; in diesem Sinne etwa RGZ 59,400, S.407ff., 72,133 ("entsprechende Anwendung"), 83,241 und 131,343.

Organtheorie begründen[259]: Wenn die juristische Person einer Vertretung schon deshalb bedarf, weil sie als solche handlungs- und wissensunfähig ist, ist das Wissen der Vertreter der juristischen Person ebenso zuzurechnen wie deren Handeln. Wenn die juristische Person durch ihre Organe selbst handelt, ist deren Wissen Wissen der juristischen Person, sofern sie als Organe handeln[260]. Dann bedarf es - hinsichtlich der Organmitglieder - auch keiner ausdrücklichen Regel, die darüber zu entscheiden hilft, ob es auf den Vertreter *oder* den Vertretenen ankommen soll. Darin besteht aber die Funktion des § 166 BGB[261]. Damit ist indes nur gesagt, daß der Kenntnisstand der Organmitglieder *kraft ihrer Organstellung* als Kenntnis *oder* Unkenntnis der juristischen Person gilt, noch nicht hingegen, wie zu entscheiden ist, wenn ein Organmitglied die fraglichen Umstände kennt, ein anderes hingegen nicht.

Das Haftungsrecht wiederum, soweit die Regeln über ein Einstehenmüssen für das Verhalten Dritter betroffen sind, präjudiziert die Wissenszurechnung nur insoweit, als einerseits tatsächlich über Schadenshaftung zu entscheiden ist, andererseits die Haftungsvoraussetzungen tatsächlich an jemandes Kenntnis oder Kennenmüssen anknüpfen, also nur, soweit die Haftung für Drittverschulden betroffen ist.

Wissen, das nicht entweder im unmittelbaren Zusammenhang mit der Abgabe einer Willenserklärung oder als Schuldelement Bedeutung erlangt, sondern etwa ausdrücklich als "Kenntnis" bzw. "Kennenmüssen"[262], als Arglist oder böser Glaube, bedarf keiner "Wissenszurechnung" gerade nach bzw. analog zu Rechtsgeschäfts-(Vertretungs-)-, Verschuldenszurechnungs- oder Deliktsregeln. Hier stellt sich vielmehr die *gleichfalls* vom Zweck der jeweiligen Vorschriften her zu beantwortende und nicht durch die zuvor genannten Zurechnungsregeln präjudizierte Frage, ob dem Gegner der Kenntnis-Einwand gewährt bzw. der Organisation verwehrt werden sollte, sich auf Unkenntnis (Redlichkeit) zu berufen[263]. Hierin sehe ich den systematisch richtigen Ausgangspunkt für die Behandlung des gesamten Problems der Wissenszurechnung bei Organisationen. Dessen Bestimmung ist nicht nur eine Frage der Ordnung oder Darstellung. Die Qualifikation entscheidet - nicht nur im internationalen Privatrecht – Gerechtigkeitsfragen, weil sie das Problem einem bestimmten Problemlösungskontext zuweist, der einerseits bereits auf der Grundsatzebene bestimmte Wertungs-

---

259 Vgl. oben zu III. 1. a) cc).

260 *v.Gierke*, a.a.O. (oben Fn. 82 und 99).

261 S.o. III. 1. a) bb).

262 Die Differenzierung ist in § 166 BGB vorgegeben.

263 Vgl. *Heinsheimer* S.195 zu § 892 BGB, *V.Simon* S.721 (zu § 407 BGB); vgl. auch *Flume*, JZ S.551 (zur "Arglist"-Haftung des Verkäufers anläßlich der Entscheidung BGH NJW 1990,975), *ders.*, AcP S.441ff.

kriterien gegenüber anderen präferiert, andererseits über Relevanz oder Irrelevanz des Tatsachenvortrags entscheidet. Es präjudiziert (und behindert) die Argumentation in Sachfragen, wenn man etwa jenseits echter Schadenstragungsprobleme die Wissenszurechnungsfrage den Verkehrssicherungspflichten oder die Frage der Haftung für bösgläubige Besitzdiener dem Vertretungsrecht zuschlägt.

Sicherlich enthalten die einzelnen Tatbestände und Tatbestandsgruppen keine *ausdrücklichen* Wissenszurechnungsregeln[264]. Sie geben aber immer mehr oder weniger deutlich vor, in welcher Hinsicht und mit welchem Zweck es auf Kenntnis oder Kennenmüssen ankommt. So setzen die Zurechnung einer deliktischen Handlung oder einer Vertragsverletzung Vorsatz oder Fahrlässigkeit nur desjenigen voraus, der die fragliche Handlung begeht[265]; man kann allenfalls überlegen, ob der zivilrechtliche Schuldvorwurf, der ohnehin Zurechnung ist und nicht auf Introspektion des individuellen Bewußtseins beruht, sich nicht auch auf das Zusammenwirken mehrerer beziehen kann[266]. Dann kann sich auch das Problem der Wissenszurechnung stellen: ob nämlich das Wissen des einen und das - in einem bestimmten Punkt unwissentlich - pflichtwidrige Handeln des anderen zusammengenommen den Schuldvorwurf rechtfertigen. Ebenso enthalten die Vorschriften über die Anfechtbarkeit von Willenserklärungen implizite Zurechnungsregeln, weil - und soweit - sie auf den Schutz der Selbstbestimmung des Erklärenden abstellen. Soweit dieses Selbstbestimmungsrecht die Einhaltung bestimmter Verfahren voraussetzt, an denen mehrere beteiligt sein sollen, soweit also Gesamtvertretungsmacht reicht, müssen der Irrtum oder die Täuschung auch nur eines am Abschluß eines Rechtsgeschäftes beteiligten Organmitgliedes grundsätzlich zur Anfechtung einer im Namen der juristischen Person abgegebenen Willenserklärung berechtigen[267] - trotz des einem Irrtum oder einer Täuschung entgegenstehenden Wissens auch nur eines anderen Organmitgliedes. Ähnliches gilt für § 626 II, der den "Kündigungsberechtigten" als maßgeblichen Wissensträger herausstellt[268].

Andererseits ist dieser außerhalb rechtsgeschäftlichen und rechtsverletzenden Handelns liegende Bereich zu groß und hinsichtlich der je betroffenen Interessenkonflikte zu heterogen, als daß er sich über generelle, vom jeweiligen Kenntnis-Tatbestand losgelöste Risikozuweisungen erschließen ließe.

---

[264] Vgl. aber §§ 88 III AktG, §§ 2 III, 19, 44 und 79 VVG, §§ 4 II und 13 VI UWG sowie 564c HGB.

[265] RGZ 57,93 und 110,145.

[266] Vgl. hierzu aus zivilrechtlicher Sicht *A.Reuter* S.1605ff., aus strafrechtlicher Sicht *Heine* S.258ff.

[267] Vgl. RGZ 78,347, S.353; vgl. aber auch oben Fn. 73 und Teil C, IV. 2.

[268] Vgl. zuletzt BGH NJW 1998,3274 sowie die Nachweise in Fn. 24.

2. Die Notwendigkeit einer Verbindung des Wissenszurechnungsproblems mit den jeweils betroffenen Regelungszusammenhängen

Wenn die Bedeutung der Funktion der einzelnen Kenntnisvorschriften in den Vordergrund zu stellen ist, so kann dies andererseits nicht heißen, daß die gesamte Materie einfach diesen Vorschriften und im übrigen § 242 BGB überantwortet wird. Die Frage der systemgerechten Zuordnung des Problems der Wissenszurechnung bei Organisationen als solchen muß beantwortet und mit den Gerechtigkeitsvorgaben der einzelnen besonderen Rechtsverhältnisse in Beziehung gesetzt werden.

Diese Frage berührt wiederum den Streit um die Erklärung des rechtlich relevanten Handelns der juristischen Person, indem sie auf Zurechnungsfragen jenseits der einzelnen Kenntnis-Tatbestände verweist. Aber sie offenbart auch die Lücken des in diesem Streit unterstellten Handlungsbegriffs und macht damit letztlich die Irrelevanz einer Entscheidung für oder gegen eine dieser Theorien deutlich. Denn vor dem Hintergrund der Alternative zwischen der Fiktionstheorie und der Theorie der realen Verbandsperson geht es um die Frage, ob einer Organisation das Handeln (und Wissen) ihrer Organe und sonstigen Vertreter zugerechnet werden müsse, oder ob die Organisation selbst handeln (und wissen bzw. nicht wissen) könne, außerdem darum ob und wie die Idee einer Rechts- und Pflichtsubjektivität auf organisiertes Handeln bezogen werden kann. Bereits diese Fragestellung geht an der für die Wissenszurechnung charakteristischen Problematik[269] vorbei - und hatte diese ja auch nie zum zentralen Gegenstand[270]. Es kann ja kein Zweifel daran bestehen, daß, wie immer man sich das denkt, Organisationen als Gläubiger, Schuldner, Verkäufer, Besitzer etc. im Rechtsverkehr auftreten, also Erwartungen erfüllen oder enttäuschen können, die an sie als Gläubiger, Schuldner, Verkäufer oder Besitzer adressiert sind. Die Beantwortung der Frage, welches Wissen der Organisation bei der Erfüllung oder Nichterfüllung dieser auf einen bestimmten Aspekt ihres Verhaltens gerichteten Erwartungen zur Verfügung stand, verlangt nicht nach einer Klärung der Vorfrage, ob Organisationen im Rechtssinne handeln können (sollen) oder nicht. Denn verkaufen, besitzen, schädigen oder geschädigt sein im Rechtssinne können sie allemal, sei es aus eigenem Vermögen, sei es vermittelt durch Handlungen natürlicher Personen. Aber die Art und Weise, in der Organisationen verkaufen, Besitz erlangen etc., unterscheidet

---

[269] Vgl. Teil C, I.

[270] Vgl. z.B. *H.J.Wolff*, im Vorwort zu Bd. II, S.VIII: "Ein Eindringen in die ... für die Vertretungsfolgen entscheidenden, nach Gehalt und Gewicht jedoch durch verschiedenste soziale ökonomische und staatspolitische Umstände bedingten materiellen Sachlagen ist der allgemeinen Vertretungslehre ... ebensowenig möglich wie ein Eingehen auf die Einzelheiten des Vertretungsrechts und die Deutung der positiven Rechtsnormen."

sich von derjenigen, in der natürliche Personen dies tun: Typischerweise einerseits durch den Umfang der je potentiell zur Verfügung stehenden Informationsressourcen und durch die Art und Weise ihrer Nutzung, andererseits durch die Arbeitsteiligkeit des Handelns, also durch Dezentralisierung und Integration verschiedener Handlungsbeiträge mit verschiedenen Wissenszuständigkeiten. So gesehen ist organisiertes Handeln weder als die Summe individueller Handlungen, noch als Handlung eines kollektiven Individuums zu begreifen, auch wenn die rechtliche Betrachtung genötigt ist, zu bestimmten Zurechnungszwecken Subjekte des Handelns in dieser Weise zu identifizieren und voneinander zu unterscheiden.

Wenn es nach dem Gesetz ausdrücklich darum geht, das Wissen einer Organisation in bestimmten Hinsichten (als Käufer etc.), bei bestimmten Gelegenheiten (bei Vertragsschluß oder bei Ablieferung der Sache) und bezüglich bestimmter Umstände (Mangel) abzufragen, tritt die Frage nach Subjekten des Wissens aber in den Hintergrund. Nicht um die Handlungs- oder Wissensfähigkeit der Organisation als solcher geht es, und schon gar nicht um ihre Rechtsfähigkeit, sondern um die Anwendung von Normen, die als solche auf organisiertes Handeln anwendbar sind und die Rechtsstellung des oder der Rechtsträger von der Kenntnis (oder dem Kennenmüssen) bestimmter Umstände und bei bestimmten Gelegenheiten abhängig machen. Daher kann und sollte die Frage lauten, welches Wissen bei demjenigen Vorgang zur Verfügung stand oder - gegebenen Falles - hätte zur Verfügung stehen können, der anhand der jeweils einschlägigen Vorschriften als "Handlung" im Rechtssinne bezeichnet wird, als Kauf oder Verkauf, Besitzerwerb, Geltendmachung eines Schadensersatzanspruches oder Ausspruch einer Kündigung etc. Daran kann sich die Frage anschließen, wie der betreffende Vorgang im konkreten Fall organisiert war, welche Personen mit welchen Zuständigkeiten und mit welchen Möglichkeiten des Zugriffs auf gespeicherte Information in diesen Ablauf eingebunden waren. Die Eingrenzung des "Wissenssystems Organisation"[271] hat nicht die Organisation als Subjekt ins Auge zu fassen, sondern die in der Kenntnisnorm benannte Handlung selbst, die Organisation dieser Handlung. Im Hinblick auf den in einer bestimmten Weise organisierten Geschehensablauf ist zu fragen, ob aufgrund des internen oder externen Vorhandenseins der Information dasjenige Verhalten möglich war, das aufgrund der gesetzlichen Vorschriften für den Fall des Vorhandenseins der Information zu Recht - im Interesse der Organisation oder des Gegners - erwartet werden kann. Die notwendige Verbindung zwischen der generellen Frage nach dem Wissen der Organisation einerseits, ihrer Kenntnis in bestimmten Rechtsverhältnissen

---

[271] *Weyers*, Diskussionsbeitrag in Klingmüller, Hg., Möglichkeiten der Wissenszurechnung, S.42f.

andererseits, kann in der Weise hergestellt werden, daß man Bedeutung und Funktion der Kenntnis-Tatbestände fallgruppenübergreifend herausstellt, also fragt, in welchen Konstellationenen und warum es überhaupt auf jemandes Kenntnis und damit u.U. auch auf die Kenntnis einer Organisation ankommt. Denn damit ist ja in der Tat das einerseits all diesen mit unterschiedlichen Gerechtigkeitsproblemen konfrontierten Tatbeständen gemeinsame, andererseits die Organisation mit ihren Rechten und Pflichten ins Auge fassende Bindeglied angesprochen. Dieser Versuch soll im folgenden Teil der Arbeit unternommen werden.

Teil B

Funktion des Tatbestandsmerkmals der Kenntnis

I. Einleitung

Die Frage nach der Funktion eines Tatbestandsmerkmals, das jemandes Kenntnisstand Bedeutung beimißt, zielt auf die Ermittlung der gesetzlichen Wertungen, die anhand dieses Tatbestandsmerkmals zum Ausdruck gebracht werden. Diese Funktionsbestimmung dient der Vorbereitung einer Antwort auf die Frage, nach welchen Kriterien zu entscheiden ist, ob eine Organisation Kenntnis von bestimmten Umständen hatte oder hätte haben müssen.

Die Funktionsbestimmung soll im wesentlichen anhand eines Vergleichs zwischen Regelungsmöglichkeiten im Hinblick auf die dem jeweiligen Regelungszusammenhang zugrundeliegenden rechtlichen Probleme vorgenommen werden. Dabei ist unter Bezeichnung des jeweiligen Problems zu fragen, welche Alternativen zu einer Regelung bestehen, die den Eintritt einer bestimmten Rechtsfolge von jemandes Kenntnisstand abhängig macht. Auf diese Weise soll ermittelt werden, weshalb gerade "Kenntnis" das entscheidungserhebliche Kriterium ist. Diese Alternativen müssen nicht willkürlich benannt oder gar erfunden werden. Sie sind innerhalb der rechtlich sinnvollen Regelungsmöglichkeiten zu suchen. Regelmäßig stehen bereits innerhalb derjenigen systematisch zusammengehörenden Tatbestände, in deren Kontext es auf "Kenntnis" ankommt, solche anderen Tatbestandsmerkmale zur Verfügung. So kann etwa die Haftung für einen Schaden davon abhängig sein, ob jemand "Kenntnis" (bestimmter Umstände, der Tatbestandsverwirklichung, der Rechtswidrigkeit seines Handelns) hat, oder aber auch davon, daß er schlicht etwas unternimmt. Der Beginn der Verjährungsfrist kann mit der Erlangung der Kenntnis bestimmter Umstände oder mit dem Eintritt eines Ereignisses - der Verletzungshandlung, der Ablieferung, der Übergabe oder Abnahme etc. - zu laufen beginnen. Ob der mit einem Vertreter ohne Vertretungsmacht geschlossene Vertrag den Vertretenen verpflichtet oder nicht, kann von der Kenntnis des Dritten oder vom Alter des Vertretenen abhängen. Das Recht zum Widerruf einer auf den Abschluß eines Vertrages gerichteten Willenserklärung kann ausgeschlossen sein, weil der Berechtigte beim Vertragsschluß die Umstände kennt, die das Widerrufsrecht begründen, in anderen Fällen ist es etwa deshalb ausgeschlossen, weil "die Willenserklärung von einem Notar beurkundet worden ist" (§ 1 II Ziff.3 HaustürWG).

Als Klammer über diesen Regelungsalternativen bietet sich die Unterscheidung zwischen *subjektiven* und *objektiven* Tatbestandsmerkmalen an, so daß der Vergleich im wesentlichen an der Frage orientiert sein wird, welche Funktion "Kenntnis" als *subjektives* Tatbestandsmerkmal hat und welche Wertungen die Entscheidung für dieses subjektive Tatbestandsmerkmal zum Ausdruck bringt.

II. Überblick: Bedeutung des Tatbestandsmerkmals der Kenntnis

Die Frage nach der Bedeutung des Tatbestandsmerkmals der Kenntnis ist nicht identisch mit der Frage nach seiner Funktion. Während die Funktionsfrage darauf abzielt, den Beitrag dieses Tatbestandsmerkmals zu einer gerechten Lösung bestimmter Konfliktsituationen zu erfassen, zielt die Bedeutungsfrage zunächst einmal nur auf die Bestimmung dieser Situationen. Deren Darstellung ist notwendigerweise in mehrfacher Hinsicht unvollständig[272]. Zum einen beschränkt sie sich auf diejenigen Konstellationen, in denen Organisationen an einem Rechtsverhältnis beteiligt sein können. Das ist in weiten Teilen des Erb- und Familienrechts nicht der Fall[273]. Zum zweiten beschränkt sie sich auf Vorschriften des BGB. Das geschieht aus pragmatischen Gründen, aber auch in der Annahme, daß die für die Bedeutung der Kenntnis typischen Fallgruppen dort eine Regelung gefunden haben. Schließlich stehen bekanntlich nicht alle Regeln im Gesetz. Rechtsprinzipien und allgemeine Rechtsgedanken beeinflussen und bestimmen zum Teil die Rechtsanwendung im Einzelfall. Weil jedenfalls von dem, der bestimmte Umstände kennt, die Erfüllung derjenigen Erwartungen zurecht verlangt werden kann, die man an ein Verhalten in Kenntnis dieser Umstände zu knüpfen pflegt, ist eine Reihe von auf die Kenntnis bestimmter Umstände gegründeten Einwendungen, Verhaltenspflichten und -obliegenheiten denkbar, die ihren Ursprung, wenn überhaupt im Gesetz, dann

---

272 Einen nahezu vollständigen, alle "Verschuldensbegriffe" umfassenden Überblick vor dem Hintergrund der damaligen Gesetzeslage gibt *Weyl* im ersten Teil (Materialsammlung). Vgl. auch *Roemmer-Collmann*, S.19ff.

273 Siehe aber §§ 2129 II S.1 (932ff.), 2140 S.1 und 2 (Kenntnis des Erbschaftsschuldners, des Vorerben oder eines Dritten vom Entzug der Verfügungsberechtigung des Vorerben bzw. vom Eintritt der Nacherbfolge), §§ 1357 II (1412), 1366 II, 1412, 1427, 1453 (Kenntnis des Dritten bei Geschäften mit einem Ehegatten), § 1698a II (Kenntnis des Dritten von der Beendigung der elterlichen Sorge), § 2019 (§§ 406-408) (Kenntnis des Schuldners von der Zugehörigkeit einer Forderung zur Erbschaft), § 2375 (Kenntnis des Erbschaftskäufers vom Verbrauch oder der unentgeltlichen Verfügung des Erbschaftsverkäufers), §§ 1944, 1954, 1980 (Kenntnis des Erben vom Erbanfall, vom Anfechtungsgrund, der Überschuldung des Nachlasses) und die in §§ 1900 II, 2260 ausdrücklich erwähnten Fälle der Kenntnis einer Behörde.

allenfalls in § 242 BGB haben[274] - nicht in der Weise, daß die Anwendung des § 242 hier die "Kenntnis" einer Partei voraussetzte, sondern umgekehrt in dem Sinne, daß für den Fall der Kenntnis bestimmter Umstände § 242 als Grundlage einer Korrektur oder Ergänzung des für den Fall der Unkenntnis vorgesehenen Normprogramms angemessen erscheint, soweit dieses derartigen "subjektiven Momenten" nicht bereits ausdrücklich Rechnung trägt[275]. Bei der Funktionsbestimmung wird dieser Umstand im Auge behalten werden, ohne daß die Fälle, in welchen eine Berücksichtigung des Kenntnisstandes nach Treu und Glauben bestimmte Rechtsfolgen nach sich zieht, im Einzelnen aufgelistet und erörtert werden könnten.

1. "Kenntnis" bei der Vornahme von Rechtsgeschäften

Wenn man sich das Rechtsgeschäft als privaten Rechtssetzungsakt denkt, durch welchen einzelne Rechtssubjekte ihre Vermögensangelegenheiten in Freiheit rechtsverbindlich sollen gestalten können, ergibt sich zwangsläufig, daß die das Rechtsgeschäft betreffenden Regeln sensibel für Umstände sind, die der Annahme einer bewußten Gestaltung entgegenstehen[276]. Deswegen spielt die Kenntnis bestimmter Tatsachen in der Rechtsgeschäftslehre eine wichtige Rolle.

Bereits die Antwort auf die Frage, ob eine Willenserklärung vorliegt, hängt insofern von subjektiven Umständen ab, als die Willenserklärung ein Handlungsbewußtsein voraussetzt, außerdem u.U. einen auf die Vornahme eines Rechtsgeschäftes gerichteten Willen[277]. Der Tatbestand des Handlungsbewußtseins hat allerdings nicht jemandes Vorstellung bezüglich der Situation, in der er sich befindet, zum Gegenstand. Auch der Begriff des Erklärungsbewußtseins bezeichnet nicht vorrangig die Kenntnis bestimmter äußerer Umstände. Das Erklärungsbewußtsein betrifft nicht die Information über Sachverhalte, sondern die Interpretation des Erklärungsverhaltens durch den Erklärenden selbst. Daher scheint hinsichtlich des Erklärungsbewußtseins auf den ersten Blick auch eine Wissenszurechnung nicht in Betracht zu kommen. Wenn der Erklärende nicht

---

274 Zur Bedeutung subjektiver Elemente bei der Anwendung des § 242 vgl. MK-*Roth*, § 242 Rz. 33f., 230ff., 291.

275 Das wird vor dem historischen Hintergrund der "Glaubens"-Formel verständlich, vgl. nur die kurzen Bemerkungen bei *Wieacker*, Privatrechtsgeschichte S.476, *v.Tuhr*, AT Bd.II S.134, Fn.63 und *Staudinger-Schmidt*, § 242 Rz. 1-7 zur "Subjektivierung" bzw. "Objektivierung" der römischen *bona fides* in Richtung "Redlichkeit" einerseits, in Richtung "Sitte" andererseits, außerdem *Weyl* § 58 VII. Ziff. 8 zum Verhältnis des Arglisteinwandes zur *actio/exceptio doli*.

276 *MK Kramer*, vor § 116 Rz. 3.

277 Das ist umstritten. Nach anderer Ansicht kann das Fehlen des Erklärungsbewußtseins nur zur Anfechtung berechtigen; vgl. unten 1. a).

weiß, daß sein Verhalten als Willenserklärung verstanden wird und auch den Umständen nach verstanden werden darf, scheint die Frage wenig sinnvoll, ob nicht ein anderer dieses Erklärungsbewußtsein hat - im bekannten Trierer Weinversteigerungsfall[278] etwa ein mit Auktionen vertrauter Bekannter. Denn nicht um des letzteren Willenserklärung geht es ja, sondern um die des Erklärenden. Allerdings kann bei näherem Hinsehen auch hier zurechenbares Wissen eine Rolle spielen, nämlich das Wissen um die - mutmaßliche – rechtliche Bedeutung eines bestimmten Verhaltens, die wiederum von bestimmten äußeren Umständen abhängt. In diesem Sinne kann sich der Erklärende darauf berufen, er habe nicht gewußt oder sich darüber geirrt, daß sein Verhalten in einer bestimmten Situation als Willenserklärung gedeutet werde. Daher kann sich grundsätzlich auch die Frage stellen, ob die Rechtsfolgen fehlenden Erklärungsbewußtseins - Unwirksamkeit oder zumindest Anfechtbarkeit der Willenserklärung - auch dann eintreten sollen, wenn ein *anderer* diejenigen Umstände kannte oder hätte erkennen können, die das Verhalten des Erklärenden als Willenserklärung erscheinen lassen[279]. Es erscheint auch nur auf den ersten Blick widersinnig, unter den Tatbestand der Willenserklärung das Verhalten zweier Personen zu subsumieren, den objektiven Tatbestand gleichsam mit dem Erklärungsbewußtsein, als der subjektiven Seite, eines anderen aufzufüllen. Indes verlangt ja der Tatbestand der "Willenserklärung" nicht nach der psychologischen Verifizierung des Bewußtseinszustandes einer Person, vielmehr soll er, als Rechtsbegriff, den wertenden Zugriff auf ein bestimmtes Problem gewährleisten, typischerweise das der Entscheidung über das Zustandekommen eines Vertrages in Fällen, in denen wegen des mehrdeutigen Verhaltens des Erklärenden zwischen den Parteien Uneinigkeit hierüber herrscht. In diesem Sinne machen etwa auch §§ 116, 117 I das Vorliegen einer Willenserklärung von Tatsachen abhängig, die nicht in der Person des Erklärenden liegen, nämlich von der Kenntnis seines Gegenüber. Tatsächlich ginge es deshalb nicht um ein "Zusammenrechnen" psychischer Tatsachen, sondern darum, dem Erklärenden die Berufung auf den Mangel des eigenen Erklärungsbewußtseins etwa deswegen zu verweigern, weil einem *anderen* sowohl dieser Mangel, als auch die mutmaßliche Bedeutung des Verhaltens des Erklärenden und das Vertrauen des Erklärungsempfängers auf das Vorliegen einer Willenserklärung bekannt sind. Ein in diesem Sinne zu

---

278 Referiert z.B. bei *Larenz/Wolf*, § 24 Rz. 7.

279 Vgl. BGHZ 91,324 (= NJW 1984,2279, S.2280) unter I. 1. b) der Gründe: Eine Willenserklärung liege bei fehlendem Erklärungsbewußtsein nur vor, wenn sie als solche dem Erklärenden zugerechnet werden könne. Das sei der Fall, wenn dieser bei Anwendung der im Verkehr erforderlichen Sorgfalt habe *erkennen* und vermeiden können, daß seine Erklärung oder sein Verhalten vom Empfänger nach Treu und Glauben und mit Rücksicht auf die Verkehrssitte als Willenserklärung aufgefaßt werden durfte.

entscheidender Sachverhalt wird selten sein, weil der subjektive Tatbestand der Willenserklärung die Interessen des Erklärenden an einer *seinen* Vorstellungen entsprechenden Gestaltung *seiner* Vermögensverhältnisse schützt. Das folgt aber nicht aus einer Bindung der Subsumtion an psychische Gegebenheiten, aus einem Verständnis der Willenserklärung als psychischem Vorgang, sondern ist Konsequenz dieser mit dem Rechtsbegriff der Willenserklärung intendierten Wertung. Wenn die Wirkungen der Willenserklärung von vornherein nicht in der Person des Erklärenden, sondern in der Person eines Dritten eintreten, liegen die Dinge daher schon anders.

Des weiteren erlauben bekanntlich beachtliche Willensmängel, Irrtum und Täuschung, erlaubt also die Unkenntnis eines bestimmten Sachverhaltes die Anfechtung der wirksamen Willenserklärung (§§ 119ff., 318, 1949ff.[280]).

Von Bedeutung ist aber nicht nur der Wissensstand des Erklärenden. Die Anfechtbarkeit einer Willenserklärung wegen arglistiger Täuschung in Gestalt der Verletzung einer Aufklärungspflicht setzt neben der Unkenntnis des Getäuschten die Kenntnis des Täuschenden von den Umständen voraus, deren Verschweigen sich als Täuschung darstellt, u.U. auch, wenn der Täuschende nicht der Erklärungsempfänger ist, dessen Kenntnis von der Täuschung (§ 123 II). Eine unter Vorbehalt oder nur zum Schein einem anderen gegenüber abzugebende Willenserklärung ist nur dann nichtig, wenn der andere den Vorbehalt kennt bzw. weiß, daß die Erklärung nur zum Schein erfolgt (§§ 116, 117), schließlich hängt die Schadensersatzpflicht desjenigen, der eine nicht ernstlich gemeint Willenserklärung abgibt, vom Kenntnisstand des Erklärungsgegners ab, §§ 118, 122.

Probleme, deren Lösung anhand des Tatbestandes der Kenntnis erfolgt, ergeben sich nicht nur aus der Störungsanfälligkeit von Wahrnehmung und Kommunikation bei der Willensbildung und -mitteilung. Abweichungen vom idealen Prozeß rechtsgeschäftlichen Handelns, der ideal insofern ist, als er die legitimen Interessen der Beteiligten gleichermaßen zur Geltung bringt, drohen, wenn die Befugnis zu rechtsgeschäftlichem Handeln in eigenem oder fremdem Namen fehlt. Statt um Willensmängel geht es um Mängel der Geschäftsfähigkeit, der Vertretungs- oder Verfügungsmacht. Wer diese Mängel kennt oder – gelegentlich - kennen muß, wird schlechter gestellt als der, dem sie unbekannt sind. Dies ergibt sich etwa aus §§ 68, 109 II, 169-179, 674, 729, 1357 II i.V.m. 1412, 1366 II, 1412, 1427, 1453, 1830, 2129 II S.1, 2140 S.1 und S.2.

---

[280] Im folgenden ohne besondere Angaben genannte Paragraphen sind solche des BGB.

2. "Kenntnis" im Recht der Schuldverhältnisse

Zahlreiche Vorschriften zunächst des Vertragsrechts stellen auf den Kenntnisstand einer oder beider Parteien eines Vertrages ab.

Dies beginnt bei der Entscheidung über das Zustandekommen eines Vertrages. Neben den zuvor dargestellten, für alle Rechtsgeschäfte geltenden und auf jemandes Kenntnis abstellenden Regeln des allgemeinen Teils, ist § 307 zu erwähnen: Die Pflicht zum Ersatz des Vertrauensschadens setzt Kenntnis oder Kennenmüssen der Unmöglichkeit der Leistung voraus, sie entfällt, wenn auch der andere Teil die Unmöglichkeit kannte oder kennen mußte. Größtenteils jenseits des kodifizierten Rechts kennt das geltende Recht Aufklärungs- und Informationspflichten bei bzw. vor Vertragsschluß, die sich, sofern nicht Expertenwissen betroffen ist, jedenfalls auf die Kenntnis bestimmter Umstände des einen Teils bei Unkenntnis des anderen stützen lassen[281].

Von Bedeutung ist die Kenntnis bestimmter Umstände jedenfalls für die Annahme vorsätzlichen, u.U. auch fahrlässigen Verhaltens, als Voraussetzung der von einem Verschulden abhängigen Haftung für Rechtsgutsverletzungen und für die Nichterfüllung der (vertraglich oder gesetzlich) geschuldeten Leistung (§ 276). Im Deliktsrecht kann es auf die Kenntnis derjenigen Umstände, welche die Sittenwidrigkeit einer Schädigung begründen, oder auf die Kenntnis der Unwahrheit einer Behauptung ankommen, §§ 826, 824. Die fahrlässige Unkenntnis des nicht beauftragten Geschäftsführers vom entgegenstehenden Willen des Geschäftsherrn führt zu einer Haftung (wegen "Übernahmeverschuldens") auch dann, wenn ein sonstiges Verschulden nicht vorliegt, § 678, weiß der Geschäftsführer, daß er zur Geschäftsführung nicht berechtigt ist, haftet er dem Geschäftsherrn wie der Bereicherte, der den Mangel des rechtlichen Grundes der Bereicherung kennt, §§ 687 II, 684 S.1, §§ 812ff., 819 I, 818 IV, 989. Ebensolche Bedeutung hat im Rahmen vertraglicher Leistungsbeziehungen die Kenntnis solcher Umstände, die einen Mangel der vertraglich geschuldeten Leistung darstellen: §§ 439, 443, 460, 463 S.2, 464, 476-480, 485, 523f. (und 2385), 526, 539f., 600, 637f., 640. Hier kann die Kenntnis des Mangels zum Ausschluß der Gewährleistung oder zur Unwirksamkeit eines Haftungsausschlusses führen, besondere Schadensersatzansprüche begründen oder zu einer spürbaren Verlängerung der an sich kurzen Verjährungsfristen führen.

"Nichterfüllung" oder "Mängel" sind Synonyme für Störungen im Ablauf des vertraglichen Leistungsprogramms, für die Beeinträchtigung berechtigter Interessen der Vertragspartner. Sie werfen die Frage auf, zu wessen Lasten derartige Störungen gehen sollen. Das Wissen um solche aktuellen oder potentiellen

---

[281] Vgl. *Breidenbach* S.70ff.

Störfaktoren gibt dem Wissenden die Möglichkeit, einer planwidrigen Entwicklung der Leistungsbeziehung gegenzusteuern. Wenn er dies unterläßt, ist es gerecht, ihn mit den Folgen derartiger Störungen zu belasten, sofern die Verantwortlichkeit hierfür nicht bereits Bestandteil des obligationsmäßigen Leistungsprogramms einer Partei ist. Nicht- oder Schlechtleistung sind indes nicht die einzigen Ereignisse, die solche Störungen auslösen oder zumindest auslösen können. Insbesondere Veränderungen der rechtlichen oder tatsächlichen Grundlagen der wechselseitigen Beziehungen gegenüber dem Zeitpunkt der Begründung vertraglicher Verpflichtungen gehören ebenfalls hierzu. Auch hier ist es für den Inhalt der wechselseitigen Rechtsbeziehungen häufig von Bedeutung, ob jemand Kenntnis von diesen Veränderungen hatte oder hätte haben können. So beim Wegfall der Geschäftsgrundlage im engeren Sinn[282], bei der Beendigung von Verträgen durch Fristablauf oder aus anderen Gründen (§§ 568, 625, aber auch 674, 729, außerdem §§ 327, 346ff.[283]), bei einem Wechsel in der Person des Gläubigers (§§ 406f., 414f., auch §§ 571ff., § 1070 II und § 1156) oder des Schuldners[284]. Einen Sonderfall, der sich aber gleichfalls hier einordnen läßt, stellt die Entfernung von Gegenständen dar, an denen ein Vermieterpfandrecht besteht (§§ 560f.). Dem durch derartige Veränderungen aufgeworfenen Ungewißheitsproblem entsprechen Ungewißheitssituationen, die daraus resultieren können, daß Berechtigungsverhältnisse in Ansehung eines Vermögens von vornherein nicht vollständig erkennbar sind. Hierzu gehören die in §§ 720 und 2019, 851, 1156, 1104, 1112 und 1170 geregelten Fälle möglicher Ungewißheit des Schuldners über den eigentlichen Berechtigten. Ganz generell gibt § 372 dem Schuldner die Möglichkeit der Hinterlegung, wenn er über Person und Aufenthalt des Schuldners in nicht auf Fahrlässigkeit beruhender Unkenntnis ist.

Im Rahmen gesetzlicher Schuldverhältnisse, die auch oder sogar in der Hauptsache auf Herausgabe eines sich planwidrig im Vermögen des Schuldners befindenden Gegenstandes gerichtet sind, begründet die Kenntnis derjenigen Umstände, aus deren Vorliegen sich die Herausgabeverpflichtung ergibt, eine Haftungsverschärfung für den Fall des Untergangs oder der Verschlechterung

---

[282] Angesichts dieser und anderer gesetzlich geregelten Geschäftsgrundlagenfälle könnte man im Hinblick auf das Rechtsinstitut als solches ebensogut von der Geschäftsgrundlage im weiteren Sinne sprechen; zur Berücksichtigung subjektiver Elemente im Rahmen der Lehre von der Geschäftsgrundlage vgl. nur *Larenz/Wolf*, § 38 Rz. 20ff.

[283] Haftung des Rücktrittsberechtigten nach § 347 beim gesetzlichen Rücktrittsrecht erst ab Kenntnis der Rücktrittsvoraussetzungen (BGHZ 53,148), str., vgl. AK-*Dubischar* § 347, Palandt-*Heinrichs*, § 347 Rz. 8.

[284] Der Schuldnerwechsel ist ohne Mitwirkung (Vertrag oder Genehmigung, also Willenserklärung, also zumindest "Kenntnis") des Gläubigers diesem gegenüber unwirksam, §§ 414ff.

des herauszugebenden Gegenstandes: so bei der Rückabwicklung von Verträgen infolge eines Rücktritts[285] (§§ 347, 989), im Bereicherungsrecht (§§ 819 I, 818 IV, 989), im Rahmen der Geschäftsführung ohne Auftrag (§§ 687 II S.2, 684 S.1, 819 I, 818 IV, 989), und im für diese Vermögenslagen prototypischen Eigentümer-Besitzer-Verhältnis (§ 989).

3. "Kenntnis" beim Rechtserwerb vom Nichtberechtigten

Beim Abschluß von Rechtsgeschäften und im Rahmen vertraglicher oder gesetzlicher Schuldverhältnisse drohen dem, der von bestimmten Umständen Kenntnis hat oder hätte haben müssen, Nachteile: Er wird mit dem Risiko des in bestimmter Hinsicht planwidrigen Verlaufs eines das Vermögen berührenden Vorganges belastet, weil er diesen Verlauf oder zumindest die sich aus ihm ergebenden negativen Folgen aufgrund seiner Kenntnis oder aufgrund seiner Präsenz in einer Situation, in der Kenntnisnahme möglich war, hätte verhindern können. Bei diesen Umständen handelt es sich durchweg um Abweichungen von einem im Sinne gerechter Güterverteilung idealen Transaktionsverlauf, nämlich um Fehler der Willensbildung, den Mangel der Befugnis, Rechtsgeschäfte in eigenem oder fremdem Namen oder mit Wirkung für jemandes Vermögen vorzunehmen, um Leistungsstörungen und um "Mängel" im engeren, gewährleistungsrechtlichen Sinne, schließlich um den Mangel eines Rechtes oder das Fehlen eines Rechtsgrundes.

Die daraus ersichtliche Wertung, bestimmte Risiken einer in diesem Sinne planwidrig verlaufenden Transaktion dem aufzuerlegen, der Kenntnis von den die Planwidrigkeit begründenden Umständen hat oder - zum Teil - hätte haben müssen, findet sich im Sachenrecht wieder, wenn dort die Kenntnis oder das Kennenmüssen der - pauschal gesagt - Nichtberechtigung eines Dritten dem Erwerb eines dinglichen Rechtes entgegensteht. Hier seien nur die wichtigsten, kraft Verweisung für eine Reihe anderer Erwerbsvorgänge geltenden Vorschriften genannt, nämlich die den Eigentumserwerb betreffenden §§ 892 und 932ff.

4. Ausübung und gerichtliche Durchsetzung von Rechten

Die Möglichkeit, Rechte gegen einen anderen geltend zu machen, unterliegt teils im Interesse dieses anderen, teils im öffentlichen Interesse durchweg zeitlichen Beschränkungen. Der Lauf hierbei zu beachtender Fristen beginnt in einigen Fällen in dem Augenblick, in welchem der Berechtigte Kenntnis von den Umständen erlangt, die sein Recht begründen; häufig ist ein Recht von

---

285 S.o. Fn. 283.

diesem Augenblick an "unverzüglich" geltend zu machen. Hier ist insbesondere an die Ausübung von Gestaltungsrechten zu denken, an die Anfechtung einer Willenserklärung (§§ 121, 318), die Ausschlagung der Erbschaft (1944, 1954), die außerordentliche Kündigung im Dienstvertragsrecht (§ 626 II[286]) oder den Widerruf der Schenkung (§ 532). Von geringerer Bedeutung ist die Kenntnis im Verjährungsrecht[287], weil über den Eintritt der Verjährung von Ansprüchen nicht nur im Parteiinteresse Sicherheit bestehen muß, die nicht gewährleistet ist, wenn man auf die häufig nur schwer festzustellende Kenntnis abstellt. Eine wichtige Ausnahme[288] stellen deliktische Ansprüche dar (§ 852 I). Wegen des gesetzlichen Forderungsüberganges auf den privaten oder öffentlich-rechtlichen Versicherer stellt sich dort auch häufig die Frage nach dem Wissen einer Organisation. Über die gesetzlich geregelten Fälle hinaus kann es schließlich bei der in diesen Zusammenhang gehörenden Frage nach der Verwirkung von Rechten auf die Kenntnis des Berechtigten ankommen[289].

Eine weitere Fallgruppe, in deren Rahmen es auf die Kenntnis bestimmter Umstände ankommt und deren Problematik sich teilweise mit derjenigen der rechtzeitigen Geltendmachung von Rechten berührt, läßt sich unter das Verbot widersprüchlichen Verhaltens subsumieren, dem ja auch das Rechtsinstitut der Verwirkung unterfällt. Hier ist zum einen an den bereits erwähnten Ausschluß der Gewährleistungshaftung des Schuldners der vertragscharakteristischen Leistung bei vorbehaltsloser Annahme einer mangelhaften Leistung seitens des Gläubigers zu denken (z.B. §§ 439, 460, 464, 539 S.2, 640[290]). Regelmäßig ist zum anderen der Widerruf eines Vertrages ausgeschlossen, wenn der Widerrufende schon bei dessen Abschluß die Umstände kannte, die sein Widerrufsrecht begründen, so in §§ 109 II, 1366 II, 1427 II, 1453 II, 1830. Schließlich fällt der Ausschluß der Leistungskondiktion bei Kenntnis des Leistenden vom Mangel einer Leistungspflicht oder von der Unmöglichkeit des mit der Leistung bezweckten Erfolges (§§ 814 1. Alt., 815) unter diese Fallgruppe.

---

286 Nicht nur dort, vgl. BGH ZIP 1994,293: Unzulässigkeit der fristlosen Kündigung eines Vertragshändlervertrages zwei Monate nach Kenntnis des Kündigungsgrundes. Entsprechende Anwendung wird für die Kündigung von Urheberrechtsverträgen diskutiert, vgl. (mit Vorbehalten bez. der Fristlänge) *Fromm/Nordemann*, vor § 31 UrhG Rz. 28.

287 Einen Überblick über diejenigen Ansprüche, deren Verjährung mit der Erlangung der Kenntnis des Gläubigers beginnt, findet sich bei MK-*von Feldmann*, § 199 Rz. 13a.

288 Diskutiert wird allerdings, ob es nicht gegenüber der bestehenden Rechtslage angemessener wäre, die Gewährleistungsansprüche des Kauf- und Werkvertragsrechts gleichfalls mit Kenntnisnahme vom Mangel beginnen zu lassen, vgl. unten im Text 2. d) bb).

289 Insbesondere bei wettbewerbsrechtlichen Unterlassungs- und Schadensersatzansprüchen, vgl. *Baumbach/Hefermehl*, Wettbewerbsrecht, Einl UWG Rz. 434 und *Donle*, S.10ff.

290 Das ist streitig, nach a.A. handelt es sich um einen konkludenten Verzicht, vgl. *Köhler* S.761ff., hierzu S.768ff., und *Wilhelm*, JZ S.488ff.

III. Wertungen anhand des Tatbestandsmerkmals der Kenntnis im konkreten Regelungszusammenhang

1. "Kenntnis" bei der Vornahme von Rechtsgeschäften

Die Idee, daß bestimmte Handlungen allein deshalb rechtliche Bindungen schaffen, weil der oder die Handelnden dies wollen und sich danach verhalten, beruht unter anderem auf der Vermutung, daß jeder Einzelne selbst am besten weiß, unter welchen Umständen und mit welchem Inhalt bestimmte rechtliche Bindungen für ihn sinnvoll sind. Dieses Konzept schafft einen von materiellen Gerechtigkeitskriterien, an denen sich wirtschaftliches Handeln messen ließe, weitgehend freien Raum, indem es den rechtlichen Zugriff im wesentlichen auf die Beobachtung des Verfahrens der Bildung und Mitteilung des rechtsgeschäftlichen Willens zurücknimmt. Allein die Freiheit des Willens indiziert die Gerechtigkeit der qua Willenserklärung in Kraft tretenden Bindung.

Die "ursprüngliche wechselseitige Asozialität"[291] dieses Ausgangspunktes ist im geltenden Recht allerdings kaum spürbar. Das gilt auch für die Dogmatik der Willenserklärung. Nicht, daß hier Entscheidungsfreiheit und Selbstbestimmung nebensächlich wären. Nur geraten, abseits einer metaphysischen Rechtsbegründung, die sozialen Implikationen ihres Gebrauchs in den Blick[292]. Dabei wird schnell deutlich, daß rechtsgeschäftliches Handeln nicht als fallweise Abstimmung psychischer Willkür betrachtet werden kann, sondern als Kommunikation in einem konkreten sozialen Umfeld begriffen werden muß, die zwangsläufig an vorhandene Kommunikation anschließt und auf diese Bezug nimmt. Daraus folgt unter anderem, daß Willenserklärungen von vornherein die Erwartungen anderer Kommunikationsteilnehmer berühren, ganz unabhängig vom Wissen und Wollen des Erklärenden. Weil anhand des Tatbestandes der Willenserklärung im Konfliktfall auch über die Berechtigung dieser Erwartungen entschieden wird, muß er Entscheidungskriterien bereithalten, die dieser sozialen Dimension des Sachverhalts Rechnung tragen. Nur in dieser Dimension stellen sich die rechtlichen Probleme der Willenserklärung[293]. Dies gilt auch, soweit vermeintlich psychische Sachverhalte - Mißverständnisse, Fehleinschätzungen und Irrtümer - betroffen sind. Denn daß die Beteiligten unzureichend informiert sind oder tatsächliche Vorgänge unterschiedlich interpretieren, ist zunächst einmal ein persönliches Problem. Rechtlicher Regelungsbedarf entsteht allein insofern, als die Beteiligten hieraus einander widerstreitende Erwartungen hin-

---

291 *v.Hippel* S.47.
292 *Esser*, Grundsatz S.373ff.
293 Vgl. auch *L.Raiser*, Vertragsfunktion S.101ff.

sichtlich des zwischen ihnen bestehenden Rechtsverhältnisses herleiten. Dann muß entschieden werden, wer die allgegenwärtigen Risiken eines Mißverständnisses oder unzureichenden Wissens zu tragen hat, und anhand welcher Kriterien diese Risikozuweisung vorgenommen werden soll.

Vor diesem Hintergrund ist nunmehr darzustellen, welche Wertungen eine Entscheidung für die Relevanz der Kenntnis bestimmter Umstände im Zusammenhang mit der Vornahme eines Rechtsgeschäfts zum Ausdruck bringt.

a) Erklärungsbewußtsein

Das Stichwort "Erklärungsbewußtsein" bezeichnet bekanntlich die Frage, ob ein Verhalten dann nicht als Willenserklärung gelten soll, wenn es nicht als solche gemeint war, oder ob der Mangel des Erklärungsbewußtseins lediglich zur Anfechtung berechtigt. Ein Problem wird daraus, wenn dieses Verhalten von dem Adressaten der vermeintlichen Erklärung[294] als verbindlich gemeint aufgefaßt wird.

Das Problem hat nicht zuletzt deshalb eine gewisse Tragweite, weil der Tatbestand der Willenserklärung die unterschiedlichsten Sachverhalte erfassen und die unterschiedlichsten Interessen berühren kann. Dies macht es auch schwierig, das allen Fallgestaltungen gemeinsame Problem präzise zu benennen. Als Ausgangspunkt wird man ein Mißverständnis, den Konflikt einander widerstreitender Interpretationen eines tatsächlichen Vorgangs - des als Willenserklärung deutbaren Verhaltens des Erklärenden - bezeichnen können[295]. Dies vor dem Hintergrund eines losen und nicht vollständig widerspruchsfreien Zusammenhanges von Vorschriften über Willenserklärungen, die, ohne den Begriff anders als vom Störungsfall ausgehend zu definieren, von vornherein sowohl das Selbstbestimmungsinteresse, als auch den Vertrauensschutz und die Verkehrsbedürfnisse wertend ins Auge fassen[296]. Das rechtliche Problem liegt dann in der Entscheidung darüber, welche Interpretation vor dem Hintergrund dieser Wertungen als die richtige gelten soll, wenn der Erklärende kein Erklärungsbewußtsein hat, und die Frage lautet, anhand welcher Kriterien hierüber zu entscheiden ist.

Nur nebenbei bemerkt sei, daß der Begriff "Erklärungsbewußtsein" unglücklich gewählt ist, weil er suggeriert, daß dem Erklärenden das Bewußtsein fehle, eine Willenserklärung abzugeben, entsprechend dem Täter, der immerhin objektiv tatbestandsmäßig handelt, sich jedoch dessen nicht bewußt ist; dann schließt

---

[294] Also nur bei empfangsbedürftigen - aber das sind die allermeisten - Willenserklärungen, vgl. *Larenz/Wolf*, § 28 Rz. 11ff.

[295] Vgl. auch *Schmidt/Brüggemeier*, S.121f.

[296] Vgl. *Rothoeft* S.230-233.

sich zwanglos die Frage nach der Sorgfalt an, mit der sich dieser "Irrtum" hätte vermeiden lassen. Es geht aber zunächst einmal um die Frage, ob überhaupt eine Willenserklärung vorliegt, wenn sich jemand, ohne eine Willenserklärung abgeben zu wollen, in einer Art und Weise verhält, die ein anderer als Abgabe einer Willenserklärung versteht. Für Erwägungen hinsichtlich der im Verkehr erforderlichen Sorgfalt gibt das Gesetz jedenfalls ausdrücklich nur insofern Anlaß, als die Unkenntnis der Anfechtbarkeit oder Nichtigkeit seitens des Erklärungsempfängers betroffen ist (§ 122 I, II).

Darüber hinaus ist die Lösung des Problems offen. Einerseits kann man von der Erklärung eines rechtsgeschäftlichen Willens nicht sprechen, wenn dieser Wille nicht vorhanden ist[297]. Andererseits liegt erstens in Gestalt des als Willenserklärung immerhin deutbaren Verhaltens eben doch zumindest der Anschein eines solchen Willens vor[298]. Deshalb erscheint es nicht gerechtfertigt, den anderen, der im Vertrauen hierauf möglicherweise weitreichende Dispositionen getroffen hat, in diesem Vertrauen von vornherein vollkommen ungeschützt zu lassen. Zweitens besteht auch (und nur) bei einer wirksamen[299] Willenserklärung immer noch die Möglichkeit ihrer Anfechtung. Wer den Anschein verursacht hat, könnte man sagen, soll ihn - wenn er will! - auch beseitigen.

Die durch Rechtsprechung und Lehre gegebenen Lösungen ziehen - mit unterschiedlicher Gewichtung und unterschiedlichem Ergebnis[300] - zweierlei Umstände in Betracht: Vorab die objektive, d.h. für einen unbefangenen Dritten ersichtliche Bedeutung des Verhaltens des Erklärenden, sodann den Kenntnisstand beider Betroffenen. Welches Ergebnis - Unwirksamkeit, Anfechtbarkeit oder Schadensersatzpflicht gemäß §§ 118, 122 analog trotz unwirksamer Erklärung[301] - den Vorzug verdient, braucht hier nicht entschieden zu werden. Im Folgenden sind lediglich die Wertungen zu verdeutlichen, die eine Berücksichtigung des Kenntnisstandes der Beteiligten zum Ausdruck bringt.

---

297 Vgl. auch *Eisenhardt* S. 879.

298 Das war in dem vom BGH (BGHZ 91,324 = NJW 1984,2279) zur vermeintlichen Bürgschaftsübernahmeerklärung entschiedenen Fall nicht so, vgl. die berechtigte Kritik von *Canaris*, NJW 1984, S.2281ff. (unter 1.).

299 D.h. nicht nur tatbestandlichen, sondern auch zugegangenen resp. wahrgenommenen Willenserklärungen, § 130 I.

300 Überwiegend Anfechtbarkeit, teils Nichtvorliegen einer Willenserklärung, vgl. den Überblick bei MK-*Kramer*, § 119 Rz. 79f. und *Eisenhardt* S.875ff.

301 *Wieacker*, JZ S.389.

Die Ansicht, wonach ein Erklärungsbewußtsein konstitutives Element der Willenserklärung sei[302], entspricht einem Verständnis des Konzeptes der Willenserklärung, demzufolge es nicht nur jedermann freigestellt sein soll, diejenigen Rechtsbeziehungen, die überhaupt rechtsgeschäftlich gestaltbar sind, eigenem Wissen und Wollen entsprechend zu gestalten, sondern dies auch unter Einsatz der je subjektiv hierzu für geeignet gehaltenen Gesten und Worte zu tun. Das Vertrauen des Empfängers der vermeintlichen Willenserklärung bleibt auf der Ebene des materiellen Rechts unberücksichtigt, ungeachtet allerdings der beweisrechtlichen Frage, ob nicht die Umstände, die Wahl der Worte oder Gesten ein Erklärungsbewußtsein (faktisch) unwiderleglich indizieren.

Die Entscheidung dafür, das Vorliegen einer Willenserklärung im Falle fehlenden Erklärungsbewußtseins immerhin von der Kenntnis derjenigen Umstände abhängig zu machen, angesichts derer ein unbefangener Dritter - und natürlich der Erklärungsempfänger selbst - von der Abgabe einer Willenserklärung ausgehen müssen, bedeutet einerseits ein Festhalten an der Gewähr individueller Entscheidungsfreiheit unter Einsatz der hierfür subjektiv als geeignet vorgestellten Ausdrucksmittel, andererseits aber auch eine Zuweisung der Verantwortung für die Verständlichkeit dieser Mittel[303]. Das aller Kommunikation immanente Risiko des Mißverstehens dem Erklärenden zuzuweisen erscheint dann, wenn ihm diese Umstände bekannt sind, gerechtfertigt, weil er kraft seiner Kenntnis in der Lage ist, einem Mißverständnis durch die Wahl geeigneter Ausdrucksmittel vorzubeugen. Andernfalls, im Fall der Unkenntnis dieser Umstände, geht dieses Risiko im Interesse der Entscheidungsfreiheit des Erklärenden zu Lasten des Erklärungsempfängers.

Ein Verzicht auf die Erforderlichkeit dieser Kenntnis hingegen stellt dem Prinzip rechtsgeschäftlicher Selbstbestimmung ein solches der objektiven Verantwortung dafür, daß die Adressaten einer Mitteilung diese so verstehen, wie sie gemeint war, zur Seite[304]: Das Risiko des Mißverstehens geht von vornherein allein deshalb zu Lasten des Erklärenden, weil er derjenige ist, der die Erklärung abgibt, Verkehrsschutz steht vollkommen im Vordergrund[305].

Mit der Berücksichtigung des Kenntnisstandes des Erklärenden ist die anhand des Kenntnis-Tatbestandes in diesem Zusammenhang zum Ausdruck gebrachte Wertung aber nicht erschöpft. Die Interessen des Erklärungsgegners sind von vornherein in dem Maße weniger schutzwürdig, in welchem er selbst angesichts

---

302 *Lehmann/Hübner*, § 34 III 1. b), *Hübner*, AT Rz. 677, 682, *Enneccerus/Nipperdey*, § 145 II A 4 (Fn.26), Staudinger-*Dilcher*, vor §§ 116-144 Rz. 18-20, *Canaris*, NJW 1984, S.2281ff..

303 *Rüthers*, AT Rz. 203f., *Gudian* S.234f.

304 So wohl *Larenz/Wolf*, § 28 Rz. 9ff. und öfter.

305 AK-*Hart*, §§ 133/157, Rz. 12ff.

- oder auch ungeachtet - der äußeren Umstände vom Fehlen eines Erklärungsbewußtseins ausgehen muß (§ 122 II - direkt, wenn man lediglich Anfechtbarkeit annimmt, andernfalls analog). In diesem Sinne trägt die Erheblichkeit der Kenntnis des Erklärungsempfängers den Voraussetzungen Rechnung, unter denen auch sonst nur Vertrauen schützenswert ist, unter der Voraussetzung nämlich, daß nicht besseres Wissen den Anschein als Grundlage des Vertrauens zerstört.

b) Willensvorbehalte

Schein- und Vorbehaltserklärung sind trotz Fehlens eines Rechtsbindungswillens unwirksam bzw. nichtig, wenn es sich um eine empfangsbedürftige Erklärung handelt und der Erklärungsempfänger den Vorbehalt kennt bzw. die Abgabe der Erklärung mit seinem Einverständnis nur zum Schein erfolgt, §§ 116, 117 I . Auch beim - zu eng[306] - so genannten Scherzgeschäft (§ 118) kommt es auf Kenntnis an, soweit es um den Ersatz des Vertrauensschadens des Erklärungsempfängers gemäß § 122 I, II geht. Hier wird der Empfänger der - nichtigen - Willenserklärung in seinem Vertrauen auf den Bestand solcher Erklärungen geschützt, die weder aufgrund der Art und Weise, in der sie geäußert werden, noch aufgrund der sonstigen Umstände oder eines Hinweises des Erklärenden als nicht ernstlich gemeint zu erkennen sind.

Auch §§ 116-118 betreffen Willensmängel, anders als § 119 und die Fälle fehlenden Erklärungsbewußtseins hingegen von vornherein nicht ernstlich gemeinte Erklärungen. Auch hier besteht das rechtliche Problem in der Zuweisung von Risiken, die sich daraus ergeben, daß die Köpfe undurchsichtig und ihre Träger darauf angewiesen sind, sich im Medium der Kommunikation verständlich zu machen[307]. Da es der Erklärende ist, der allein durch die Tatsache seiner Erklärung objektiv Anlaß für eine Realisierung dieser Risiken gibt, und da er in all den Fällen der nicht ernstlich gemeinten Erklärung auch weiß, daß sie sich realisieren können, spräche vorab einiges dafür, ihn auch an einer solchen Erklärung festzuhalten, wenn ihre Nichternstlichkeit unerkannt bleibt. Da es im Recht der Willenserklärungen aber nicht lediglich um den Schutz des Vertrauens des Gegenüber geht, sondern ebenso um das Selbstbestimmungsinteresse des Erklärenden, sieht das Gesetz eine differenzierte Lösung des Problems vor, die auf objektive und subjektive Kriterien gleichermaßen zurückgreift.

Da die Frage der Schutzwürdigkeit des anderen Teils eine Frage der Berechtigung seines Vertrauens ist, jedenfalls das positive Wissen um den jeweiligen

---

306 Vgl. unten II. 2. a) bb).

307 Vgl. *Fuchs* Kap. I.

Vorbehalt aber diese Berechtigung entfallen läßt, hängt die Schutzwürdigkeit des anderen Teiles von dessen Kenntnisstand ab. Hat der Erklärungsempfänger positive Kenntnis des jeweiligen Vorbehalts, weiß er also, daß die Erklärung nicht ernstlich gemeint ist, wird er schlicht so behandelt, als sei niemals eine Willenserklärung in der Welt gewesen. Das leuchtet aus zwei Gründen ein. Erstens bestätigt diese Regel, daß die Vornahme eines Rechtsgeschäftes idealerweise eine gelungene Verständigung dahingehend ist, daß der Erklärende den Eintritt bestimmter Rechtsfolgen wünscht. Eine Verständigung dieses Inhalts liegt aber nicht vor, wenn auch der Empfänger weiß, daß dem Erklärenden ein dahingehender Wille fehlt. Angesichts seiner Kenntnis dieses Umstandes ist darüber hinaus auch für berechtigtes Vertrauen kein Anlaß. Ihm bleibt lediglich - eben aufgrund dieser Kenntnis und bei entsprechendem Willen - die Möglichkeit, den Erklärenden dazu zu bewegen, seinen Vorbehalt fallen zu lassen.

Darüber hinaus unterscheidet das Gesetz in mehrfacher Hinsicht. Die Kriterien werden deutlich, wenn man sich vergegenwärtigt, daß §§ 116-118 nicht einander ausschließende, sondern sich überschneidende Tatbestände enthalten. "Nicht ernstlich gemeint" sind neben der in § 118 genannten Erklärung sowohl die zum Schein, als auch die unter geheimem Vorbehalt abgegebene Willenserklärung. Allein § 118 gibt, in Verbindung mit § 122 I, II einen Schadensersatzanspruch, führt indes nicht zu einer wirksamen Willenserklärung, anders die in §§ 116, 117 vorgesehenen Rechtsfolgen. Des weiteren kann die nicht einverständliche Scheinerklärung, da sie einem einseitigen Vorbehalt unterliegt, je nach der Erwartung des Erklärenden unter § 116 oder unter § 118 zu subsumieren sein. Maßgeblich für die sich aus einer nicht ernstlich gemeinten Willenserklärung ergebenden Rechtsfolgen ist also vorab, ob die Erklärung "in der Erwartung abgegeben wird, der Mangel der Ernstlichkeit werde nicht verkannt werden". Ist sie dies nicht, führt allein positive Kenntnis des Mangels zur Nichtigkeit, unter Ausschluß der Schadensersatzpflicht, während selbst grob fahrlässige Unkenntnis des Mangels nichts am Vorliegen einer Willenserklärung ändert. Ist sie es hingegen, kommt eine wirksame Willenserklärung nicht in Betracht, wohl aber ein Schadensersatzanspruch unter den Voraussetzungen des § 122 II.

Das Gesetz belastet also denjenigen, der eine nicht ernstlich gemeinte Willenserklärung in der Erwartung abgibt, der Mangel der Ernstlichkeit werde nicht verkannt werden, mit dem Risiko, daß jemandem (jedem Dritten!) hierdurch ein Vermögensschaden entsteht. Diese Risikozuweisung wird dem Grunde nach dadurch eingeschränkt, daß bereits fahrlässige Unkenntnis des Mangels der Ernstlichkeit die Ersatzpflicht ausschließt, der Höhe nach durch die Beschränkung der Ersatzpflicht auf den Vertrauensschaden. Demgegenüber belastet das Gesetz den, der eine nicht ernstlich gemeinte Erklärung ohne diese Erwartung abgibt, mit dem Risiko der ungewollten Bindung an diese Erklärung, wobei der genaue Inhalt dieses Risikos von Inhalt und Gegenstand der Erklärung abhängt. Diese Risikozuweisung ist um so weitgehender, als dem Erklärungsempfänger selbst grob fahrlässige Unkenntnis der Nichternstlichkeit nicht schadet. Diese Regelung bringt Vertrauensschutz und Selbstbestimmungsinteresse nicht von vornherein in eine hierarchische Ordnung, sondern ermöglicht einen fallbezogenen Ausgleich je nach der konkreten Schutzbedürftigkeit der Beteiligten. Das Mittel hierzu ist eine selektive, von verschiedenen objektiven Umständen abhängende Berücksichtigung subjektiver Elemente. Eine allein auf objektive Umstände - die Tatsache, daß es der Erklärende ist, der die Erklärung in die Welt setzt, und die objektive Bedeutung seiner Erklärung - abstellende Regel wäre ungerecht, nicht deshalb, weil sie dem Selbstbestimmungsinteresse des Erklärenden zuwiderliefe, sondern deshalb, weil sie zu Lasten des Selbstbestimmungsrechts des Erklärenden auch dann Vertrauensschutz gewährte, wenn hierfür kein Anlaß ist, dann nämlich, wenn der Erklärungsempfänger den Vorbehalt kennt.

Daß und warum positive Kenntnis des anderen Teils vom Mangel der Ernstlichkeit der Erklärung sowohl eine wirksame Willenserklärung, als auch einen Schadensersatzanspruch ausschließt, wurde bereits gesagt. Danach kommt es nun vorrangig darauf an, ob der Erklärende erwartet hat, der Mangel der Ernstlichkeit werde nicht verkannt werden. Es hat den Anschein, als werde hier lediglich im Sinne der Willenstheorie das Selbstbestimmungsinteresse des Erklärenden zu Lasten des Erklärungsempfängers geschützt. Vorrangig wird aber nichts anderes als ein Kriterium für den Schutz des Vertrauens des Erklärenden darauf gegeben, der andere werde den Sinn seiner Erklärung nicht verkennen. Dieses Vertrauen ist dann berechtigt, d.h. es hat einen Anlaß, wenn die Umstände objektiv so sind, daß der andere Teil den Mangel der Ernstlichkeit erkennen kann. Nur unter dieser Voraussetzung entfällt folglich auch der Ersatzanspruch des anderen Teils, § 122 II. Andernfalls ist das Vertrauen des Erklärenden unberechtigt, und ihm bleibt, wenn er der Schadensersatzfolge entgehen will, nur die Möglichkeit der raschen Aufklärung des anderen Teils. Daß gleichwohl keine Willenserklärung vorliegt, mag man als eine Konsequenz der Willenstheorie bezeichnen. Daß derjenige hingegen, der sich ohne diese Erwartung insgeheim vorbehält, das Erklärte nicht zu wollen, gemäß § 116 S.1 an seine Erklärung selbst dann gebunden bleibt, wenn ein Sorgfältiger anhand der Umstände diesen Mangel hätte erkennen können, ist nicht nur ein Gebot des Vertrauensschutzes im Interesse des Erklärungsempfängers. Wenn dies so wäre, läge es nahe, dem Urteil über die Berechtigung seines Vertrauens auch die objektiven Umstände der Erklärung im Hinblick darauf zugrundezulegen, wieweit sie das Vertrauen des anderen Teils rechtfertigen, also auf die Erkennbarkeit des Vorbehalts abzustellen. Die Bindung an das Erklärte läßt sich in dieser Situation auch damit begründen, daß derjenige, der damit rechnet, der

Mangel der Ernstlichkeit werde verkannt werden, eben mit einer solchen Bindung rechnet und deshalb im Hinblick auf die Selbstbestimmungschancen, die das Recht der Willenserklärung gewähren will, demjenigen vollständig gleichsteht, der vorbehaltslos seinen Willen erklärt.

Die auf das Problem mißverständlicher Willensbekundungen bezogene Funktion eines Tatbestandes, der auf den Kenntnisstand der Beteiligten abstellt, besteht nach all dem darin, die Entscheidung über die Bestandskräftigkeit solcher Erklärungen von Fall zu Fall für Abweichungen von einem insofern als ideal gedachten Verlauf rechtsgeschäftlichen Handelns zu sensibilisieren, als den Beteiligten eine bewußte, die je eigenen Interessen berücksichtigende Gestaltung ihrer Vermögensangelegenheiten gelingt[308]. Aus dieser Sicht gibt der Tatbestand der "Kenntnis" hier nicht nur ein Kriterium, anhand dessen der Schutz der Entscheidungsfreiheit gegen den des Vertrauens abzugrenzen wäre. "Kenntnis" bedeutet daneben auch, als subjektives Tatbestandsmerkmal, eine Entscheidung für eine einzelfallbezogene Berücksichtigung der - eben aufgrund des jeweiligen Kenntnisstandes - gegebenen individuellen Handlungschancen. Dies macht es möglich, diejenigen Verhaltensanforderungen, die im Interesse beider Parteien an einem idealen Verlauf ihrer rechtsgeschäftlichen Beziehungen geboten erscheinen, fallweise vor dem Hintergrund eines abstrakten normativen Rahmens zu bestimmen, der kaum mehr vorgibt als die einander im Konkreten widerstreitenden Gesichtspunkte der Selbstbestimmung und des Vertrauens beider Parteien. Im Vordergrund steht dabei die Aufgabe der Zuweisung von Risiken, die sich aus der Störungsanfälligkeit von Wahrnehmung und Kommunikation für den Prozeß der Verständigung der Beteiligten darüber ergeben, ob zwischen ihnen bestimmte Bindungen begründet werden sollen. Die Zuweisung dieser Risiken ist allein anhand objektiver Kriterien nicht angemessen zu begründen, weil ihre Beherrschbarkeit wesentlich nicht von objektiven Umständen, sondern vom Kenntnisstand der Beteiligten abhängt.

c) Willensmängel

Wer bei der Abgabe einer Willenserklärung einem beachtlichen Irrtum unterliegt, kann die Erklärung anfechten, § 119. Dasselbe gilt bei falscher Übermittlung (§ 120) und bei Täuschung oder Drohung (§ 123).

aa) Irrtum

Einem Irrtum unterliegt, wer bei der Abgabe einer Willenserklärung von bestimmten Umständen keine Kenntnis hat. Diese Umstände können die Art

---

[308] Vgl. allgemein zum Recht der Willensmängel MK-*Kramer*, vor § 116 Rz. 3.

und Weise der Erklärung (ihrer Übermittlung durch "Zeichen" oder Boten) betreffen oder bereits der Willensbildung zugrundeliegen.

Daß die Unkenntnis bestimmter Umstände zur Anfechtung berechtigt[309], ist durch § 119 klargestellt. Offen und wesentliches Problem der Irrtumsdogmatik ist, welche Umstände dies sein sollen, was also den beachtlichen vom unbeachtlichen Irrtum unterscheidet[310]. Deshalb sind hier, da es um die Funktion des Tatbestandsmerkmals der Kenntnis geht, lediglich kurz die Zielsetzungen zu verdeutlichen, die mit der Gewähr eines Anfechtungsrechts im Falle des beachtlichen Irrtums verbunden sind. Sie ergeben sich im wesentlichen aus dem in § 119 I enthaltenen, dogmatisch nur als Kausalitätserfordernis bedeutsamen Zusatz, wonach das Anfechtungsrecht besteht, wenn der Erklärende die irrige Erklärung "bei Kenntnis der Sachlage und bei verständiger Würdigung des Falles nicht abgegeben haben würde."[311] Wenn die Unkenntnis bestimmter Umstände zur Anfechtung der Willenserkärung berechtigt, heißt dies, daß das Risiko unvollständiger Information über diese Umstände dem Erklärenden in bestimmten Grenzen (den in §§ 121, 122 genannten) abgenommen wird. Das läßt sich damit begründen, daß eine Gewähr für die intersubjektive Gerechtigkeit der qua Willenserklärung eingegangenen Bindung nur dann besteht, wenn der Erklärende im wesentlichen weiß, was er tut. Nur dann hat diese den Geltungsgrund der Selbstbestimmung[312]. Darüber hinaus ist die Annahme plausibel, daß Rechtsgeschäfte, die "in Unkenntnis der Sachlage" geschlossen werden, auch auf gesamtwirtschaftlicher Ebene nicht die gewünschten Verteilungseffekte haben[313]. Jenseits des beachtlichen Irrtums bleibt das Risiko unvollständiger Information beim Erklärenden. Verkehrsschutz ist ein maßgeblicher Gesichtspunkt hierfür, ein weiterer ist die Wertung, daß der Freiheit, im eigenen Interesse Bindungen eingehen zu können, die Last und damit der Anreiz korrespondieren sollen, sich im eigenen Interesse um diese Information bemühen zu müssen bzw. zu bemühen[314].

Auch das Irrtumsrecht ist in vielfacher Hinsicht "Objektivierungstendenzen" ausgesetzt[315], mit der Folge, daß auch an sich beachtliche Irrtümer nicht zu einer Anfechtung der Willenserklärung berechtigen, insbesondere dort, wo ein funktionierender Rechtsverkehr auf Äußerlichkeiten angewiesen ist oder die Interessen Dritter, am Abschluß des Rechtsgeschäfts nicht unmittelbar Be-

---

309 Zu den Ausnahmen bei Statusverhältnissen u.a. vgl. Palandt-*Heinrichs*, § 119 Rz. 5.

310 *Flume*, AT II § 21, Ziff. 1. a.E.

311 Vgl. *Adams* S.455ff.

312 *Flume*, AT II § 4, Ziff.8, § 19

313 *Adams* S.455ff.

314 *Adams* S.453ff., S.468ff.

315 AK-*Hart*, § 119 Rz. 5f.

teiligter auf dem Spiel stehen. Soweit es jedoch beim Abschluß eines Rechtsgeschäftes für dessen Bestand auf die Kenntnis des Erklärenden ankommt und die Wissenszurechnungsfrage relevant werden kann, ist damit der Schutz seiner Selbstbestimmungschancen, seiner individuellen Entscheidungsfreiheit intendiert. Das gilt auch dort, wo zwar die rückwirkende (§ 142 I) Anfechtung, nicht aber die Auflösung - typischerweise - eines in Vollzug gesetzten Vertrages für die Zukunft ausgeschlossen ist[316].

bb) Täuschung

Der Täuschungstatbestand enthält gleichfalls ein subjektives, auf die Kenntnis des Getäuschten und des Täuschenden[317] abstellendes Element (Arglist). Der aktiv Täuschende muß wissen, was der andere nicht weiß, er muß die Bedeutung des diesem unbekannten Umstandes für die Abgabe seiner Erklärung kennen und die Täuschung (zumindest mit *dolus eventualis*) wollen. Der durch unterlassene Aufklärung Täuschende muß außerdem die Umstände kennen, aus denen sich seine Aufklärungspflicht ergibt. Insbesondere in Fällen typischer (= erkennbarer) Wissensungleichgewichte kommt dies einer objektiven, d.h. an objektiven Kriterien festzumachenden Verantwortung für die "informierte Entschließungsfreiheit"[318] des anderen gleich.

"Kenntnis" hat hier gleichwohl, bei aller Unterschiedlichkeit der Einzelfälle, durchweg dieselbe Funktion: Sie ist das Kriterium, anhand dessen zu beurteilen ist, ob die - vorbehaltlich eines relevanten Irrtums[319] - an sich dem Erklärenden obliegenden Risiken unzulänglicher Information diesem im Interesse des Schutzes seiner Entscheidungsfreiheit abgenommen werden. Diese Risiken sind ihm grundsätzlich selbst[320], andernfalls dem wissenden Gegenüber deshalb zuzuweisen, weil er kraft seiner überlegenen Kenntnis imstande ist, ihrer Realisierung entweder durch Aufklärung, die man von ihm aufgrund typischerweise vorhandenen Wissens erwarten darf, oder schlicht durch redliches Verhalten vorzubeugen, das von jedermann soll erwartet werden dürfen.

Täuscht ein "Dritter", kann der Getäuschte nur anfechten, wenn der Empfänger der (empfangsbedürftigen) Erklärung die Täuschung kannte oder kennen mußte (§ 123 II S.1). Der Fall der Täuschung durch Dritte ist für das Verständnis der

---

316 Vgl. den Überblick bei Palandt-*Heinrichs*, § 119 Rz. 5.

317 Ob auch der mit den besten Absichten Täuschende täuscht, ist umstritten, vgl. einerseits Palandt-*Heinrichs*, § 123 Rz. 11 mit Verweis auf BGH LM Nr.9 zu § 123, andererseits *Flume*, AT II, § 29, Ziff.2, *Medicus* AT Rz. 789, MK-*Kramer*, § 123 Rz. 6, AK-*Hart*, § 123 Rz. 11.

318 Vgl. AK-*Hart*, § 123 Rz. 5.

319 Zum Konkurrenzverhältnis vgl. AK-*Hart*, § 123 Rz. 16f., MK-*Kramer*, § 123 Rz. 25

320 *Larenz/Wolf*, § 38 Rz. 4.

Funktion des Tatbestandsmerkmals der Kenntnis hilfreich, weil die Überlegungen zum Begriff des "Dritten"[321] den Zweck haben, eine objektive Verantwortung des Erklärungsempfängers zu begründen und gegenüber einer lediglich eigenem wissentlichen Verhalten zuzurechnenden Verantwortung abzugrenzen. Das Problem besteht hier aber nicht darin, die Voraussetzungen zu bestimmen, unter denen jemand für die Sicherung der Entscheidungsfreiheit eines anderen verantwortlich sein soll, sondern darin, die Voraussetzungen der Verantwortung für ein diese Freiheit beeinträchtigendes Verhalten Dritter zu konkretisieren. Daß dem Erklärungsempfänger überhaupt eine solche doppelte Verantwortung - für den Informationsstand des Erklärenden, als Voraussetzung seiner Entscheidungsfreiheit, und für ein Verhalten Dritter, das diese Freiheit beeinträchtigt - auferlegt werden kann, ist nur verständlich, wenn man den Schutz der Entscheidungsfreiheit des Erklärenden ganz in den Vordergrund stellt.

Soweit es danach auf Kenntnis oder Kennenmüssen des Erklärungsempfängers ankommt, weil der Täuschende Dritter i.S.d. Vorschrift ist, wird der unwissende Empfänger trotz der Täuschung deshalb in seinem (da *er* nicht täuscht berechtigten) Vertrauen auf den Bestand der Willenserklärung geschützt, weil objektive Umstände, die ihn für das Verhalten des Täuschenden verantwortlich erscheinen lassen, nicht vorliegen. Aus der Sicht des Erklärenden hängt die Anfechtbarkeit also vom Zufall ab, nämlich davon, daß der Empfänger die Täuschung kennt oder die Umstände so sind, daß er sie hätte erkennen müssen. Weil einerseits eine Irrtumsanfechtung - Beachtlichkeit der Unkenntnis der maßgeblichen Tatsachen vorausgesetzt - nicht von vornherein ausgeschlossen ist, andererseits beim Vorliegen der objektiven Voraussetzungen der §§ 823, 826 Ansprüche gegen den Täuschenden in Betracht kommen, steht der Getäuschte aber nicht so schlecht da, wie es den Anschein hat. - Auch hier steht der Tatbestand der Kenntnis also in einem wohl ausgewogenen Zusammenhang von Regeln, der eine sachverhaltsangemessene Berücksichtigung der maßgeblichen Wertungsgesichtspunkte ermöglicht. Vor allem wird deutlich, daß dann, wenn es auf Kenntnis oder Kennenmüssen des einen, und damit aus der Sicht des anderen letztlich auf Zufall ankommt, eine Interessenbewertung anhand objektiver Kriterien zu Lasten des anderen vorausgegangen ist: Dann kann ihm nur noch "Kenntnis" seines Gegenüber helfen.

cc) Drohung

Zuletzt setzt auch die rechtlich relevante Drohung die Kenntnis bestimmter Umstände voraus: Der Drohende muß wissen (*dolus eventualis* reicht auch

[321] Vgl. die Darstellung bei MK-*Kramer*, § 123 Rz. 19a ff.

hier), daß seine Drohung den Willen des Erklärenden beeinflussen kann[322], nicht wissen muß er, daß sein Verhalten rechtswidrig ist[323]. Umstritten ist hingegen, ob er jedenfalls die Umstände kennen muß, die die Drohung widerrechtlich machen[324]. Daß es auf diese Kenntnis ankommen sollte, leuchtet nicht ein, wenn man bedenkt, daß nicht über eine Sanktion gegenüber dem Drohenden, sondern über die Anfechtbarkeit einer Willenserklärung seitens des Bedrohten zu entscheiden ist[325]. Würde man diesbezüglich auf die Kenntnis des Drohenden abstellen, wäre das Risiko entsprechender Unkenntnis dem Erklärenden angelastet, ohne daß hierfür irgend ein Grund ersichtlich wäre. Der ansonsten gegen die Anfechtbarkeit einer Willenserklärung sprechende Gesichtspunkt des Vertrauensschutzes greift nicht. Denn dem Drohenden ist es ohne weiteres zuzumuten, sich nachhaltig über die tatsächlichen Umstände zu informieren, von denen die Rechtswidrigkeit seines Verhaltens abhängt. Anlaß hierzu besteht aus seiner Sicht allein deshalb, weil er sich der Tatsache der Drohung als solcher bewußt ist. Daß sich diese Risikozuweisung zugunsten des Erklärenden auf den Empfänger auch dann auswirkt, wenn nicht er selbst, sondern ein Dritter droht, erlaubt im Ergebnis keine andere Bewertung. Allerdings muß die Begründung anders ausfallen, weil die aus der Tatsache der Drohung hergeleitete Risikozuweisung jedenfalls in den - übrigens sicherlich seltenen - Fällen nicht die Belastung des Empfängers erklären kann, in welchen dieser und der Drohende nichts miteinander zu tun haben. Hier wird man darauf zurückgreifen müssen, daß der Gesetzgeber die Frage der Anfechtbarkeit im Falle der Drohung durch einen Dritten ausdrücklich[326] zu Lasten des Empfängers allein davon abhängig gemacht hat, daß eine widerrechtliche Drohung und damit eine Beeinträchtigung der Entscheidungsfreiheit des Erklärenden vorliegt, ohne hierbei irgendwelche schutzwürdigen Interessen des Empfängers - abgesehen von den in § 124 angesprochenen - beeinträchtigt zu sehen.

---

322 MK-*Kramer*, § 123 Rz. 33.

323 MK-*Kramer* a.a.O. (vorige Fn.).

324 Bejahend die Rspr. (BGHZ 25,17, JZ 1963,318), überwiegend ablehnend die Literatur, vgl. die Darstellung bei *Medicus* AT Rz. 820, *Larenz/Wolf*, § 37 Rz. 37ff, MK-*Kramer*, § 123 Rz. 39, *Flume* AT II § 28 Ziff.3.

325 MK-*Kramer*, a.a.O. (vorige Fn.).

326 Vgl. Mot. I, 206, Prot. I, 250, zitiert auch bei MK-*Kramer* § 123 Rz. 31 Fn. 85.

d) Kenntnis vom Mangel des Rechts, Willenserklärungen wirksam für sich selbst oder andere abgeben zu können

aa) Kenntnis vom Mangel der uneingeschränkten Geschäftsfähigkeit

Der Vertrag mit einem Minderjährigen, der das siebente Lebensjahr vollendet hat (§ 106), ist schwebend unwirksam, wenn nicht ein Fall des § 110 oder die Zustimmung des gesetzlichen Vertreters vorliegen, § 108. Weil der Vertragspartner keine Möglichkeit hat, die Genehmigung zu erzwingen, ist ihm in § 109 ein Widerrufsrecht eingeräumt, außerdem kann er den Vertreter dazu auffordern, sich über die Genehmigung zu erklären, § 108[327]. Die Last der ihm im Interesse des Minderjährigenschutzes zugemuteten Ungewißheit über den Bestand des Geschäftes wird nach § 109 dadurch ausgeglichen, daß er sich - bis zur etwaigen Genehmigung - durch einseitige Erklärung vom Vertrag lösen und immerhin die Ungewißheit beseitigen darf[328]. Die Möglichkeit des Widerrufs nimmt ihm das Gesetz dann, wenn er die Umstände kannte, aus denen sich die Genehmigungsbedürftigkeit des Geschäftes und damit die Ungewißheitslage ergibt bzw. ergeben kann: die Minderjährigkeit des anderen oder das Fehlen der Einwilligung, falls ihn der Minderjährige hierüber zu täuschen versucht hatte.

Der Grund für die in § 109 angeordnete Erheblichkeit der Kenntnis des Vertragspartners ergibt sich aus dem Widerrufsgrund selbst, der im Interesse des Minderjährigen vorgesehenen Genehmigungsbedürftigkeit des Vertrages und der sich daraus ergebenden Unsicherheit zu Lasten des Vertragspartners. Im Hinblick darauf wäre es widersprüchlich, den wissenden Vertragspartner vor der ihn belastenden Unsicherheit schwebender Unwirksamkeit durch ein Widerrufsrecht zu schützen, wenn er mit einer derartigen Lage rechnen konnte. In diesem Fall ist die aus der Genehmigungsbedürftigkeit resultierende Belastung ihm selbst, nämlich seiner in Kenntnis der Umstände abgegebenen Willenserklärung, zuzurechnen.

Fragt man nach einem objektiven Tatbestand, anhand dessen über das Widerrufsrecht des Vertragspartners zu entscheiden sein soll, ist vorab darauf zu verweisen, daß die Tatsache der Minderjährigkeit (resp. der fehlenden Einwilligung) selbst einen objektiven Tatbestand darstellt. Dem Blick auf die subjektive Seite kommt die Funktion zu, über die konkrete Berechtigung des Widerrufsrechts, dessen Bestand ja gegenüber dem Normalfall des Vertragsschlusses[329] die Ausnahme ist, zu entscheiden. Unter diesem Gesichtspunkt ist

---

[327] Beide Vorschriften gelten kraft Verweisung auch für den Betreuten, dessen Willenserklärungen unter Einwilligungsvorbehalt stehen (§ 1903 I).

[328] MK-*Gitter*, § 109 Rz. 1, *Larenz/Wolf*, § 25 Rz. 47f., § 39 Rz. 7.

[329] abgesehen von weiteren Sonderfällen aus dem Verbraucherschutzrecht, hierzu sogleich.

ein objektives Äquivalent schwer auszumachen, weil die aus der Genehmigungsbedürftigkeit folgende Unsicherheit, mit der man im Normalfall nicht rechnen muß, das Widerrufsrecht als Ausnahme rechtfertigt. Anders ist die Ausgangslage bei den Widerrufsrechten der bzw. einiger Verbraucherschutzgesetze[330]. Hier kompensiert das Widerrufsrecht des Verbrauchers nicht die Ungewißheit über das Zustandekommen eines Vertrages, sondern - soweit man die einzelnen Bestimmungen über einen Leisten schlagen kann - den Mangel seiner realen Entschließungsfreiheit im Augenblick des Vertragsschlusses. Er soll, wie der Vertragspartner des Minderjährigen, überlegen können, ob er am Vertrag festhalten will. Die Frage, ob man ihm diese Entscheidungsmöglichkeit geben soll, hängt aber allein von objektiven Umständen ab. Der Verbraucher soll vor eigenen unüberlegten Entscheidungen geschützt werden, der Vertragspartner des Minderjährigen hingegen vor unzumutbarer Ungewißheit über die Entscheidung anderer. Dem Problem der Unsicherheit als subjektivem Moment ist *allein* anhand objektiver Kriterien schwer Rechnung zu tragen, weil es immer möglich ist, daß jemand den anhand solcher Kriterien generell verordneten Schutz im Einzelfall allein deshalb nicht verdient, weil er die Ungewißheit bewußt in Kauf nimmt.

In Konsequenz dieses Gedankens kann man fragen, warum dem professionellen Vertragspartner des Verbrauchers, der sich über die Verbrauchereigenschaft seines Gegenüber nicht im Klaren ist, nicht gleichfalls ein eigenes Widerrufsrecht zusteht, warum also sein Kenntnisstand für den Bestand des Vertrages, über welchen er ja ebenso wie der Vertragspartner des Minderjährigen eine Zeitlang im Ungewissen bleibt, irrelevant ist. Der Grund dürfte ganz einfach darin zu sehen sein, daß der Minderjährige als Geschäftspartner die Ausnahme ist, mit der man nicht rechnen muß und deshalb auch nicht rechnen müssen soll, während der Vertragspartner des Verbrauchers sich diesen nachgerade aussucht[331], vor Ungewißheit in Konsequenz der schwebenden Unwirksamkeit also nicht in Schutz genommen zu werden verdient.

bb) Kenntnis vom Mangel der Vertretungsmacht

Eines der wesentlichen und für eine auf Privatautonomie bauende Rechtsordnung charakteristischen Probleme, die das Stellvertretungsrecht zu lösen hat, ist die Kollision der Interessen des Vertretenen an einer seinen Bedürfnissen entsprechenden Ausgestaltung und Veränderung der dem Vertreter eingeräumten Befugnisse mit den Interessen konkreter Dritter oder des Verkehrs überhaupt an der Erkennbarkeit der Vertretungsverhältnisse und damit der je-

---

330 Z.B. § 1 HaustürWG; weitere Beispiele bei *Larenz/Wolf*, § 39 Rz. 2.

331 So jedenfalls in den Fällen des § 1 I HaustürWG, vgl. auch *Larenz/Wolf*, § 39 Rz. 10 ("Überrumpelungsgefahr").

weiligen Geschäftspartner. Das Problem stellt sich am deutlichsten, wenn jemand als Vertreter handelt, ohne hierzu autorisiert zu sein: Der Vertretene will nicht gegen seinen Willen durch das rechtsgeschäftliche Handeln eines anderen gebunden werden, der Verkehr will den Informationsaufwand hinsichtlich der Vertretungsverhältnisse in Grenzen halten und keine Rücksicht auf willkürliche Dispositionen des Vertretenen nehmen müssen.

Die Lösung ist im Ausgangspunkt, bei aller Differenziertheit der gesetzlichen und richterrechtlichen Regeln, denkbar einfach: Wer weiß, daß der Vertreter ohne Vertretungsmacht handelt, kann allein mit diesem kein Rechtsgeschäft mit Wirkung für den Vertretenen abschließen (§§ 169, 173), unabhängig davon, welche objektiven Umstände einem Unwissenden den Anschein einer Vertretungsmacht geben mögen. Die Wirksamkeit eines Vertrages hängt von der Genehmigung des Vertretenen ab, ohne daß der Dritte widerrufen dürfte (§ 178 S.1). Der Grund hierfür liegt auf der Hand: Regel- und Idealfall rechtsgeschäftlichen Handels soll die bewußte, im Falle des Vertrages außerdem hinsichtlich seines Inhalts übereinstimmende Gestaltung der wechselseitigen Rechtsbeziehungen der Beteiligten sein: Eine gelungene, wohlinformierte Kommunikation aller Betroffenen[332]. Dem entspricht die Anknüpfung der Drittwirkung rechtsgeschäftlichen Handelns an den Bestand einer diese Wirkung legitimierenden, auf Gesetz, Rechtsgeschäft oder Satzung beruhenden Vertretungsmacht. Der Mangel eines diese Vertretungsmacht tragenden Rechtsaktes bedeutet eine Abweichung von einem in diesem Sinne planmäßigen Verlauf rechtsgeschäftlichen Handelns. Rechtliche Bindungen für den Vertretenen in Konsequenz dieses planwidrigen Verlaufs sind nur ausnahmsweise unter dem Gesichtspunkt des Schutzes berechtigen Vertrauens in den Bestand der Vertretungsmacht legitim, die Kenntnis des Dritten läßt den Vertrauensschutz und damit die Vertretungsmacht selbst entfallen.

Die Funktion eines Tatbestandes, der in diesem Zusammenhang auf die Kenntnis des Dritten abstellt, erschließt sich aber erst, wenn man auch den Fall hinzudenkt, daß der Dritte den Autoritätsmangel nicht kennt. Denn das ist der problematische, nicht mit Selbstverständlichkeit zu entscheidende Fall. Über die Schutzwürdigkeit seines Vertrauens ist damit noch nichts entschieden, hinzukommen müssen vielmehr objektive Umstände, die das Vertrauen des Dritten in den Bestand der Vertretungsmacht schutzwürdiger erscheinen lassen als das des Vertretenen darauf, nicht durch unautorisiertes Handeln anderer rechtlich gebunden zu werden. Die in §§ 170-172 genannten Tatbestände, die den Rechtsschein einer Vollmacht nach deren Erlöschen begründen, setzen zunächst einmal sämtlich voraus, daß der Vertreter jemals bevollmächtigt war und daß der

[332] vgl. bereits oben II. 1.

Vertretene den nach dem Erlöschen der Vollmacht bestehenden, auf unterschiedliche Weise (Außenvollmacht, Kundgebung, Vollmachtsurkunde) erzeugten Rechtsschein nicht erfolgreich zerstört hat. § 173 gewährt Vertrauensschutz darüber hinaus nur dann, wenn der Dritte das Erlöschen der Vollmacht bei der Vornahme des Rechtsgeschäftes auch nicht kennen mußte. Die diesbezügliche Unkenntnis des Dritten nützt diesem also dann nichts, wenn der Vertretene das ihm, nicht zuletzt in seinem eigenen Interesse, als Initiator der Veränderung des ursprünglichen Zustandes[333] Zumutbare unternommen hat, oder wenn die Umstände in der Weise gegen ihn sprechen, daß von (auch leichter) Fahrlässigkeit (§ 122 II) gesprochen werden kann. Diese objektiven Kriterien relativieren das durch die Relevanz der Kenntnis des Dritten ins Spiel gebrachte Zufallselement und das darin liegende Risiko des Vertretenen erheblich.

Die Zuweisung des Risikos einer planwidrig verlaufenden, nicht auf gesetzlicher oder rechtsgeschäftlicher Autorisierung beruhenden Vermittlung vermögenswirksamer Rechtsbeziehungen muß und kann sich an objektiven Kriterien der Beherrschbarkeit dieses Risikos orientieren: An der Frage, wer den Anschein der Vertretungsmacht verursacht hat und welches Maß an objektiver Wahrscheinlichkeit aus ihm und aus den Umständen für den Bestand einer Vertretungsmacht spricht. Solche Kriterien reichen aber nicht aus, weil die Kontrolle von Risiken, die wie auch dieses letztlich auf unvollständiges Wissen und die Störungsanfälligkeit der Kommunikation zurückzuführen sind, am angemessensten dem zugemutet werden kann, der imstande ist, ihrer Realisierung vorzubeugen. Und das ist allemal der, der den Mangel der Vertretungsmacht kennt.

Für "Kenntnis" ist als Kriterium allerdings nur Raum, soweit die Vermittlung vermögenswirksamer Rechtsbeziehungen durch Dritte im wesentlichen eine Frage des Gelingens der Kommunikation zwischen den (allen) Beteiligten über ihre subjektiven Interessen ist, m.a.W.: soweit Privatautonomie reicht. Einer im Ausgangspunkt alternativen, Selbstbestimmung und Verkehrsschutz gleichgewichtig berücksichtigenden Risikozuweisung können Interessen entgegenstehen, die das Gesetz von vornherein höher bewertet als Verkehrs- und Vertrauensschutz. Die Berechtigung des Vertrauens in die Vertretungsmacht desjenigen, der für eine der gesetzlichen Vertretung bedürftige natürliche Person handelt (§§ 1629, 1793, 1902, 1915), steht deshalb nicht zur Debatte, auf seine Unkenntnis kommt es nicht an, unabhängig davon, welche objektiven Umstände ihm oder einem anderen sorgfältig (§§ 122 II, 276 I S.2) Unwissenden den Anschein einer Vertretungsmacht geben mögen.

---

[333] Zu diesem Gesichtspunkt der Verantwortlichkeit für die Folgen einer Veränderung rechtlich relevanter Zustände vgl. *H. Westermann*, Gutglaubensschutz S.5 (unter IV. 6.).

2. "Kenntnis" im Recht der Schuldverhältnisse

a) Ersatz des Vertrauensschadens wegen anfänglich objektiver Unmöglichkeit der Leistung

Die Regel des § 307 ist der des § 122 vergleichbar. Beide Vorschriften betreffen das Problem, unter welchen Voraussetzungen Ersatz des Vertrauensschadens für den Fall verlangt werden kann, daß eine ursprünglich von den Parteien intendierte Rechtsbeziehung nicht zustandekommt. Der für den vorliegenden Zusammenhang bedeutsame Unterschied liegt darin, daß die Haftung des wegen Irrtums Anfechtenden eine objektive[334] ist und gerade Unkenntnis des Anfechtungsgrundes voraussetzt - bei Kenntnis läge kein Irrtum, also kein Anfechtungsgrund vor -, während § 307 S.1 auf Kenntnis oder Kennenmüssen der Unmöglichkeit abstellt. Der Grund für diesen Unterschied liegt darin, daß das Scheitern der ursprünglich gewollten Rechtsbeziehung im einen Fall auf objektive Umstände, im anderen auf den Willen eines Beteiligten zurückzuführen ist. Wer anfechten darf, kann sich überlegen, ob er die Erwartung des anderen bestätigen und - regelmäßig, d.h. im Vertragsfall - die Leistung erbringen, oder ob er sie enttäuschen und - unter Umständen - dessen Schaden ersetzen will. Dieses Wahlrecht rechtfertigt den Verzicht auf - wenn man so will: weitere - subjektive Voraussetzungen der Haftung in der Person des Anfechtenden. Im Fall des § 307, der wegen der engen Interpretation des § 306, der Vielzahl speziellerer Vorschriften und aufgrund des Instituts der culpa in contrahendo[335] praktisch fast bedeutungslos ist[336], liegen die Dinge anders. Mit der Aussage, daß eine versprochene Leistung tatsächlich bereits bei Vertragsschluß objektiv unmöglich war, ist noch nichts darüber gesagt, welchen Schutz das einer etwaigen Investition zugrundeliegende Vertrauen auf den Bestand des Vertrages verdient. Einen Anlaß für Dispositionen im Hinblick auf den Bestand des Vertrages kann der Gläubiger zwar, ebenso wie im Fall der Irrtumsanfechtung, bereits im Leistungsversprechen des Schuldners sehen. Einen Grund hierfür hat er aber um so weniger, je mehr dieses Versprechen tatsächlich auf eine nicht nur "anfänglich", sondern unter allen Umständen, also offensichtlich unmögliche Leistung gerichtet ist ("*hippocentaurum dare*"[337]).

---

334 Vgl. aber *Rothoeft* S.241: Verschuldenshaftung, da auf vorwerfbarer Verkennung des Vertragsinhaltes beruhend.

335 §§ 122, 307 und 179 II waren "für Wissenschaft und Praxis gesetzliche Stütze bei der Entwicklung der Grundsätze über die Haftung aus *culpa in contrahendo*" (Soergel-*M.Wolf*, § 307 Rz.1).

336 Vgl. *Esser-Schmidt*, Schuldrecht AT § 22 III, zur rechtspolitischen Kritik MK-*Thode*, § 307 Rz. 1 u.ö.

337 Vgl. *Rabel*, Unmöglichkeit S.21, *ders.*, Warenkauf, § 18, 3 (S.123).

Da der Gesetzgeber die Nichtigkeitsfolge aber nicht lediglich für derartige Fälle vorgesehen hat und der Schuldner selbst im Falle subjektiv-nachträglicher Unmöglichkeit nur dann auf Schadensersatz haftet, wenn er die Unmöglichkeit zu vertreten hat, erscheint der Verweis auf die je nach dem Kenntnisstand der Parteien und den Umständen des Sachverhalts ("Kennenmüssen") vorhandenen Vermeidungschancen im Prinzip[338] sinnvoll. Dieses Prinzip verwirklicht letztlich auch, einschließlich der vom Verschuldensbegriff her gebotenen Tendenz zur Objektivierung der Vermeidungsmöglichkeiten, die Haftung aus *culpa in contrahendo*.

b) "Kenntnis" als Voraussetzung der Haftung für Leistungsstörungen und Rechtsgutsverletzungen

Das Haftungsrecht bezieht sich auf das Problem des Schadensausgleichs, seine Aufgabe besteht vornehmlich darin, Kriterien der individuellen Schadensverantwortlichkeit und damit die Bedingungen zu formulieren, unter denen jemand von einem anderen Schadensersatz verlangen kann. Der engere Bereich der Unrechtshaftung wird nach dem Gesetz[339] weitgehend[340] vom Verschuldensgrundsatz beherrscht, wenngleich es schwer fällt, die Bedingung eines individuellen Vorwurfs des Anders-Handeln-Könnens, der ja den Schuldvorwurf im Kern auszumachen scheint, auch in der Fahrlässigkeitsdefinition des § 276 I S.2 wiederzufinden. In diesem Spannungsverhältnis bewegt sich auch die Frage, weshalb, unter welchen Voraussetzungen und mit welchen Folgen die Kenntnis oder das Kennenmüssen bestimmter Umstände für das Urteil über die Verantwortlichkeit (das Vertretenmüssen) des Schuldners oder Täters maßgebend ist.

Wesentliches Kriterium der Haftungszurechnung ist die Vermeidbarkeit des zu einer Beeinträchtigung der Rechte anderer führenden Geschehensablaufs. Aus dieser Sicht drängt sich die Berücksichtigung des Wissensstandes des Rechtsguts- oder Pflichtverletzers deshalb auf, weil der Wissensstand dessen Handlungsspielraum und damit dessen Vermeidungschancen maßgeblich bestimmt. Allerdings ist allein die Kenntnis (der rechtswidrigen Verwirklichung des Tatbestandes) niemals ein hinreichendes Haftungskriterium. Noch ganz unabhängig von Fragen der subjektiven Zurechnung beschränken die verschiedenen Haftungstatbestände den Kreis der Verantwortlichen auf den- oder diejenigen, dessen bzw. deren Verhalten auch *objektiv* eine Pflichtverletzung darstellt oder zur Verletzung eines Rechtsgutes geführt hat. Wer nicht zu diesem Personen-

---

338 Problematisch ist hierbei allerdings, daß ein § 254 entsprechender Abwägungsmechanismus fehlt, vgl. MK-*Thode*, a.a.O. (Fn.336) Rz. 10.

339 § 276 I S.3 i.V.m §§ 827, 828, 278 ("Verschulden" offenbar bezogen auf § 276), 823 II S.2.

340 Ausnahmen etwa in §§ 278, 279.

kreis gehört oder trotz seiner Zugehörigkeit zum Adressatenkreis der Norm nicht rechtswidrig handelt, mag kraft seines Wissens noch so sehr imstande sein, einer Beeinträchtigung der Rechte anderer vorzubeugen, er steht von vornherein nicht in der Haftung.

Die im engeren Bereich der subjektiven Zurechnung sich stellende Frage nach der Erheblichkeit des Kenntnisstandes des Schuldners oder Täters kann aus verschiedenen Blickwinkeln konkretisiert werden. Man kann zunächst fragen, was der Schuldner/Täter gewußt haben muß, um von einem Verschulden sprechen zu können, welche der für den haftungsbegründenen und –ausfüllenden Tatbestand maßgeblichen Tatsachen ihm bekannt sein müssen und inwieweit ein Irrtum entlastet. Dieses Problem stellt sich vor allem dann, wenn allein Vorsatz die Haftung subjektiv begründet[341]. Man kann darüber hinaus fragen, welche Sorgfalt der Schuldner/Täter hinsichtlich seines Wissensstandes aufbringen muß, welches Maß an Aufmerksamkeit und an Engagement (Kostenaufwand inbegriffen) bei der Informationsbeschaffung von ihm erwartet werden kann. Dieses Problem stellt sich, wenn, wie zumeist, der Schuldner/Täter auch für Fahrlässigkeit einzustehen hat und ein besser Informierter die Leistungsstörung bzw. Rechtsgutsverletzung hätte vermeiden können. Hier geht es um den Vergleich seines Verhaltens mit einem bestimmten normativen Sorgfaltsmaßstab. In diesem Zusammenhang kann schließlich auch die etwas anders gelagerte Frage aufkommen, ob der Kenntnisstand des konkreten Schuldners/ Täters auf die Bestimmung des Sorgfaltsmaßstabes selbst Einfluß hat. § 276 I S.2 scheint dem insofern entgegenzustehen, als hiernach "die im Verkehr (zum Schutz der Interessen anderer) erforderliche Sorgfalt" verlangt und nach individuellen Möglichkeiten nicht ausdrücklich gefragt wird. Die Frage wird aber dann interessant, wenn der Betreffende den Standard nicht unter-, sondern überbietet, wenn er, indes nicht aus Professionalität, sondern aus Zufall, über bestimmtes Wissen verfügt, das ihm die Möglichkeit eröffnet, eine Leistungsstörung oder Rechtsgutsverletzung zu vermeiden. Denn dann kann er - aufgrund seines Wissens - mehr, als man von ihm mit Recht erwarten darf, und allein dieses Wissen würde, wenn man den Sorgfaltsmaßstab hieran orientierte, die Haftung begründen[342].

---

341 Vor allem §§ 826 und 823 II BGB, falls strafrechtliche Vorschriften fahrlässige Tatbestandsverwirklichung nicht unter Strafe stellen.

342 Vgl. z.B. BGH NJW 1998, 142 (ein Wissenszurechnungsfall) zu §§ 839 BGB, 50 I BNotO: "Dabei verdichten sich die im Interesse der Allgemeinheit liegenden Amtspflichten der Aufsichtsbehörden erst bzw. schon dann in solche, die auch dem Interesse der Rechtssuchenden dienen, *wenn die Behörde bei Ausübung der Dienstaufsicht oder sonstwie eine durch bestimmte und nachprüfbare Tatsachen belegte Kenntnis solcher belastender Umstände erhält, die bei pflichtgemäßer Würdigung Anlaß zur Einleitung*

Es gibt demnach nicht nur Anlaß, sondern auch hinreichend Möglichkeiten, aus der Perspektive der Vermeidbarkeit den Kenntnisstand des Schuldners/Täters zu berücksichtigen. Eine Regel, die bei der Frage nach der Haftung des Schuldners/Täters dessen Kenntnisstand in den Vordergrund stellt, belastet aber den Gläubiger bzw. den Verletzten insofern, als sie den Schutz seines Restitutionsinteresses von aus seiner Sicht mehr oder minder zufälligen (subjektiven) Umständen abhängig macht. Das notwendige Vertrauen darauf, im wirtschaftlichen Verkehr jedenfalls regelmäßig ein bestimmtes - von Bereich zu Bereich unterschiedliches - Maß an Aufmerksamkeit und Informiertheit anzutreffen, bliebe ungeschützt. Der präventive Effekt einer solchen Regel wäre vermutlich gering, weil Unaufmerksamkeit, Vergeßlichkeit und Dummheit rechtlich folgenlos blieben. Eine allein auf Kenntnis - und damit auf den wesentlichen Aspekt der subjektiv-konkreten Vermeidbarkeit - abstellende Regel würde zuletzt das eigentliche Problem aus den Augen verlieren, das ja darin besteht, bereichsspezifisch generalisierbare Kriterien des Schadensausgleichs zu formulieren, nicht solche der sozialen Ächtung und Bestrafung individuellen Verhaltens.

Die durch ein Festhalten am Standard erstrebte Berücksichtigung der Interessen des ("generalisierten") Anderen kann sich aber ausnahmsweise auch als Korrektiv zu seinen Lasten auswirken. Aus der Standardperspektive, die auf die berechtigten Erwartungen des Gläubigers/Opfers an den Wissensstand seines Gegenüber abstellt, wäre nämlich eine Haftung in den Fällen des zuvor angesprochenen Zufallswissens jedenfalls nicht als Sorgfaltspflichtverletzung, sondern allenfalls aus Treu und Glauben zu begründen.

Soweit Fahrlässigkeit als Haftungsmaßstab hinreichend ist, bleibt demnach zwar das Vermeidbarkeitskriterium im Vordergrund, statt positiver Kenntnis kommt es aber auf Kennen-Müssen und auf Vorhersehbarkeit an. Anders als im Falle des "Kennen-Müssens" des § 122 II sind jedenfalls für den *Schuldner einer Leistung*, den § 276 I S.1 vor Augen hat, die Kriterien des Wissen-Müssens nicht nur anhand der jeweiligen Situation, sondern vor allem anhand der konkreten Leistungspflicht präzisierbar[343]: Wer eine Leistung zu bewirken hat, muß eben auch das Maß an Wissen und Aufmerksamkeit aufbringen, das zur Vermeidung von Leistungsstörungen erforderlich ist. Unkenntnis oder ein Irrtum entlasten nur insoweit, als Umstände betroffen sind, deren Berücksichtigung dem Schuldner nicht bereits als solchem, d.h. im Rahmen des Leistungsprogramms, obliegt. Für den *Vertragsschuldner* läßt sich dies außer-

---

eines Amtsenthebungsverfahrens geben. Nicht ausreichend ist dagegen, wenn infolge unzureichender Handhabung der allgemeinen Dienstaufsicht Tatsachen, die einen zur Einleitung des Enthebungsverfahrens genügenden Verdacht begründen würden, der Dienstaufsichtsbehörde unbekannt bleiben." (im Original nicht kursiv).

[343] Vgl. *U.Huber* S.261.

dem mit dem Hinweis darauf begründen, daß er die Bewirkung der Leistung "mit Wissen und Wollen" versprochen hat[344]. Dieses Versprechen berechtigt den Gläubiger, leistungsbezogene Aufmerksamkeit und den Einsatz entsprechenden Wissens zu erwarten[345], das im Versprechenstatbestand enthaltene Wissenselement schützt im Gegenzug den Schuldner vor der Übernahme von Haftungsrisiken, die er nicht hat vorhersehen können[346]. - Nicht wesentlich anders ist die Lage, was die Relevanz von Irrtümern angeht, bei der *Deliktshaftung* für die fahrlässige Verletzung der in § 823 I genannten absoluten Rechte. An die Stelle klagbarer Leistungspflichten treten auf den Schutz des jeweiligen Rechtsguts bezogene, bereichs- und rollenspezifisch ausgerichtete Verkehrspflichten[347], an deren Inhalt sich auch die Kriterien orientieren, nach denen über die Vermeidbarkeit von Irrtümern entschieden werden kann und auch entschieden wird[348].

c) Kenntnis des Mangels bei den Gewährleistungspflichten

Soweit es im Gewährleistungsrecht einzelner vertraglicher Schuldverhältnisse auf die Kenntnis eines "Mangels" ankommt, läßt sich von den Rechtsfolgen her ein mehrstufiges Regel-Ausnahme-Prinzip beobachten: Während ein Leistungsmangel grundsätzlich bestimmte Gewährleistungsansprüche des Sachgläubigers auslöst (§§ 440 i.V.m. 434 oder 437, 459, 537f., 633f.), kann dessen Kenntnis vom Mangel zum Wegfall dieser Rechte führen (§§ 439 I, 460, 464, 539, 640 II). Während der Sachschuldner regelmäßig von der Haftung frei ist, wenn er in zulässiger Weise einen Haftungsausschluß vereinbart hat oder dem Sachgläubiger der Mangel lediglich infolge grober Fahrlässigkeit unbekannt geblieben ist, lebt die Haftung wieder auf, wenn er den Mangel arglistig verschwiegen hat, §§ 460 S.2, 463 S.2, 476, 539 S.2, 540, 637 i.V.m. 635. In diesem Fall gelten auch nicht die regelmäßig kurzen gewährleistungsrechtlichen Verjährungsfristen, sondern die 30-jährige Frist des § 195. -

Dieses Regel-Ausnahme-Verhältnis verweist auf unterschiedliche Ebenen der Zuweisung des Risikos einer planwidrig verlaufenden vertraglichen Leistungsbeziehung, die Ebene der abstrakt an die Gläubiger- bzw. Schuldnerstellung

---

344 *Esser-Schmidt*, Schuldrecht AT § 26 II 1.

345 *U.Huber* S.286.

346 Zu diesem Gesichtspunkt der "Vorverlagerung" der Schuld vgl. AK-*Dubischar*, vor §§ 275ff. Rz. 18ff.

347 Vgl. *Mertens*, VersR S.397ff., insbes. S.401ff.

348 Vgl. etwa BGH VersR 1983,441, S.442 unter II. 2. b) bb); s. auch MK-*Mertens*, § 823 Rz. 54: "Unter dem Aspekt der Vorhersehbarkeit gibt die subjektive Zurechnung im Rahmen der judiziellen Konzeption des Delikts als Verkehrspflichtsverletzung generell keine entscheidende Beschränkung der Haftung mehr ab."

anknüpfenden Pflichten und Obliegenheiten einerseits, die der konkret persönlichen Verantwortung für einen planmäßigen Verlauf der Leistungsbeziehung andererseits[349]. Auf der ersten Ebene sind allein objektive Umstände maßgeblich - deren Objektivität freilich, aus dem Gesichtspunkt der Selbst*bindung*, durch das Wissenselement des Vertragsschlußtatbestandes gerechtfertigt ist [illegible], auf der zweiten Ebene kommt es auf den Kenntnisstand der Beteiligten an. Die Notwendigkeit dieser zweiten Ebene und damit die Notwendigkeit, die Risikozuweisung in diesem Sinne subsidiär von subjektiven Umständen abhängig zu machen, wird deutlich, wenn man sich vorstellt, die Berücksichtigung des Kenntnisstandes der Parteien wäre nicht schon gesetzlich vorgesehen. Sie müßte dann regelmäßig nach Treu und Glauben erfolgen[350]. Es ist zwar gerecht, den Verkäufer für einen Fehler haften zu lassen, weil der Käufer nach dem Vertrag Anspruch auf eine mangelfreie Sache hat. Aber diese Rechtsfolge wäre ungerecht, wenn dem Käufer der Fehler bei Vertragsschluß bekannt war, weil er in diesem Falle aus eigener Kraft imstande ist, seine Interessen wahrzunehmen und den Schutz der objektiven, von einem Fehlverhalten des Verkäufers unabhängigen Gewährleistung nicht verdient. Die Zulässigkeit eines Haftungsausschlusses entspricht dem Grundsatz der Vertragsfreiheit (und wird daher auch durch deren Grenzen mit eingeschränkt[351]), die Berufung auf einen Haftungsausschluß erscheint aber ungerecht, wenn der Haftungsausschluß auf Verkäuferseite in Kenntnis des Mangels vereinbart wurde. Das Interesse des Verkäufers daran, seine Haftung für den Fall der Fehlerhaftigkeit der Kaufsache auszuschließen und das Mangelrisiko dem Käufer aufzubürden, ist legitim, soweit das Vorhandensein eines Mangels für beide Seiten eine Ungewißheit darstellt, zumal der Käufer in diesem Fall Anlaß hat, den Kaufgegenstand genau zu untersuchen. Aber es verdient keinen Schutz, wenn der Verkäufer insoweit nicht im Ungewissen ist. Für die kurzen Verjährungsfristen des Gewährleistungsrechts spricht bei aller berechtigten Kritik für den Verkäufer, daß er - jedenfalls im Massengeschäft - ein aus verschiedenen Gründen, nicht zuletzt aufgrund seiner objektiven Einstandspflicht, berechtigtes Interesse an einer raschen Abwicklung der Vertragsbeziehungen hat. Dieser Gesichtspunkt entfällt, wenn der Verkäufer den Mangel kennt, den anderen also täuscht und im übrigen aufgrund seiner Kenntnis von vornherein damit rechnen muß, wegen des Mangels in Anspruch genommen zu werden.

---

349 "Zur Funktion und Reichweite der gesetzlichen Gewährleistungsausschlüsse" vgl. *Köhler* S.761ff., nämlich: "Vermeidung unnötiger Kosten und Risiken (Präventivfunktion der Gewährleistungsausschlüsse) ... Sanktionen für Obliegenheitsverletzungen", ebd., S.775.

350 Entsprechend der Ansatz einer Deutung als "konkludenter Verzicht" oder "venire contra factum proprium", vgl. die diesen Ansatz kritisierende und auf wirtschaftliche Funktionsbedürfnisse umstellende Darstellung bei *Köhler*, a.a.O. (vorige Fn.).

351 Vor allem durch § 11 Nr.10 AGBG.

Wohl im Detail, aber hinsichtlich der Unterscheidung zwischen abstrakt rollenbezogenen und konkret persönlichen Risikozuweisungskriterien nicht wesentlich anders stellt sich die Rechtslage bei Werk- und Mietverträgen dar. Bei sämtlichen Vertragstypen stellt sich ja die Frage, nach welchen Kriterien das Risiko einer Leistungsstörung verteilt werden soll, bei sämtlichen Vertragstypen ist es sinnvoll, einer objektiven Risikozuweisungsebene, die allein an die Gläubiger- bzw. Schuldnerstellung und deren gesetzliche bzw. individuell vertragliche Ausgestaltung anknüpft, eine weitere Ebene an die die Seite zu stellen, die die konkreten, aus dem jeweiligen Kenntnisstand der Beteiligten resultierenden Risikobeherrschungsmöglichkeiten von Fall zu Fall mit zu berücksichtigen erlaubt. Aus dieser Sicht haben Kenntnis-Tatbestände im Gewährleistungsrecht die Funktion, eine den persönlichen Umständen angemessene Anpassung oder auch Korrektur des vertraglichen Leistungs- und Haftungsprogramms zu ermöglichen.

d) Forderungsabtretung

Die Möglichkeit der rechtsgeschäftlichen Forderungsübertragung bedeutet für den Inhaber der Forderung eine Erweiterung seines vermögensbezogenen Handlungsspielraums, weil er die Forderung nicht nur einziehen, sondern auch veräußern kann. Mit den sich hieraus ergebenden wirtschaftlichen Chancen sind Risiken für den Schuldner verbunden, der in zweierlei Hinsicht geschützt wird: Zum einen durch § 404, wonach dem Schuldner die zur Zeit der Abtretung begründeten Einwendungen auch gegenüber dem Zessionar erhalten bleiben, zum anderen durch §§ 406, 407, wonach Rechtsgeschäfte des Schuldners gegenüber dem Altgläubiger unter bestimmten Voraussetzungen auch gegenüber dem neuen Gläubiger wirksam sind und er die abgetretene Forderung auch gegenüber dem Zessionar durch Aufrechnung zum Erlöschen bringen kann.

Wichtigster Fall des § 407 ist die Leistung an den Zedenten. Als Ausnahme von der Regel, daß nur die Leistung an den Gläubiger Erfüllung bedeutet, kann eine Leistung des Schuldners an den ursprünglichen Gläubiger nur unter dem Gesichtspunkt des Schutzes des Vertrauens in den Fortbestand des ursprünglichen Schuldverhältnisses und die sich aus ihm ergebende Zuständigkeit zur Entgegennahme der Leistung gerechtfertigt sein[352]. Für diesen Schutz besteht kein Anlaß, wenn der Schuldner die Abtretung kennt. Weil nur positive Kenntnis den Vertrauensschutz entfallen läßt, gehen etwa verbleibende Ungewißheiten auch dann nicht zu Lasten des Schuldners, wenn allein die Umstände mit einiger Wahrscheinlichkeit dafür sprechen, daß eine Abtretung erfolgt ist[353].

---

[352] Vgl. statt aller *Schlechtriem* Rz. 590.

[353] Das ist bei einigen Fällen der Legalzession nicht ohne weiteres einsichtig, weil, anders als im Fall der rechtsgeschäftlichen Abtretung der Schuldner, mit dem Forderungsübergang

Die damit verbundene Belastung einerseits des Zessionars, der auf einen Bereicherungsanspruch gegen den Zedenten verwiesen ist (§ 816 II), andererseits des Zedenten, bei dem der Schuldner seine Leistung als nicht geschuldet kondizieren kann, ist um so angemessener, als beide für die Veränderung der ursprünglichen Forderungszuständigkeit verantwortlich sind und es jeder für sich in der Hand haben, den Schuldner von der Abtretung in Kenntnis zu setzen und die Ungewißheit zu beseitigen[354]. Entsprechendes gilt, was den Vertrauensschutz des Schuldners im Falle des Gläubigerwechsels angeht, für die ebenfalls unter § 407 I fallende Aufrechnung mit einer bereits bei der Abtretung aufrechenbaren Schuldnerforderung gegenüber dem Altgläubiger sowie für die nach § 406 gegebenen Möglichkeiten der Aufrechnung gegenüber dem neuen Gläubiger. Kriterium der Schutzwürdigkeit des Vertrauens (in den Fortbestand oder das Entstehen einer Aufrechnungslage) ist durchweg, daß der Schuldner - bei der Aufrechnung oder beim Erwerb der Forderung - nicht bereits Kenntnis davon hatte, daß die Gegenforderung abgetreten wurde.

Auch hier läßt sich also ein Ineinandergreifen verschiedener Regelungsebenen mit unterschiedlichen Grundsätzen nach einem Regel-Ausnahme-Prinzip beobachten: Einerseits die formale Ebene der Forderungszuständigkeiten, auf der Leistung an den Gläubiger verlangt und Aufrechnung nur bei Gegenseitigkeit der Forderung gestattet wird, andererseits die Ebene des Vertrauensschutzes, deren Regeln auf die einseitige Veränderung einer ursprünglich vorhandenen Zuständigkeit Bezug nehmen und den Schuldner von den hieraus eventuell drohenden Nachteilen entlasten, indem sie in Abweichung vom Normalfall Leistung an einen anderen als den Gläubiger und Aufrechnung trotz fehlender Gegenseitigkeit gestatten, falls dessen Vertrauen schutzwürdig ist.

Die Frage nach einer alternativen, auf objektive Kriterien statt auf Kenntnis abstellenden Regel muß von dem Problem ausgehen, daß durch die Veränderung der Forderungszuständigkeit entsteht: Der vom Schuldner subjektiv vorgestellte und zunächst auch objektiv gültige rechtliche Rahmen, innerhalb dessen er wirksam auf Bestand, Inhalt und Durchsetzbarkeit der Forderung einwirken kann, verschiebt sich, ohne daß es hierbei auf seine Mitwirkung ankäme. Das ist andererseits weder unüblich noch gar illegitim, sondern

---

rechnen kann, insbesondere beim Übergang einer Schadensersatzforderung auf den Versicherer, vgl. MK-*Roth*, § 407 Rz. 13, sowie die diesem Umstand Rechnung tragenden Erwägungen in BGHZ 127,120, S.128 zu §§ 116 SGB X, 407 BGB.

354 *Esser/Schmidt*, § 37 I 4. b), *H.Westermann*, Gutglaubensschutz S.5 (zu IV. 6.); vgl. auch BGH NJW 1977,581: "Achtung! Verlängerter Eigentumsvorbehalt! Forderung abgetreten an A. - Zahlung nur auf Konto ... - Bei Zahlung an andere Personen oder auf andere Konten Gefahr der Doppelzahlung." (in roter Farbe) - wer dann immer noch an den Zedenten zahlt, kann sich trotz nicht erweislicher Kenntnis nicht auf § 407 berufen.

rechtmäßig und im schutzwürdigen Interesse nicht nur des Gläubigers, sondern auch des wirtschaftlichen Verkehrs. Eine allein auf objektive Kriterien aufbauende Regelung zum Schutz des Schuldners könnte die Abtretung einer Registrierungspflicht unterwerfen, mit der Folge, daß im Falle einer solchen Registrierung Leistungen und Rechtsgeschäfte des Schuldners, die die abgetretene Forderung betreffen, unabhängig von dessen Kenntnis nur noch gegenüber dem Zessionar gestattet wären, daß ohne sie jedoch, wiederum unabhängig von einer etwaigen Kenntnis, der volle Schutz der §§ 407 und 406 gälte. Eine solche Regelung würde aber erstens die Abtretung mit unnötigem Aufwand belasten und damit die Verkehrsfähigkeit von Forderungen behindern, zweitens den legitimen Interessen des Zedenten in den häufigen Fällen der stillen Zession zu Sicherungszwecken zuwiderlaufen. Denkbar wäre auch, die Offenlegung als Mitteilungspflicht oder -obliegenheit der Parteien der Abtretung in der Weise auszugestalten, daß bei deren Nichtbeachtung dem Schuldner ungeachtet etwa anderweit erlangter Kenntnis die in §§ 406, 407 gegebenen Rechte zustünden. Weil nur positive Kenntnis den Vertrauensschutz entfallen läßt und eine zuverlässige Mitteilung des alten oder neuen Gläubigers durchweg zur Kenntnis führt, kommt die gesetzliche Regelung dem an sich nahe, und eine Regelung dieser Wirkung enthält § 411 zugunsten des Fiskus. Eine ausdrückliche Verpflichtung wäre vorab deshalb schwer zu realisieren, weil die Ausgestaltung als Pflicht deren Verletzung als rechtswidriges Handeln erscheinen ließe und Haftungsfragen nach sich zöge, was wiederum sowohl dem Ziel der leichten Veräußerbarkeit von Forderungen als auch dem legitimen Interesse des Gläubigers an einer stillen Zession zuwiderliefe[355]. Sie würde aber außerdem den Schuldnerschutz deshalb überziehen, weil es um den Schutz seines Vertrauens in den Fortbestand der Forderungszuständigkeit geht und es hierbei nicht darauf ankommen kann, von wem er Kenntnis von der Abtretung erlangt, sondern nur darauf, ob er sie erlangt und wie zuverlässig die erlangte Kenntnis ist. Die mit der Zulassung der rechtsgeschäftlichen Forderungsübertragung einerseits, dem Ziel des Schuldnerschutzes andererseits besser zu vereinbarende und dem Problem angemessenere Regel ist die gesetzliche. Sie verteilt die Risiken einer Veränderung der Forderungszuständigkeit nach den persönlichen Möglichkeiten und Bedürfnissen der Beteiligten, indem sie den Parteien des Abtretungsvertrages die Möglichkeit gibt, entweder die Abtretung offenzulegen oder sich auf das Verhalten des unwissenden Schuldners einzustellen, und indem sie den Schuldner vor den Folgen der Veränderung insoweit schützt, als sein Vertrauen in den Fortbestand der ursprünglichen Zuständigkeit aufgrund seines Kenntnisstandes berechtigt ist.

---

[355] § 411 arbeitet mit einer Fiktion ("Bis zur Benachrichtigung gilt die Abtretung als der Kasse nicht bekannt").

e) Kenntnis als Voraussetzung einer Ersatzhaftung bei gesetzlichen Herausgabeansprüchen

Die Verpflichtung, einem anderen einen Gegenstand herauszugeben, kann auf Vertrag beruhen und als Hauptpflicht (die Übergabe der verkauften Sache oder des bestellten Werkes) oder als Nebenpflicht (Rückgabe der gemieteten, gepachteten oder geliehenen Sache, Herausgabe des zur Ausführung des Auftrags Erhaltenen oder aus der Geschäftsbesorgung Erlangten) ausgestaltet sein. Hier gehört die Herausgabe zum planmäßigen Vollzug der Vereinbarung. Demgegenüber gestatten gesetzliche Herausgabeansprüche den Zugriff auf das Vermögen eines anderen, ohne daß es auf dessen Einverständnis ankäme. Sie knüpfen vielmehr daran an, daß jemand Besitzer oder Eigentümer einer Sache ist, die nicht in seinem Vermögen verbleiben soll, weil sie dort planwidrig hineingelangt ist oder sich befindet[356]. Die hier allein anzusprechende Frage der Haftung des Herausgabepflichtigen für den Fall, daß er die Sache nicht oder nur in verschlechtertem Zustand herausgeben kann, stellt sich bei diesen Herausgabepflichten unter anderen Vorzeichen als bei den vertraglich begründeten. Denn der Pflichtige wird, da er deren Herausgabe nicht versprochen hat, unter Umständen nicht damit rechnen, sie herausgeben zu müssen. Er kann sich deshalb, anstatt im Interesse eines anderen für ihren Erhalt zu sorgen, veranlaßt sehen, mit ihr "nach Belieben" (§ 903) oder jedenfalls den eigenen Interessen entsprechend zu verfahren. Das gilt um so mehr in den Fällen, in denen jemand einen Gegenstand gerade zu diesem Zweck gegen Entgelt erworben hat. Einen zu dieser Erwartung berechtigenden Anlaß hierzu hat er aber dann nicht, wenn er - gleich dem Vertragsschuldner - damit rechnen muß, daß er sie unter Umständen wird herausgeben müssen[357]. Dann ist er zum sorgfältigen Umgang mit der Sache verpflichtet und haftet auf Schadensersatz, mit seinem eigenen Vermögen also, wenn er den "Untergang" oder die Verschlechterung der Sache verschuldet hat.

Diese in §§ 989, 990 für den bösgläubigen wie für den verklagten Besitzer[358] grundsätzlich festgeschriebene Regel gilt kraft Verweisung auch für den rechtsgrundlos Bereicherten, der den Mangel des Rechtsgrundes kennt (§§ 819 I, 818 IV, 292). Sie gilt außerdem für die Haftung der Vertragspartner nach dem vereinbarungsgemäßen Rücktritt vom Vertrag (§ 347) und beim gesetzlichen Rücktrittsrecht - nach dem Wortlaut des § 327 S.2, wiederum über §§ 819 I, 818 IV, 292 - für den Rücktrittsgegner für den seltenen Fall (§§ 325 II, 636 I), daß

---

[356] Vgl. zu dieser Korrekturfunktion gesetzlicher Schuldverhältnisse *Esser*, Schuldrecht 2. Aufl. § 5 Ziff. 4., speziell zu "Rückgewähransprüchen im Bürgerlichen Recht" *Büdenbender* S. 38, unter I. und S. 331 unter XII.

[357] Zu § 819 I vgl. *Esser-Weyers*, § 51 II 1 b).

[358] Für den Erbschaftsbesitzer vgl. §§ 2023, 2024.

dieser den Rücktritt nicht zu vertreten hat. Entgegen dem Wortlaut des § 327 S.2 ist aber die Kenntnis des zum Rücktritt berechtigenden Umstandes nach wohl überwiegender Ansicht auch für die Haftung des nach §§ 325, 326 zum Rücktritt Berechtigten entscheidend[359].

Wesentliches Kriterium der über die Herausgabepflicht hinausgehenden, das Vermögen des Herausgabepflichtigen erfassenden Haftung ist in all diesen Fällen jedenfalls die Kenntnis, z.T. auch die fahrlässige Unkenntnis, desjenigen Umstandes, der die Herausgabepflicht auch ohne das Einverständnis des Schuldners rechtfertigt. Der Sinn dieses Grundsatzes läßt sich einmal mehr vom Gedanken des Vertrauensschutzes her erschließen: Das etwa vorhandene Vertrauen darauf, eine Sache besitzen oder behalten zu dürfen, ist ungerechtfertigt, wenn man mit deren Herausgabe rechnen muß, weil man die Umstände kennt, aus denen sich die Planwidrigkeit des Vermögenszuwachses oder -zustandes ergibt, den Mangel des Besitzrechts, die Rechtsgrundlosigkeit eines Vermögenszuwachses oder eben auch den Umstand, der zum Rücktritt vom Vertrag berechtigt, obwohl ein Rücktrittsrecht nicht vertraglich vereinbart wurde.

Die objektive Alternativregelung steht im Gesetz: der auf Herausgabe verklagte ist dem "bösgläubigen" (i.w.S.) Herausgabeschuldner gleichgestellt. Auch hier[360] wäre es zu eng, allein auf die Klageerhebung abzustellen, weil der "Warnzweck"[361] durch Kenntnis der Umstände, die die Herausgabepflicht begründen, allemal erreicht wird, ohne daß es darauf ankäme, ob der Schuldner vom Gläubiger oder auf andere Weise erfährt, daß er die Sache möglicherweise zu unrecht besitzt bzw. rechtsgrundlos erlangt hat.

3. "Kenntnis" beim Rechtserwerb vom Nichtberechtigten

Der Musterfall eines planwidrigen Vermögenszuwachses ist der rechtsgeschäftliche Erwerb vom Nichtberechtigten. Der Vermögenszuwachs ist deshalb planwidrig, weil die ausschließliche Befugnis der Rechtsübertragung wesentlicher Inhalt des Rechtes selbst ist, weil, mit anderen Worten, seinem Inhaber die Entscheidung darüber zustehen soll, ob und zu welchen Bedingungen er die Sache veräußern will. Gleichwohl sprechen gute Gründe dafür, unter bestimmten Voraussetzungen eben auch den Erwerb vom Nichtberechtigten

---

359 Hier ist nach wie vor vieles umstritten, denn der Wortlaut des § 327 S.2 ist eindeutig (*Esser-Schmidt*, § 28 III 4.b) und c)). Zum Streitstand vgl. außerdem Palandt-*Heinrichs* § 347 Rz. 6ff., Soergel-*Wiedemann*, § 327 Rz. 25f., MK-*Janßen*, § 347 Rz. 13.

360 Vgl. die Ausführungen zu einer Offenlegungspflicht bei der Forderungsabtretung, oben 2. b) dd).

361 Vgl. *Büdenbender* S.138 a.E.

zuzulassen. Dabei stehen Regel und Ausnahme[362] letztlich gleichermaßen im Dienste der wirtschaftlichen Funktion des Eigentums[363]. Der marktwirtschaftliche Sinn privaten Eigentums besteht wesentlich darin, durch eine Individualisierung der Zuständigkeiten für die Transaktion von Wirtschaftsgütern deren Zirkulation zu ermöglichen[364]. Der Vorteil, der den Erwerbsinteressenten angesichts der Gewißheit darüber erwächst, daß es einen Eigentümer gibt, auf dessen Entscheidung es ausschließlich ankommt, wird allerdings dadurch relativiert, daß Ungewißheit darüber bestehen kann, wer Eigentümer ist. Ein ausnahmsloses Beharren auf dem Grundsatz, daß niemand mehr Rechte übertragen kann, als er selbst hat, wäre daher nur dann sinnvoll, wenn man jeder Sache ohne weiteres ansähe, in wessen Eigentum sie steht. Weil das nicht der Fall ist, wäre die Zirkulationsfähigkeit von Wirtschaftsgütern nicht unerheblich behindert, wenn ein Irrtum über die Berechtigung des Veräußerers immer zu Lasten des Erwerbers ginge, weil jedem potentiellen Erwerber Informationslasten aufgebürdet würden, deren Kosten möglicherweise außer Verhältnis zum Gewinn der angestrebten Transaktion stünden[365]. Wenn es der Fall wäre, brauchte man keine Regeln über den gutgläubigen Erwerb, weil es keinen schutzbedürftigen Gutgläubigen gäbe.

Das Problem der Vorschriften über den Erwerb vom Nichtberechtigten ist aus dieser Perspektive im wesentlichen dasjenige der Zuweisung von Risiken, die sich aus der potentiellen Ungewißheit über die Transaktionszuständigkeit ergeben. Dabei geht es durchweg um die Frage, wer das Risiko der Unauffindbarkeit oder Insolvenz desjenigen tragen soll, der die planwidrige Vermögensverschiebung unmittelbar veranlaßt hat. Hierbei gibt es nach den gesetzlichen Regeln über den Erwerb des Eigentums an beweglichen Sachen (§§ 932-935) zunächst zwei Kriterien. Bedeutsam ist zum einen das Maß an Wahrscheinlichkeit, das angesichts der Umstände für die Sicht des Erwerbers spricht, zum anderen das Maß an Verantwortung, daß der Eigentümer selbst für diese Umstände trägt[366]. Ohne "Rechtsscheinsposition"[367] (regelmäßig: Besitz des Veräußerers) kein Erwerb vom Nichtberechtigten, trotz Rechtsscheins kein Erwerb abhandengekommener Sachen[368]. Die Frage nach der Kenntnis des Erwerbers kommt hinzu. Der "Glaube" des Erwerbers ist aber mehr als ein Abwägungskriterium. Die Frage nach seinem Wissensstand geht der Abwägung

---

362 Das Regel-Ausnahmeverhältnis betont *Westermann*, Gutglaubensschutz S.1f.

363 *Pleyer* S.8-13, hierzu S.12f.

364 *Pleyer*, a.a.O. (vorige Fn.), *Reich* S.293 (zur "Subjektbezogenheit von Marktprozessen"), *Luhmann*, Recht der Gesellschaft, S.454.

365 Vgl. *Walz* S.398ff.

366 Kritisch zum sog. Veranlassungsprinzip *Zweigert* S.11ff.

367 So die Bezeichnung bei *Westermann*, Gutglaubensschutz S.2.

368 Ausnahme: § 935 II.

vielmehr voraus. Denn die Abwägung von Erhaltungs- und Erwerbsinteressen ist ein Problem nur dann, wenn der Erwerber (zu Unrecht) glaubt, er habe es mit dem Berechtigten zu tun. Ähnlich wie im Leistungsstörungsrecht Gefahrtragungsregeln nur subsidiär, nur für den Fall greifen, daß keine Partei die Leistungsstörung zu vertreten hat, erlangen die Regeln über den Gutglaubenserwerb nur Bedeutung, wenn der Erwerber der Gefahr eines planwidrigen Transaktionsverlaufs nicht bereits kraft seiner Kenntnis begegnen kann.

Daraus wird deutlich, weshalb eine allein an objektiven Kriterien orientierte Regel, die also den Wissensstand des Erwerbers vollkommen unberücksichtigt ließe, unangemessen wäre[369]: Weil sie die kraft seines Wissens unter Umständen - und eben möglicherweise auch: trotz der objektiven Umstände – vorhandene Möglichkeit, einen planwidrigen Transaktionsverlauf zu verhindern, unberücksichtigt ließe.

Die objektive Wahrscheinlichkeit der subjektiven Wahrnehmung des Erwerbers hat Auswirkungen darauf, in welchem Umfang ihn Unkenntnis der tatsächlichen Verhältnisse entlastet. Je eher der Sachverhalt auch aus objektiver Sicht für die - gleichwohl unrichtige - Annahme des Erwerbers spricht, desto schutzwürdiger ist sein Vertrauen. Das wird vor allem deutlich im Vergleich der Regeln über den gutgläubigen Erwerb beweglicher und unbeweglicher Sachen. Soweit die Eigentumsverhältnisse mit einer gewissen Zuverlässigkeit aus dem Grundbuch ersichtlich sind, soll sich der Erwerber allein auf die Richtigkeit entsprechender Eintragungen verlassen dürfen, selbst grob fahrlässige Unkenntnis der wahren Eigentumsverhältnisse schadet nicht, § 892. Ein ähnliches Verhältnis der Abhängigkeit von subjektivem und objektivem (Rechtsscheins-)Tatbestand[370] läßt sich aber auch für die Möglichkeiten des gutgläubigen Erwerbs beweglicher Sachen beobachten. Weil insoweit grob fahrlässige Unkenntnis des Erwerbers dem Eigentumserwerb trotz vorhandenen Rechtsscheins entgegenstehen kann, hat eine Entscheidung über die Berechtigung seines Vertrauens nicht nur isoliert die Aussagekraft des Rechtsscheinssachverhalts zu berücksichtigen, sondern darüber hinaus sämtliche sonstigen Umstände, die für oder gegen die Berechtigung des Veräußerers sprechen. Das kann zur Folge haben, daß der Erwerber trotz seiner Unkenntnis und trotz Besitzes des Veräußerers kein Eigentum erlangt, wenn die übrigen Umstände gegen die Berechtigung des Veräußerers sprechen. Typisches Beispiel ist der Erwerb eines gebrauchten PKW ohne Vorlage und Überlassung des KfZ-Briefes[371].

---

[369] Auch an den in § 935 II genannten Gegenständen findet bei bösem Glauben des Erwerbers kein Erwerb vom Nichtberechtigten statt, vgl. Palandt-*Bassenge*, § 935 Rz. 5.

[370] Vgl. *Wiegand* S.201ff., 206ff.

[371] Vgl. Palandt-*Bassenge*, § 932 Rz. 13 m.w.N.

4. Ausübung und gerichtliche Durchsetzung von Rechten

a) Ausübung von (Gestaltungs-)Rechten

Die Anfechtung einer Willenserklärung wegen Irrtums muß, wenn der Anfechtungsberechtigte Kenntnis vom wahren Sachverhalt erlangt, "unverzüglich" erfolgen, andernfalls gilt eine 30-jährige Anfechtungsfrist, beginnend mit der Abgabe der Willenserklärung, § 121. Eine ähnliche Regel gilt für die Anfechtung wegen arglistiger Täuschung; dem Anfechtungsberechtigten bleibt ab dem Zeitpunkt der Entdeckung der Täuschung eine Jahresfrist, deren Lauf allerdings gemäß §§ 203 II, 206, 207 gehemmt sein kann. 30 Jahre nach Abgabe der Willenserklärung ist auch hier deren Anfechtung ausgeschlossen, § 124. Auch darüber hinaus beginnt mit der Kenntnis desjenigen Umstandes, der jemandem ein Gestaltungsrecht gibt, regelmäßig eine Frist, binnen derer das Gestaltungsrecht ausgeübt werden muß[372].

Das hier zu lösende Problem besteht in einer Abwägung der Interessen des Berechtigten an der Ausübung seines Rechts mit den Interessen des Gegners daran, über das Ob und den Zeitpunkt der Ausübung, an der er nichts ändern kann, nicht im Ungewissen zu bleiben. Die Interessen des Berechtigten schützt das Gesetz dadurch, daß es den Lauf einer kurzen Frist an seine Kenntnis (fahrlässige Unkenntnis reicht regelmäßig nicht aus) knüpft. In diesem Rahmen ist gelegentlich fraglich, was genau der Berechtigte wissen muß, damit der Lauf der Frist in Gang gesetzt wird; am dringendsten stellt sich diese Frage bei der 2-Wochen-Frist des § 626 II, deren Kürze allerdings dadurch gerechtfertigt ist, daß auf der Gegenseite regelmäßig existentielle Interessen, nämlich der Bestand des Arbeitsplatzes, auf dem Spiel stehen[373]. Zwar wäre es für den Gegner eine schwer erträgliche Unsicherheit, den Fristlauf von Umständen abhängig zu machen, die aus der Sicht des Gegners vom Zufall abhängen, nämlich davon, daß der Berechtigte von bestimmten Umständen positive Kenntnis erlangt. Das ist aber dann nicht so, wenn er es, was regelmäßig der Fall sein wird, in der Hand hat, den Berechtigten über die Umstände zu informieren, die dessen Gestaltungsrecht tragen, und damit den Lauf der zu seinen Gunsten kurzen Frist in Gang zu setzen.

---

372 Vgl. die Beispiele oben II. 4.

373 Ähnliche Probleme wirft § 48 IV VwVfG auf, wonach die Rücknahme eines rechtswidrigen begünstigenden Verwaltungsaktes binnen Jahresfrist zu erfolgen hat, vgl. *Pieroth* und *Schoch* (s. Literaturverzeichnis).

b) Verjährung

Wenn man sich vergegenwärtigt, daß die Verjährung die Chance der gerichtlichen Durchsetzung eines Rechtes allein wegen Zeitablaufs ausschließt, erscheint es zwar gerechtfertigt, den Anspruchsinhaber vor einem derartigen Verlust insoweit zu schützen, als ihm vor Ablauf der Frist die Gelegenheit gegeben werden muß, seinen Anspruch geltend zu machen oder den Lauf der Verjährung auf andere Art und Weise zu hemmen[374]. Wollte man allein dieses Interesse schützen, böte sich also das Kriterium der "Kenntnis" vom Inhalt des Anspruchs und vom Anspruchsgegner durchaus an. Es bringt aber dort, wo Berechenbarkeit im wörtlichen Sinn gefragt ist[375], ein Moment der Unberechenbarkeit hinein, weil Kenntnis schwer festzustellen und zu beweisen ist. Im Verjährungsrecht des BGB ist der Beginn des Fristlaufs ab Kenntnis eine Ausnahme[376], und selbst der praktisch wohl wichtigste Fall des § 852 läßt ja die bei Unkenntnis des Geschädigten laufende Regelfrist unberührt. Von einer Ausnahme kann man in diesem Zusammenhang allerdings nicht im Hinblick auf die praktische Bedeutung der Kenntnis für den Verjährungsbeginn sprechen, sondern im Hinblick auf die gesetzliche Systematik einerseits, auf den das Verjährungsrecht tragenden Grundsatz der formalen, wörtlich zu nehmenden Berechenbarkeit des Verjährungseintritts andererseits, der objektive Anknüpfungskriterien verlangt. Regelmäßig beginnt die Verjährung des Anspruchs in dem Augenblick, in welchem er entsteht (§ 198)[377], die Verjährung der wichtigsten vertraglichen Zahlungsansprüche beginnt zum Ende des Jahres, in das die Entstehung des Anspruchs fällt (§§ 196, 197, 201), die Gewährleistungsansprüche aus Kauf- und Werkvertrag verjähren ab dem Zeitpunkt der Ablieferung resp. Übergabe der Sache bzw. ab Abnahme des Werkes, §§ 477, 638 I. Die Anknüpfung an objektive, allen Beteiligten gleichermaßen ersichtliche Umstände stellt regelmäßig sicher, daß auf der einen Seite der Gegner wissen kann, bis zu welchem Zeitpunkt er mit Ansprüchen rechnen muß, und daß auf der anderen Seite der Anspruchsinhaber wissen kann, wann er beginnen sollte, sich über seine Rechte und deren Ausübung Gedanken zu machen, und wie viel Zeit ihm hierfür bleibt. Gerichte und Rechtsberater schließlich müssen im Idealfall nur rechnen.

---

374 *Peters*, S.121, unter I.

375 Vgl. AK-*Kohl*, vor § 194 Rz. 12f.

376 Vgl. den Überblick bei MK-*von Feldmann*, oben Fn. 287; den Ausnahmecharakter betonen bereits die Motive S. 743, bei *Mugdan* Bd. II S.414f., außerdem Palandt-*Heinrichs*, § 198 Rz. 2 und 14, *Enneccerus/Kipp/Wolff*, AT 7. Bearb. § 213 Ziff. 4, S.598.

377 - und klagweise geltend gemacht werden kann, d.h. fällig ist, vgl. Palandt-*Heinrichs*, § 198 Rz. 1.

Die im Gewährleistungsrecht des Kauf- und Werkvertrages am deutlichsten erkennbare Schwierigkeit besteht andererseits darin, daß die Anknüpfung des Beginns der Verjährungsfrist an objektive Umstände - hier sind es die Ablieferung resp. Übergabe (§ 477 I) der Kaufsache oder die Abnahme des Werkes (§ 638 I) - diese Ausgewogenheit nicht zwangsläufig garantiert. Zwar sollte man meinen, daß nach Ablieferung oder Abnahme der Käufer oder Besteller, weil sie die Sache oder das Werk nunmehr in Händen halten, auch in der Lage sind, Mängel zur Kenntnis zu nehmen. Dieser Gesichtspunkt hat auch bei der Entscheidung des historischen Gesetzgebers über den Beginn der Verjährungsfrist eine Rolle gespielt[378]. Bei einer Vielzahl von Gütern kann von der Erkennbarkeit eines Fehlers im Anschluß an die endgültige Überlassung der Sache oder des Werkes aber allenfalls dann die Rede sein, wenn der Sachgläubiger über ein Fachwissen verfügt, das er typischerweise weder hat noch bei normativer Betrachtung haben müßte[379]. Umgekehrt wird man häufig annehmen können, daß er die Sachleistung gerade deshalb in Anspruch nehmen und bezahlen will, weil er selbst über das zur Erbringung der Leistung erforderliche Wissen nicht verfügt. Darüber hinaus ist die Entdeckung eines Mangels, der selbst der Sachkunde des Experten verborgen bliebe, reiner Zufall, obgleich der Mangel selbst nicht auf Zufall beruhen muß, sondern auf mangelhafte Produktion, Bearbeitung etc. zurückzuführen sein kann. Einer nicht auf Kenntnis (des Mangels), sondern auf die Erlangung der tatsächlichen Verfügungsgewalt abstellenden Verjährungsegel käme daher, wenn nicht über das Institut der positiven Forderungsverletzung oder - insbesondere bei Eigentumsverletzungen - nach Deliktsrecht gelegentlich ein Ausgleich möglich wäre[380], in solchen Fällen durchweg die Funktion zu, das Risiko, daß sich ein Fehler erst nach Ablauf der kurzen Verjährungsfristen zeigt, dem Käufer bzw. Besteller auch dann zuzuweisen[381], wenn er den Fehler beim besten Willen vorher nicht entdecken kann[382]. Hiergegen läßt sich prinzipiell einwenden, daß es nicht unproblematisch ist, materielle Haftungsprobleme vom Verjährungsrecht her zu lösen, weil Verjährungsregeln die Frage entscheiden sollen, ob

---

378 Vgl. die Protokolle S.1407f. im Hinblick auf die beantragte Änderung des Wortlautes des Entwurfs (Ablieferung statt Übergabe bei beweglichen Sachen): Es empfehle sich, "den Beginn der Verjährung an einen Zeitpunkt [nämlich die Ablieferung] zu knüpfen, in welchem dem Käufer die Möglichkeit gegeben sei, thatsächlich über die Sache zu verfügen, sie zu untersuchen und etwaige Mängel zu entdecken."; siehe aber auch unten Fn. 382.

379 AK-*Kohl*, § 198 Rz. 5f., *Esser-Weyers*, SRBT § 5 III 4. a) und § 6 IV.

380 Vgl. *Esser-Weyers*, SRBT § 5 III 4. a) und § 6.

381 *Medicus*, SRBT § 74 III 4. b).

382 Das entspricht allerdings der Absicht des historischen Gesetzgebers, vgl. die Motive S.239, bei Mugdan II S. 132, entsprechende Erwägungen finden sich zum Werkvertrag (bei Mugdan S.271f.).

überhaupt in eine Sachprüfung eingestiegen werden muß[383]. Andererseits ist dieser Weg dann unvermeidlich, wenn diese Probleme sich gerade in der zeitlichen Dimension stellen. Verjährungsregeln entscheiden dann zwangsläufig - im Kaufrecht beispielsweise im Verbund mit §§ 463 S.2, 477 I S.1 und S.2 - darüber, wer das Risiko eines erst lange Zeit nach Vertragserfüllung auftretenden Mangels oder eines hieraus resultierenden Schadens tragen soll, und die Frage ist nur, unter welchen Voraussetzungen dieses Risiko der mutmaßliche Sachgläubiger tragen soll. Die in §§ 477, 638 für den geschilderten Problemfall vorgenommene Risikozuweisung entspricht aber im Grunde genommen selbst dann nicht dem Sinn der Verjährungsvorschriften des Gewährleistungsrechts, wenn man sich an deren Wortlaut (§§ 477, 638 I) hält. Denn diese lassen durch die Anknüpfung an Umstände, die unter anderen als den heutigen Bedingungen jedenfalls in der überwiegenden Mehrzahl der Fälle die Erkennbarkeit des Fehlers ermöglichten[384], deutlich werden, daß die Sachschuldner vor allem vor der Nachlässigkeit[385] ihrer Gläubiger bei der ihnen prinzipiell zumutbaren Verfolgung eigener Interessen in Schutz genommen werden sollten[386]. Diese Annahme wird noch dadurch bestärkt, daß der historische Gesetzgeber für Kauf- und Werkvertrag ein "dringendes Bedürfnis" gesehen hat, wegen der "häufigen Fälle(n), in welchen besonders eine rechtzeitige Prüfung der Sache nicht möglich ist", die rechtsgeschäftliche Verlängerung der Verjährungsfristen zuzulassen[387]. Vor diesem Hintergrund läßt sich argumentieren, daß der, der eine Sache entgegennimmt, ohne eine solche Garantieabrede zu treffen, das in seinem Interesse Gebotene unterläßt und deshalb das Risiko eines nach Fristablauf in Erscheinung tretenden Mangels nicht zu unrecht trägt. Nur setzt diese Wertung voraus, daß er die zur Wahrung seiner Interessen notwendige Verhandlungsmacht auch tatsächlich hat, und das ist heutzutage im Massengeschäft der Konsumgüter regelmäßig nicht der Fall.

Bei eindeutigem Wortlaut läßt also die Wahl der Anknüpfungspunkte einen Regelungsgehalt erkennen, der unter veränderten Bedingungen durch ein Festhalten am Wortlaut nicht unbedingt verwirklicht werden kann. Weil diese Veränderung der tatsächlichen Verhältnisse die gesetzliche Problemlösung zweifelhaft erscheinen läßt, drängt sich die Frage auf, ob es nicht angemessener ist, den Lauf der kurzen Verjährungsfristen auch in diesen Fällen - ähnlich der für de-

---

383 Vgl. AK-*Kohl*, vor § 194 Rz. 11.

384 - so, wie unter anderen als den heutigen Verhältnissen der Besitz ein zuverlässiges Indiz für das Eigentum des Besitzers gewesen sein mag.

385 Das Institut der Verjährung sei nicht dazu da, wohlbegründete Ansprüche des Gläubigers zu gefährden, es finde seine Rechtfertigung vielmehr in dessen Saumseligkeit, heißt es in RGZ 39,216 (S.219). Vgl. aber auch die Erwägungen in den Motiven, a.a.O. (Fn. 382).

386 Vgl. *Medicus*, a.a.O. (Fn. 381).

387 §§ 477 III, 638 II BGB, vgl. die Motive S.240f. , 488 (Mugdan S.133, 272).

liktische Ansprüche geltenden Regel - davon abhängig zu machen, daß der Gewährleistungsberechtigte vom Mangel Kenntnis hat oder fahrlässig nicht hat[388].

Weil es Fälle gibt, in welchen die kenntnisunabhängige gewährleistungsrechtliche Verjährungsfrist deshalb unangemessen ist, weil der Sachgläubiger weder deren Verlängerung aushandeln, noch vor deren Ablauf eine gerichtliche Entscheidung über die Begründetheit seines Anspruchs herbeiführen kann, stünde eine solche Regel im Dienst einer gerechteren, nämlich die Interessen des Gläubigers angemessen berücksichtigenden Beurteilung des Einzelfalles. Andererseits ist eine nach Fallgruppen statt nach Ansprüchen unterscheidende Verjährungsregel deshalb problematisch, weil es - zumal im Leistungsstörungsrecht - zu viele verschiedene Fallgruppen gibt. Für eine Vielzahl von Fällen ist die ab Ablieferung bzw. Abnahme laufende Verjährungsfrist zweifellos trotz ihrer Kürze auch im Hinblick auf die Interessen des Sachschuldners angemessen, weil er ab diesem Zeitpunkt eine faire Chance hat, auf einen etwaigen Mangel aufmerksam zu werden. Und wie soll etwa der Verkäufer beweisen, daß und ab wann der Käufer vom Mangel einer Sache Kenntnis hatte, wenn diese sich längst in dessen Besitz befindet[389]? Schließlich würde die Anknüpfung des Verjährungsbeginns an den Kenntnisstand des Gläubigers auch das Leistungsstörungsrecht mit der Frage belasten, welche Umstände ihm bekannt sein müssen, um "Kenntnis" annehmen zu können. Deshalb wären weitergehende Differenzierungen zum Tatbestand des Verjährungsbeginns notwendig[390], was dem Sinn des Verjährungsrechts in der Tendenz zuwiderliefe. Denn hier sind Einheitlichkeit und Berechenbarkeit wichtiger ist als jene Differenziertheit und Flexibilität, die bei der Ausgestaltung der einzelnen Anspruchsgrundlagen ihren Sinn hat. Andererseits wiederum läßt sich kaum leugnen, daß die durch einen anspruchseinheitlichen und auf objektive Umstände abstellenden Verjährungsbeginn theoretisch erreichbare Berechenbarkeit eben gleichwohl nicht erreichbar ist, wenn die materielle Ungerechtigkeit dieser Regel in bestimmten Fällen zum Rückgriff auf andere Anspruchsgrundlagen zwingt[391]. Die Gewißheit, daß gewährleistungsrechtliche Ansprüche ab einem bestimmbaren Zeitpunkt binnen berechenbarer Frist verjähren, wird durch die Ungewißheit darüber nutzlos, welche Ansprüche sich

---

[388] AK-*Kohl*, § 198 Rz. 5a und 7, *Littbarski* S.2331ff., *Medicus*, a.a.O. (Fn. 381), ebenso *Peters/Zimmermann* S.305f.

[389] Nicht wesentlich anders stellten sich die Problem dar, wenn man die Unkenntnis als Hemmungsgrund gestaltete (so der Vorschlag von *Peters/Zimmermann* S.306).

[390] Z.B. anhand des Kriteriums der fahrlässigen Unkenntnis, vgl. *Peters/Zimmermann*, a.a.O. (Fn. 388), S.306.

[391] Zur Kritik hieran vgl. nur *Esser-Weyers*, SRBT § 6 IV.1 u.ö., *Littbarski* S.2331ff., und den Überblick zum Stand der Schuldrechtsreform bei *Rolland* S.2382f.

aus einem Leistungsstörungsfall herleiten lassen[392], an Rechtssicherheit ist im Ergebnis nichts gewonnen.

Die Frage des angemessenen Umgangs mit diesen Problemen betrifft die Grundlagen nicht nur des Verjährungsrechts, sondern eben auch des Leistungsstörungsrechts insbesamt. Eine angemessene Behandlung dieser Probleme würde vom Thema der Arbeit wegführen, weshalb sie hier unterbleiben soll. Zu klären bleibt lediglich, welche Wertungen damit einhergehen, daß der Lauf der bzw. einer Verjährungsfrist davon abhängig gemacht wird, daß der mutmaßliche Gläubiger von den anspruchsbegründenden Tatsachen Kenntnis hat. Wenn die zuvor genannten Einwände gegen eine Anknüpfung des Verjährungsbeginns an die Erlangung der Kenntnis bestimmter Umstände zutreffen (vor allem: Unberechenbarkeit, Beweisschwierigkeiten), stellt sich die Frage, weshalb der Gesetzgeber diese Option im Anwendungsbereich des § 852 - und nicht nur dort - gleichwohl ausgeübt und die hieraus entstehende Ungewißheit zu Lasten des Schädigers lediglich dadurch relativiert hat, daß er subsidiär - bei Unkenntnis auf Seiten des Anspruchsinhabers - an der 30-jährigen Frist festhielt. Allein unter dem Gesichtspunkt des Rechtsfriedens[393] wäre eine generelle dreijährige Verjährungsfrist für deliktische Ansprüche kaum zu rechtfertigen, weil angesichts der möglichen Komplikationen eines Schadensfalles eine solche Befriedung häufig zu früh erfolgte. Ein stärkeres Argument für kurze Fristen ist die durch Zeitablauf dem mutmaßlichen Schädiger drohende Beweisnot[394], insbesondere wenn man berücksichtigt, daß vor allem im Recht der Gefährdungshaftung[395], aber auch in weiten Teilen des geltenden Deliktsrechts dem Schädiger nicht unerhebliche Darlegungs- und Beweislasten auferlegt sind[396]. Dagegen steht wiederum, daß drei Jahre zu wenig sein können, wenn der Geschädigte einen rechtlich und tatsächlich komplizierten Sachverhalt aufzuklären hat oder der Schaden erst lange Zeit nach der schädigenden Handlung hervortritt. Von vornherein anders sieht es hingegen - ganz unabhängig von der Kompliziertheit des Falles - aus, wenn der Anspruchsberechtigte weiß, daß ihm ein Schaden entstanden ist und gegen wen ihm ein Schadensersatzanspruch zustehen kann. In diesem Fall ist eine deutlich kürzere als die reguläre Verjährungsfrist gerechtfertigt. Problematisch ist hier nicht der Grundgedanke, daß dem Wissenden größere Eile bei der Wahrnehmung der

---

392 AK-*Kohl*, § 198 Rz. 5a f.

393 Vgl. nur *Larenz/Wolf*, § 17 Rz. 3.

394 *Peters*, S.121. Allgemein zu den Zwecke der Verjährung AK-*Kohl*, vo § 194 Rz. 11, *Larenz/Wolf*, a.a.O. (vorige Fn.).

395 § 852 gilt für die meisten außervertraglichen Schadensersatzansprüche, vgl. die Nachweise bei *Esser-Weyers*, SRBT, § 61 IV.

396 Zur Produkthaftung vgl. *Esser-Weyers*, SRBT, § 55 V 3. d), s. außerdem *Peters* S.121. unter I.

eigenen Interessen abverlangt werden kann als dem Unwissenden, sondern die Frage, was jemand wissen muß, damit man davon sprechen kann, er habe "Kenntnis" i.S.d. § 852 I[397].

Daraus ergeben sich Konsequenzen für die Frage, unter welchen Voraussetzungen es sinnvoll ist, für den Verjährungsbeginn darauf abzustellen, daß der Anspruchsinhaber den anspruchsbegründenden Sachverhalt kennt, und welchen Sinn eine derartige Regel hat. Auf die Kenntnis des Gläubigers abzustellen ist zur Korrektur derjenigen Nachteile, die eine lange Frist - etwa die 30-Jahres-Frist des § 195 - für den Schuldner mit sich bringt, dann sinnvoll, wenn es zu dieser Regelfrist deshalb keine an objektive Kriterien anknüpfende kürzere Alternativfrist gibt, weil der Anspruchssachverhalt keinerlei Umstände enthält, aus denen sich für die Beteiligten eindeutig ergibt, daß einer dem anderen möglicherweise etwas schuldet. Das ist etwa dann der Fall, wenn Anspruchsinhaber und -gegner in einem rechtlichen Verhältnis zueinander stehen, das irgendeinen sozialen Kontakt zwischen ihnen nicht voraussetzt, also bei den meisten außervertraglichen Schadensersatzansprüchen[398], außerdem beim Widerrufs- und Unterlassungsanspruch der nach § 13 II AGBG berechtigten Verbände. Eine weitere Fallgruppe betrifft gerade Ansprüche aus sozialen Bindungen, die keinen primären vermögensrechtlichen Inhalt haben, so daß die Beteiligten ebenfalls nicht aus einem bestimmten und *ex ante* - per Gesetz - exakt bestimmbaren Anlaß heraus auf den Gedanken kommen müssen, daß der eine dem anderen von nun an etwas schuldig sein könnte. Hierunter fallen der Pflichtteilsanspruch (§ 2332) und der Ausgleichsanspruch nach Beendigung der Zugewinngemeinschaft, § 1378 IV.

Auch im Verjährungsrecht wird nach all dem, was die Funktion des Kenntnis-Tatbestandes angeht, ein Regel-Ausnahme-Schema deutlich. Weil das Verjährungsargument die Durchsetzung eines möglicherweise gegebenen Anspruch verhindert, ohne daß seine Berechtigung geprüft würde, und weil jeder, der glaubt, von einem anderen eine Leistung beanspruchen zu können, ungeachtet der Unterschiedlichkeit der den Anspruch jeweils tragenden Sachverhalte dieselbe "faire Chance" haben soll, eine Entscheidung über seinen Anspruch herbeizuführen, muß sich die Verjährungsfrist dort, wo eine bestimmte objektive Anknüpfung aus den zuvor genannten Gründen nicht in Betracht kommt, eher am oberen Rand derjenigen Zeitspanne orientieren, innerhalb derer - unter Berücksichtigung der Besonderheiten des jeweiligen Rechtsgebietes - noch von einer solchen Chance gesprochen werden kann. Was aus solchen

---

397 Vgl. MK-*Stein*, § 852 Rz. 20f. (bez. des Schadens), *Peters*, a.a.O. (vorige Fn.).

398 Neben § 852 I, auf den u.a. § 14 StVG und § 11 HPflG verweisen, etwa § 12 I ProdHaftG, § 21 UWG, §§ 2 IV RabattG und 14 DVORabattG, § 20 I MarkenG, § 141 PatG.

Erwägungen heraus bei einer notwendig stark generalisierenden Betrachtung typischerweise angemessen erscheint, kann mit Rücksicht auf die Interessen des mutmaßlichen Schuldners ausnahmsweise unangemessen sein, wenn der vermeintliche Gläubiger weiß, daß und von wem er etwas beanspruchen zu können glaubt.

IV. Ergebnis

1. Charakteristische Gemeinsamkeiten der auf "Kenntnis" abstellenden Tatbestände

Der vorstehende Überblick hat gezeigt, daß das gesamte Vermögensrecht von seinen Grundpfeilern Eigentum-Vertrag-Delikt her mit Wissens-Elementen gleichsam infiziert ist.

Das gilt zunächst für die subjektive Zurechnung rechtsgeschäftlichen oder rechtswidrigen Handelns. Beim vertraglichen Güteraustausch kommt das Wissen ebenso an systematisch zentraler Stelle ins Spiel wie im vertraglichen und außervertraglichen Haftungsrecht. Das ist nicht nur Konsequenz eines "Willensdogmas", sondern häufig ein Gebot materieller Vertragsgerechtigkeit, was insbesondere die Verteilung der Verantwortung für Leistungsmängel im engeren Sinne anhand des beiderseitigen Kenntnisstandes bezüglich des Mangels zeigt. Andererseits sind gerade das Vertrags- und Deliktsrecht von vornherein offen für "Objektivierungen", also für den Einbau von Wertungskriterien, die den individuellen Wissensstand der Beteiligten vernachlässigen bzw. bewußt außer Acht lassen.

Auch innerhalb derjenigen Regeln, die auf die Korrektur planwidriger Vermögenslagen gerichtet sind, spielt einerseits die Kenntnis der Planwidrigkeit eine wichtige Rolle, solange andererseits der Berechtigte den anderen nicht auf gerichtlichem Wege – typischerweise auf Herausgabe - in Anspruch genommen hat. Ab Rechtshängigkeit kommt es auf Kenntnis nicht an.

Ein ähnliches Bild zeigt sich, was das Nebeneinander von in diesem Sinne subjektiven und objektiven Kriterien angeht, bei einer zweiten Gruppe von Regeln, die, auf einen gemeinsamen Nenner gebracht, mit Zuständigkeitsproblemen in Dreiecksverhältnissen zu tun haben. Hier ist die Domäne des "guten Glaubens" i.w.S.: an die Rechtsinhaberschaft, die Vollmacht oder die Eigenschaft eines anderen, Gläubiger einer Leistung zu sein[399]. Aber auch hier gibt das Gesetz dem Dritten nicht immer und in jeder Hinsicht die Möglichkeit, mit Erfolg vorzutragen, er habe etwas Bestimmtes weder gewußt noch wissen müssen. Abhandengekommene Sachen erwirbt auch ein vollständig Gutgläubiger nicht. Wer vorgibt, gesetzlicher Vertreter eines Minderjährigen zu sein, kann auch dann nicht wirksam für diesen handeln, wenn sein Gegenüber allen Anlaß hat, an eine Vertretungsmacht zu glauben. Wer mit einem Minderjährigen kontrahiert, kann diesen zwar - regelmäßig[400] - nicht aus eigener Kraft verpflichten, sich jedoch unter Umständen (§ 109) immerhin von dem Geschäft zurückziehen.

Schließlich bleibt als letzte für die Bedeutung der Kenntnis typische Fallgruppe diejenige, bei der die Geltendmachung eines Rechtes im Falle der Kenntnis bestimmter Umstände entweder von vornherein entfällt oder alsbald geschehen muß, wenn die Ausübung oder gerichtliche Durchsetzung des Rechtes Erfolg haben soll.

Die Frage nach charakteristischen Gemeinsamkeiten, deren Beantwortung Aufschluß über die Bedeutung des in all diesen Fallgruppen verwendeten Kenntniskriteriums geben soll, muß aus relativ abstraktem Blickwinkel angegangen werden. All diese Regeln verbindet, daß sie - zum Teil, in bestimmter Hinsicht und unter bestimmten Voraussetzungen - auf den Wissensstand der Beteiligten abstellen. Ein sinnvoller Vergleichsgesichtspunkt ergibt sich, wenn man fragt, was dies für die Beteiligten eines Rechtsverhältnisses bedeutet. Dabei stößt man auf das Problem der *Ungewißheit*, mit der wirtschaftliches Handeln zwangsläufig verbunden ist[401]. Man kann nicht alle Umstände berücksichtigen, die im eigenen Interesse und gar im Interesse anderer liegen. Wenn es auf jemandes Kenntnisstand ankommt, kann er seine Unkenntnis geltend machen, und ihm werden die Risiken wirtschaftlichen Handelns unter Ungewißheitsbedingungen abgenommen. Insoweit besteht kein Unterschied hinsichtlich der Ungewißheit über den Gegenstand einer Willenserklärung oder der "Schadensgeneigtheit" des eigenen Verhaltens, über den Verlauf einer Leistungsbeziehung, über Handlungszuständigkeiten und deren Binnenorganisation, über die Rechtmäßigkeit von Vermögenslagen und die Möglichkeit, Rechte auszuüben und gerichtlich geltend zu machen.

Bemerkenswert ist nun, daß das all diesen Konstellationen gemeinsame Ungewißheitsproblem, soweit es anhand des Kenntnis-Tatbestandes angegangen wird, in einer Art und Weise gelöst wird, die ihrerseits Ungewißheit in Kauf

---

399 Dieser Fallgruppe gilt die Untersuchung von *Ramdohr* mit dem Titel "Das Rechtsprinzip zum Schutze mangelhafter menschlicher Erkenntnißfähigkeit im B.G.B."

400 Ausnahmen: §§ 110, 112, 113 BGB.

401 *Ramdohr* (Fn. 399), allerdings beschränkt auf Rechtsscheinstatbestände.

nimmt, nämlich Ungewißheit zu Lasten des anderen Teils. Die Entscheidung über Fragen, die elementare Vermögensinteressen berühren können, hängt in diesem Falle nicht davon ab, daß jemand eine Leistung verspricht oder einen Schaden verursacht, eine Sache in Besitz hat, eine bestimmte Rolle oder eine auf andere Weise auf den Güterverkehr bezogene Funktion wahrnimmt, also etwa als Vertragspartner (Gläubiger oder Schuldner, Käufer oder Verkäufer), Erwerber oder Veräußerer in Erscheinung tritt[402]. Sie hängt vielmehr - innerhalb dieses "objektiven" Rahmens - von "subjektiven" Umständen ab, von Umständen also, die sich von Person zu Person unterscheiden, die vergänglich und kaum vorhersehbar sind und sich überdies schwer beweisen lassen. Der Preis, zu dem der eine vor den Risiken des Handelns unter Ungewißheitsbedingungen in Schutz genommen wird, ist die Ungewißheit des anderen darüber, ob der andere im Ungewissen ist oder nicht, ob er also in Schutz genommen zu werden verdient oder nicht.

Diese dem anderen Teil zugemutete Ungewißheit ist aber durchweg nichts weiter als das Korrelat eines ihm eingeräumten individuellen Handlungsspielraums, der in unmittelbarer Beziehung zu der Ungewißheit des Gegners steht. Das läßt sich zunächst im Blick auf prominente subjektive Tatbestände zeigen, nämlich im Blick auf den Irrtum als Anfechtungsvoraussetzung, auf die (übrigen) Kenntniselemente des Verschuldens wie für die Gutglaubensfälle im weiteren Sinne. Man muß sich beim Abschluß eines Vertrages oder im Rahmen eines kündbaren Schuldverhältnisses nicht um diejenigen Umstände kümmern, die für den zukünftigen oder bisherigen Vertragspartner von Bedeutung sind. Im Gegenzug muß man aber damit rechnen, daß der andere Teil seine auf den Vertrag oder dessen Kündigung gerichtete Willenserklärung anfechten darf, weil er sich eben hinsichtlich dieser Umstände in einem Irrtum befindet. Man kann eine bestimmte Person zu einer bestimmten Leistung verpflichten, ohne sich um die Erbringbarkeit der Leistung kümmern zu müssen, muß aber damit rechnen, daß deren Leistungspflicht mangels eines Verschuldens ersatzlos entfällt. Man darf als Eigentümer mit seinen Sachen nach Belieben verfahren und sie dem schadensgeneigten Verkehr in vielfältiger Weise aussetzen, muß aber damit rechnen, daß ein anderer sich der schädigenden Auswirkungen seines Verhaltens nicht bewußt ist oder einen Dritten für den Eigentümer hält, der die Sache gutgläubig erwirbt, letzteres zumal dann, wenn man die Sache dem Dritten überlassen hat.

Die Beispiele zeigen, gerade weil sie ganz unterschiedliche Regelungsbereiche unmittelbar nebeneinander stellen, bis zu welchem Grad die durch eine Be-

---

402 Hier kann man fragen: oder als "Organisation"? - Vgl. allgemein zu einem "Sonderprivatrecht für Versicherungen und andere Organisationen" *Röhl*, FS- Stiefel S.574ff. ; zu einer "Jurisprudenz der Organisation" *ders.*, Organisation S.266ff.

rücksichtigung der subjektiven Perspektive des einen dem anderen zugemutete Ungewißheit diesem tatsächlich zumutbar ist. Sie ist es insbesondere im außervertraglichen Haftungsrecht nur sehr begrenzt, weil die Probleme des Schadensausgleichs auf der Ebene konkret-subjektiver Schadensvermeidungsmöglichkeiten nicht sozial angemessen gelöst werden können. Und tatsächlich kommt es hier, soweit nicht ohnehin eine Gefährdungshaftung besteht, selten wirklich auf die Kenntnis bestimmter Umstände an, sondern lediglich auf ein nicht persönlich gemeintes, vielmehr bereichsspezifisch generalisiertes Kennen-Müssen und auf generalisierte Vorhersehbarkeit, mithin auf objektive Umstände. Ähnliches gilt für Verschulden in Vertragsverhältnissen und bereits für die Relevanz des Irrtums bei Vertragsschluß, soweit etwa die rückwirkende Anfechtung in Vollzug gesetzter Dauerschuldverhältnisse (insbesondere Arbeit, Gesellschaft) ausgeschlossen ist, weil die Ungewißheit über den Bestand dieser Schuldverhältnisse dem Anfechtungsgegner und etwa betroffenen Dritten nicht zugemutet werden kann.

Durchaus anders stellt sich die Lage aber im Gewährleistungsrecht, vor allem bezüglich der Mangelkenntnis, und im Blick auf diejenigen Fallgruppen dar, in welchen der gute Glaube an bestimmte Zuständigkeiten ausschlaggebend ist: an die Rechtsinhaberschaft, die Vertretungsmacht, die Gläubigerstellung etc. Wer die Rahmenbedingungen eines Schuldverhältnisses aktiv verändert, ohne den Schuldner hiervon in Kenntnis zu setzen, muß für eine bestimmte Zeit mit der Ungewißheit darüber leben, ob und in wieweit die alten oder die neuen Bedingungen gelten. Dasselbe gilt für den, der andere für sich handeln läßt und die Zuständigkeitsordnung verändert. Wer ganz unauffindbar ist, muß unter Umständen bei der Hinterlegungsstelle um den Gegenstand der ihm geschuldeten Leistung nachsuchen (§ 372 S.2). Ungewißheit ist aber auch dem zumutbar, der in seinem eigenen Interesse - etwa als Minderjähriger - vor rechtlichen Nachteilen geschützt ist. Er muß damit rechnen, daß der Geschäftspartner sein an sich bindendes Versprechen widerruft. Wer schließlich als Käufer den Kaufgegenstand nicht auf Fehler untersucht und obendrein einen Haftungsausschluß vereinbart, muß damit rechnen, daß er - falls nämlich der Verkäufer den Mangel nicht arglistig verschwiegen hat - auf der fehlerhaften Sache sitzen bleibt.

Und auch in den beiden verbleibenden Fallgruppen, bei der Haftung des planwidrig Habenden für den Fall der Unmöglichkeit der Herausgabe und beim Ausschluß oder der zeitlichen Beschränkung der Möglichkeit, Rechte und Ansprüche auszuüben bzw. geltend zu machen, entspricht der Schutz des Unwissenden zu Lasten der Ungewißheit seines Gegenüber unmittelbar der Gewähr diesem eingeräumter Handlungsspielräume. Der rechtsgrundlos Bereicherte und der Eigenbesitzer ohne Besitzrecht dürfen auf den Bestand ihrer immerhin nicht durch eigenes rechtswidriges Handeln - sondern gelegentlich sogar durch den Berechtigten selbst - erlangten Position vorbehaltlich besseren Wissens jedenfalls bis zur Rechtshängigkeit eines Herausgabeanspruchs vertrauen. Wer sich darüber informieren kann, daß deliktische Ansprüche in 30 Jahren verjähren, falls der Geschädigte nicht lange vorher Kenntnis der anspruchsbegründenden Tatsachen hat, verdient hinsichtlich der ihn belastenden Ungewißheit über den Verjährungseintritt weniger Schutz als der Geschädigte, der diese Tatsachen nicht kennt.

Das Tatbestandsmerkmal der Kenntnis bezeichnet demnach einen Bereich, innerhalb dessen es angemessen und sozial verträglich erscheint, jemandem die Ungewißheit zuzumuten, die sich daraus ergibt, daß seine rechtliche Stellung vom Kenntnisstand eines anderen und damit von dessen konkret-individuellen Handlungsmöglichkeiten abhängt. Zumutbar erscheint dies gegenüber jemandem, dessen Verhalten mit der Ungewißheit eines anderen auf unterschiedliche Art und Weise in Beziehung steht, sei es, daß er die Situation, über die sich für den anderen Ungewißheit ergeben kann, selbst geschaffen hat, daß er den anderen aufklären kann, weil er die maßgeblichen Umstände selbst kennt oder daß er auf andere Art und Weise aus eigener Kraft den Fall vermeiden kann, in dem es auf des anderen Kenntnisstand ankommt. Jenseits dieses durch die Erheblichkeit der Kenntnis umrissenen Bereichs wird anhand objektiver Kriterien entschieden, die es eben nicht gestatten, sich auf die Unkenntnis bestimmter Umstände herauszureden. Weil aber über Bestand und Inhalt einzelner Rechtsverhältnisse niemals allein im Blick auf den Kenntnisstand der an ihm Beteiligten zu entschieden ist, sondern immer innerhalb eines anhand objektiver Kriterien zu ziehenden Rahmens, der die Kenntnis erst als Kenntnis des Käufers, Erwerbers etc. erheblich werden läßt, setzt die Berücksichtigung des Kenntnisstandes durchweg eine anhand objektiver Kriterien vorzunehmende Beurteilung des Interessenkonfliktes voraus, die zu Lasten dessen geht, dem dann eben nur noch die Kenntnis oder (grob) fahrlässige Unkenntnis des anderen helfen kann.

2. Das Subjektive der "Kenntnis" und des "Kennenmüssens"

a) Kenntnis

Im Anschluß an diese Auseinandersetzung mit der Bedeutung des Kenntnis-Tatbestandes soll nunmehr eine Antwort auf die Frage versucht werden, welche Funktion diesem Tatbestand zukommt. Abgesehen davon, daß aus dem Bereich subjektiver Tatbestandsmerkmale diejenigen nicht zu behandeln waren, die über die Kenntnis bestimmter Umstände hinaus eine bestimmte Absicht oder Gesinnung voraussetzen, ist zuerst zu klären, was eigentlich subjektive von objektiven Tatbestandsmerkmalen unterscheidet und inwiefern "Kenntnis" und "Kennenmüssen" subjektive Tatbestandsmerkmale darstellen.

Zu weitgehend wäre es, die Subjektivität allein im Verweis auf persönliche Eigenschaften einer Person zu sehen. Denn auch die Befähigung und das Recht, etwa einem Heilberuf nachgehen zu können oder die Angewohnheit, Diebstähle zu begehen, stellen rechtlich relevante persönliche Eigenschaften dar. Entsprechende Tatbestände wird aber man ebensowenig wie die (sonstigen) "Eigenschaften der Person [...], die im Verkehr als wesentlich angesehen werden" (§ 119 II), als subjektive Tatbestände bezeichnen können.

Nicht unproblematisch ist andererseits der - durchweg anzutreffende[403] und für die Frage nach dem Wissen einer Organisation offensichtlich wegweisende - Hinweis auf innere Vorgänge, wenn man darunter Bewußtseinszustände ("Tatsachen des Seelenlebens")[404] verstehen wollte. Denn Bewußtseinszustände sind zweifellos nur dem zugänglich, der sie aktuell hat, aber weder dem Beweis noch der juristischen oder irgendeiner anderen Argumentation. Der Gedanke, objektive Umstände ließen immerhin den Schluß auf Bewußtseinszustände zu[405], ist aus zwei Gründen unbefriedigend. Zunächst deshalb, weil die Richtigkeit dieses "Schlusses" niemals überprüft werden könnte, wenn er die Feststellung eines Bewußtseinszustandes zum Gegenstand hätte. Selbst wenn der Gefragte zugesteht, daß er dies oder jenes wußte, hat man nicht seinen Bewußtseinszustand, sondern eine mehr oder minder glaubhafte Aussage. Zum anderen aber auch deshalb, weil der Tatbestand der "Kenntnis", auch wenn er auf in dieser

---

403 Vgl. *Bohrer* S. 126, *Grunewald* FS-Beusch S.302, *K.Schmidt* § 10 V 2., *Richardi* S.388: "keine Schwierigkeiten bereitet das Problem der Wissenszurechnung, wenn jemand in seiner Persönlichkeit durch einen anderen repräsentiert wird. Eine juristische Person kann nur durch ihre Organe handeln. Deren Wille ist ihr Wille, deren Wissen folglich (!) [nicht i.O.] ihr Wissen.", *Schilken* S.6 („psychische Verhaltenskomponente", im Text ist durchweg von „Bewußtseinslage" die Rede; an hervorgehobener Stelle auf S.54, S.127,132 und insbes. S.135: „"wissensunfähige" juristische Person"), *Larenz* AT 1.Aufl. § 8 II (S.106), *Larenz/Wolf*, § 9 Rz. 11 („kein (eigenes) Bewußtsein"), vgl. auch Rz. 15; für die GmbH *Scholz-Emmerich*, § 13 GmbHG Rz. 69: „Umstände..., die als solche nur bei natürlichen Personen, niemals aber bei juristischen Personen als bloßen Gedankengebilden vorliegen können." „Juristische Personen können nur durch Menschen handelnd in Erscheinung treten. Auch Bewußtseinsvorgänge spielen sich nur bei Menschen ab, der juristischen Person können Umständes des Bewußtseins lediglich zugeordnet werden.", *Waltermann* NJW S.889, S.890; *Flume* AT I/2 S.405: „Anders als bei der natürlichen Person gibt es für die juristische Person kein Eigenwissen.". *Baumann* S.292, geht gleichfalls davon aus und setzt die „Wissensfähigkeit" des Verbandes, die er bestreitet, in Anführungszeichen. Vgl. auch *Esser-Weyers*, SRBT § 5 II 2. e) und *Roemmer-Collmann*, S.49 u.ö.

404 So die Ausdrucksweise der älteren Literatur, vgl. *Enneccerus/Kipp/Wolff*, AT 7. Bearb. 1919 § 127 a.E., *Eltzbacher* S.74ff.

405 Z.B. *Manigk* S.626, *Eltzbacher* S.233.

Welt mögliche Sachverhalte verweist, sich nicht in dieser empirischen Referenz erschöpft, die ja durch rechtliche Erwägungen veranlaßt ist und im Zusammenhang rechtlicher Argumentation vollzogen wird[406].

Im Ansatz realistischer erscheint eine Definition, die ihren Gegenstand von vornherein in der juristischen Argumentation selbst, d.h. in einer nach bestimmten Regeln verlaufenden Kommunikation plaziert.. Aus dieser Perspektive kann man sagen, daß subjektive Tatbestandsmerkmale, soweit sie auf jemandes positive Kenntnis abstellen, diesem die Chance geben, sich im Streit um die rechtliche Beurteilung eines Sachverhaltes der Verantwortung für einen bestimmten Geschehensablauf allein unter Hinweis auf den eigenen Wissensstand zu entziehen. Umgekehrt erhält sein Gegenüber die Möglichkeit, ihm die Verantwortung für einen bestimmten Geschehensablauf allein im Verweis auf dessen Kenntnisstand - sofern nicht fahrlässige Unkenntnis ausreicht – zuzuschieben. In jedem Fall kommt es auf die Darstellung der Binnenperspektive des Betroffenen an, also von vornherein nicht auf einen (Bewußtseins)Zustand, sondern ein Verhältnis (der Person zur Außenwelt)[407]. Diese Binnenperspektive ist als Tatsache, d.h. als darzulegender und u.U. zu beweisender Sachverhalt von Belang. Sie muß und kann argumentativ präsentiert und nachvollzogen werden, was ja in Ermangelung einer Alternative schon immer so gehandhabt wird. "Kenntnis" ist dann der Fall, wenn die auf diesen Tatbestand bezogene Argumentation überzeugend an denjenigen sachlichen Sinnzusammenhang anzuknüpfen vermag, der durch den Begriff der Kenntnis, des Wissens, der Information etc. bezeichnet wird[408].

---

406 Vgl. *Jakobs*, Strafrecht, S.VII (Vorwort zur ersten Auflage): "Setzt man bei der Aufgabe des Strafrechts an und nicht beim Wesen (oder bei der Struktur) der Gegenstände von Strafrechtsdogmatik, so führt das zu einer (Re-)Normativierung der Begriffe. Ein Subjekt ist bei dieser Sicht nicht, wer ein Ereignis bewirken oder hindern kann, sondern wer dafür zuständig sein kann. Ebenso verlieren die Begriffe Kausalität, Können, Fähigkeit, Schuld u.a.m. ihren vorrechtlichen Inhalt und werden zu Begriffen für Stufen von Zuständigkeiten. Diese Begriffe geben dem Strafrecht keine Regelungsmodelle vor, sondern entstehen erst im Zusammenhang strafrechtlicher Regelungen. Selbst die Annahme, zumindest nach dieser Entstehung müsse sich der Begriff auf ein homogenes vorrechtliches Substrat beziehen (auf Bewirken, Wollen, Kenntnis etc.), erweist sich als (naturalistisches) Mißverständnis. Bei der (Re-)Normativierung geht es nicht darum, losgelöst vom gesellschaftlichen Zusammenhang Normensysteme zu entwerfen ... ; vielmehr gelten die Bemühungen dem Strafrecht in einer Gesellschaft der vorhandenen Gestalt, ohne daß freilich auf Ansprüche gegenüber der Wirklichkeit verzichtet würde." Vgl. auch *ders.*, subjektive Deliktseite, S.271ff.; vgl. auch *Heine* S.258ff.

407 Dieser Gedanke findet sich bereits bei *Eltzbacher*, S.78.

408 Also vor allem dann, wenn jemand *sagt* (zugibt), etwas sei ihm bewußt gewesen. Verschiedene Bedeutungsinhalte nennt *Frisch* § 5 Ziff.1-3 (S.162f.); vgl. auch *Endruweit/Kerner*, S.67ff., 102.

Diese Binnenperspektive, "Kenntnis" also, interessiert indes nicht in psychologischer oder pädagogischer Hinsicht, sondern im Hinblick auf einen bestimmten Zusammenhang rechtlicher Regeln. Verkürzend könnte man schlicht sagen, "Kenntnis" sei, wie jeder juristische Begriff, ein "wertender" bzw. zu Wertungen Anlaß gebender Begriff[409]. Das schließt es indes nicht aus, die spezifische Wertung des Kenntnis-Tatbestandes als eines subjektiven Tatbestandes gerade darin zu sehen, daß er die Berücksichtigung konkret-persönlicher (subjektiver), eben aufgrund des Wissensstandes gegebener Handlungsmöglichkeiten und deren Integration in das für den Einzelfall zu erstellende Normprogramm gebietet. Auch wenn die rechtlich relevanten Tatsachen nicht um ihrer selbst willen, sondern in der Absicht, sie zu würdigen festgestellt werden[410], und auch wenn die Feststellung von Tatsachen selbst eine feststellbare Tatsache ist, kann man sich sowenig wie sonst, wenn es um Fallentscheidungen geht, der Tatsachenfeststellung entziehen, weil bereits die Unterscheidung zwischen Tatsachen- und Rechtsfragen eine rechtliche und praktisch erhebliche Wertung zum Ausdruck bringt. Die Besonderheit des Kenntnis-Tatbestandes als subjektiven Tatbestandes besteht nicht darin, daß er weniger oder mehr Wertung, mehr oder weniger Sachverhaltsbezug enthielte als andere Tatbestandselemente, sondern darin, daß er die Wertungskriterien auf einen bestimmten Sachverhaltsausschnitt ausrichtet, nämlich - soweit es auf positive Kenntnis ankommt - auf die einer konkreten Person allein kraft ihres Wissens gegebenen Verhaltensmöglichkeiten. Der Unterschied zu objektiven Kriterien besteht darin, daß die Behauptung, jemand habe etwas gewußt/nicht gewußt, für die Entscheidung über den Eintritt einer bestimmten Rechtsfolge notwendig oder erheblich ist.

Es wird also nicht bestritten, daß es Bewußtseinszustände gibt, auch nicht, daß Kommunikation Bewußtsein voraussetzt, sondern nur, daß Bewußtseinszustände *als solche* für die juristische Argumentation von Bedeutung sind. Der Sinn der tatbestandlichen Bezugnahme auf "innere", "interne" Vorgänge geht nicht verloren, wenn man auf die Anknüpfung an ein "psychisches Substrat" verzichtet - resp. deren Unmöglichkeit eingesteht -, und statt dessen die Aufgabe der argumentativen, sich also im Medium der Kommunikation vollziehenden Darstellung einer spezifischen, auf einen bestimmten Sachverhalt gerichteten Binnenperspektive in den Vordergrund stellt. Er erschließt sich vielmehr überhaupt nur, wenn man die Chancen und Risiken eines auf "Kenntnis" abstellenden Tatbestandes im Hinblick auf Möglichkeiten der hieran anschließenden rechtlichen Kommunikation betrachtet. Durch den Bezug auf

---

409 *Frisch* S.173f. ("funktionaler", "durch und durch normativer Begriff"), vgl. auch *Heine* S.260f.

410 *Esser*, Vorverständnis S.44.

jemandes Kenntnisstand wird die Argumentation gleichsam doppelbödig. Die subjektive Perspektive erlangt Bedeutung, obwohl sich der Sachverhalt objektiv, d.h. aus anderer Perspektive betrachtet, möglicherweise[411] anders darstellt. Dadurch kommt Unsicherheit nicht nur bei der Tatsachenfeststellung ins Spiel[412]. Denn durch den Bezug auf innere Umstände werden Gegenstände entscheidungserheblich, über die jeder andere als der Betroffene bis zu einem gewissen Grad notwendig im Ungewissen ist. Man kann nicht sicher wissen, was der andere weiß, und sich folglich auch nicht mit Sicherheit darauf verlassen, ob er etwas Bestimmtes weiß oder nicht. Während über äußere Umstände theoretisch jeder, der "dabei war", über Verstand und intakte Sinne verfügt, mit gleichem Recht aussagen kann, gilt außerdem für interne Umstände gewissermaßen ein natürliches Vorrecht des Betroffenen[413]. Zwar könnte er geneigt sein, zu lügen oder zu täuschen. Aber das muß man ihm erst einmal beweisen; und weil interne, nicht ohne weiteres voraussehbare oder erratbare Umstände betroffen sind, fällt dieser Beweis häufig schwer.

Zuletzt schließlich liegt die rechtliche Bedeutung eines Verweises auf Kenntnis als Bewußtseinszustand in der zeitlichen Dimension. Der normative Aspekt einer auf Kenntnis abstellenden Regel erschöpft sich im Nachvollzug einer vergangenen und in der Vergangenheit abgeschlossenen Situation. Eine auch für die Zukunft geltende Regel wird nicht etabliert, weil sich "Kenntnis" auf konkrete Personen, auf von Fall zu Fall unterschiedliche und vergängliche Umstände bezieht. Es ist sinnvoll zu sagen, daß man etwa als Gläubiger oder Verkäufer *immer* (oder zumindest regelmäßig) erfüllen resp. übereignen muß, wenn man nur Gläubiger bzw. Verkäufer geworden ist. Es wäre aber sinnlos - nicht: theoretisch ausgeschlossen[414] - zu sagen, daß man *immer* - i.S. von: auch

---

411 Es geht, wenn es auf Kenntnis ankommt, nicht nur um Irrtümer und guten Glauben, sondern etwa auch um die Unkenntnis des Schuldners von der Person und dem Aufenthalt des Gläubigers (§ 372).

412 Vgl. zur Zumutbarkeit dieser Unsicherheit, wenn es auf Kenntnis ankommt, bereits oben IV.1.

413 Vgl. *Manigk* S.626: "Hätte der Betreffende vielleicht auch gewisse Äußerungen gemacht, aus denen der Gegner schloß, jener hätte eine gewisse Kenntnis, so stünde es ihm doch frei, auf Umstände hinzuweisen, die seinem Gegner unbekannt geblieben waren, aus denen aber der Mangel jener Kenntnis und der wahre Sinn jener Äußerungen in dieser Richtung sich erst ergibt."

414 Z.B.: Kenntnis immer dann, wenn bestimmte Daten in Computern gespeichert sind (auch dann, wenn der Betreffende die Umstände nicht kannte, den Computer nicht bedienen kann oder wenn die Festplatte noch Abermillionen weiterer Daten auf Vorrat hält) - aber damit verändert sich offensichtlich die Bedeutung von "Kenntnis", hin zu Fragen ordnungs- oder nicht ordnungsgemäßen Umgangs mit Information.

in Zukunft - dann bestimmte Umstände kennt, wenn ... . Die Richtigkeit einer Aussage über "Kenntnis" hängt eben von den Umständen ab.

b) Kennenmüssen

All das zuvor Gesagte gilt uneingeschränkt nur für diejenigen Tatbestände, die auf positive Kenntnis abstellen[415]. Im Ausgangspunkt anders sieht es aus, wenn (grob) fahrlässige Unkenntnis ausreicht[416]. Denn über den Fahrlässigkeitsmaßstab werden äußere Umstände in die Betrachtung hineingezogen, die die Binnenperspektive des Betroffenen dann irrelevant werden lassen, wenn diese Umstände ihm eine andere Sicht der Dinge aufdrängten. Das Gewicht dieser materiellrechtlichen Unterscheidung wird aber durch das Beweisrecht relativiert. Denn auch dann, wenn positive Kenntnis gefordert ist, kann es demjenigen, der angesichts solcher Umstände sich auf seine Unkenntnis berufen will, schwer fallen, dies glaubhaft darzutun. Was auf materiellrechtlicher Ebene unter dem Gesichtspunkt "mangelnder Sorgfalt bei der Information, die im eigenen Interesse liegt"[417], keine Beachtung finden darf, weil positive Kenntnis verlangt wird, kann auf der Ebene des Beweisrechts Indizfunktion erlangen. Das dürfte vor allem dann häufig der Fall sein, wenn vom Zugang einer Mitteilung, einer Anzeige und dergleichen auf Kenntnis vom Inhalt der Mitteilung geschlossen werden soll[418]. Auch hier zeigt sich ganz deutlich, daß die Subsumtion unter Kenntnis-Tatbestände nicht an Bewußtseinszustände greift, sondern es mit mehr oder minder überzeugenden Einlassungen zu tun hat.

Wenn im Bereich der fahrlässigen Unkenntnis die Binnenperspektive irrelevant werden kann und objektive Umstände in den Vordergrund treten, wirft dies die Frage auf, inwiefern hier überhaupt von einem subjektiven Tatbestandsmerkmal die Rede sein kann - wenn man einmal davon absieht, daß ja dann, wenn es auf fahrlässige Unkenntnis ankommt, positive Kenntnis selbstverständlich gleich-

---

[415] Fahrlässige (teils grob -) Unkenntnis reicht aus in § 122 II, § 123 II, §§ 132 II S.1 und 372 S.2, § 136 i.V.m. §§ 932ff., §§ 169, 173, 179 III und §§ 674, 729, § 254 II, § 307, § 405, §§ 460 S.2, 539 S.2, §§ 932ff. und § 990 I S.1.

[416] Vgl. auch *Weyl* § 32 III Ziff. 7 und IV (S.177f.): Kenntnis und Kennenmüssen unterschieden sich "aufs schärfste. Ist doch das Kennenmüssen, weil es den Tatbestand der Kenntnislosigkeit einschließt, gerade die Verneinung des Kennens." *Weyl*, a.a.O. S.176, rechnet übrigens "Kenntnis" und "Unkenntnis" zu den "objektiven Momenten", weil es sich um faktische, wenngleich "im Kopfe eines Subjektes, nicht in der objektiven Außenwelt" abspielende Vorgänge handele. Entsprechend hält er im Falle der fahrlässigen Unkenntnis die Fahrlässigkeit für das subjektive (Verschuldens-)Moment, die Unkenntnis hingegen für das objektive.

[417] So die Definition der fahrlässigen Unkenntnis bei *U.Huber* S.261, ähnlich auch *Crome* § 111 Ziff.2 (unter den Fällen des "Verschuldens gegen sich selbst").

[418] Vgl. bereits RGZ 88,4 sowie BGH ZIP 1997,890, S.891 m.w.N. (jeweils zu § 407 BGB).

wertig ist. Offenbar steckt die Subjektivität hier, wenn überhaupt, im Fahrlässigkeitselement der "Vorhersehbarkeit"[419]. Dieses wird aber durchweg insofern als objektives Element aufgefaßt, als individuelle Abweichungen von der nach objektiven Kriterien zu bestimmenden erforderlichen Sorgfalt den Vorwurf fahrlässigen Handelns - hier also: fahrlässiger Unkenntnis - nicht entfallen lassen.

Andererseits kann die Kenntnis bestimmter Umstände auch hier eine Rolle spielen, dann nämlich, wenn - abstrakt gesprochen - die Umstände so sind, daß jedenfalls der, der (den Umstand) A kennt, auch von B hätte Kenntnis erlangen müssen. Ähnliche Überlegungen können ja die Objektivierung des Fahrlässigkeitsmaßstabes in vertraglichen Schuldverhältnissen rechtfertigen: Wer weiß, daß er zur Leistung verpflichtet ist, kann auch wissen, welche Leistungsstörungen in Betracht kommen können. Außerhalb vertraglicher Beziehungen und unabhängig von rechtsgutsbezogenen Verkehrs(sicherungs)pflichten könnte daher sogar eine stärkere "Subjektivierung" des Fahrlässigkeitsbegriffs angebracht sein. Nicht, um den Unwissenden durch ein Eingehen auf seine individuellen Fähigkeiten zu schützen, sondern deshalb, weil in diesem Bereich ein Gefüge objektiver Verhaltenspflichten, die mit dem zurecht erwartbaren Verhalten zugleich auch einen Maßstab für den hierfür zu leistenden Informationsaufwand vorgeben könnten, nicht besteht. Hier steht das Kennen-Müssen nicht als Verschuldenskriterium angesichts einer objektiv vorhandenen Interessenbeeinträchtigung der Gegenseite (einer Leistungsstörung resp. Rechtsgutsverletzung) zur Debatte. Der Wegfall dieser Beeinträchtigung hat Einfluß auf die Notwendigkeit einer Standardisierung der Verhaltensanforderung, weil der Bedarf für derartige Standards außerhalb des Bereichs der Vertrags- oder Rechtsgutsverletzung geringer ist und die Standardisierung größere Schwierigkeiten aufwirft (wer (1) muß wann (2) was (3) wissen und (4) warum?)[420]. Wo sich das Fahrlässigkeitsurteil hinsichtlich der erforderlichen Sorfgalt nicht auf vorbestehende Leistungs- oder Schutzpflichten beziehen kann, rücken also die konkreten Erkenntnis- und Handlungsmöglichkeiten des Unwissenden in Ermangelung einer Anknüpfungsalternative wieder in den Vordergrund. Auch im Bereich der fahrlässigen Unkenntnis bleibt demnach neben objektiven Elementen Raum für die Berücksichtigung des Kenntnisstandes des Unwissenden.

Trotz dieses als Option verbleibenden subjektiven Elements verändert die Anwendung des Fahrlässigkeitsmaßstabes auf den Kenntnisstand des Betroffen natürlich die Wertungskriterien. Das wird vor allem aus der Perspektive seines Gegners deutlich, der eben nicht den Nachweis der positiven Kenntnis, sondern

---

[419] Vgl. zum folgenden den Text zu III. 2. b).

[420] Vgl. Teil A III. 7. zum Problem der Bestimmung ordnungsgemäßer Kommunikation.

nur den des Vorliegens bestimmter objektiver Umstände führen muß[421], und der materiellrechtlich in der Erwartung geschützt wird, daß sein Gegenüber diejenige Aufmerksamkeit an den Tag legt, die üblicherweise in einer bestimmten Situation (teils auch: von einem normalen Vertragspartner) erwartet werden kann. Das Risiko unzulänglicher Information kann also im Falle des Kennenmüssens zu Lasten des Unwissenden gehen.

Gleichwohl stellt sich die Situation für den Gegner dann, wenn es auf fahrlässige Unkenntnis ankommt, anders dar als für den Fall, in welchem es auf Kenntnis überhaupt nicht ankommt. Denn die objektiven Umstände, an die das Fahrlässigkeitsurteil in solchen Fällen anknüpft, sind häufig - nämlich außerhalb des Bereichs vertraglicher Leistungsbeziehungen und rechtsgutsbezogener Schutzpflichten - von vornherein nicht rollenspezifisch (Sorgfalt des Gläubigers/Schuldners) vorgegeben. Sie müssen vielmehr im Hinblick auf die jeweilige Situation einerseits, die Person des Unwissenden andererseits konkretisiert und festgestellt werden[422]. Die Frage kann hier nicht lauten, was man als Gläubiger/Schuldner angesichts der Umstände wissen muß, sondern nur, welche Aufmerksamkeit angesichts der Umstände hätte verlangt werden können. Das Entgegenkommen, welches dem Gegenüber des Unwissenden durch die Ergänzung des Kenntnis-Tatbestandes um die Fahrlässigkeitskomponente gewährt wird, wird also insofern relativiert, als er auch hier die entscheidungserheblichen Umstände weder vorhersehen noch beeinflussen kann. Ob die Situation so sein wird, daß dem anderen der Vorwurf fahrlässigen Handelns gemacht werden kann, hängt aus seiner Sicht bis zu einem gewissen Grad ebenso vom Zufall ab wie der Wissensstand des anderen.

Nach all dem kann man die Subjektivität der auf Kenntnis oder Kennenmüssen abstellenden Tatbestände darin sehen, daß sie die Binnenperspektive der Handelnden um der Erschließung bestimmter, aufgrund des Wissensstandes oder aufgrund der Umstände vorhandener Verhaltensmöglichkeiten willen relevant werden lassen. Der Verweis auf jemandes Kenntnisstand bedeutet insofern eine Subjektivierung der Wertungskriterien, als diese nicht schon auf der objektiven Ebene des Verhaltens und anderer äußerer Tatsachen haltmachen. Was zwischen den Beteiligten als Recht gilt, hängt in einem entscheidenden Punkt nicht davon ab, was sie tun oder getan haben, sondern davon, was sie über bestimmte Umstände wissen. Die Frage nach der Berechtigung bestimmter normativer Verhaltenserwartungen wird also nicht allein auf ein bestimmtes Ereignis (den Eintritt eines Schadens) oder eine bestimmte Rolle

---

[421] Vgl. im Hinblick darauf auch die Anfechtungsvorschriften der InsO und des neuen AnfG gegenüber den Tatbeständen des alten Rechts, §§ 130ff. InsO/§ 30ff. KO/§ 3 AnfG; vgl. hierzu auch Teil A III. 7. e).

[422] Vgl. hierzu noch Teil C IV. 5. b).

hin[423], sondern darüber hinaus konkret-persönlich spezifiziert, letztlich entscheidungserheblich ist weder die objektiv auf den wirtschaftlichen Verkehr bezogene Handlungsfunktion (z.B. die Erwerbereigenschaft) noch die Außendarstellung (z.B. die Eigenschaft, Vertragspartner zu sein), sondern - mit den vom Fahrlässigkeitsbegriff her gebotenen Abstrichen - die Binnenperspektive des oder der Handelnden.

3. Funktion des Tatbestandes der Kenntnis bzw. des Kennenmüssens

a) Nicht vorrangig Schutz desjenigen, auf dessen Kenntnis es ankommt

Die anhand der Kenntnis-Tatbestände bezweckte Subjektivierung des Normprogramms dient nur vordergründig und nicht einmal in erster Linie dem Schutz desjenigen, auf dessen Wissen es ankommt. Denn diese Tatbestände schließen ja nicht aus, daß er dieses Wissen hat bzw. nur fahrlässig nicht hat. Sie setzen vielmehr voraus, daß er es haben oder auch nicht haben kann, und wenn man die Umstände betrachtet, auf deren Kenntnis es nach dem Gesetz ankommt, wird man kaum sagen können, welcher Fall der wahrscheinlichere ist. Häufig handelt es sich um buchstäblich triviales Wissen, um Wissen also, das durchaus keine höhere Bildung voraussetzt, um *know-that*, nicht um *know-how*[424]. Insofern ist es auch nicht zufällig, daß das Gesetz durchweg von Kenntnis, nicht von Wissen spricht. Es geht um Kenntnis, die man von vornherein nicht allein deshalb erwarten kann, weil jemand etwas Bestimmtes darstellt, einen bestimmten Beruf ausübt oder eine bestimmte wirtschaftliche Funktion wahrnimmt. Sofern Umstände rechtlich erheblich werden, deren Wahrnehmung von vornherein besonderes Fachwissen voraussetzt (z.B.: wie behandelt man einen Kranken, berät man einen Mandanten oder Anleger, aber auch: welche Gefahren können von einem Produkt ausgehen?), kommt es daher in der Tat gerade *nicht* darauf an, ob der, der diese Dinge *generell* wissen muß, sie auch im Einzelfall wußte oder wissen mußte. Dem Schutz etwa des Schuldners der abgetretenen Forderung oder des Erwerbers einer Sache, die dem Veräußerer nicht gehört, wäre gedient, wenn es auf deren Kenntnis oder Unkenntnis gerade

---

[423] Vgl. kurz *Th.Raiser*, Rechtssoziologie, S.220, ausführlicher und zu verschiedenen Ebenen der Identifikation von Verhaltenserwartungen *Luhmann*, Rechtssoziologie S.85ff.

[424] Z.B. Kenntnis: der Unrichtigkeit des Grundbuchs, des fehlenden Eigentums des Veräußerers, der Beschlagnahme von Sachen, des Entzugs der Verfügungsbefugnis des Vorerben, des Eintritts der Nacherbfolge, der Minderjährigkeit, der fehlenden Einwilligung, des Vorbehalts des Erklärenden, der Person und des Aufenthalts des Empfängers, der Vollmacht, des Mangels der Vollmacht, der Änderung des Vorstandes, der Abtretung, des Eigentumsübergangs, der Zugehörigkeit einer Forderung zur Erbschaft oder zum Gesellschaftsvermögen, zum Teil auch des Mangels der Leistung u.s.w.

nicht ankäme[425], befreiende Leistung an den Zedenten etc. also ebenso ohne weiteres möglich wäre wie der Erwerb vom Nichtberechtigten.

b) Unterscheidung einer objektiven und einer subjektiven Ebene der Risikozuweisung

Auf Kenntnis abstellende Tatbestände schützen mithin nicht unbedingt, sie geben vielmehr Kriterien der Schutzwürdigkeit, und ihre Besonderheit liegt darin, daß sie hierfür an individuelle Gegebenheiten, an den Wissensstand anknüpfen. Diese Verlagerung der Interessenabwägung ins Subjektive belastet allerdings denjenigen, dessen Rechtsstellung eben nicht von objektiven Umständen, sondern vom Wissensstand seines Gegenüber abhängt. Davon war schon häufig die Rede[426]. Die Belastung liegt darin, daß er sich auf objektive Umstände, die er leichter wahrnehmen und beeinflussen und auf deren Rechtswirkungen er sich leichter einrichten kann, nicht verlassen darf, sondern entweder sich über den Kenntnisstand des anderen selbst informieren oder den anderen in Kenntnis setzen muß. Letzteres setzt voraus, daß er die maßgeblichen Umstände selbst kennt, beides ist überhaupt nur im Falle persönlichen Kontaktes aussichtsreich. Unabhängig von all dem bleibt die Schwierigkeit des Nachweises der Kenntnis oder der Umstände, die jemandes Unkenntnis als fahrlässig erscheinen lassen.

Charakteristisch für beide Tatbestände, den der positiven Kenntnis und den des Kennenmüssens, ist demnach nicht so sehr ein materieller *Schutz*zweck, sondern der Umstand, daß sie in ein teils vertraglich gestaltbares, teils gesetzlich resp. richterrechtlich vorgegebenes Gefüge objektiver Verpflichtungslagen und Risikozuweisungen ein Moment der Unbestimmtheit hineinbringen. Sie gestatten es, die konkreten Rechtsbeziehungen der Beteiligten im Hinblick auf Umstände zu definieren, die für ihre Erwartungsbildung zum Teil gerade deshalb keine Rolle spielen, weil die Erwartungen sich an objektiven Gegebenheiten orientieren, zum Teil deshalb gar keine Rolle spielen können, weil diese "inneren" Umstände ihnen nicht oder nur schwer zugänglich sind. Darin liegt allerdings ein materieller Zweck, nämlich der der Zuweisung bestimmter Risiken in relativer Unabhängigkeit von objektiven Umständen, also eine Trennung der Risikozuweisungsebenen.

Bei der Suche nach einer Antwort auf die Frage, warum es sinnvoll ist, bei der Entscheidung über Bestand und Inhalt eines Rechtsverhältnisses den Kenntnisstand der Beteiligten in Betracht zu ziehen, scheidet das im Strafrecht maßgebliche Argument zugunsten einer Berücksichtigung der inneren Tatseite aus, weil

---

425 So im Interesse des Fiskus § 411, solange die Kasse nicht benachrichtigt ist.

426 Vgl. vor allem oben IV. 1. und IV 2. b).

im Zivilrecht nicht über den Vorwurf individueller persönlicher Schuld vor dem Hintergrund des möglichen Zugriffs auf die Person (im Wege der Freiheitsstrafe) zu entscheiden ist. Selbst dort, wo im Zivilrecht von Schuld die Rede sein kann, ist nicht über soziale Ächtung der Person als solcher, sondern über einen gerechten Schadensausgleich zu entscheiden. Auch dies kann zwar die Berechtigung eines Vorwurfs voraussetzen. Der Vorwurf zielt aber von Rechts wegen[427] auf ein spezifisches Rollenversagen, nicht auf persönliche Defizienz.

Die Bestimmung der Funktion der Kenntnis-Tatbestände muß deren Verhältnis zu objektiven Kriterien der Beurteilung eines Rechtsverhältnisses ins Auge fassen[428]. Man wird zunächst von der Annahme ausgehen können, daß es den Kenntnis-Tatbeständen darum geht, konkret-individuelle Möglichkeiten des Verhaltens im eigenen Interesse oder im Interesse anderer zu berücksichtigen. Was jemand weiß oder wissen mußte, interessiert nicht in pädagogischer Absicht, sondern um generell festzulegen, unter welchen Voraussetzungen man mit der Aktualisierung bestimmter Handlungsmöglichkeiten berechtigterweise rechnen darf. Diese Festlegung könnte aber nur um den Preis hoher Unsicherheit *allein* an das individuelle, kraft des persönlichen Wissensstandes vorhandene Handlungsvermögen der Beteiligten anknüpfen, weil in diesem Falle jedermann seine Erwartungen hinsichtlich des Verhaltens der anderen permanent im persönlichen Kontakt abstimmen, sich fortwährend dieser Handlungsmöglichkeiten vergewissern müßte. *Jede* rechtliche Regel entlastet bis zu einem gewissen Grad gerade von diesem Aufwand, der vor allem ein Informations- und Lernaufwand wäre, indem sie Kriterien der Berechtigung des *Vertrauens* auf ein bestimmtes Verhalten etabliert. Wer sich eine Leistung versprechen läßt, muß sich nicht bis zu deren Bewirkung darüber auf dem Laufenden halten, ob der Schuldner noch leistungsbereit und -willig ist und sich an sein Versprechen erinnert. Vor allem der Güteraustausch ist auf die Möglichkeit der Orientierung an Außendarstellungen, an Erklärungen und an Wort und Schrift, am "Rollenspiel" und an Standards angewiesen[429]. Dies umfaßt nicht nur die geläufige Ausgestaltung vertraglicher und außervertraglicher Positionen zu statusartigen Pflichtverhältnissen, sondern von vornherein auch die privatautonome Festlegung der Leistungsbeziehungen selbst, durch die sich die Parteien bestimmte abstrakt bereits vorgegebene Rollen zuweisen, an denen

---

[427] Ob dies die jeweils "Schuldigen" ebenso verstehen, darf allerdings bezweifelt werden.

[428] Im Ansatz ebenso bereits *Ramdohr* S.115ff., der allerdings - vor dem geistesgeschichtlichen Hintergrund seiner Zeit eher akzeptabel als heute - von einer ausnahmsweise zulässigen Konzession des "objektiven", "theoretischen" oder "ideellen" Rechts als einem der geistigen Ebene angehörenden Phänomen an die Schwachheit der menschlichen Materie (der Erkenntnisfähigkeit) spricht.

[429] Zur Notwendigkeit "Objektive(r) Zurechnung im Delikts- und Vertragsrecht" vgl. *Kramer*, AcP S.438f., *Knieper* S.7ff.

sie ihre Erwartungen bis zu einem gewissen Grad unabhängig davon orientieren können und sollen, wer konkret Vertragspartner ist.

c) Nachteile ausschließlich objektiver Risikozuweisungen

Mit einer derartigen situations- und personenübergreifenden Generalisierung sind allerdings zwei Probleme verbunden.

Jede Generalisierung bedeutet *erstens* eine inhaltliche Festlegung des als gerecht angesehenen Interessenausgleichs, unter Ausschluß des Gegenteils. Die Beispiele des Erwerbs vom Nichtberechtigten, der Vertretung ohne Vertretungsmacht oder andere Rechtsscheinstatbestände, aber auch das Beispiel der Schadenshaftung, zeigen, daß die generell einseitige Entscheidung eines Interessenkonfliktes nicht nur im Blick auf den Einzelfall als ungerecht empfunden würde, sondern auch den Güterverkehr insgesamt behindern kann. Es ist in jeder einigermaßen komplexen Wirtschaftsgesellschaft sinnlos zu verordnen, daß der Nichtberechtigte niemals wirksam veräußern kann, der vollmachtlose Vertreter niemals wirksam für den Vertretenen handeln kann, daß der Schuldner eine Leistungsstörung unter allen Umständen zu vertreten hat oder der Schadensverursacher ohne Entlastungsmöglichkeit für Schäden einstehen muß. Generalisierende Regeln, die sich abstrakt widersprechen können, schaffen demgegenüber ein Mehr an wirtschaftlichen Handlungsmöglichkeiten. Sie verlangen aber nach Kriterien, die einerseits den Ausgleich, die Auflösung des Widerspruchs im Einzelfall zulassen, andererseits hingegen die Regeln in ihrer abstrakten Widersprüchlichkeit beizubehalten erlauben.

Jede Form einer solchen Generalisierung bedeutet *zweitens* einen Mangel an Flexibilität. Sie blendet die Tatsache aus, daß sämtliche auf den Güteraustausch bezogenen Rollen und Funktionen von konkreten Menschen mit Leben gefüllt werden, in deren wohlverstandenem Interesse letztlich - s.o. - auch die Generalisierung normativer Verhaltenserwartungen selbst steht, auch wenn sich die Bestimmung dieser Interessen natürlich nicht an (jedem!) konkreten Einzelmenschen, sondern an Abstraktionen orientiert. Das kann zur Folge haben, daß der mittels objektiver Kriterien intendierte, auf einer abstrahierenden Einschätzung und Bewertung individueller Verhaltensmöglichkeiten aufbauende Interessenausgleich angesichts der persönlich-konkret anzutreffenden Verhaltensmöglichkeiten unangemessen erscheint. Vor Gericht erscheint eben doch nicht "der Verkäufer", sondern der Verkäufer, (z.B.) Herr Mohr. - Auch insoweit bedarf es eines Kriteriums, das es erlaubt, von dem generell angemessenen Interessenausgleich im Einzelfall abzuweichen und gleichzeitig als Regel an ihm festzuhalten, also zum Beispiel zu sagen: Man darf als Käufer nicht damit rechnen, daß der Verkäufer den Gegenstand auf etwaige Fehler untersucht, aber man darf damit rechnen, daß man von einem wissenden

Verkäufer über Fehler der Kaufsache aufgeklärt wird - nicht hingegen damit, daß (z.B.) Herr Mohr den Mangel kennt.

d) Unangemessenheit subjektiver Kriterien

Der Mangel an Alternativität und Flexibilität eines auf objektiven Kriterien aufbauenden Normprogramms wird nicht durchweg in einer Art und Weise spürbar, die nach subjektiven Kriterien verlangt. Weite Teile des öffentlichen Rechts, aber auch etwa des Verfassungsrechts der privaten Vereine und Gesellschaften kommen ganz ohne dies aus, weil hier Formalität und Berechenbarkeit wichtiger sind als der Blick auf die Binnenperspektive der Beteiligten. Und selbst das im Ausgangspunkt auf individuelle Initiative, Gestaltung und individuellen Schutz angelegte Vermögensrecht bindet ja die subjektiven Elemente in eine Ordnung objektiver Kriterien ein, in deren Rahmen es ebenfalls nicht in jeder Hinsicht auf subjektive Elemente ankommt. Die Ausführungen zur Bedeutung der Kenntnis-Tatbestände[430] hat gezeigt, daß die hiermit verbundene Unsicherheit von vornherein unzumutbar sein kann, wenn es aus unterschiedlichen Gründen um den generellen Schutz bestimmter Rechtspositionen geht. Abhanden gekommene Sachen kann man durchweg (Ausnahme: § 935 II) nicht gutgläubig erwerben, Minderjährige durchweg nicht ohne Einwilligung der Vertreter verpflichten etc. Und sie ist eben auch insoweit nicht zumutbar, als die Beteiligten das in ihrem Interesse Notwendige unternommen haben, um sich gegen die relative Zufälligkeit des Vorhandenseins individueller Handlungsmöglichkeiten abzusichern, wenn sie sich also beispielsweise eine bestimmte Leistung haben versprechen lassen, einen Herausgabeanspruch rechtshängig gemacht oder dem Gegner bestimmte Umstände angezeigt (offengelegt, mitgeteilt) haben. In diesem Fall ist der andere nicht erst für den Fall aktuellen Wissens, sondern schon objektiv in seinen Handlungsmöglichkeiten gebunden.

e) "Kenntnis" als subjektive Disposition zur Beachtung objektiver Planvorgaben

Eine durchgehende Objektivierung der Entscheidungskriterien würde aber den Rückgriff auf konkret-individuelle - also je nach den Umständen vorhandene oder eben nicht vorhandene - Handlungsmöglichkeiten auch für den Fall unterbinden, daß die Beteiligten mehr können, als man von ihnen aufgrund ihres Auftretens, ihrer Rolle, ihrer Funktion erwarten darf, weil sie mehr wissen oder hätten wissen müssen, als das, was man aufgrund ihres Versprechens, ihres Auftretens, ihrer Rolle oder Funktion von ihnen generell erwarten dürfen soll.

---

[430] Vgl. oben IV. 1.

Anhand des Tatbestandes der "Kenntnis" bzw. des "Kennenmüssens" kann der je konkret vorhandene Handlungsspielraum in das für die konkrete Entscheidung zu erstellende Normprogramm, die Fallnorm, integriert werden. Weil die am wirtschaftlichen Verkehr beteiligten Personen ungeachtet der Rolle, die sie spielen, fortwährend die verschiedensten Umstände zur Kenntnis nehmen, können sich im Rahmen ihrer wirtschaftlichen Beziehungen Handlungsmöglichkeiten ergeben, zu deren Realisierung sie nicht schon vertraglich, gesetzlich, von Standes-, Berufs- oder Verkehrs wegen angehalten sind, deren Außer-Acht-Lassen aber mit unterschiedlichen Konsequenzen zu ihren Lasten geht, wenn sie Kenntnis haben (oder aufgrund der Umstände hätten haben müssen). Der Tatbestand der Kenntnis bzw. des Kennenmüssens sensiblisiert den Normanwendungsprozeß für den etwaigen, zufälligen, nicht vorhersehbaren, aber weder empirsch unwahrscheinlichen noch gar von vornherein ausgeschlossenen Eintritt dieses Falles. Die damit bezeichnete Aufgabe einer fallweisen Sondierung dieser Dispositionen steht in unmittelbarem Bezug zu den Intentionen des anhand objektiver Kriterien vorgebenen, jeweils einschlägigen normativen Rahmenprogrammes, das den Idealfall einer planmäßig verlaufenden vermögensrelevanten sozialen Beziehung in den Grundzügen vorgibt.

Die Grundzüge dieser verschiedenen, sich zum Teil überschneidenden Planvorgaben lassen sich wie folgt benennen und einzelnen Problemfeldern der Wissenszurechnung zuordnen:

1. Selbstbestimmung *aller* Beteiligten bei rechtsgeschäftlichem Handeln:

Irrtümer, Täuschungen, Vorbehalte und Mißverständnisse bei der Abgabe von Willenserklärungen

2. Beachtung von Transaktionszuständigkeiten im weitesten Sinne:

Guter Glaube bei: Erwerb vom Nichtberechtigten, Handeln ohne Vertretungsmacht, Leistung an/Rechtsgeschäft mit Unzuständigen

3. Vermeidung von Leistungsstörungen und von Schäden innerhalb und außerhalb vertraglicher Beziehungen:

Irrtümer über Tatbestandsmäßigkeit und/oder Rechtwidrigkeit objektiv pflichtwidrigen Verhaltens (Leistungsstörung, Rechtsgutsverletzung, Schutzpflicht), Kenntnis des "Mangels"

4. Korrektur planwidriger Vermögenslagen:

Kenntnis des Mangels des Besitzrechts, der Rechtsgrundlosigkeit einer Vermögensverschiebung, des Rücktritts vom Vertrag

5. Zeitnahe Realisierung von Rechten oder Ansprüchen:

Kenntnis der einen Anspruch oder ein (Gestaltungs-)Recht begründenden Tatsachen.

f) Zusammenfassung

Die Kenntnis-Tatbestände reagieren somit auf ein Problem, das aus der notwendigen Generalisierung normativer Verhaltenserwartungen folgt. Ihre Funktion besteht darin, die zunächst nur in einer bestimmten Rolle oder Funktion in Erscheinung tretenden und bereits insofern "objektiv" mit bestimmten rechtlich sanktionierten Verhaltenserwartungen konfrontierten Wirtschaftssubjekte als Adressaten einer weiteren rechtlich sanktionierten Verhaltenserwartung identifizieren zu können, einer Verhaltenserwartung, deren Berechtigung im Rahmen des je einschlägigen Regelungszusammenhanges gewissermaßen unter Vorbehalt gestellt ist, nämlich unter den "subjektiven" Vorbehalt der Kenntnis (oder (grob) fahrlässigen Unkenntnis) bestimmter, für die rechtlichen Beziehungen der Parteien maßgeblicher Umstände. Die Funktion der Kenntnis-Tatbestände besteht darin, dem Richter[431] in einem bestimmten Bereich die Möglichkeit zu geben, von Fall zu Fall im Vollzug der Grundsätze dieser "objektiven" Ordnungen subjektive Handlungsspielräume auszuloten und für Risikozuweisungen verfügbar zu machen, ohne den objektiven Rahmen für die Zukunft verändern zu müssen. Für diesen Bereich gilt, daß die Berücksichtigung subjektiver Handlungsspielräume mit Rücksicht auf die Interessen des anderen sozial angemessen und individuell zumutbar ist.

---

[431] Bei entsprechendem Vortrag der Parteien, soweit nicht von Amts wegen zu ermitteln ist.

Teil C

Anwendung der Kenntnis-Tatbestände auf Organisationen

I. "Kenntnis" als ein rechtlicher Regelung bedürftiges Problem

1. "Kenntnis" auch des Menschen nicht lediglich Tatfrage

Sieht man die Funktion subjektiver Tatbestände, soweit sie auf jemandes Kenntnis abstellen, darin, daß sie die Rechtsfindung für die eben aufgrund des Kenntnisstandes[432] oder der Umstände[433] subjektiv möglichen Handlungsspielräume eines Beteiligten sensibilisieren, wird der Bezug dieser Tatbestände auf Tatsachen deutlich, die sich von Fall zu Fall ändern können. Ob jemand Kenntnis hat oder nicht, hängt einerseits vom Wahrnehmungs-, Verständnis- und Erinnerungsvermögen des Betroffenen, andererseits von dem Umfeld ab, in dem er sich bewegt, und das ihm Anlaß für Wahrnehmung, Verstehen und Erinnerung ebenso wie für Übersehen, Mißverstehen und Vergessen gibt.

Im Hinblick darauf ist gelegentlich zu lesen, Kenntnis sei "Tatfrage"[434], Rechtsfrage hingegen, worauf sich die Kenntnis zu beziehen hat. Das kann allerdings nicht bedeuten, daß die Kriterien zur Feststellung dieser Tatsachen nicht als Rechtsfragen zu behandeln wären. Daß es sich auch bei der Frage nach jemandes Kenntnis um ein regelungs- und bewertungsbedürftiges Problem handelt, wird nur im Blick auf Menschen nicht ohne weiteres deutlich, weil es geläufige und konsensfähige Alltagsvorstellungen darüber gibt, was "Kenntnis" bedeutet: einen auf bestimmte Umstände gerichteten Bewußtseinszustand. Jeder kann an sich selbst feststellen, wann das der Fall ist, nur der Beweis fällt schwer, wenn der mutmaßlich Wissende sich nicht als solcher offenbart. Einen Konflikt widerstreitender Ansichten, der rechtlicher Entscheidung bedürfte, gibt es selten oder gar nicht. Ähnlich verhält es sich mit dem Kennenmüssen. Weil die rechtserhebliche Kenntnis durchweg triviale Umstände betrifft[435], gibt es

---

[432] Sofern positive Kenntnis verlangt wird.

[433] Wenn (grob) fahrlässige Unkenntnis ausreicht.

[434] RGZ 88,4, *Giesberts* S.362.

[435] In dem Maße, in welchem das nicht der Fall ist - vor allem dann, wenn das Wissen um Leistungs- und Schadensvermeidungsmöglichkeiten betroffen ist -, treten "Kenntnis" und "Kennenmüssen" als subjektive Merkmale zugunsten entsprechender Wissensstandards

wenig Anlaß für Differenzierungen innerhalb des Fahrlässigkeitsbegriffs. Was "man" i.d.S. wissen muß, kann "man" auch hier jederzeit am durchschnittlichen Erkenntnisvermögen, also zuerst am eigenen orientieren, so daß der normative Aspekt der Sorgfalt nicht deutlich hervortritt.

Das ist aber nicht zwangsläufig oder von Natur aus so. Je mehr Informationsmöglichkeiten sich infolge der Entwicklung der Informationstechnologie auch für den einzelnen Menschen ergeben, desto häufiger wird es auch einander widerstreitende Erwartungen etwa dahingehend geben, ob nur die im Kopf oder auch die im Computer gespeicherten Daten als Kenntnis seines (oder ihres?) Besitzers gelten sollen[436]. Über deren Berechtigung wird entschieden, wenn es erforderlich erscheint, sich in einer bestimmten Hinsicht auf die Entscheidung dieses Konfliktes festzulegen, also zu sagen: "(Immer/regelmäßig/jedenfalls) dann, wenn ... "[437]. Die Entscheidung folgt auch hier nicht aus der Natur der Sache, was daran deutlich werden mag, daß man jedenfalls für das Prüfungsrecht nicht geneigt sein wird, Computerdateien oder im Rahmen der Ausbildung verfaßte Arbeiten als Wissen des Prüflings anzuerkennen.

2. Das Problem des rechtserheblichen Wissens von Organisationen

Schon im Ausgangspunkt anders ist es aber, was die Konsensfähigkeit des Wissens über Wissen angeht, im Blick auf Organisationen.

a) Wissenszurechnung bei natürlichen Personen und bei Organisationen

Dabei läßt sich zunächst die Frage nach dem Wissen resp. Wissenmüssen von derjenigen der Wissens-Zurechnung unterscheiden[438]. Die erste Frage bezieht sich auf das Verhältnis einer oder mehrerer natürlicher Personen zu ihrer Umwelt. Das Problem besteht in der Rekonstruktion dieses Verhältnisses vor dem Hintergrund des mit dem Wissensbegriff assoziierten Sinnzusammenhanges. Es ist zum einen ein tatsächliches - und damit beweisrechtliches - Problem. Es ist aber in dem Maße, in welchem auch hinsichtlich des Wissensbegriffs selbst Regelungsbedarf entsteht[439], ein materiellrechtliches und von der Funktion des Kenntnis-Tatbestandes her zu lösendes Problem. Die zweite Frage

---

zurück, weil der Bezug auf subjektive Umstände dem Gegner unzumutbar wäre, vgl. Teil B IV. 3.

436 Vgl. *Medicus*, Probleme, besonders Abschnitte III und V 3. b) bb); hierzu unten im Text unter IV. 5.

437 Vgl. Teil B IV. 2. a) a.E.

438 Vgl. *Taupitz*, Wissenszurechnung, S.16 (These 1), S.17ff. u.ö.

439 Vgl. Teil B IV. 2. a).

hingegen bezieht sich auf das Verhältnis mehrerer Personen zueinander[440]; sie steht vor einem rechtlichen Problem nur dann, wenn - kurz gesagt - der eine die erheblichen Umstände kennt (oder kennen muß), der andere hingegen nicht, der Wissensstand beider hingegen nach dem einschlägigen Kenntnis-Tatbestand in Betracht zu ziehen ist, weil beide in rechtlich relevante Weise an demjenigen Vorgang mitwirken, in dem es auf Kenntnis oder Kennenmüssen ankommt.

Dieses Zurechnungsproblem unterscheidet sich im Hinblick auf organisiertes Handeln von dem der Wissenszurechnung im Blick auf die nicht in einer wirtschaftlichen oder juristischen Einheit integrierte Kooperation natürlicher Personen. Weil der, der von bestimmten Umständen Kenntnis hat oder hätte haben müssen, mit rechtlichen Nachteilen zu rechnen hat, wenn er sich nicht so verhält, wie es für den Kenntnis-Fall angezeigt erscheint, ist es an sich ungerecht, ihn mit diesen Nachteilen zu belasten, wenn er selbst weder Kenntnis hatte noch hätte haben müssen, hingegen eine andere Person. Die Wissenszurechnung bedarf deshalb einer besonderen Rechtfertigung, die sich auf das Verhältnis des Unwissenden zum Wissenden bzw. fahrlässig Unwissenden stützen muß. Wenn nun die rechtlich relevante Kenntnis einer Organisation betroffen ist, weil sie - und nicht ihre Mitglieder - die aus der Kenntnis resp. dem Kennenmüssen folgenden rechtlichen Nachteile treffen, stellt sich nicht die Frage, ob sie diese Nachteile trotz *ihres* Unwissens treffen sollen. Die Frage ist vielmehr, auf wessen Kenntnis *oder* Unkenntnis es innerhalb des der Organisation angehörenden Personenkreises ankommen soll. Bei der Rechtfertigung dieser "Wissens- *oder* Nichtwissenszurechnung" ist neben dem Verhältnis des Wissenden und des oder der Unwissenden zur Organisation das Verhältnis der Beteiligten zueinander in Betracht zu ziehen. Die Problematik entspricht der einer Situation, in welcher für eine natürliche Person mehrere andere natürliche Personen handeln. Auch hier ist das Problem der Wissenszurechnung ein solches der Wissens- oder Nichtwissenszurechnung, das im Hinblick auf das Verhältnis aller Beteiligten untereinander zu lösen ist. Nur unterscheidet sich institutionalisierte von "gewillkürter" Arbeitsteilung typischerweise - unter anderem - dadurch, daß sie auf Dauer angelegt ist, eine Formalisierung der sozialen Beziehungen und eine themenspezifische "Versachlichung" der Kommunikation mit sich bringt. Dieser Unterschied wirkt sich auf die "Ordnung" der Kommunikation aus, und damit auf die Möglichkeiten der Informationsverarbeitung.

---

[440] Soweit sich "Kenntnis" auf persönliche Umstände bezieht, sind also Überschneidungen nicht ausgeschlossen.

b) Wissen und Wissenszurechnung bei Organisationen

Diese Unterscheidung zwischen Wissen und Wissenszurechnung wirft die Frage auf, ob es nicht möglich und angemessen ist, vom Wissen der Organisation selbst zu sprechen. Diese Option liegt um so näher, wenn man Wissen nicht als psychischen Zustand begreift[441]. Die eigentliche Frage ist aber m.E. nicht die, ob ein entsprechender Wissensbegriff möglich ist (das ist er zweifellos), sondern was mit ihm im Hinblick auf die Lösung des Wissens(zurechnungs)problems bei Organisationen gewonnen wäre.

Geht man davon aus, daß die Kenntnis-Tatbestände die Frage nach subjektiven Verhaltensdispositionen aufgrund des Vorhandenseins bestimmter Information stellen, kann man im Blick auf das Verhalten einer Organisation zwar zwischen ihr und ihren Mitgliedern, nicht aber zwischen den Möglichkeiten der Organisation einerseits, denen ihrer Mitglieder andererseits unterscheiden, weil die Verhaltensmöglichkeiten der Organisation mit den aus der organisierten Zusammenarbeit der Mitglieder sich ergebenden Verhaltensmöglichkeiten identisch sind. Die Organisation existiert zwar als Rechtssubjekt oder als Vermögen in mehr oder minder ausgeprägter Selbständigkeit gegenüber ihren Mitgliedern. Diese Selbständigkeit verhilft ihr aber nicht zu eigenständigen, vom Handeln ihrer Mitglieder *unabhängigen* Handlungsmöglichkeiten.

Das soll keine Absage an die Theorie der realen Verbandsperson sein. Die Subjektivierung nicht nur des Handelns, sondern auch des Wissens (also die Rede vom Wissen der Organisation/des Mitgliedes X) ist in *beiden* Hinsichten – Mensch und Organisation betreffend - keine von der Natur der Sache (der Organisation/des Menschen) diktierte Notwendigkeit, sondern von vornherein eine bestimmten sprachlichen und, allgemeiner, sozialen Konventionen unterliegende Zurechnung. Es besteht aber aus rechtlicher, enger: aus wissenszurechnungsdogmatischer Sicht keine Notwendigkeit, die Organisation selbst als wissend, als Subjekt des Wissens zu identifizieren. Denn auf das Wissen "der Organisation" kommt es dann, wenn sich die Frage stellt, gar nicht an, vielmehr – vor dem Hintergrund der gesetzlichen und dogmatischen Differenzierungen - auf das Wissen eines Verkäufers, Schuldners, Erwerbers etc., hinsichtlich bestimmter Umstände und bei bestimmten Gelegenheiten. Wichtig ist nur, daß die Organisation als Subjekt von Berechtigungen und Verpflichtungen, als Adressat bestimmter Verhaltenserwartungen von anderen - z.B. ihren Mitgliedern - unterscheidbar bleibt[442]. Das Problem der Anwendung der Kenntnis-Tatbestände auf organisiertes Handeln besteht nicht darin, über

---

[441] Vgl. Teil B IV. 2. a); zur Frage, welche Bedeutung Akten oder Datenbanken zukommt, s. unten IV. 5.

[442] Vgl. *H.J. Wolff*, Bd. I §§ 7-11, insbes. S.184ff., *Hutter/Teubner*, S.130f.

die Wissensfähigkeit oder das Wissen der Organisation als Subjekt zu entscheiden, sondern über die Berechtigung von Verhaltenserwartungen, soweit sie an Organisationen adressiert und *nur* für den Fall der Kenntnis oder (grob) fahrlässigen Unkenntnis berechtigt sind. Dieses Problem als solches der Zurechnung des Wissens einzelner - u.U. mehrerer - Personen zu sehen, ist nichts weiter als eine Konzession an den Sprachgebrauch. Weil ein auf einzelne Menschen bezogener Sprachgebrauch auch unter Organisationsmitgliedern und Juristen geläufig ist, würde es schwer fallen, den Vertretern der Organisation im Prozeß zu erklären, daß es überhaupt nicht auf "ihr" Wissen oder das irgend eines Organisationsmitgliedes ankommt, sondern auf das der Organisation. Diese Konzession ist legitim, wenn mitbedacht wird, daß nicht über die Rechtsverhältnisse einzelner Personen, sondern über die der Organisation zu urteilen ist, und wenn man im Auge behält, daß sich mit dem Sprachgebrauch die Begriffsfassung nicht nur ändern könnte, sondern, wenn man "Wissen" resp. "Kenntnis" mit Binnenperspektive übersetzt, auch ändern müßte.

Vor diesem Hintergrund und angesichts der Funktion des Kenntnis-Tatbestandes besteht das Problem der Wissenszurechnung im Hinblick auf Organisationen also darin, konkrete Handlungsdispositionen organisierten, arbeitsteiligen Handelns ausfindig zu machen. Dieses Problem ist mit denjenigen Problemen eng verknüpft, mit welchen die einzelnen Kenntnisnormen konfrontiert sind, weil diese vorgeben, zu welchem Zweck, inwiefern und bei welcher Gelegenheit es jeweils auf Kenntnis ankommt. Das Wissenszurechnungsproblem bei Organisationen ist von den Problemen des Tatbestandszusammenhanges also nicht zu trennen, wohl aber zu unterscheiden. Es besteht, isoliert betrachtet, darin, die Anwendung der Kenntnis-Tatbestände für Handlungsmöglichkeiten organisierten Handelns zu sensibilisieren, ohne, wie beim einzelnen Menschen, mit der Unterstellung einer psycho-physischen Integration von Wissen und Handeln arbeiten zu können, und ohne, wie beim einzelnen Menschen, einen mutmaßlichen empirischen Durchschnitt als Maßstab zugrundelegen zu können, weil es diesen ganz offensichtlich nicht gibt. Man weiß nicht, wie Organisationen üblicherweise wissen.

c) Notwendigkeit einer Berücksichtigung der Bedingungen organisierter Informationsverarbeitung

Wenn es um subjektive Handlungsmöglichkeiten einer Organisation geht, muß diese Frage nach dem "Wie" des organisierten Wissens gestellt werden. Der Rückgriff auf die Empirie des Organisationswissens ist unausweichlich, weil den Wertungen, die die Kenntnis-Tatbestände zum Ausdruck bringen, empirische Annahmen darüber zugrundeliegen, wie es um die Möglichkeiten der Koordination von Information und Verhalten desjenigen bestellt ist, um dessen Kenntnis es geht. Kenntnis-Tatbestände sensibilisieren für subjektive Verhaltensmöglichkeiten und machen sie für Nachteils- oder Risikozuweisungen verfügbar. Die Aktualisierung dieser Verhaltensmöglichkeiten steht unter einem Zumutbarkeitsvorbehalt[443], der einerseits ganz gezielt an das Vorhandensein bestimmter Information anknüpft, andererseits aber dieses Vorhandensein auch ausreichen läßt. Beim Kennenden wird, sofern es sich dabei um eine natürliche Person handelt, eine entsprechende - psychische, physische und nicht zuletzt im sozialen Kontakt erworbene - Verhaltensdisposition unterstellt. Soweit reicht die empirische Prämisse. Die einer derartigen Disposition im Detail und im Einzelfall zugrundeliegenden psycho-physischen und sozialen Strukturen interessieren hingegen nicht. "Kenntnis" genügt[444], sofern nicht Verschuldensfragen berührt sind. Die Komplexität des Sachverhalts wird für rechtliche Zwecke auf die Annahme reduziert, daß die Kenntnis eines bestimmten Umstandes typischerweise Anlaß zu einem bestimmten Verhalten gibt, zu einem bestimmten Verhalten disponiert, und zwar eben zu jenem Verhalten, das den Planmäßigkeitsvorgaben der einzelnen Rechtsverhältnisses Rechnung trägt. Diese Annahme bleibt in ihrer Funktion als Ausgangspunkt für Wertungen, für Risikozuweisungen, weitgehend resistent gegen solche Informationen über ihren Gegenstand, die, wenn es um eine andere als die rechtliche Perspektive ginge, ihre Abänderung oder gar Aufhebung angebracht erscheinen ließen. Gewissensnöte, Motivationsschwächen, fehlende Bildung und andere Defizite der Binnenorganisation bleiben außer Betracht. Wer weiß, daß die Sache, die er erwerben will, dem Veräußerer nicht gehört, und sie gleichwohl erwirbt, wird auch dann nicht Eigentümer, wenn er den Veräußerer für verfügungsbefugt hält[445], wenn er eigentlich nicht erwerben will, sich aber überreden läßt, oder aus anderen, an sich plausiblen Motiven nicht vom Erwerb absehen kann oder will.

Im Blick auf den einzelnen Menschen kann sich diese Verhaltenszumutung - der das Recht des anderen entspricht, ein solches Verhalten erwarten zu dürfen - auf die empirisch plausible Annahme einer psychisch integrierten Einheit von Informiertheit und Handlungsmotivation stützen. Wer bestimmte Umstände kennt oder angesichts der Umstände kennen muß, wird behandelt, als könne er sich in der geforderten Art und Weise verhalten, und mit Nachteilen belastet, wenn er sich anders verhält. Im Blick auf Organisationen hingegen geht diese Annahme einer gleichsam natürlichen Verhaltensdisposition für den Fall des Vorhandenseins der Information ins Leere, wenn der aktuell Handelnde nicht

---

443 Vgl. Teil B IV. 3. f).

444 Vgl. auch, zu § 852 BGB, den Diskussionsbeitrag von *Steffen*, in *Klingmüller*, Hg., Möglichkeiten der Wissenszurechnung, S.32: "(...) bisher haben wir es immer genügen lassen, daß der Geschädigte die tatsächlichen Kenntnisbausteine hat, und ob er nun richtig mit diesen Baustoffen umgeht und verfährt, das fragen wir ihn nicht.".

445 Ausnahme - im BGB - in § 2129 II.

der Wissende oder fahrlässig Unwissende ist. Andererseits steht hinter dem aktuell Handelnden nicht lediglich eine weitere natürliche Person, sondern "die Organisation" mit all ihren Informationsmöglichkeiten und -problemen.

Die anhand der Kenntnis-Tatbestände intendierte gesetzliche Wertung beruht also auf empirischen Annahmen über die Möglichkeiten der Koordination von Wahrnehmung und Verhalten. Organisationen hingegen unterscheiden sich hinsichtlich der Möglichkeiten solcher Koordination von einzelnen Menschen. Deshalb muß man nach den Bedingungen fragen, unter denen im Hinblick auf eine Organisation davon gesprochen werden kann, daß aufgrund des Vorhandenseins bestimmter Information ein bestimmtes Verhalten von ihr erwartet werden durfte, wobei zunächst einmal gleichgültig ist, ob man dieses "Verhalten" als solches der Organisation selbst, oder als ihr lediglich zuzurechnendes Verhalten einzelner Menschen ansieht. Wenn man annimmt, daß es anhand der Kenntnis-Tatbestände just darum geht, die Rechtsfindung für solche subjektiven Handlungsdispositionen zu sensibilisieren, heißt das für die Dogmatik der Wissenszurechnung, daß sie die internen Relevanzstrukturen einer Organisation, also deren Arbeitsteiligkeit, nicht ignorieren darf, sondern zugrundelegen muß, weil Arbeitsteilung gleichermaßen Bedingung organisationaler Informationsverarbeitung und organisierten Handelns ist[446].

Dieser Ausgangspunkt unterscheidet sich von vertretungsrechtlichen Ansätzen dadurch, daß er die Wissenszurechnung als allgemeineres, über Vertretungsfragen hinausreichendes und deshalb nicht vertretungsrechtlich zu qualifizierenden Problem auffaßt. Von den Ansätzen, die vermeintliche Risiken der Arbeitsteilung herausstellen und aus Arbeitsteiligkeit eine Verkehrspflicht zu ordnungsgemäßer Kommunikation herleiten, unterscheidet er sich durch eine Anknüpfung der Wissenszurechnung an verschiedene Formen der Verantwortlichkeit für bestimmte Vorgänge, in der Annahme, daß dies der Funktion des Tatbestandsmerkmals der Kenntnis entspricht. Soweit Kenntnis entscheidungsrelevant ist, geht es eben nicht um den anhand objektiver Kriterien zu bewerkstelligenden Schutz eines anderen vor einer spezifischen Übermacht seines Gegners - ganz abgesehen davon, daß ja im Verhältnis von Organisationen zueinander ebenfalls Wissenszurechnungsfragen auftauchen können -, sondern um eine Subjektivierung der Wertungskriterien mit allen für den Gegner hieraus erwachsenden Risiken. Wenn es darauf ankommt, ob eine Organisation Kenntnis bestimmter Umstände hat, heißt dies für sie: Wir müssen uns von Rechts wegen um diese Umstände nicht kümmern, niemanden zur Beobachtung abstellen, nicht nachfragen und auch sonst nichts unternehmen, was Zeit und

---

446 Vgl. nur *Luhmann*, Funktionen und Folgen S.194: "Sobald soziale Systeme Informationen in einem Umfang verarbeiten müssen, der die Aufmerksamkeitsspanne des Einzelmenschen sprengt, müssen die Aufgaben geteilt werden."

Geld kosten könnte; aber wenn uns gleichwohl - zufällig, oder weil wir uns gekümmert haben - etwas auffällt, müssen wir dies oder jenes tun, wenn wir nicht mit rechtlichen Nachteilen rechnen wollen. Wenn (grob) fahrlässige Unkenntnis ausreicht, heißt dies: Wir müssen uns auch hier nicht grundsätzlich kümmern, dürfen uns aber andererseits auch nicht Dinge entgehen lassen, die man bei normaler Aufmerksamkeit und ohne unzumutbaren Kostenaufwand ohne weiteres mitbekommt, wenn man nur will. Für den Gegner hingegen bedeuten "Kenntnis" oder "Kennenmüssen": Meine (unsere) Rechtsstellung kann von Umständen abhängen, die ich (wir) nicht vorhersehen kann (können) und die schwer zu beweisen sind, wenn ich (wir) nicht selbst für die Verbesserung meiner (unserer) Rechtsstellung Sorge trage(n). - Das ist die Konsequenz einer in weiten Teilen wohlausgewogenen und problemangemessenen gesetzlichen Interessenwertung. Genau dieses Risiko - daß der, auf dessen Kenntnis es ankommt, von diesen Umständen keine Kenntnis hat, weil er sich nicht dafür interessiert, nicht darum gekümmert, sie vergessen hat etc. -, trägt ja der Gegner auch dann, wenn der Betreffende eine natürliche Person ist. Und auch im Hinblick auf Organisationen ist es so, daß sich die Ungewißheit des Gegners auf die Alternative beschränkt, daß es die Organisation weiß oder nicht, ohne daß sich empirisch sagen ließe, welcher Fall der Wahrscheinlichere wäre. Man wird sogar annehmen können, daß Organisationen häufiger dergestalt über die rechtserhebliche Information verfügen, daß man sie - auch nach den hier vorgeschlagenen Kriterien[447] - im Rechtssinne als wissend oder (grob) fahrlässig unwissend ansehen kann, als es bei einzelnen Menschen der Fall ist, weil Organisationen planmäßiger und mit größerem Aufwand bemüht sind, die auch für sie relevante Information zu erlangen, zu behalten und zu aktualisieren[448], und weil bei aller notwendigen Selektivität Arbeitsteilung gerade nicht Komplettabschottung bedeutet. Daß es aus anderen Gründen als mit ausschließlicher Rücksicht auf die Interessen des unmittelbaren Gegners eines zusätzlichen Anreizes bedarf, just diejenige Information zu organisieren, auf die die Kenntnis-Tatbestände abstellen, muß bezweifelt werden. Hier liegt der entscheidende Unterschied zu solchem Wissen, das etwa die Qualität von Produkten und Dienstleistungen im weitesten Sinne betrifft oder der Gefahrvermeidung im Hinblick auf Leben und Gesundheit Dritter dient. Schließlich kommen sowohl die organisationsspezifische Tendenz zur "Fixierung" erheblicher Information, zu Dokumentationszwecken und zum allfälligen Gebrauch, sowie die Tatsache, daß mehrere mutmaßliche Wissensträger als Zeugen in Betracht kommen, den etwaigen Darlegungs- und Beweisschwierigkeiten des Gegners entgegen. Die Suche nach dem rechtlich relevanten Wissen einer

---

[447] Vgl. unten IV.

[448] Vgl. *Röhl*, FS Stiefel, S.587f. (= *ders.*, Organisation S.279f.).

Organisation hat also von vornherein erheblich mehr Anlaufstellen, als dies im Blick auf natürliche Personen der Fall ist[449]. "Gleichstellung" des Bürgers[450] hieße vor diesem Hintergrund: Schlechterstellung des Bürgers.

Im Ergebnis heißt das, daß die Frage, ob eine Organisation bestimmte Umstände kannte oder hätte kennen müssen, von Fall zu Fall unterschiedlich zu beantworten sein wird, und eben dies entspricht der Funktion des Tatbestandsmerkmals der Kenntnis[451].

II. Organisationswissen

1. Organisationswissen aus organisationstheoretischer Sicht

Die Wissenszurechnung stellt sich nach dem zuvor Gesagten als Rechtsproblem vor allem auch deshalb dar, weil sich die durch den Bezug auf Bewußtseinszustände gebündelten Assoziationen zum Wissensbegriff auf Organisationen nicht übertragen lassen. Zwar wissen selbstverständlich auch hier die einzelnen Menschen das, was ihnen bewußt ist, aber die Wissensmöglichkeiten der Organisation sowie die hieraus resultierenden Handlungsmöglichkeiten sind damit offenbar nicht erschöpft.

Verläßt man den Bereich der juristischen Alltagstheorie, geraten nicht nur Konzepte spezifisch organisationellen Wissens in den Blick, sondern auch solche, die das Wesentliche einer Organisation gerade in der Wissensproduktion sehen. Bei diesen im folgenden kurz vorzustellenden Konzepten wird insbesondere deutlich, daß das Problem des "Organisationswissens" kein Problem der Ordnung von Bewußtseinszuständen ist, sondern ein Problem der Kommunikation über den Inhalt und den Verlauf von Kommunikationen. Ganz evident ist ja, daß sich das für die Herstellung und den Vertrieb etwa eines Kraftfahrzeuges erforderliche Wissen nicht in den Köpfen einzelner Unternehmensmitglieder befindet; umgekehrt stehen Begriffe wie Technologie, Know-How und Wissenschaft für bestimmte Wissensformen, die ohne Organisation gar nicht zu denken

---

449 Ähnlich *Grunewald*, FS-Beusch S.306, vgl. auch *Medicus*, Probleme, S.13, in Anspielung auf die "Auge und Ohr"-Entscheidung des BGH (NJW 1988,973): "(Organisationen) haben ja unter Umständen viele tausend "Augen und Ohren". Daher können sie viel mehr wahrnehmen, als ein einzelner Mensch das je vermöchte."; ähnlich BGH NJW 1992, 1099: eine als Grundstücksverkäuferin auftretende Privatperson besäße nicht die Information, welche eine Gemeinde aufgrund ihrer öffentlichen Aufgaben erlangt.

450 Vgl. Teil A III. 6.

451 Vgl. Teil B IV. 2. a) und 3.

sind[452]. Sicherlich: Organisationen können nur *dann* relevante Information für sich produzieren, *wenn* die involvierten Menschen denken und wahrnehmen. Insofern ist psychisches Bewußtsein Bedingung der Möglichkeit organisationellen - wie jeden anderen - Wissens. Aber sie können dies nur, wenn diese psychischen Systeme gewissermaßen aus sich heraustreten, sich an Kommunikationen beteiligen[453]. Eine Organisation verfügt als soziales System ebensowenig über das Wissen ihrer Mitglieder, wie diese in ihrem Bewußtsein über das Wissen der Organisation verfügen, weil die Möglichkeiten nicht über ihre Bedingungen disponieren können. Die strukturelle Kopplung[454] von Bewußtsein und Kommunikation ist für die Organisation zugleich eine Chance und ein Risiko. Einerseits können sich durch Organisation Programme, Rollen und Routinen etablieren, die eine Informationsverarbeitung weitgehend unabhängig vom individuellen Beitrag der je involvierten psychischen Systeme nach organisationseigenen Kriterien erlauben[455]. Andererseits kann durch Organisation weder gewährleistet noch kontrolliert werden, daß bzw. ob die einzelnen Menschen so denken, daß diese Kriterien Beachtung finden.

Die ältere Organisationstheorie hat hierin, soweit sie sich mit Wirtschaftsorganisationen auseinandersetzte, zunächst ein durch die Aufgabe der Gewinnmaximierung vorgegebenes Problem gesehen, das durch zentrale, zweckmäßig und wissenschaftlich geplante Betriebsführung (*F.Taylor*) zu lösen sei, sodann, unter derselben Prämisse[456], auf die Notwendigkeit des Ausgleichs vorhandener Zielkonflikte durch die Motivierung der Arbeitnehmer hingewiesen. Diese Sichtweise interpretiert die organisationellen Kommunikationsstrukturen vor dem Hintergrund von Konflikten zwischen individuellen bzw. kollektiven Zielsetzungen einerseits, organisationseigenen Zwecken und solchen der einzelnen Organisationsmitglieder andererseits. Etwas verkürzt formuliert, stellt

---

452 Vgl. *Willke* S.231 und S.297. Zum "Wissensmanagement der Organisation" ebd. Kap. 7.3. (S.287ff.).

453 Vgl. hierzu *Baecker* S.56: "(...) für das Lernen in Unternehmen (ist) ausschlaggebend (...), daß Unterschiede überhaupt erst einmal zum Einsatz gebracht werden müssen, damit man sie zur Kenntnis nehmen und geben muß, um mit ihnen umgehen zu können. Und dieser Einsatz von Unterschieden läuft ab auf der Ebene von Kommunikation, ob man sich dessen bewußt ist oder nicht. Die Unterschiede, die ein Unternehmen ausmachen, bestätigen sich oder verändern sich auf der Ebene der Kommunikation." Grundsätzlich zur strukturellen Kopplung psychischer und sozialer Systeme *Luhmann*, Wissenschaft der Gesellschaft, Kap. 1, *ders.*, in: Bewußtsein, S.37ff.

454 Hierzu ebenfalls *Luhmann*, a.a.O. (vorige Fn.).

455 Vgl. *Willke* S.300f.

456 Die Übereinstimmung der "klassischen Strukturalisten" (Fayol, Weber, Taylor) und des *Human-Relation*-Ansatzes (Roethlisberger/Dickson, Mayo) in diesem Punkt betont *Theis* S.127f.

sich die Informationsverarbeitung in Organisationen aus dieser Perspektive dar als eine im wesentlichen der Organisationsspitze obliegende Aufgabe der Übermittlung relevanter Information an die richtige Stelle, wobei die Übermittlung im einen Fall im Wege der Anordnung, im anderen Fall durch Anreize zu effektivem Verhalten der Organisationsbasis führen soll.

Neuere Theorien[457] setzen an die Stelle der leitenden Unterscheidungen zwischen Individuum und Organisation bzw. Unternehmer und Arbeitnehmer die Unterscheidung zwischen System und Umwelt. Sie betonen und beschreiben die Möglichkeit dezentral wirkender kognitiver Strukturen selbstorganisierender Systeme, die weder in Hierarchiemodellen, noch anhand der polarisierenden Unterscheidung zwischen Organisation vs. Individuum oder Unternehmer vs. Arbeitnehmer erklärt werden können. Aus einer solchen Perspektive läßt sich zum einen die Möglichkeit spezifisch organisationalen Lernens untersuchen (*Nonaka*, *v.Knyphausen*, *Pawlowsky*[458]), zum anderen kann man den "Prozeß des Organisierens" (*Weick*, *Weick/Roberts*[459]) überhaupt als einen sich selbst tragenden Vorgang der sozialen Konstruktion einer eigenen, eben organisationseigenen Wirklichkeit begreifen[460]. Die genannten Ansätze zu einer Beschreibung des Prozesses, der zu organisationseigenem Wissen im Sinne der Fähigkeit zu kontinuierlicher Innovation einerseits, im Sinne der Konstruktion einer spezifischen Organisationswirklichkeit andererseits führt, bedienen sich im wesentlichen des evolutionstheoretischen Schemas von Variation, Selektion und Retention (oder Stabilisierung). Ausdrücklich an diesem Schema orientiert sich *Weick*, der von Gestaltung, Selektion und Retention spricht und dabei Kommunikationsregeln ins Auge faßt, deren Anwendung im Organisationsprozess eine organisationseigene Realität hervorbringt. Ähnlich beschreibt

---

457 Vgl. den Überblick bei *Theis*, Kap. 3.6. (S.165ff.) sowie *Willke*, Kap. 7.3. (S.286ff.).

458 Siehe Literaturverzeichnis; vgl. auch *Willke* S.287ff.

459 Siehe Literaturverzeichnis.

460 Vgl. *Weick* S.12: "Organisieren ist zuallererst gegründet auf Einigungen darüber, was Wirklichkeit und was Illusion ist, (...)", vgl. auch S.129 über das "Denken in Kreisen": "Die meisten "Dinge" in Organisationen sind in Wirklichkeit Beziehungen, in systematischer Weise miteinander verbundene Variablen. Die Ereignisse hängen daher von der Stärke dieser Verbindungen, der Einflußrichtung und der Zeit ab, die Informationen in der Form von Unterschieden benötigen, um die Zyklen zu durchlaufen. Das Wort *Organisation* ist ein Mythos. Wenn Sie nach einer Organisation suchen, werden sie sie nicht finden. Was Sie finden, ist, daß miteinander verbundene Ereignisse vorliegen, die durch Betonwände hindurchsickern; und diese Sequenzen, ihre Pfade und ihre zeitliche Ordnung sind die Formen, die wir fälschlich in Inhalte verwandeln, wenn wir von Organisationen reden. Ebenso wie die Haut eine irreführende Grenze für die Markierung des Punktes ist, wo eine Person aufhört und die Umwelt anfängt, sind es auch die Wände einer Organisation. Die Ereignisse innerhalb von Organisationen und Organismen sind in Kausalkreise eingebunden, die über dies künstlichen Grenzen hinausreichen."

Pawlowsky[461] das Zustandekommen und die Transformation der organisationalen Wissensbasis im Modell eines Lernzirkels, der durch das ineinandergreifende Verhalten der Organisationsmitglieder in Gang kommt und die Stadien Identifikation, Integration, Kommunikation, Reflexion und Modifikation durchläuft:

"Einzelne Personen verlassen Organisationen, Vorstände wechseln, unternehmenspolitische Leitlinien, Führungsgrundsätze, Kulturen und Werthaltungen ebenso wie Kenntnisse über spezifische Arbeitsabläufe aber überdauern zumeist den personellen Wechsel. Sie transzendieren das Individuum und werden im organisationalen "Gedächtnis" gespeichert. .. Jede Organisation hat einen solchen Bestand an überliefertem "Rezeptwissen", das heißt "Wissen", das die institutionseigenen Verhaltensvorschriften mit Inhalt versorgt. .. Damit ist dieses Wissen der Organisation zugleich das, was an "Gewißheit" von den Organisationsmitgliedern über die relevante Wirklichkeit geteilt wird. ... Voraussetzung dafür ist, daß dieses Wissen kommunizierbar, konsensfähig und integrierbar ist."[462]

Auch *Nonaka* sieht die "*knowledge-creating-company*" im wesentlichen als einen zirkulären Interaktionsprozeß: Die Organisation der Kommunikationsstrukturen des Unternehmens setzt, wenn sie gut organisiert ist, eine "Spirale des Wissens" in Bewegung, die der Organisation die individuellen Kenntnisse und Fertigkeiten (das "*tacit knowledge*"[463]) ihrer Mitglieder zuspielt, diese ihrerseits wieder ohne Einschränkung am derart zu organisationseigenem "*explicit knowledge*" gewordenen Know-How partizipieren läßt und in dieser Weise zu neuen Innovationen inspiriert:

"A brilliant researcher has an insight that leads to a new patent. A middle manger's intuitive sense of market trends becomes the catalyst for an important new product concept. A shop-floor worker draws on years of experience to come up with a new process innovation. In each case, an individual's personal knowledge is transformed into organizational knowledge valuable to the company as a whole."[464]

Ein ähnliches Konzept entwickelt *Malsch*[465], der von zyklischen, ineinandergreifenden, aber analytisch unterscheidbaren Phasen des Transformationsprozesses von Erfahrungs- in Planungswissen ausgeht. Er unterscheidet Wissensgewinnung, Wissensobjektivation oder Verwissenschaftlichung und Wissensrückkehr. In einer ersten Phase wird Erfahrungswissen selektiv erhoben, beob-

---

461 S.201ff., S.214.

462 S.202f.

463 In Anlehnung an den Begriff des impliziten Wissens von M.*Polany* (Implizites Wissen, dt. Ausgabe Frankfurt am Main 1985): "We can know more than we can tell.", a.a.O. (s. Literaturverzeichnis) S.98.

464 (S. Literaturverzeichnis) S.97.

465 Siehe Literaturverzeichnis.

achtet oder abgefragt und schriftlich fixiert oder elektronisch gespeichert. Dies ist die Phase der Wissensgewinnung[466]. In einer zweiten Phase erfolgt die systematische Entfaltung des abgespeicherten Erfahrungswissens und dessen Transformation in kontextfreies Planungswissen, die dritte Phase schließlich beinhaltet die Übersetzung des objektivierten Wissens in Anwendungswissen und seine Rückkehr in den Produktionsprozeß.

Die Basis der wissenserzeugenden Prozesse ist bei all diesen Konzepten das ineinandergreifende, aufeinander Bezug nehmende Verhalten der Organisationsmitglieder, Kommunikation also, die organisationsspezifische Themen aufwirft, anhand bestimmter Kriterien ordnet und traktiert, verwirft oder für gelegentliches Wiederabrufen dem Gedächtnis der Organisation zur Verfügung stellt, wobei als Gedächtnis hier nicht ein Speicher zu denken ist, vielmehr eine Form der Organisation von Kommunikation durch diese selbst, welche die Wahrscheinlichkeit des Aufgreifens bestimmter Themen erhöht[467]. Solche Situationen, in denen unterschiedlichste Kommunikationsabläufe gleichsam in der Art eines Spiels durchlaufen werden, dessen Spielregeln nicht jederzeit mitthematisiert werden müssen, werden sich in jeder Organisation in verschiedenen Varianten finden. In dem Maße, in welchem Kommunikationsverläufe in Organisationen in dem Sinne reflexiv verlaufen, daß sie durch Selbstbeobachtung die Fähigkeit zur Selbststeuerung entwickeln, kann man von organisationseigenen kognitiven Strukturen sprechen, die organisationelles Lernen ermöglichen[468]. Hier drängen sich dann auch Begriffe auf, die traditionell der Beschreibung individuellen menschlichen Verhaltens dienen: *Weick/Roberts* bezeichnen das "*heedful interrelating of actions*" als den *collective mind* der Organisation, *"to be found in patterns of behavior rather than in individual knowledge"*[469], *Nonaka* findet daneben im

"collective sense of identity and fundamental purpose (...) the organizational equivalent of self-knowledge - a shared understanding of what the company stands for, where it is going,

[466] "Es existiert danach auf zweifache Weise, nämlich im Arbeiterkopf und in schriftlicher oder elektronischer Vergegenständlichung."

[467] Vgl. hierzu bereits *H.A.Simon*, S.60f., außerdem *Weick*, S.293ff. ("Retention und Organisieren") und *v.Foerster*, S.299ff. Die Gefahr, daß "Organisationen deshalb scheitern, weil sie zu vieles zu lange im Gedächtnis behalten und zu oft so viele Dinge so zu tun, wie sie sie schon immer getan haben" und die Notwendigkeit des Diskreditierens betont *Weick*, S.320ff.

[468] Daß es sich hierbei nicht um Wissensanhäufung durch eine zentrale Instanz ("die Organisation") handelt, sondern um einen dezentralen, auf ein Beobachten von Beobachtungen und "Diskreditieren" i.S. von *Weick* (S.306ff.) angelegten Prozeß der Selbstthematisierung betont auch *Ladeur*, S.184ff.

[469] A.a.O. (Fn. 459), S.360.

what kind of world it wants to live in, and, most important, how to make that world a reality."[470] -

In beiden Fällen liegt es nahe, diese Beschreibungen als suggestive Metaphern abzutun. Aber ein solcher Vorwurf würde die Frage nach der Grenzziehung zwischen Metaphern und "authentischen" Beschreibungen aufwerfen und wäre nur dann gerecht, wenn die anhand dieser Beschreibung bezeichneten Gegenstände selbst in Erscheinung treten und bestimmte Begriffe für sich reservieren könnten. Das ist aber ausgeschlossen.

2. Der Ertrag organisationstheoretischer Wissensbegriffe für die Wissenszurechnung bei Organisationen

Die geschilderte organisationstheoretische Perspektive, aus der die Entstehung organisationsspezifischen Wissens beschrieben wird, unterscheidet sich nun von der rechtlichen vorab insofern, als sie nicht danach fragt, ob Wissen resp. Wissenmüssen der Fall ist oder nicht. Sie fragt, was Organisieren bedeutet, und wie man sich vorstellen kann, daß Organisationen lernen. Schon die "harte" Unterscheidung zwischen Wissen und Nichtwissen, die aus rechtlicher Sicht notwendig ist, weil davon die Entscheidung z.B. über Haftung oder Nicht-Haftung abhängt, wäre aus einer organisationstheoretischen Perspektive unangebracht. Auch geht es hier, teils ganz explizit und in therapeutischer Absicht um *know-how* und Innovation, um die Früherkennung von Marktchancen oder um organisationsinterne Motivations- und Führungsprobleme. Organisationstheorie und Organisationslehre interessieren sich nicht dafür, wann etwa eine Bank weiß, daß ein Kunde einen Scheck gestohlen hat, daß ein Grundstück kontaminiert ist oder das Grundbuch nicht stimmt.

Trotzdem läßt sich aus dieser Perspektive etwas für die Wissenszurechnungsfrage lernen. Denn sie verdeutlicht, wie ein Unternehmen das Wissen um Scheckberechtigungen, Registerinhalte oder Grundstücksmängel organisieren kann.

a) Kommunikationsabhängigkeit des Organisationswissens

Dabei muß zunächst betont werden, daß man auch in Organisationen über Information nicht verfügen, sie weder speichern noch überhaupt dinglich angehen kann, auch wenn sich ein entsprechender Sprachgebrauch eingebürgert hat. Dieser Sprachgebrauch ist unschädlich, wenn man dort, wo es darauf ankommt, mitbedenkt, was sinnvollerweise gemeint sein kann. Die Vorstellung der Verfügbarkeit ist, soweit die Wissenszurechnungsprobleme betroffen sind,

---

470 A.a.O. (Fn. 458) S.97. In eine ähnliche Richtung auch *Pawlowsky*, S.202.

folgenreich, weil der Verfügungsgedanke die Frage nach der "Verfügungsmacht" aufwirft und jedenfalls diese im Blick auf Organisationen eindeutig fixierbar ist. Wenn die Organisationsleitung schon - siehe das Arbeitsteilungsargument - nicht imstande ist, die wichtigen Dinge selbst zu wissen, muß sie wenigstens - siehe das Kommunikationspflichtenargument - dafür sorgen, daß sie dort gewußt werden, wo es darauf ankommt, also Anordnungen treffen, Speicher und Kanäle einrichten, auf daß Information, anderen Gütern gleich, gelagert werden und zirkulieren kann. Auf den ersten Blick einleuchtend ist aber, daß Gehirne nichts enthalten (speichern), was man im Wege der Verfügung übertragen könnte[471]. Auch Bücher und elektronische Datenbanken enthalten weder Informationen noch Wissen, sondern bedrucktes Papier bzw. Metalle und Kunststoff[472]. Information und Wissen sind vielmehr Aspekte sinnhafter Kommunikation. Als solche sind sie angewiesen auf im wesentlichen sprachlich vermittelte Prozesse des Mitteilens und Verstehens im Vollzug von Kommunikation, die je aktuell Information erzeugt, und die zwar natürlich ohne Kommunikationsteilnehmer, die bei Bewußtsein sind, nicht stattfindet, sich andererseits aber in Bewußtseinstätigkeit offensichtlich nicht erschöpft[473].

Der Verweis auf die Kommunikationsabhängigkeit des Wissens erklärt einerseits die Wissensfähigkeit von Organisationen jenseits der Bewußtseinsleistungen ihrer jeweiligen Mitglieder. Andererseits läßt er die Möglichkeiten der Organisation des Wissens in anderem Licht erscheinen, als es verdinglichende Metaphern suggerieren. Daß Kommunikation stattfindet, mit welchem Inhalt, welcher Bedeutung und welchem Ergebnis für weitere Kommunikation unter den Beteiligten, kann man nicht so anordnen, ob und wie sie stattfindet, läßt sich nicht so organisieren, wie man die Bewegung von Gegenständen anordnet bzw. organisiert.

b) Arbeitsteilung als Voraussetzung organisierter Wissenserzeugung

Wesentliche Voraussetzung für die Erzeugung des organisationsspezifischen Wissens ist Arbeitsteilung. Arbeitsteilung bedeutet trotz aller Synergieeffekte nicht, daß spezifische Handlungsmöglichkeiten im Kollektiv, also überall gleichermaßen vorhanden wären. Arbeitsteilung bedeutet vielmehr, daß bestimmte Güter oder Dienstleistungen produziert bzw. erbracht werden können, die ein Einzelner nicht erbringen kann. Dies wiederum ist nur möglich, wenn nicht alle dasselbe tun und wissen, sondern jeder etwas anderes, wenn also der Gesamtablauf in einzelne Handlungs- und Wissenszuständigkeiten zerlegt wird.

---

471 *G.Roth* S.104ff., S.111.

472 Vgl. nur *R.Kramer* S.19ff. und *v.Foerster* S.269ff.

473 Vgl. nochmals *Luhmann*, a.a.O. (Fn. 453), zum Begriff der Kommunikation als Einheit von Information, Mitteilung und Verstehen *ders.*, Soziale Systeme, Kap. 4, S.191ff.

Arbeitsteilung und die mit ihr einhergehende Spezialisierung sind demnach eine Gewähr dafür, daß einzelne Personen oder Abteilungen bestimmte Themen permanent und nachhaltig behandeln und so das Wissen um die Behandlung dieser Themen perfektionieren können, weil sie von der Behandlung anderer Themen freigestellt sind. Diese Entlastung ist eine Bedingung dafür, daß Organisationen Wissen über diese Themen erwerben und vertiefen können. Wenn man sich informiert, also etwas wissen will, heißt dies, daß man damit rechnet, seinen Blick auf die Dinge in einem bestimmten Punkt - eben aufgrund der Information - zu revidieren. Damit geht Unsicherheit einher, die tragbar wird, wenn sie sich auf die Revisibilität bestimmter Annahmen beschränkt. Man kann nicht alles auf einmal in Frage stellen. Diese Unsicherheit ist zudem um so weniger tragbar, je größer die Handlungsrelevanz der Annahmen ist. Die Beibehaltung von Handlungsfähigkeit geht mit der Notwendigkeit einher, bestimmte Fragestellungen außer Acht zu lassen, also sich entweder gar nicht mit ihnen zu beschäftigen, oder auf die Richtigkeit bestimmter Annahmen oder Mitteilungen zu vertrauen[474], in jedem Fall also auf Information zu verzichten. Arbeitsteilung sorgt dafür, daß Information, die das System Organisation im Kontakt mit seiner Umwelt erzeugt, nicht überall im System gleiches Gewicht hat. Sie garantiert auf diese Weise sowohl die Handlungsfähigkeit der Organisation, also auch ihre Fähigkeit zur Wissenserzeugung.

Formulierung und Anwendung rechtlicher Regeln auf organisiertes Handeln werden durch diesen Befund nicht präjudiziert. Organisationstheorie und -lehre traktieren organisationstheoretische und organisationseigene Probleme, nicht Rechtsprobleme. Aber eine Regel, deren Funktion darin besteht, Handlungsspielräume der am Rechtsverkehr beteiligten Personen jenseits objektiver Bindungen auszuloten, indem sie auf deren Wissensstand abstellt, muß, wenn das Wissen einer Organisation in Rede steht, die Bedingungen zur Kenntnis nehmen, unter denen organisiertes Handeln abläuft. Dies deshalb, weil Organisationen durch rechtliche Entscheidungen über ihr Wissen oder Nichtwissen betroffen werden, und weil mit der Sachangemessenheit des vorausgesetzten juristischen Wissensbegriffs die Akzeptabilität dieser Entscheidungen bei den Betroffenen steigt. Dabei geht es nicht um Achtung vor der Organisation, wie sie wirklich ist, also um Determination, sondern um Beobachtung ihres Selbstverständnisses, also um Information. Methodisch genau so geht man ja - wenn auch, zumindest im Zivilrecht, weniger im Rückgriff auf psychologische Methoden, sondern vor allem auf Erfahrung und Alltagswissen[475] - bei der Suche

---

[474] Daß ein wesentlicher Anlaß für Vertrauen in die Richtigkeit der Information der Umstand sein kann, daß sie von der zuständigen (verantwortlichen) Stelle kommt, betont *Luhmann*, Funktionen und Folgen, S.179.

[475] Vgl. *E.Schmidt*, Systemsteuerung S.291ff.

nach dem Wissen einer natürlichen Person vor: mit einer generalisierenden, von Fall zu Fall dem konkret Betroffenen anzupassenden Vorstellung darüber, wie man *als Mensch* lernt, wahrnimmt und entsprechend handelt.

3. Rechtserhebliche Kenntnis der Organisation als das einem bestimmten Geschehensablauf zugrundeliegende Wissen

Die durch Arbeitsteiligkeit und Kommunikationsabhängigkeit charakterisierten Rahmenbedingungen organisierten Handelns lassen sich als ein Kommunikationsnetz denken, in dem verschiedene Wissensinhalte verschiedene Vorkommens- und Verbreitungschancen haben. Dem im Kenntnis-Tatbestand angesprochenen rechtlich relevanten Verhalten der Organisation - dem Abschluß eines Vertrages, dem Verkauf, dem Erwerb einer Sache etc. - lassen sich bestimmte Ausschnitte dieses Kommunikationsnetzes zuordnen. Auf diese Weise kommen die einzelnen Vorgaben des jeweiligen Kenntnis-Tatbestandes zum Tragen.

Die Kenntnis-Tatbestände beziehen sich nicht unmittelbar und umfassend auf die Person desjenigen, auf dessen Kenntnis es ankommt (z.B. auf das Wissen des Herrn X oder der Organisation Y). Sie haben vielmehr den Wissensstand nur eingeschränkt zum Gegenstand, und dies in vierfacher Hinsicht. Erstens geht es um die Kenntnis eines Erwerbers, Schuldners, Käufers, "Dritten" etc., also um jemandes Informationsstand vor dem Hintergrund eines über den allgemeinen sozialen Kontakt hinausgehenden Verhaltens, das den Betreffenden in einer bestimmten rechtlich relevanten Rolle oder Funktion sieht. Zweitens geht es um den Informationsstand im Hinblick auf bestimmte Umstände, die für Bestand und Inhalt dieser rechtlichen Beziehung zu Dritten von Bedeutung sind (also etwa um Kenntnis des Mangels). Drittens geht es um die Kenntnis dieser Umstände bei einer bestimmten, sachlich und/oder zeitlich näher bezeichneten Gelegenheit, also etwa um die Kenntnis des Käufers (vom Mangel der Sache) bei Vertragsschluß oder Übergabe. Viertens schließlich stehen Kenntnis oder Kennenmüssen in Bezug zu einem bestimmten hypothetischen Verhalten, eben dem, das für den Fall der Kenntnis oder des Kennenmüssens erwartet werden darf, also die Aufklärung über Mängel, die Unterlassung des Erwerbes einer Sache, die Geltendmachung eines Anspruchs etc.

Dieser Rahmen läßt sich auf Organisationen projizieren, indem man die einzelnen "Gegenstände" der rechtlich relevanten Kenntnis, die "Umstände" (§ 166 BGB) herausgreift, und fragt, in welcher Weise diejenigen Kommunikationsstrukturen eines Unternehmens oder einer Organisation des öffentlichen Rechts eingerichtet sind, die Information über diese Umstände der Organisation dort bereitstellen, wo die Vorgänge geschehen, die die Kenntnis-Tatbestände ins Auge fassen (also etwa die Hereinnahme eines Schecks, der Verkauf/die Ablieferung einer Sache etc.). An den Vorgaben der Kenntnis-Tatbestände kann sich die Wissenszurechnung im Blick auf dieses Kommunikationsnetz orientieren, indem sie fragt, ob aufgrund des Vorhandenseins der Information innerhalb des Kommunikationsnetzes dasjenige Verhalten möglich erscheint, welches die Kenntnis-Tatbestände für den Fall der Kenntnis oder der (grob) fahrlässigen Unkenntnis im Interesse des Gegners oder der Organisation selbst für geboten erachten. Von der Person des Wissenden oder vom Vorhandensein bestimmter Daten - also vom Parteivortrag - ausgehend ist von Fall zu Fall die Frage zu stellen, ob angesichts dieser Tatsachen im Blick auf die konkreten Organisationsverhältnisse von einer Disposition zu demjenigen Verhalten gesprochen werden kann, welches für den Fall der Kenntnis bzw. der (grob) fahrlässigen Unkenntnis mit Rücksicht auf den planmäßigen Ablauf einer vermögensrelevanten Beziehung erwartet werden kann[476]. Von einer solchen Disposition kann man um so eher sprechen, je höher die Wahrscheinlichkeit der Aktualisierung dieser Information im Vollzug eines konkreten Geschehensablaufs ist. Diese Wahrscheinlichkeit variiert mit der Art und Weise der Einbindung des Wissenden oder desjenigen, der Zugriff auf bestimmte Datenbestände hat, in diesen Geschehensablauf. Je mittelbarer diese Beteiligung ist, desto unwahrscheinlicher ist die Aktualisierung der Information, und desto höher sind die Anforderungen an die individuellen Aktualisierungsmöglichkeiten der Beteiligten.

Konkrete Menschen werden nicht nebensächlich, wenn man die Frage nach dem Wissen eines bestimmten Vorganges in den Vordergrund rückt. Sie bleiben vielmehr im Mittelpunkt des Geschehens, interessieren aber nicht als solche, sondern im Hinblick auf den Beitrag, den sie für die Organisation dieses Geschehensablaufs leisten. Auch eine besondere oder neuartige Definition des Begriffs der Kenntnis wird dadurch nicht erforderlich. "Kenntnis" bedeutet, daß jemand vom Vorliegen bestimmter Umstände ausgeht, daß er auf entsprechende Fragen nicht nur durch Zufall richtig antworten kann und sich den Umständen entsprechend verhält oder verhalten kann. Insofern bleibt es also auch dabei, daß "Kenntnis" Kenntnis einer oder mehrerer natürlicher Personen bedeutet, auch wenn die für den Fall der Kenntnis bzw. des Kennenmüssens vorgesehenen Rechtsfolgen nicht diese Person(en) treffen, sondern einen Personenverbund oder eine juristische Person[477]. Nur wird bei der Entscheidung über das Vorliegen der Voraussetzungen dieser Rechtsfolgen berücksichtigt, daß die Wissenden oder Unwissenden Teil eines organisierten Geschehensablaufs sind und mit ihrem Wissen oder Unwissen zu den Verhaltensmöglichkeiten dieses

---

476 Vgl. Teil B IV. 3. b).
477 Vgl. oben I. 2.

Geschehensablaufs beitragen, weil es auf *dessen* Möglichkeiten, nicht die einzelner Menschen ankommt.

Weil Wissen auf Kommunikation angewiesen ist, und weil auch aus der Sicht der Kenntnis-Tatbestände dessen Handlungsrelevanz im Vordergrund steht, kommt den in irgendeiner Form gespeicherten Daten hingegen nur mittelbare Bedeutung zu. Wesentlich für die Wissenszurechnung ist nicht, daß sie als solche vorhanden sind, sondern welche Möglichkeiten und Anlässe des Zugriffs die an einem bestimmten Geschehen beteiligten Personen haben. Es wäre unzutreffend, gespeicherte Daten generell als den Kernbestand des Organisationswissens anzusehen. Dies zunächst ganz allgemein deshalb, weil Daten nur durch verständnisvollen Zugriff zu Information werden, und weil mit zunehmender Datenfülle die Wahrscheinlichkeit, daß aus Daten Information wird, abnimmt. Hier kommt also wiederum die Notwendigkeit selektiven Umgangs mit Informationsmöglichkeiten ins Spiel. Hinzu kommt, daß im Hinblick auf Möglichkeiten der Deckung des Informationsbedarfs Computer mit anderen Menschen konkurrieren, mit denen man kommunizieren kann. Das Informationsverhalten der Organisationsmitglieder orientiert sich nicht ausschließlich an Datenbeständen[478], sondern an den für dieses Verhalten geltenden Verhaltenserwartungen[479]. Die Speicherung, zumal dann, wenn sie gesetzlich verordnet ist, bedeutet überdies häufig nichts weiter als eine Entlastung des operativen Geschehens von für die Zukunft oder zumindest im Augenblick irrelevanten Daten[480].

Daß die Einheit des Gegenstandsbereich von einem bestimmten Ablauf (und dessen Organisation) statt von einem Subjekt (der Organisation) her definiert wird, hat den Vorteil, daß sich organisationsübergreifende Arbeitsteilung erfas-

---

478 Vgl. *Witte* S.1: "Der Aufbau computergestützter Informations-Systeme droht am Informationsverhalten der potentiellen Systembenutzer zu scheitern." Vgl. auch *Baecker* S.68f.

479 Vgl. *March/Feldmann*, passim, und *Mayntz/Ziegler*, S.464 ("Wir können beispielsweise zweifellos Regeln über die Kontrolle durch Rückmeldung, die Informationssammlung und -speicherung, die Kommunikationsstruktur, den Entscheidungsprozeß usw. aufstellen. Sie werden aber in der Praxis nicht befolgt, weil bestimmte durch die Situation bedingte Hindernisse sowie soziale Mechanismen es nicht zulassen."

480 In einer mir vorliegenden "Verfahrensanweisung zur Zerstörung oder Aufbewahrung von Dokumenten" eines großen Unternehmens heißt es: "Das Archivieren von Geschäftsakten/-unterlagen ist teuer. Mikrofiche-Archive der Akten sind in der Produktion teuer. Archive und Mikrofiches von Geschäftsunterlagen werden selten benutzt. Die meisten Archive werden "nur für den Fall der Fälle" angelegt. ... Ein Archiv ist eigentlich nur ein Ort, an dem Dokumente solange aufbewahrt werden, bis der Termin für ihre Zerstörung erreicht ist." (Unterstreichung im Original). Vgl. auch *Bischoff/Zehnpfenning/Jung* S.149, zur Aufgabe "externer Speicher" und *Lottermann/ Bolduan*: "Jede Wissensspeicherung auf einem Informationsmedium ist komprimiertes/degeneriertes Wissen."

sen läßt, die nicht in einer rechtlichen, wirtschaftlichen und insbesondere räumlich lokalisierbaren Einheit integriert ist, sondern mehrere solcher Einheiten umfaßt. Zu solchen lose verfaßten Kooperationen verleiten nicht zuletzt die Möglichkeiten der Informationstechnologie, weil permanente Kooperation (mit erhöhter Wahrscheinlichkeit bestimmter Kommunikation) nicht auf räumliche Nähe der Beteiligten angewiesen ist[481]. Andererseits ergeben sich aus dieser Perspektive Einschränkungen, weil nicht die Organisation als arbeitsteilig organisierte Einheit, sondern gewissermaßen die konkrete Arbeit (der Verkauf, Erwerb etc.) in ihrer konkreten, u.U. eben auch organisationsübergreifenden Aufteilung betrachtet wird. Von diesem Bezug auf die Organisation eines konkreten Geschehensablaufs her lassen sich insbesondere Kriterien für die Relevanz der Organisationsmitgliedschaft[482] und die Frage fililalübergreifender Wissenszurechnung[483] entwickeln. -

III. Die Bedeutung des Tatbestandszusammenhanges für die Wissenszurechnung

1. Der Bezug der Kenntnis-Tatbestände auf einen bestimmten Geschehensablauf und dessen Organisation

Wie schon häufig bemerkt, hängt die Rechtsstellung einer - natürlichen oder juristischen - Person niemals ausschließlich davon ab, ob sie bestimmte Umstände kennt oder fahrlässig nicht kennt. Wissen allein ist nicht das Kriterium. Es geht vielmehr um die Kenntnis oder fahrlässige Unkenntnis des Käufers, des Erwerbers, des Anfechtenden oder Anfechtungsgegners, Kündigungsberechtigten etc., also um Kenntnis im Rahmen eines Rechtsverhältnisses, in dem die Organisation eine bestimmte Rolle oder Funktion einnimmt[484].

Inhalt und Ausgestaltung dieses Rechtsverhältnisses sind zunächst ausschlaggebend dafür, mit welchem Wissen und welchen daraus folgenden Handlungsdispositionen die Gegenseite rechnen darf, und worauf sie in dieser Hinsicht nur hoffen kann, wenn sie nicht aktiv im eigenen Interesse tätig wird. Nur im letzten Fall kommt es auf Kenntnis oder Kennenmüssen an. Der Inhalt des Rechtsverhältnisses gibt sodann, indem es die Organisation in einer be-

---

481 Zur Tendenz zur "Entterritorialisierung" der Organisation vgl. *Theis* S.118f., *Griese*, passim.

482 S. unten IV. 3. d).

483 S. unten V. 6.

484 Vgl. auch *Schilken* S.6.

stimmten Rolle oder Funktion anspricht, Aufschluß darüber, welchen Zweck die Kenntnis-Tatbestände jeweils verfolgen[485]. Die Anknüpfung an den Kenntnisstand einer Organisation im Hinblick auf eine von ihr wahrgenommene Rolle oder Funktion läßt einen bestimmten organisationsinternen Geschehensablauf sichtbar werden, eben jenen, in dessen Zusammenhang es auf Kenntnis oder Kennenmüssen ankommt. Im Hinblick auf diesen Geschehensablauf und seine Kommunikationsstrukturen ist die Frage nach der ihm zur Verfügung stehenden Information zu stellen.

Das ist im Ausgangspunkt die gesetzliche Perspektive, die beim rechtsgeschäftlichen Handeln durch Vertreter danach fragt, welches Wissen dieser "Organisation der Abgabe einer Willenserklärung mit Wirkung für Dritte" zur Verfügung steht, § 166 I und II[486]. Das rechtlich erhebliche Wissen ist dort zu suchen, wo das insoweit rechtlich erhebliche Handeln der Organisation stattfindet[487]. Nur ist eben allein mit dem Blick auf den oder die Vertreter unter Umständen schon das der Abgabe einer Willenserklärung zur Verfügung stehende Wissen unter Umständen nicht angemessen erfaßt. Abgesehen davon gibt es eben nicht nur die rechtsgeschäftliche Organisation (z.B. als Gesamtvertretungsmacht), sondern die Organisation des Verkaufs, Einkaufs, Erwerbs etc. -

Allerdings verweist die gesetzliche Bezeichnung derjenigen Vorgänge, in deren Zusammenhang es auf Kenntnis ankommt, nicht immer so deutlich auf bestimmte Segmente organisierten Handelns. Bei der Abgabe einer Willenserklärung geraten unmittelbar die Vertretungsverhältnisse in den Blick, beim Bezug auf die vertragscharakteristische Leistung oder den Erwerb einer Sache lassen sich immerhin noch - über die rechtsgeschäftliche Organisation hinaus - entsprechende Abteilungen und Personen, Zuständigkeiten und Möglichkeiten des Zugriffs auf Datenbestände ausmachen. Aber beispielsweise die "Bereicherung" (§ 819 I) oder das "Geschädigtwerden" (§ 852) sind von vornherein nicht so organisiert[488], daß sich dem rechtlich relevanten Vorgang ein bestimmter organisationsinterner Geschehensablauf schon dem Namen nach unmittelbar zuordnen ließe. Das heißt aber nicht, daß diese Vorgänge die Kommunikationsstrukturen der Organisation nicht an bestimmten Punkten eher als an anderen berührten. Einen auf bestimmte Art und Weise organisierten

---

485 Vgl. hierzu Teil B.

486 Vgl. auch den Entwurf zu einem Vereinheitlichungsgesetz etc., z.T. wiedergegeben in Teil A, III. 1. b), Fn.127.

487 Ebenso in der Sache wohl auch *Roemmer-Collmann* (vgl. hierzu Teil A, III. 4. c)).

488 Eine Ausnahme, was das "Geschädigtwerden" angeht, stellen natürlich Versicherungsunternehmen dar, wenngleich hier die Schädigung der Versicherungsnehmer betroffen ist.

Geschehensablauf, der für die Ermittlung des erheblichen Wissens eher in Betracht kommt als ein anderer, gibt es also auch hier[489].

2. Der Bezug der Kenntnis-Tatbestände auf den planmäßigen Verlauf einer vermögensrelevanten Beziehung

Ob jemand Kenntnis bestimmter Umstände hat oder fahrlässig nicht hat, interessiert aus rechtlicher Sicht deshalb, weil das Risiko eines in bestimmter Hinsicht planwidrigen Verlaufs einer vermögensrelevanten Beziehung der tragen soll, der kraft seiner Kenntnis imstande ist, dieser planwidrigen Entwicklung gegenzusteuern[490]. Nicht wesentlich anders ist die Wertung dann, wenn (grob) fahrlässige Unkenntnis ausreicht. Nur bezieht hier die Frage nach der Möglichkeit einer Gegensteuerung diejenige nach konkreten Möglichkeiten der Kenntniserlangung mit ein.

Diese Möglichkeiten der Gegensteuerung sehen nun im Einzelnen, je nach den Vorgaben des betroffenen Tatbestandszusammenhanges, sehr unterschiedlich aus: Teils ist für den Fall der Kenntnis ein bestimmtes Verhalten im Interesse des anderen geboten[491], teils obliegt dem Kennenden ein solches Verhalten überwiegend im eigenen Interesse[492]. Bei Zuständigkeitskonflikten[493] haben der Wissende bzw. fahrlässig Unwissende die Möglichkeit, von der fraglichen Handlung (Rechtsgeschäft oder Leistung) Abstand zu nehmen oder sich an den Zuständigen[494] zu halten. Wer die Umstände und die Gegenstände kennt, die für seine rechtsgeschäftliche Entscheidung Bedeutung haben, kann seine Entscheidung auf diese Umstände und Gegenstände einrichten[495]. Wer weiß, daß der Vertragspartner seine Willenserklärung anfechten oder seine Leistung unter keinen Umständen erbringen kann, ist gehalten, von Investitionen im Hinblick auf den Erhalt einer versprochenen Leistung abzusehen[496]. Wer weiß, daß er eine Sache zu Unrecht sein eigen nennt, kann sie zurückgeben oder jedenfalls

---

489 Ebenso *Schilken*, a.a.O. (Fn. 484).

490 Vgl. Teil B IV. 3.; von Möglichkeiten der Gegensteuerung spricht auch *Baumann* S.294.

491 Aufklärung (bei arglistigem Verschweigen eines Mangels), Anzeige (§§ 545, 703), Antrag (§ 1980), sorgfältiger Umgang mit als solchen erkannten fremden Sachen, §§ 990, 819 I.

492 Vorbehalt der Gewährleistungsrechte bei Kenntnis des Mangels, §§ 460, 464, 539, 640 BGB.

493 Mangel der Vertretungs-/Verfügungsmacht, Zessionsfälle, Erwerb vom Nichtberechtigten.

494 An den Vertretenen oder den gesetzlichen Vertreter oder den Berechtigten, an den Zessionar im Falle des § 407, im Falle des § 406 hingegen: (rechtzeitig) an den Zedenten.

495 Willensmängel i.w.S.

496 §§ 122 II, 307.

sorgfältig mit ihr umgehen[497]. Das Wissen um Tatsachen, die einen Anspruch oder ein Recht geben, ist ein Anlaß, den Anspruch oder das Recht alsbald geltend zu machen[498].

Weil die Funktion der Kenntnis-Tatbestände darin besteht, subjektive Verhaltensdispositionen für den Fall des Vorhandenseins bestimmter Information auszuloten, muß es für die Wissenszurechnung bei Organisationen einen Unterschied machen, welcher Art das für den Kenntnisfall erwartbare Verhalten ist. Die anhand der einzelnen Kenntnis-Tatbestände bestimmbaren Verhaltensmöglichkeiten berühren zunächst die rechtsgeschäftliche Zuständigkeitsordnung der Organisation in unterschiedlichem Maße. Wenn für den Kenntnisfall ein rechtsgeschäftliches Verhalten angezeigt ist, muß sich die Wissenszurechnung stärker an den konkreten Vertretungsverhältnissen orientieren, als in Fällen, in welchen dieser rechtsgeschäftliche Bezug nicht vorhanden oder nebensächlich ist. Außerdem läßt sich den Vorgaben des Tatbestandes entnehmen, welchen Zwecken das für den Kenntnisfall angezeigte Verhalten dient. Je eher die Kenntnis-Tatbestände hierbei bestimmte Interessen des mutmaßlich Wissenden ins Auge fassen, desto eher ist Rücksicht darauf geboten, wer aus dem Kreis der Organisationsmitglieder mit der Wahrung dieser Interessen betraut ist.

3. Der Bezug der Kenntnis auf einen bestimmten Sachverhalt

Die Behandlung der Wissenszurechnungsproblematik wird zuletzt wesentlich durch den Gegenstand der Kenntnis beeinflußt.

Von den einzelnen Gegenständen der Kenntnis, den "Umständen" her läßt sich zunächst das für den Kenntnis-Fall angezeigte Verhalten (s. zuvor III. 2.) konkretisieren, weil dieses Verhalten als mögliche Reaktion auf diese Umstände erheblich ist. Nimmt man denjenigen im Tatbestand angesprochenen Geschehensablauf hinzu, in dessen Zusammenhang Kenntnis erheblich wird (s.o. III. 1.), werden unterschiedliche Beziehungen einzelner Organisationsmitglieder zu diesem Ablauf sichtbar. Der Blick auf das für den Kenntnis-Fall gebotene Verhalten einerseits, die Art und Weise der Beziehung des wissenden oder (grob) fahrlässig unwissenden Organisationsmitgliedes zu dem konkreten Geschehensablauf andererseits, erlaubt ein Urteil darüber, ob angesichts seines Wissens oder seiner Wissensmöglichkeiten von einer Disposition dieses Geschehensablaufs zu dem konkret benennbaren Verhalten gesprochen werden kann.

So verweist die Kenntnis des Sachmangels der Kaufsache auf ein konkretes Vertragsverhältnis, die an ihm beteiligten Personen und den Zustand eines be-

---

[497] §§ 990, 819 I.

[498] Z.B. §§ 626 II, 852 I.

stimmten Leistungsgegenstandes. Im Blick auf diese Konstellation ergibt sich, wer worüber aufzuklären ist (§ 463 S.2) und wer bei Vertragsschluß oder Ablieferung (§§ 460, 464) im Käuferinteresse tätig werden konnte. Das rechtserhebliche Wissen etwa der Verkäufer-Organisation vom "Mangel der Kaufsache" ist deshalb bei den Personen zu suchen, die mit der Vorbereitung, dem Abschluß und der Durchführung des konkreten Kaufvertrages mit einem konkret aufklärungsbedürftigen Käufer betraut waren.

Häufig ist es so, daß sich die erhebliche Kenntnis auf verschiedene Umstände bezieht. Die Kenntnis vom Mangel der Kaufsache etwa setzt Kenntnis des Mangels *und* der Existenz eines auf den Kauf der Sache gerichteten Vertrages voraus. In diesem Fall kann von einer Disposition zu dem für den Kenntnis-Fall angezeigten Verhalten nicht ohne weiteres gesprochen werden, wenn sich die maßgebliche Kenntnis auf verschiedene Personen verteilt. Denn der, der nur den Mangelsachverhalt kennt, weiß gar nicht, daß darin ein Mangel liegt, und sieht folglich keinen Aufklärungsbedarf einem bestimmten Käufer gegenüber, während der, der den Vertrag geschlossen hat, keinen Aufklärungsbedarf sieht, wenn er den Mangel nicht kennt. Dabei hängt es von der Art und Weise des Mangels ab, ob man vom Wissenden auf Verkäuferseite auch das Wissen um einen konkreten Vertrag oder seine Beteiligung hieran fordern muß, um Arglist der Organisation annehmen zu können. Das Wissen des Mechanikers - oder des Geschäftsführungsmitgliedes - um geringfügige Rostschäden eines Gebrauchtwagens kann irrelevant sein, sofern sie nicht wissen, daß, wann und zu welchen Konditionen der Wagen verkauft wird. Anders kann es sein, wenn es sich um Defekte handelt, die nicht nur einen konkreten Leistungsgegenstand für den Fall einer bestimmten Vertragsgestaltung, sondern mit hoher Wahrscheinlichkeit jeden Leistungsgegenstand mangelhaft erscheinen ließen (z.B. nachhaltige Bodenverunreinigungen). Denn hier steht mit dem Wissen um den Defekt *und* um diese Wahrscheinlichkeit zugleich das Wissen darüber im Raum, daß nicht nur ein bestimmter Kunde, sondern wer auch immer die Sache erwerben mag, aufklärungsbedürftig sein kann[499]. In dieser Situation liegen Information und Handlungsoption (Defekt, Mangel, Aufklärungsbedarf) so nahe beieinander, daß man von einer Disposition des Organisationsausschnitts "Verkauf" zur Aufklärung infolge des Vorhandenseins der Information auch dann sprechen kann, wenn demjenigen, der diesen Mangel kennt, ein konkreter Vertrag und ein konkreter aufklärungsbedürftiger Käufer nicht bekannt sind.

Ein ähnliches Problem stellt es dar, wenn die erhebliche Kenntnis eine rechtliche Würdigung zum Gegenstand hat. Hier kann es sein, daß die Kompetenz für diese Würdigung an anderer Stelle als der rechtlich zu würdigende Sach-

---

[499] Nicht sein muß: dann nicht, wenn er den Mangel selbst erkennt

verhalt präsent ist. In beiden Fällen hängt es von der Beziehung der jeweils Wissenden zueinander und zu dem konkreten Vorgang ab, ob man die Organisation als wissend anzusehen hat oder nicht. Einerseits kann dann, wenn all das für die Ausfüllung des Kenntnis-Tatbestandes erforderliche Wissen in einer Person vereinigt ist, dieses Wissen eine fehlende Zuständigkeit für oder Beteiligung an dem konkreten Vorgang mit der Folge kompensieren, daß aufgrund des Wissens dieser Person die Organisation selbst als wissend anzusehen ist. Wie in dem zuvor genannten Beispiel des evidenten Mangels ist hier die vollständige Erfassung der Bedeutung einer bestimmten Situation ein hinreichender Grund, von einer Disposition zu dem für den Kenntnisfall angezeigten Verhalten auszugehen. Andererseits ist die Existenz einer Rechtsabteilung oder die in anderer Form organisationsintern vorhandene Möglichkeit rechtlicher Beratung Anlaß für den, der die maßgeblichen Tatsachen kennt, sich auch über deren rechtliche Bedeutung zu informieren. Denn wenn eine Organisation über das theoretische Wissen verfügt, welches den jeweiligen Sachverhalt zu beurteilen erlaubt, sofern er nur bekannt wird, ist sie ja bereits generell für den Umgang mit diesen Tatsachen disponiert[500].

Dasselbe gilt, wenn theoretisches Wissen über die Qualität von Produkten oder Dienstleistungen vorhanden ist, weil die Organisation als Anbieter entsprechender Produkte bzw. Dienste im Verkehr auftritt. Auch hier kommt also eine "Wissenszusammenrechnung" in Betracht, wenn jemandem nur ein Teilaspekt des Kenntnisgegenstandes - typischerweise: des Mangels der vertragscharakteristischen Leistung - bekannt ist. Die Unvollständigkeit des subjektiven Wissens wird in diesem Fall durch die als bekannt zu unterstellende Möglichkeit der Vervollständigung kompensiert. Dabei handelt es sich allerdings genau genommen nicht um ein Zusammenrechnen, weil das vorhandene Wissen nicht für sich betrachtet und irgendwie addiert wird. Vielmehr ist der Blick auf ein Drittes gerichtet, eben auf die durch Wahrscheinlichkeiten der Kommunikation vermittelte Möglichkeit derjenigen Handlung, die für den Wissensfall angezeigt ist. - Praktisch hat dies die Konsequenz, daß die Wissenszurechnung etwa bei einer mit dem Kauf oder Verkauf von Gebrauchtwagen befaßten GmbH unterschiedlichen Kriterien folgen kann, je nachdem, ob es sich um den Kauf bzw. Verkauf eines Gebrauchtwagens oder den Kauf bzw. Verkauf des Betriebsgrundstücks handelt[501].

---

500 Vgl. auch *Röhl*, FS-Stiefel, S.573ff., 587f.

501 Vgl. auch BGH NJW 1995,2159 zu § 463 S.2. Hier betrieb die Bekl. ein Omnibusunternehmen und Reisebüro, Streitgegenstand war hingegen der auf den *Verkauf* eines Omnibusses gestützte Schadensersatzanspruch. Vor diesem Hintergrund hat das Wissen um den Zustand des Omnibusses eine andere Bedeutung als für den Fall, daß die Bekl. als Hersteller oder Verkäufer solcher Kraftfahrzeuge tätig ist.

Darüber hinaus entsprechen den verschiedenen Kenntnisgegenständen verschiedene Möglichkeiten der Kenntniserlangung. Sachmängel oder -schäden (§ 852) erkennt man typischerweise im Umgang mit der Sache, über Vertretungsverhältnisse kann man sich beim Vertretenen informieren etc. Diese Informationsmöglichkeiten sind für die Annahme fahrlässiger Unkenntnis - soweit ausreichend - von Bedeutung. Darin liegt allerdings für sich betrachtet noch kein Wissenszurechnungsproblem. Von den je erheblichen Umständen her lassen sich aber auch organisationsinterne Informationsmöglichkeiten nach naheliegenden und weniger naheliegenden unterscheiden, so daß sich die vom Fahrlässigkeitsbegriff her zu entwickelnden Sorgfaltsanforderungen auch auf diesen organisationsinternen Bereich erstrecken.

Allerdings muß dann, wenn das Gesetz den guten Glauben in Anknüpfung an einen Rechtsscheinstatbestand schützt, die Möglichkeit organisationsinterner Informationsverschaffung zu dem gebotenen Schutz des Vertrauens auf denjenigen Rechtsscheinssachverhalt in Beziehung gesetzt werden, mit welchem diejenigen Personen konfrontiert sind, die für die Organisation zum maßgeblichen Zeitpunkt handeln. Wenn das Gesetz die Berechtigung dieses Vertrauens an das Vorliegen eines solchen Sachverhaltes knüpft, fragt es nach Aufmerksamkeit im Hinblick auf diesen Sachverhalt, verlangt also keine darüber hinausgehenden Aktivitäten, in deren Verlauf sich die Kenntnis des wahren Sachverhaltes ergeben könnte. Dieses Abwägungsproblem stellt sich insbesondere bei der Entscheidung über die Haftung einer Bank im Anschluß an die Hereinnahme eines abhandengekommenen Schecks. Vor diesem Hintergrund ist fraglich, ob beispielsweise eine Organisation als bösgläubig gelten soll, wenn die Umstände, auf deren Richtigkeit die für die Organisation Handelnden vertraut haben, aus Registern hervorgehen, und sie zwar diese Register eingesehen[502], es jedoch unterlassen hat, darüber hinaus den internen Informationsstand zu ermitteln (wenn sie es gleichwohl und mit Erfolg getan haben, ist die Organisation natürlich bösgläubig).

In diesem Zusammenhang sind, ähnlich wie bei den übrigen Gutglaubensfällen, die Möglichkeiten der Gegenseite zu berücksichtigen, die Organisation von den erheblichen Umständen in Kenntnis zu setzen und so einer planwidrigen Entwicklung durch eigenes Verhalten gegenzusteuern. Auch diese Möglichkeiten sind also bei der Formulierung von Anforderungen an organisationsinterne Informationsrecherchen mitzubedenken. Entsprechendes gilt, wenn eine Organisation die Anzeige einer Forderungsabtretung oder ein Zustimmungs-

---

[502] - was nicht Voraussetzung des Gutglaubensschutzes ist, vgl. nur *Jauernig/Jauernig*, § 892 6. d), Rz. 15.

ersuchen - in zulässiger Weise - zum Gegenstand vertraglicher Pflichten ihres Gläubigers macht[503].

IV. Kriterien der Wissenszurechnung

1. Vorbemerkung

Im folgenden sollen nunmehr tatbestandsübergreifend Kriterien für die Entscheidung darüber gegeben werden, ob angesichts des Vorhandenseins bestimmter Information die für den Fall der Kenntnis bzw. des Kennenmüssens vorgesehenen Rechtsfolgen zu Lasten der Organisation eintreten sollen oder nicht. Der Leitgedanke hierbei ist die Frage, ob man angesichts des Vorhandenseins der Information davon sprechen kann, daß die Organisation, soweit sie in den fraglichen Vorgang involviert ist, sich so hätte verhalten können, wie es für den Kenntnis-Fall angezeigt erscheint. Stellt man auf die Frage nach einer derartigen Verhaltensdisposition ab, rückt die Art und Weise der Beziehung derjenigen Person zu dem fraglichen Vorgang in den Vordergrund, die die maßgeblichen Umstände kennt oder hätte zur Kenntnis nehmen müssen. Denn die Art und Weise der Beziehung zu einem bestimmten Vorgang ist ausschlaggebend für die Möglichkeiten der Einflußnahme auf diesen Vorgang. Von diesen Möglichkeiten der Einflußnahme wiederum hängt das Ausmaß der Verantwortung für seinen planmäßigen (s.o. III. 1.) Verlauf ab. Hierbei kann man nach verschiedenen Graden der Beziehung unterscheiden, von der Zuständigkeit für einen bestimmten Vorgang oder der schlichten faktischen Beteiligung an ihm bis hin zum vollständigen Fehlen einer derartigen unmittelbaren Beziehung. Entscheidend ist, daß Zuständigkeit und Beteiligung eine Verantwortung für den planmäßigen Ablauf eines bestimmten Vorganges bereits unabhängig davon begründen, ob der oder die Zuständigen bzw. Beteiligten die maßgeblichen Umstände kennen. Diese Verantwortung ist bereits ein Teil der organisatorischen Disposition zu einem Verhalten, welches den nach den Kenntnis-Tatbeständen erheblichen Umständen Rechnung trägt. Die spezifische Beziehung des oder der Zuständigen resp. Beteiligten prädestiniert ihn oder sie für die Wissens- oder Nichtwissenszurechnung[504] gegenüber denjenigen Personen, die die maßgeblichen Umstände kennen oder hätten kennen müssen, ohne für den fraglichen Vorgang zuständig oder an ihm beteiligt zu

[503] Vgl. BGH NJW 1990, 1601 (Zustimmungsvorbehalt hinsichtlich der Abtretung eines Grundschuldrückgewähranspruchs).

[504] Vgl. oben I. 1.

sein. Allerdings begründet ja bereits die Kenntnis der erheblichen Umstände für sich genommen eine Verantwortung des Wissenden dafür, daß die sich aus der Kenntnis ergebenden Handlungsmöglichkeiten auch realisiert werden. Der Mangel einer Beziehung zu dem fraglichen Vorgang muß in einem solchen Fall aber, wenn dieses Wissen gegenüber dem auch nicht auf Fahrlässigkeit beruhende Unwissen der Zuständigen oder Beteiligten erheblich sein soll, so kompensiert werden, daß man trotz dieses Mangels von einer Disposition des fraglichen Geschehensablaufs zu dem für den Kenntnis-Fall angezeigten Verhalten sprechen kann. Als Kriterium für die Zurechnung des Wissens einer Person, die zu dem Vorgang in keiner spezifischen Beziehung steht, kann das Wissen um Informationsbedarf gelten. Auch dieses Wissen begründet eine spezifische Beziehung zu dem fraglichen Vorgang, so daß es geeignet sein kann, den Mangel einer unabhängig vom Kenntnisstand (qua Zuständigkeit oder Beteiligung) vorhandenen Verantwortung für den planmäßigen Verlauf dieses Vorganges aufzuwiegen.

Um einen Zusammenhang von Verantwortung und Wissen[505] geht es also auch hier. Nur nicht in dem Sinne, daß Arbeitsteilung oder auch schlicht die Teilnahme am Wirtschaftsverkehr eine Verantwortlichkeit für den Umgang mit Information begründeten. Vielmehr so, daß die Wissenszurechnung mit dem Hinweis auf die teils unabhängig von jemandes Wissensstand, teils allein durch das vorhandene Wissen gegebene Verantwortung für den planmäßigen Verlauf eines bestimmten Vorganges begründet wird.

Diese Kriterien - Zuständigkeit, Beteiligung, Wissen um Informationsbedarf - haben von Tatbestand zu Tatbestand unterschiedliches Gewicht. Denn erstens unterscheidet sich das für den Kenntnis-Fall angezeigte Verhalten von Tatbestand zu Tatbestand. So kann es sein, daß trotz einer etwaigen Zuständigkeit die Kenntnis eines unzuständig Beteiligten den Ausschlag gegenüber dem unwissenden Zuständigen gibt, weil nach dem Sinn und Zweck des Kenntnis-Tatbestandes auf bestehende Zuständigkeiten keine Rücksicht zu nehmen ist. Zweitens wird es viele Fälle geben, in welchen sich Zuständigkeit und Beteiligung gar nicht auseinanderhalten lassen, weil entweder die Beteiligten zuständig sind oder spezifische Zuständigkeiten gar nicht bestehen. Ob es eher auf die Beteiligung oder auf die Zuständigkeit abkommt, und ob ungeachtet einer solchen Beziehung des Wissenden gleichwohl eine Zurechnung seines Wissens in Betracht zu ziehen ist, entscheidet sich also erst im konkreten Fall.

---

[505] Vgl. *Bohrer* S.124ff. und die Bemerkungen hierzu in Teil A, III. 7.

2. Zuständigkeit

Ein starkes Indiz für die Annahme einer Disposition zu planmäßigem Verhalten für den Fall des Vorhandenseins bestimmter Information ist die Zuständigkeit des Wissenden für denjenigen Geschehensablauf, in dessen Zusammenhang es auf Kenntnis ankommt. Denn in diesem Fall sind das Wissen und die Möglichkeiten der Einflußnahme auf einen bestimmten organisierten Geschehensablauf in einer Person vereint. Nichts anderes steht im Grunde genommen in § 166 I und II BGB, "soweit die rechtlichen Folgen einer Willenserklärung" vom Kenntnisstand des Vertreters oder des Vertretenen abhängen[506]. Auch die Figur des Wissensvertreters[507] knüpft an den Gedanken der Zuständigkeit an.

Die Bedeutung der Zuständigkeit erschöpft sich allerdings nicht darin, Gründe für die Zurechnung von Wissen zu liefern. Die Zuständigkeitsordnung kann auch Grund für die Zurechnung von Nichtwissen sein, dann nämlich, wenn konkurrierende Zuständigkeiten bestehen und der Unwissende eher zuständig ist als der Wissende. Dieses Problem ist in § 166 BGB in der Weise gelöst, daß der unwissende Vertreter dem wissenden Vertretenen vorgeht, wenn dieser über die Bevollmächtigung hinaus keinen Einfluß auf das Handeln des Vertreters nimmt, außerdem so, daß der Wissensstand des handelnden Vertreters[508] dem eines nicht beteiligten Vertretungsberechtigten vorgeht. Dieser Bezug auf Zuständigkeitskonflikte ist für die Wissenszurechnung charakteristisch, denn ohne derartige Konflikte ist die Wissenszurechnung unproblematisch[509]: Ob das Wissen eines für die Scheckbuchung zuständigen Mitarbeiters dem Schalterangestellten (oder der Bank) zugerechnet werden soll, ist fraglich ja nur, wenn und weil der Schalterangestellte unwissend und ebenso für die Hereinnahme von Schecks zuständig ist, möglicherweise sogar zuständiger als die Buchungsstelle. -

Daher muß geklärt werden, wie solche Zuständigkeitskonflikte zu behandeln sind. Unterscheidet man zwischen rechtsgeschäftlicher und sachlicher oder organisationsintern verbindlicher Zuständigkeitsordnung, ergeben sich theoretisch folgende Möglichkeiten: Der Wissende resp. (grob) fahrlässig Unwissende kann sein: 1) Vertreter und (sachlich) zuständig, 2) Vertreter aber unzuständig, 3) nicht vertretungsberechtigt aber zuständig, und schließlich 4) weder vertretungsberechtigt, noch zuständig. - Daraus ergeben sich vor allem folgende Fragen: Zunächst diejenige, ob der Wissende oder (grob) fahrlässig

---

506 Vgl. Teil A III. 1.

507 Vgl. Teil A III. 4. a).

508 § 164 I S.1: "Eine Willenserklärung, die jemand ... abgibt."; auf diese Erklärung verweist § 166.

509 Vgl. oben I. 1.

Unwissende generell zur Vertretung der Organisation befugt sein muß, und welchen Einfluß die konkrete Ausgestaltung der Vertretungsverhältnisse auf die Wissenszurechnung hat. Außerdem ist fraglich, ob die Verantwortlichkeit eines Vertreters über denjenigen Geschehensablauf hinausreicht, für den er zuständig ist, anders gefragt: ob Kenntnis oder Kennenmüssen eines nicht am Abschluß eines Rechtsgeschäftes beteiligten oder für dieses zuständigen Vertreters die auch nicht auf Fahrlässigkeit beruhende Unkenntnis des oder der zuständigen bzw. beteiligten Vertreter aufwiegt.

a) Bedeutung der rechtsgeschäftlichen Zuständigkeitsordnung

Es gibt Tatbestände, die die Wissenszurechnung dadurch präjudizieren, daß sie die informierte Entschließungsfreiheit[510] eines bestimmten Handlungsorgans in seiner konkreten Ausgestaltung gewährleisten sollen. Das sind insbesondere die Vorschriften über Willensmängel, soweit sie für den Fall des Irrtums oder der Täuschung ein Anfechtungsrecht vorsehen. Darüber hinaus aber auch diejenigen Tatbestände, die für den Fall der Kenntnis[511] ein rechtsgeschäftliches Handeln der Organisation angezeigt erscheinen lassen. Das sind insbesondere die Fälle der Anfechtung (§§ 121, 318, 1954), der außerordentlichen Kündigung (§ 626 II), der Reaktion auf Mängel der vertragscharakteristischen Leistung (§§ 460, 464, 539, 640) und der Geltendmachung eines Schadensersatzanspruchs (§ 852). Einen engen Bezug zur rechtsgeschäftlichen Entscheidungsfreiheit haben außerdem diejenigen Tatbestände, die für den Fall der Kenntnis bestimmter Umstände die Möglichkeit des Rückzuges von einem abgeschlossenen Rechtsgeschäft durch Widerruf entfallen lassen (§§ 109 II, 178, 1366 u.a., 1830). Von geringerer Bedeutung ist hingegen der Bezug zur rechtsgeschäftlichen Entscheidungsfreiheit der Organisation dann, wenn Kenntnis zwar im Zusammenhang mit der Vornahme eines Rechtsgeschäftes relevant wird, die Aktualisierung der bei Kenntnis gebotenen Handlungsmöglichkeiten hingegen unmittelbar nur den rechtlich geschützten Interessen Dritter dienen. Das ist insbesondere dann der Fall, wenn es auf den guten Glauben der Organisation ankommt, außerdem, wenn es um Arglist in vertraglichen Schuldverhältnissen geht.

aa) Relevanz der Kenntnis im überwiegenden Interesse der Organisation

Unmittelbar auf die vertretungsrechtlich organisierte Selbstbestimmung der Organisation beziehen sich nur die Vorschriften über Willensmängel. Hier hat die Möglichkeit der Berufung auf Unwissen den Zweck, Entscheidungsfreiheit

---

510 Dieser Begriff bei *AK-Hart*, § 123 Rz. 5.

511 Hier geht es ausschließlich um positive Kenntnis.

der Organisation mit Rücksicht auf ihre konkrete rechtsgeschäftliche Zuständigkeitsordnung zu gewährleisten. Die Interessen der Gegenseite finden lediglich im Rahmen des § 122 Beachtung (und natürlich bei den Vorfragen nach der Beachtlichkeit des Irrtums oder des Bestands einer Aufklärungspflicht). Ob die Unkenntnis auf - selbst grober - Fahrlässigkeit beruht, ist unerheblich. Deshalb kann hier die Kenntnis eines Unzuständigen (eines nicht zur Vertretung Berechtigten) die Unkenntnis des oder der für den Abschluß von Rechtsgeschäften Zuständigen nicht überspielen.

Allerdings kann im Bereich der Willensmängel die einen Irrtum bzw. eine Täuschung ausschließende Kenntnis auch nur eines Mitgliedes des Vertretungsorgans (bei unechter Gesamtvertretung: eines Vertreters) hinreichend sein, dann nämlich wenn innerhalb des Organs Wissen um Informationsbedarf besteht[512]. Dasselbe gilt bei nicht organschaftlicher Gesamtvertretung. Solches Wissen um Informationsbedarf liegt zunächst dann vor, wenn der wissende Vertreter auch davon Kenntnis hat, daß sein/e Kollege/n hinsichtlich der maßgeblichen Umstände unwissend ist/sind, außerdem, wenn die unwissenden Vertreter immerhin wissen, daß es auf diejenigen Umstände ankommen könnte, die der andere positiv kennt, wenn also in ihrer Person lediglich eine - an sich die Anfechtung nicht ausschließende - fahrlässige Unkenntnis vorliegt. Denn in beiden Fällen besteht für das Organ in seiner konkreten Zusammensetzung aufgrund des Vorhandenseins der Information die Möglichkeit, eine rechtsgeschäftliche Entscheidung unter solchen faktischen Bedingungen zu treffen, für die das Gesetz die Anfechtung wegen eines Willensmangels ausschließt.

Willensmängel der beteiligten Vertreter werden allerdings durch die - hier allein in Betracht kommende - positive Kenntnis eines Unbeteiligten, der gleichfalls zur Vertretung der Organisation berechtigt ist, nicht unerheblich, weil die Entschließungsfreiheit der beteiligten Vertreter betroffen ist und geschützt wird. Das gilt auch dann, wenn der Wissende Mitglied des Vertretungsorgans der Organisation ist, weil nicht er, sondern die konkret Beteiligten sollen entscheiden dürfen. Eben dies gilt nach § 166 I auch für die Vertretung natürlicher Personen.

bb) Kenntnis als Voraussetzung der Möglichkeit, sowohl eigene als auch fremde Interessen bei rechtsgeschäftlichem Handeln zu berücksichtigen

In einigen der eingangs genannten Fälle steht der Organisation zwar gleichfalls die Freiheit rechtsgeschäftlicher Entscheidung zu: Sie soll die Gründe für und gegen den Ausspruch einer Kündigung, die Erklärung der Anfechtung, die Geltendmachung eines Schadensersatzanspruchs oder die Reaktion auf das

---

[512] Vgl. unten IV. 4.

Vorhandensein eines Mangels abwägen dürfen, bevor sie rechtsgeschäftlich tätig wird, also kündigt, anficht, auf Schadensersatz klagt, wegen eines Mangels nachverhandelt oder einen Vorbehalt erklärt. Für diese Abwägung sind der oder die konkret Vertretungsberechtigten zuständig. Diese Zuständigkeit ist auch, anders als die interne Aufgabenzuweisung, extern verbindlich. Aber das Gesetz berücksichtigt die Interessen der Gegenseite daran, wie diese rechtsgeschäftliche Entscheidung ausfällt, vor allem, ob und wann sie getroffen wird. Wo das für den Kenntnisfall angezeigte Verhalten rechtlich geschützte Interessen der Gegenseite unmittelbar berührt, wird der Aspekt der Selbstbestimmung durch den der Rücksicht auf diese Interessen überlagert.

Das hat zunächst Folgen für die Frage, ob die Kenntnis auch nur eines Mitgliedes des Vertretungsorgans ausreichend ist, wenn Gesamtvertretung besteht. Eine Disposition etwa des aus mehreren Personen zusammengesetzten Vertretungsorgans zur Entscheidung darüber, ob eine Anfechtung, ein Vorbehalt oder ein Widerruf erklärt, eine Kündigung ausgesprochen oder ein Schadensersatzanspruch geltend gemacht werden soll, besteht schon dann, wenn auch nur eine dieser Personen die erforderliche Kenntnis hat. Die Aufklärung des oder der anderen Organmitglieder dient der Organisation, ihr Unterlassen ändert an der für diese Tatbestände geforderten Disposition zur Beachtung der Planvorgaben des Regelungszusammenhanges nichts. Dasselbe gilt für die nicht organschaftliche Gesamtvertretung.

Fraglich bleibt für diese Fälle zunächst, ob trotz des rechtsgeschäftlichen Bezuges auch das Wissen eines nicht zur Vertretung berechtigten Organisationsmitgliedes mehr gelten soll als die Unkenntnis des oder der Vertretungsberechtigten. Die Antwort hängt davon ab, in welcher Beziehung der Wissende zu dem konkreten Vorgang einerseits, den rechtsgeschäftlich handelnden Vertretern andererseits steht. Eine Disposition zu rechtsgeschäftlichem Handeln, das die je maßgebliche Information berücksichtigt, besteht dann noch nicht, wenn der Wissende lediglich in irgendeiner Art und Weise an dem Vorgang beteiligt ist. Hinzukommen muß ein Umstand, aufgrund dessen der oder die rechtsgeschäftlich Handelnden Anlaß haben, auf die bei dem Wissenden vorhandene Information zurückzugreifen. Ein solcher Umstand liegt vor, wenn der Wissende zwar nicht für den Abschluß von Rechtsgeschäften, wohl aber für die Organisation desjenigen Vorganges zuständig ist, in dessen Zusammenhang es auf Kenntnis ankommt, wenn er also mit der Wahrnehmung der fraglichen Angelegenheit betraut ist. Andererseits ist natürlich die Kenntnis eines der beteiligten resp. zuständigen Vertreter von dem fraglichen Umstand auch gegenüber der Unkenntnis des insoweit unbefugten "Wissensvertreters" immer erheblich, weil es auf die Disposition der zu rechtsgeschäftlichem Handeln Befugten ankommt und eine lediglich intern verbindliche Aufgabenverteilung, die hinter der Organisation rechtsgeschäftlichen Handelns steht, in diesem Fall nicht beachtet werden muß.

Schließlich bleibt die Frage zu beantworten, ob in solchen Fällen auch die fahrlässige Unkenntnis einer nicht zur Vertretung berechtigten, jedoch für den fraglichen Vorgang intern zuständigen Person der Organisation zuzurechnen ist. Von vornherein zu verneinen ist dies jedenfalls dann, wenn es auf positive Kenntnis ankommt. Denn wenn die Möglichkeit, in bestimmter Weise rechtsgeschäftlich zu handeln, positive Kenntnis bestimmter Umstände voraussetzt, kann von einer derartigen Möglichkeit nicht die Rede sein, wenn sie nicht einmal der *insoweit* - für die Vornahme des Rechtsgeschäftes - Unzuständige zur Kenntnis genommen hat. Bezeichnenderweise kommt es hier durchweg auf positive Kenntnis an: bei der Anfechtung gemäß §§ 121, 318, 1954, der außerordentlichen Kündigung (§ 626 II), der Reaktion auf Mängel der vertragscharakteristischen Leistung (§§ 464, 539 S.1, 640) und der Geltendmachung eines Schadensersatzanspruchs (§ 852). Übrig bleibt allein die - grob - fahrlässige Unkenntnis des Käufers oder Mieters vom Mangel der Kauf- bzw. Mietsache beim Abschluß des Vertrages, §§ 460 S.2, 539 S.2. Weil hier die Möglichkeiten des Gläubigers der Sachleistung, seine Interessen am Erhalt einer bestimmten Leistung zu wahren, nur durch Einflußnahme auf Bestand oder Inhalt des Vertrages realisiert werden können, reicht die grob fahrlässige Unkenntnis einer hierzu nicht befugten Person nicht aus, um die Organisation mit dem drohenden[513] Wegfall der Gewährleistungshaftung zu belasten. Sie muß vielmehr den Mangel positiv kennen, weil sie imstande sein muß, den oder die mit dem Vertrag befaßten Vertreter aufzuklären, damit man eine Disposition der Vertretungsberechtigten zur rechtsgeschäftlichen Wahrung der Organisationsinteressen annehmen kann.

Zuletzt bleibt zu fragen, wie die Kenntnis oder (grob) fahrlässige Unkenntnis eines unbeteiligten oder sachlich unzuständigen Vertreters zu behandeln ist. Im Hinblick auf die hier zu behandelnden Fälle muß vorab danach unterschieden werden, ob die Kenntnis - durchweg ist positive Kenntnis gefordert[514] - bereits unmittelbar im Zusammenhang mit einem Rechtsgeschäft erheblich ist (§§ 460, 464, 539 und § 640), oder lediglich Einfluß auf die Möglichkeit der Vornahme eines solchen hat (§§ 121 I 626 II, 852[515]).

Bei der ersten Fallgruppe gilt die Kenntnis eines nicht beteiligten Vertreters jedenfalls dann als Kenntnis der Organisation, wenn es sich bei jenem um ein

---

513 Falls nicht Arglist auf Seiten des Verkäufers/Mieters vorliegt.

514 Ausnahmen: §§ 460 S.2, 539 S.2.

515 An die Stelle des Rechtsgeschäftes tritt bei § 852 die Möglichkeit der Klageerhebung als Prozeßhandlung.

Mitglied des Vertretungsorgans handelt und dieses außerdem von dem fraglichen Vorgang Kenntnis hat. Diese Wertung entspricht der des § 166 II bei der gewillkürten Vertretung natürlicher Personen. Dem Unterschied zur juristischen Person - nicht das Organ ist der Vertretene, sondern die Organisation[516] - wird in der Weise Rechnung getragen, daß die Zurechnung der Kenntnis des Organmitgliedes statt auf eine den Anforderungen des § 166 II entsprechende Bevollmächtigung auf dessen Verantwortlichkeit für den planmäßigen (d.h. hier: die Interessen der Gegenseite mitberücksichtigenden) Verlauf des fraglichen Rechtsgeschäfts gestützt wird. Diese Verantwortlichkeit knüpft einerseits an die Organschaft, andererseits an die Kenntnis der erheblichen Umstände einschließlich ihrer Bedeutung für den konkreten Vorgang an. Sie bezieht sich auf Rechtsgeschäfte der Vertreter unterhalb der Organebene und besteht ungeachtet einer unmittelbaren Beteiligung am Rechtsgeschäft. Hinzu kommt, daß das Vertretungsorgan als solches trotz organisationsinterner Unzuständigkeit befugt wäre, für den Kenntnisfall angezeigten Handlungen selbst wirksam vorzunehmen. Dasselbe gilt auch hier für die Kenntnis des vertretungsberechtigten Gesellschafters einer Personen(handels)gesellschaft, soweit sich die Vertretungsmacht des beteiligten Vertreters aus einer vom Vorgenannten erteilten Vollmacht herleitet. Falls die Vollmacht just das zu beurteilende Rechtsgeschäft betrifft, liegt allerdings bereits eine Beteiligung des Wissenden vor.

Anders sieht es hingegen dann aus, wenn dem Mitglied des Vertretungsorgans resp. dem geschäftsführenden Gesellschafter lediglich grob fahrlässige Unkenntnis vorzuwerfen ist, ungeachtet seines etwaigen Wissens um die konkrete Vertragsbeziehung. Denn Anlaß, sich trotz Fehlens einer sonstigen Beziehung um den konkreten Vorgang zu kümmern, haben beide nur, wenn sie den als Mangel zu beurteilenden Sachverhalt positiv kennen.

Die Kenntnis eines nicht beteiligten Vertreters, der nicht auf Organebene vertretungsberechtigt ist, kommt ebenfalls nur dann in Betracht, wenn dieser weiß, daß es andernorts auf sein Wissen ankommt. Dasselbe gilt wiederum für den Gesellschafter einer Personen(handels)gesellschaft. Dies deshalb, weil hier der Mangel an unmittelbarer Beteiligung weder durch die institutionalisierte Zuständigkeit für das Handeln des oder der beteiligten Vertreter, noch durch das Wissen um deren Informationsbedarf kompensiert wird. Die Unerheblichkeit des Wissensstandes eines solchen Vertreters ist auch deshalb gerechtfertigt, weil derjenige Geschehensablauf, der mit der Vornahme und Durchführung einer vertraglichen Beziehung befaßt ist, aus den Wissensmöglichkeiten einer Person, die hieran nicht beteiligt ist, keinen Vorteil zieht, wenn diese Person dieses Wissen zwar hat, aber diesem Ablauf nicht zur Verfügung stellt. Man

---

516 Vgl. Teil A III. 1. c) cc).

kann zwar sagen, der Wissende müsse sein Wissen - im Interesse der Organisation - weitergeben. Das kann man aber nicht verlangen, wenn er nicht weiß, daß es auf sein Wissen ankommt. Die Konzentration der Wissenszurechnung auf den Kreis der unmittelbar Zuständigen und/oder Beteiligten ist außerdem deshalb - grundsätzlich - geboten, weil die Wahrung der Organisationsinteressen in diesem Punkt eben denjenigen Personen obliegt, die mit der Vornahme des Rechtsgeschäftes befaßt sind.

Etwas anderes gilt wiederum, wenn ein Vertreter unterhalb der Organebene sowohl die erheblichen Umstände, als auch deren Bedeutung für den fraglichen Vorgang kennt und (grobe) Fahrlässigkeit ausreicht. Also - im Rahmen der hier angesprochenen Fallgruppe - nur bei §§ 460 S.2 und 539 S.2 BGB. Grob fahrlässig ist in diesem Falle das Informationsverhalten der für den Vertragsschluß Verantwortlichen, wobei die Verantwortlichkeit des weder beteiligten noch zuständigen Vertreters durch dessen Wissen um Informationsbedarf bei dem oder den Beteiligten resp. Zuständigen begründet wird. Dem Mangel an institutionalisierter (organschaftlicher) Verantwortlichkeit wird also durch die Beschränkung der Wissenszurechnung auf diejenigen Fälle Rechnung getragen, in welchen - hier immer: grobe - Fahrlässigkeit ausreicht.

Bei der zweiten Fallgruppe ist es vorab schwieriger, Beteiligung und damit Nicht-Beteiligung zu definieren, weil die Kenntnis-Tatbestände Kenntnis nicht im unmittelbaren Zusammenhang mit der Vornahme eines Rechtsgeschäftes erheblich werden lassen, vielmehr an die irgendwie und irgendwann[517] erlangte Kenntnis den Fristbeginn für die Anfechtung, Kündigung oder gerichtliche Geltendmachung eines Schadensersatzanspruchs knüpfen[518]. Der Mangel einer Beteiligung des wissenden Vertreters an demjenigen Vorgang, der zur Anfechtung, zur Kündigung oder zu Schadensersatz berechtigt, fällt hier nicht ins Gewicht. Denn die Erheblichkeit der Beteiligung für die Wissenszurechnung rührt daher, daß der (wissende) Beteiligte kraft seiner Beteiligung auf denjenigen Vorgang Einfluß nehmen kann, der der Kenntniserlangung nachfolgt. Die Zurechnung des Wissens eines nicht Beteiligten ist daher deshalb problematisch, weil mit der Beteiligung die Möglichkeit unmittelbarer Einflußnahme entfällt. Kenntnis läßt aber die Möglichkeit der Anfechtung etc. nicht entfallen, sondern bindet diese lediglich an die Wahrung bestimmter Fristen. Der Mangel an unmittelbarer Beteiligung an dem der Anfechtung etc. zugrundeliegenden Vorgang ist also für die Annahme einer Disposition zur Anfechtung etc. ohne Belang, weil diese nicht unmittelbar im Zusammenhang mit jenem Vorgang erfolgen muß.

---

517 - bei §§ 121 und 852: jedenfalls vor Ablauf von 30 Jahren ab dem Zeitpunkt der Abgabe der Willenserklärung bzw. der Begehung der Handlung.

518 Vgl. unten IV. 3. c).

Im Vordergrund steht daher nicht das Problem der mangelnden Beteiligung des wissenden Vertreters, sondern das seiner internen Unzuständigkeit für die nach der Kenntniserlangung angezeigte Anfechtung, die Kündigung oder die Geltendmachung von Schadensersatzansprüchen. Diese Unzuständigkeit schließt die Wissenszurechnung aus. Denn ohne den Bestand einer Vertretungsmacht (resp. Prozeßführungsbefugnis) gerade für die fragliche Handlung kann von einer Disposition der zur Vornahme einer solchen Handlung Befugten nur gesprochen werden, wenn die erhebliche Kenntnis bei denjenigen Personen vorhanden ist, die in die Organisation dieser Handlungen offiziell eingebunden sind. Das wiederum sind sie nur, wenn sie für diese - also für die Anfechtung etc. - wenn nicht vertretungsbefugt, so doch zumindest intern zuständig sind.

Wie bei der eingangs genannten Fallgruppe, so gilt allerdings grundsätzlich auch hier für den Fall, daß der wissende Vertreter dem Vertretungsorgan der Organisation angehört oder geschäftsführungsbefugter Gesellschafter einer Personen(handels)gesellschaft ist (*und* zur Anfechtung etc. nicht auch intern zuständig ist), daß sein Wissen den Lauf der Anfechtungs-, Kündigungs- bzw. Verjährungsfrist in Gang setzt. Dies läßt sich auch hier sowohl mit der Verantwortlichkeit des übergeordneten Vertreters für denjenigen Geschehensablauf begründen, für welchen ihm untergeordnete Vertreter sachlich zuständig sind, als auch damit, daß der übergeordnete Vertreter auch hier regelmäßig[519] trotz organisationsinterner Unzuständigkeit wirksam anfechten, kündigen oder Klage im Namen der Organisation erheben könnte. Dabei erübrigt sich in diesem Zusammenhang die Frage, ob der Wissende außer den je erheblichen Umständen (Anfechtungs- bzw. Kündigungsgrund, Schadenseintritt und Person des Ersatzpflichtigen) noch weitere Umstände kennen muß[520], weil allein durch die Kenntnis dieser vom Kenntnis-Tatbestand vorgegebenen Umstände eine hinreichende Beziehung zu dem fraglichen Vorgang vermittelt wird.

cc) Kenntnis anläßlich eines Rechtsgeschäftes, aber überwiegend mit Rücksicht auf Interessen der Gegenseite bedeutsam

Eine Reihe weiterer Tatbestände läßt Kenntnis zwar ebenfalls im Zusammenhang mit der Vornahme eines Rechtsgeschäftes erheblich werden. Hingegen hat Kenntnis hier den Zweck, eine für den Fall des Vorhandenseins der Information gegebene Disposition allein zur Beachtung der rechtlich geschützten Interessen Dritter auszuloten. Das heißt nicht, daß anhand des Kenntnis-Tatbestandes die Interessen der Organisation nicht berücksichtigt würden. Sie werden in der Weise berücksichtigt, daß das für den Kenntnisfall angezeigte Verhalten nicht

---

519 Ausnahme: Die Kündigung von Mitgliedern des Vertretungsorgans; vgl. *Wiesner*, S.1535f.

520 Vgl. oben S.188.

schon deshalb erwartet werden darf, weil die Organisation als solche, als Erwerber, Schuldner, Verkäufer etc. auftritt[521]. Es bedeutet vielmehr nur, daß das nur für den Fall der Kenntnis oder des Kennenmüssens erwartbare Verhalten überwiegend im Dienste der Interessen der Gegenseite steht.

Beim guten Glauben beispielsweise wird der Kenntnisstand der Organisation von vornherein nicht relevant, um ihr eine wohlinformierte rechtsgeschäftliche Entscheidung zu sichern, sondern im Interesse insbesondere des ausgeschlossenen Dritten (des Berechtigten, des Vertretenen, des wahren Gläubigers) an einer Beachtung der für Transaktionen geltenden Zuständigkeitsordnung. Hier hindert nichts daran, über den Kreis der Vertretungsberechtigten hinausgehend auf den gesamten organisierten Geschehensablauf zuzugreifen, der etwa dem Erwerb (vom Nichtberechtigten), dem Vertragsschluß oder der Leistung/dem Rechtsgeschäft (an den/mit dem Unzuständigen) zugrundeliegt. Falls hier die rechtsgeschäftlich Handelnden auf einen organisierten Geschehensablauf zurückgreifen können, der ihnen Information über den Erwerb etc. bereitstellen kann, ohne daß die einzelnen Beteiligten zum Abschluß des Rechtsgeschäfts befugt wären, liegt insoweit eine interne Zuständigkeitsaufteilung vor, die zwar selbstverständlich sinnvoll sein kann und erst recht nicht verboten ist, die bei der Wissenszurechnung hingegen nicht beachtet werden muß. Hier steht vielmehr die vom Tatbestand der Wissensnorm her zu definierende Zuständigkeit für dieses Geschehen und die hieran anknüpfende Verantwortung für einen planmäßigen Verlauf der Transaktionsbeziehung im Vordergrund.

Dasselbe gilt schließlich für jenes Wissen, das sich auf Mängel der vertragscharakteristischen Leistung aus der Sicht ihres Schuldners bezieht, also insbesondere für die Arglist des Käufers, Vermieters oder Werkunternehmers. Hier steht die Anknüpfung an dessen Kenntnisstand - soweit sie überhaupt gerechtfertigt ist[522] - im Dienst möglicher Aufklärung des Gläubigers, die Vertretungsmacht nicht einmal voraussetzt, so daß eine Einschränkung der Wissenszurechnung auf den Kreis der Vertretungsberechtigten unangebracht ist.

Auch die organisationsinterne Zuständigkeit ist in all diesen Fällen allerdings kein Ausschlußkriterium. Denn gerade auch zufällig, nicht infolge planmäßiger Organisation - oder ordnungsgemäßer Kommunikation[523] - sich ergebende Handlungsmöglichkeiten werden vom Kenntnis-Tatbestand erfaßt, soweit nur aus dem Vorhandensein bestimmter Information resultieren. Der Zuständigkeitsmangel muß aber in einer Weise kompensiert werden, die trotz der Unzuständigkeit des Wissenden eine Disposition des fraglichen Geschehensablaufs

---

[521] Vgl. Teil B IV. 3. b).
[522] Vgl. Teil A III. 7. e)., Teil B IV. 3.
[523] Siehe Teil A III. 7.

zur Rücksichtnahme auf die rechtlich geschützten Interessen Dritter nahelegt. Der Mangel der Zuständigkeit kann jedenfalls kompensiert werden durch eine unmittelbare Beteiligung des Wissenden, falls (grob) fahrlässige Unkenntnis ausreicht auch durch Wissen um Informationsbedarf, das bei einem weder Beteiligten noch Zuständigen vorhanden ist[524]. -

Im Ergebnis bedeutet dies, daß eine Organisation jedenfalls dann nicht gutgläubig erwirbt, nicht mit befreiender Wirkung an den Zedenten leisten kann, beim Vertragsschluß mit einem vollmachtlosen Vertreter auf die Genehmigung des Vertretenen angewiesen ist oder sich Arglist vorhalten lassen muß, wenn auch nur ein (beim Erwerb, der Leistung oder dem Vertragsschluß) beteiligter Vertreter, ein nur intern für den fraglichen Vorgang Zuständiger oder an ihm Beteiligter die maßgeblichen Umstände kennt oder, falls ausreichend, kennen muß.

Auch hier stellt sich zuletzt die Frage, ob Kenntnis oder Kennenmüssen eines nicht beteiligten und/oder nicht zuständigen Vertreters für die Annahme bösen Glaubens oder arglistigen Verhaltens der Organisation hinreichen. Daß die Bedeutung der konkreten Vertretungsordnung für die Wissenszurechnung bei dieser Fallgruppe hinter den Kriterien der sachlichen Zuständigkeit und der Beteiligung zurücktritt, hat eine zweifache Konsequenz: Zuerst heißt dies, daß der, der die fraglichen Umstände kennt oder kennen muß, nicht unbedingt Vertreter sein muß. Es heißt aber auch, daß der Kenntnisstand eines Vertreters nicht schon deshalb den Ausschlag gibt, weil er Vertreter ist.

Bei der Antwort ist nochmals zu unterscheiden zwischen den Gutglaubensfällen einerseits, den Arglistfällen andererseits, weil sich die Kenntnisgegenstände (Mangel der Berechtigung (des Veräußerers, Zedenten, Vertreters) bzw. Mangel der vertragscharakteristischen Leistung) unterscheiden und Arglist positive Kenntnis des Mangels voraussetzt.

Bei der ersten Fallgruppe geben Kenntnis resp. Kennenmüssen dem ausgeschlossenen Dritten (dem Eigentümer, Forderungsinhaber oder Vertretenen) das Recht, von der Organisation (als Erwerber, Schuldner oder Geschäftspartner) zu erwarten, daß sie die für Transaktionen vorgesehenen Zuständigkeitsregeln beachtet. Das kann durch Verhandlungen mit dem Berechtigten oder einfach durch Abstandnahme von dem fraglichen Rechtsgeschäft geschehen. Das ist es, was für den Fall des Vorhandenseins der Information mit Recht erwartet werden kann.

Ein solches Verhalten ist der Organisation nicht möglich, wenn einer ihrer Vertreter die erheblichen Umstände kennt oder gar nur kennen muß, hingegen nicht weiß, daß die Organisation - in Gestalt der unmittelbar Zuständigen oder

[524] Hierzu sogleich, unter IV. 4.

Beteiligten - ein Rechtsgeschäft mit dem Nichtberechtigten i.w.S. vornimmt oder ins Auge faßt. Dasselbe gilt für Vertreter auf der Organebene oder geschäftsführende Gesellschafter. Das Wissen eines solchen Gesellschafters oder eines Organwalters, der bei dem fraglichen Rechtsgeschäft weder beteiligt noch für dieses zuständig ist, gelten beim guten Glauben nicht als Wissen der Organisation, wenn der Betreffende nicht außerdem weiß, daß derjenige Vorgang, in dessen Zusammenhang Kenntnis oder Kennenmüssen erheblich werden, stattfindet oder stattfinden soll. Auch hier muß man im Blick auf die konkrete Organisation eines bestimmten Geschehensablaufs annehmen, daß diesem die fragliche Information nicht zur Verfügung stand, auch wenn sie organisationsintern vorhanden war. Daß der wissende Vertreter die fraglichen Umstände den unmittelbar in den Vorgang eingebundenen Beteiligten nicht mitgeteilt hat, ist auch kein Grund, von (grober oder einfacher) Fahrlässigkeit auszugehen. Denn ohne das Wissen um den Informationsbedarf der Beteiligten hat der Wissende keinen Anlaß für entsprechende Mitteilungen. Eine andere Beurteilung hinsichtlich der Fahrlässigkeit kann nur dann angebracht sein, wenn die Beteiligten ihrerseits wissen, daß die erheblichen Umstände organisationsintern dokumentiert oder anderweit - z.B. dem fraglichen Vertreter - bekannt sein können. In diesem Fall ist aber die Vertreterstellung des Wissenden nicht ausschlaggebend.

Bei der zweiten Fallgruppe geht es um Aufklärung des Sachgläubigers. Hier gelten, was die Berücksichtigung des Kenntnisstandes eines weder beteiligten noch sachlich zuständigen Vertreters anbelangt, im Grundsatz die zuvor angestellten Erwägungen: Der wissende (und weder zuständige noch beteiligte) Vertreter muß wissen, daß es andernorts auf sein Wissen ankommt. Hinzu kommt aber, daß dieses Wissen um die Bedeutung des eigenen Wissens mit dessen Inhalt variiert: Je gewichtiger der Mangel, desto unwichtiger das Wissen um einen konkreten Vertragsschluß, weil die Bedeutung des Wissens um den Zustand der Sache in diesem Fall auch ohne das Wissen um konkrete Vertragsbeziehungen auf der Hand liegt. Auch hier ist aber ohne Belang, daß bzw. ob der Wissende außerdem Vertreter ist. -

Im Ergebnis gilt also folgendes: Rücksicht auf die rechtsgeschäftliche Zuständigkeitsordnung einer Organisation bei der Wissenszurechnung ist nur im Hinblick auf solches Wissen geboten, das unmittelbar oder mittelbar die informierte Entschließungsfreiheit des oder der für rechtsgeschäftliches Handeln Zuständigen gewährleisten soll. Allerdings ist die Vertretungsordnung ein Ausschlußkriterium nur im ersten Fall, also nur hinsichtlich der Zurechnung solchen Wissens, das die Anfechtbarkeit einer Willenserklärung wegen Irrtums oder einer Täuschung ausschließen würde, wenn es dem oder den Vertretern der Organisation zur Verfügung stünde. Geringer ist die Bedeutung der Vertretungsordnung, wenn Interessen Dritter der Ausübung rechtsgeschäftlicher

Entscheidungsfreiheit Grenzen setzen, weil hier sachliche Zuständigkeit und schiere Beteiligung an die Stelle der Vertretungsmacht des Wissenden treten können. Hingegen rückt sie ganz zugunsten der vorgenannten Kriterien in den Hintergrund, wenn Kenntnis zwar im faktischen Zusammenhang mit der Vornahme eines Rechtsgeschäftes, rechtlich jedoch nur "bei Gelegenheit" eines solchen und vollständig mit Rücksicht auf die gegnerischen Interessen erheblich wird.

b) Bedeutung der organisationsinternen Zuständigkeitsordnung

In dem Maße, in dem Vertretungsmacht oder Beteiligung als Vertreter als Kriterien der Wissenszurechnung in den Hintergrund treten, rücken – ergänzend, d.h. den Kreis der Wissenszurechnung erweiternd - die organisationsinterne Zuständigkeit und die faktische Beteiligung in den Vordergrund. Die organisationsinterne Zuständigkeitsordnung ist, anders als die rechtsgeschäftliche, extern unverbindlich. Ein Einschränkungskriterium kann aus der internen Zuständigkeitsordnung deshalb nur insoweit hergeleitet werden, als mit der Zuständigkeit die Verantwortung für einen bestimmten Geschehensablauf und mit dieser die institutionalisierte Möglichkeit der Einflußnahme auf diesen Ablauf entfällt, und auch dies nur dann, wenn die schiere Beteiligung (trotz sachlicher Unzuständigkeit) nicht hinreicht.

Zu untersuchen ist nun, welche Konsequenzen sich hieraus im Einzelnen für die Wissenszurechnung ergeben.

aa) Bedeutung für die Zurechnung von Kenntnis oder Kennenmüssen

Zunächst ist fraglich, ob die sachliche Zuständigkeitsverteilung Einfluß auf die Möglichkeit der Anfechtung einer namens der Organisation abgegebenen Willenserklärung wegen Irrtums oder Täuschung hat. Diese Frage, die sich nur bei Gesamtvertretungsverhältnissen, indes unabhängig von der Rechtsform der Organisation stellt, ist zu verneinen. Das Erfordernis der Gesamtvertretung schützt die Organisation vor nicht abgestimmten Einzelentscheidungen, aber es bindet die Gesamtvertreter auch, indem es sie nötigt, die unter ihnen vorhandene Information zu aktualisieren (mitzuteilen oder nachzufragen), soweit dies möglich ist. Möglich ist es, wenn der oder die Wissenden wissen, daß der oder die übrigen die erheblichen Umstände nicht kennen, außerdem, wenn der oder die Unwissenden wissen, daß es auf die erheblichen Umstände ankommt und daß diese Umstände bei einem von ihnen bekannt sein können[525]. Die interne Zuständigkeit hat zwar faktischen Einfluß darauf, ob und bei wem welches Wissen vorhanden ist. Wenn es vorhanden ist und nur noch dem

---

[525] Vgl. oben IV. 2. a) aa).

Kollektiv präsent gemacht werden muß, spielt es für die Möglichkeit seiner Aktualisierung keine Rolle, wie die sachlichen Zuständigkeiten verteilt sind, weil hier die Zuständigkeit für die Aktualisierung der Information (zur Thematisierung des fraglichen Sachverhalts) betroffen ist.

Soweit Kenntnis oder Kennenmüssen der Organisation Anlaß geben sollen, ihre Interessen durch rechtsgeschäftliches Handeln wahrzunehmen[526], ersetzt die sachliche Zuständigkeit desjenigen, der die erheblichen Umstände kennt oder kennen muß, den Mangel seiner Vertretungsmacht in der fraglichen Angelegenheit, ebenso den Mangel unmittelbarer Beteiligung trotz etwaiger Vertretungsmacht. Dasselbe gilt für diejenigen Fälle, in welchen der Kenntnis-Tatbestand überwiegend den Zweck hat, Verhaltensmöglichkeiten auszuloten, die sich auf den Schutz der gegnerischen Interessen beziehen.

bb) Bedeutung für die Bestimmung des Kennenmüssens (§§ 122 II, 276 I S.2 BGB)

Maßgeblich ist die organisationsinterne Zuständigkeitsordnung schließlich für die nähere Bestimmung der "erforderlichen Sorgfalt" (§§ 122 II, 276 I S.2 BGB), falls also Kennenmüssen ausreicht. Der Sorgfaltsmaßstab zielt hier auf eine Erweiterung derjenigen "äußeren" Umstände, deren Vorliegen sonst, beim nicht organisierten Handeln eines einzelnen Menschen, die Annahme (grob) fahrlässiger Unkenntnis rechtfertigt. Zu den äußeren kommen die inneren, die organisationsinternen Umstände hinzu. Denn sorgfältiges Informationsverhalten meint die Aktualisierung der naheliegenden Information, naheliegend wiederum ist solche Information, deren Aktualisierung durch Kommunikation zwischen den Zuständigen erreicht werden kann. Die im Verkehr erforderliche Sorgfalt verlangt nicht die Einrichtung von Kommunikationsstrukturen jenseits der bestehenden, wohl aber die Nutzung der vorhandenen.

3. Beteiligung

a) Vorbemerkung

Während die Verantwortung des Zuständigen für den planmäßigen Verlauf eines bestimmten Vorganges sich auf sein Verhältnis zur Organisation gründet, nämlich auf seine den internen Vorgaben entsprechende Einordnung in die Arbeitsabläufe der Organisation, gründet sich die Verantwortung des Beteiligten auf seine schiere Präsenz in derjenigen Situation, in der es auf Kenntnis oder Kennenmüssen ankommt. Diese Präsenz kann der internen Aufgabenzuweisung

---

[526] Vgl. oben IV 2. a) bb).

entsprechen, sie kann ihr aber auch zuwiderlaufen. Ob hier die Kenntnis oder das Kennenmüssen des Beteiligten den Ausschlag gegenüber der auch nicht auf Fahrlässigkeit beruhenden Unkenntnis eines etwa vorhandenen Zuständigen gibt, hängt davon ab, welches Gewicht der fragliche Kenntnis-Tatbestand der organisationsinternen Zuständigkeit gibt.

Nach den Ausführungen im vorangegangenen Abschnitt (unter IV. 2.) ist auf die organisationsinterne Zuständigkeitsordnung uneingeschränkt nur insoweit Rücksicht zu nehmen, als diese Zuständigkeitsordnung auch extern verbindlich ist, also nur, soweit die Zuständigkeit zu rechtsgeschäftlichem Handeln betroffen ist. Und auch soweit dies der Fall ist, kann das Wissen eines nur sachlich Zuständigen ausschlaggebend gegenüber dem Unwissen eines Vertreters sein, wenn der fragliche Tatbestand anhand der Kenntnis nicht gerade die informierte Entschließungsfreiheit der rechtsgeschäftlich Handelnden gewährleisten will. Demgegenüber ist eine Beachtung der lediglich intern verbindlichen sachlichen Zuständigkeitsordnung nur insoweit geboten, als das Wissen oder Wissenmüssen eines Unzuständigen nicht in Betracht kommt, falls nicht über dieses Wissen hinaus eine zusätzliche Beziehung zu dem fraglichen Vorgang besteht, die den an sich Unzuständigen gleichwohl für dessen planmäßigen Verlauf verantwortlich macht. Diese Beziehung wird durchweg über das - zusätzliche - Wissen um die Erheblichkeit des eigenen Wissens vermittelt.

Darüber hinaus ist die faktische Beteiligung des Wissenden oder fahrlässig Unwissenden ein gewichtiges Kriterium für eine Wissenszurechnung.

b) Anforderungen an die Art und Weise der Beteiligung

Die Frage ist allerdings, welche Anforderungen an die Beteiligung des Wissenden bzw. (grob) fahrlässig Unwissenden zu stellen sind, wenn, wie regelmäßig in den problematischen Fällen, mehrere Personen auf unterschiedliche Art und Weise an einem bestimmten Vorgang beteiligt sind[527]. Die Antwort muß von der Funktion der Kenntnis ausgehen. Weil das Kriterium der Beteiligung an einem bestimmten Vorgang an die Möglichkeit der Einflußnahme auf diesen Vorgang anknüpft, ist für die Zurechnung des Kenntnisstandes des Beteiligten ausschlaggebend, ob er kraft seiner Kenntnis oder bei der gebotenen Aufmerksamkeit imstande war oder gewesen wäre, auf einen planmäßigen Verlauf einzuwirken. Von einer solchen Möglichkeit der Gegensteuerung ist um so eher auszugehen, je unmittelbarer die Beteiligung ist.

Daher kommt für die Wissenszurechnung die Person desjenigen, der etwa den Erwerb des Besitzes (§§ 932ff. und § 990), die Leistung (§§ 407 I, 814, 815), die Entgegennahme des Leistungsgegenstandes (z.B. § 464, aber auch § 819 I)

---

[527] Vgl. oben I. 2.

oder den Vertragsschluß eigenhändig vornimmt, eher in Betracht als jemand, der hieran nicht unmittelbar beteiligt ist. Das bedeutet indes nicht, daß dessen Wissen nicht deshalb zuzurechnen wäre, weil er gerade für diesen Vorgang - sachlich oder als insoweit bevollmächtigter Vertreter - zuständig ist. Auch kann die Kenntnis eines "nachrangig" Beteiligten Anlaß für den vorrangig Beteiligten sein, sich bei ersterem zu erkundigen, so daß, falls dies unterbleibt, letzterer und damit die Organisation als fahrlässig unwissend anzusehen sein kann[528]. So, wie in diesen Fällen die - auch nicht auf Fahrlässigkeit beruhende - Unkenntnis eines Zuständigen gegenüber der Kenntnis oder fahrlässigen Unkenntnis eines Beteiligten unerheblich ist, reicht bereits das Wissen auch nur eines in dieser Weise unmittelbar Beteiligten aus, weil die für den Kenntnis-Fall gebotene Handlung nicht im Interesse der rechtsgeschäftlichen Entscheidungsfreiheit der Organisation, sondern im Interesse des Gegenüber geboten ist.

Schließlich kann es unter Umständen geboten sein, die Zurechnung des Wissens eines Beteiligten von bestimmten zusätzlichen Kenntnissen abhängig zu machen, dann nämlich, wenn allein angesichts der faktischen Beteiligung noch nicht von einer Disposition zu dem für den Kenntnis-Fall angezeigten Verhalten gesprochen werden kann. Solche Fälle werden selten sein, weil die unmittelbare Beteiligung regelmäßig eine Gewähr dafür ist, daß der Beteiligte die Bedeutung der Situation erfaßt, so daß, wenn seine Kenntnis hinzukommt, von einer derartigen Disposition ohne weiteres auszugehen ist, zumal die Kenntnis-Tatbestände durchweg über die Kenntnis hinaus eine auch im übrigen richtige, insbesondere rechtlich zutreffende Interpretation des Sachverhaltes nicht voraussetzen[529]. In Betracht kommen hier solche Situationen, in denen sich nicht schon aus dem Gegenstand der Kenntnis, sondern erst aus dem Tatbestandszusammenhang ergibt, daß das für den Fall der Kenntnis bestimmter Umstände gebotene Verhalten die Möglichkeit ihrer rechtlichen Würdigung voraussetzt. Das kann insbesondere bezüglich der Kenntnis der anspruchsbegründenden Umstände (§ 852[530]) oder bei der außerordentlichen Kündigung aus wichtigem Grund (§ 626 II) der Fall sein. Dabei gilt allerdings auch hier, daß die Zuständigkeit des Beteiligten das Fehlen derartiger - durchweg lediglich grundsätzlicher - Rechtskenntnisse ebenso kompensiert wie die organisationsintern vorhandene Möglichkeit rechtlicher Beratung[531].

---

528 Vgl. oben III. 3., a.E.

529 Vgl. oben III. 3.

530 - sowie die entsprechenden Vorschriften anderer haftungsrechtlicher Vorschriften aus dem Bereich der Gefährdungshaftung und des gewerblichen Rechtsschutzes, vgl. Teil B III. 4. b).

531 Vgl. oben III. 3.

Im übrigen hängen die Anforderungen, die über die Kenntnis hinaus an die Person eines Beteiligten zu stellen sind, davon ab, wessen Interessen das Gesetz anhand des Kenntnis-Tatbestandes vorrangig im Auge hat und welche Möglichkeiten der Gegenseite zur Wahrung ihrer rechtlich geschützten Interessen zur Verfügung stehen. Die Anforderungen sind geringer, wenn das Gesetz für den Fall der Kenntnis ein Verhalten vorsieht, das überwiegend die Interessen der Gegenseite betrifft, beispielsweise die Aufklärung über Mängel der vertragscharakteristischen Leistung. Andererseits kann etwa das Wissen eines auf Verkäuferseite nur zufällig bei Vertragsschluß Anwesenden um den Mangel der Kaufsache unerheblich sein, wenn ihm die vertraglichen Konditionen selbst nicht bekannt sind und der Käufer den Mangel leicht hätte erkennen können (§ 460 S.2).

c) Schwierigkeiten bei der Ermittlung eines Beteiligten

Die maßgeblichen Beteiligungsverhältnisse zu ermitteln wird dann schwierig, wenn der Kenntnis-Tatbestand nicht unmittelbar auf einen konkreten, zeitlich fixierbaren Vorgang verweist[532]. Das ist etwa in §§ 819 I, 990 S.2 hinsichtlich des Eintritts der Haftungsverschärfung der Fall, außerdem dann, wenn Kenntnis den Lauf einer Frist in Gang setzt, also etwa bei §§ 121, 318 und 1954, bei §§ 568, 625 sowie bei § 626 II und § 852.

Allerdings ergibt sich der Bezug auf einen bestimmten Vorgang häufig aus dem Zusammenhang der einzelnen Vorschriften. So sind bei §§ 819 I und 990 S.2 diejenigen beteiligt, die mit dem erlangten bzw. erworbenen Gegenstand befaßt sind, die den erlangten Vermögenswert verwalten oder den Besitz ausüben, dem planwidrig im Vermögen des Herausgabepflichtigen befindlichen Gegenstand also die notwendige Sorgfalt im Hinblick auf die Herausgabepflicht tatsächlich angedeihen lassen können. Bei der Hereinnahme eines Schecks etwa ist hier (Art. 21 ScheckG i.V.m. §§ 989, 990 S.2 BGB[533]) diejenige Stelle angesprochen, die im Anschluß an den Erwerb die Gutschrift und die ihr entsprechende Belastung vornimmt. Darüber hinaus findet bereits der Erwerb des herauszugebenden Gegenstandes unter Beteiligung bestimmter Personen statt, dasselbe gilt regelmäßig für den Bereicherungsvorgang. Eine Zurechnung des Wissen, welches dieser Personenkreis im Anschluß an die Beteiligung am Vollzug der Vermögensverschiebung erlangt hat, kann durch seine Zuständigkeit auch für den weiteren Umgang mit dem erlangten Gegenstand begründet werden. Ob das der Fall ist, hängt wesentlich davon ab, ob der am Erwerb Beteiligte organisationsintern für den weiteren Umgang mit dem Gegenstand

---

532 Vgl. bereits oben III. 1.
533 Vgl. allerdings *Aden* NJW S.413f. und unten im Text zu V. 6. b).

zuständig ist oder nicht, prinzipiell also von der Größe der Organisation und dem Ausmaß der praktizierten Arbeitsteilung. Besteht eine solche Zuständigkeit nicht, ist der Beteiligte aus seiner Verantwortung für diesen Vorgang entlassen und eine Zurechnung etwa später erlangten Wissens findet nur ausnahmsweise statt, dann nämlich, wenn er außerdem weiß, daß bei dem nunmehr beteiligten Personenkreis Informationsbedarf besteht[534], wenn er also nach seinem Wissen gefragt wird oder von sich aus weiß, daß eine Herausgabepflicht bestehen kann und deshalb ein sorgfältiger Umgang mit dem erlangten Gegenstand geboten ist. Denn nur bei einer durch diese zusätzliche Wissen gegebenen Beziehung des Wissenden zu dem fraglichen Vorgang kann davon die Rede sein, daß dieser Vorgang zu einem sorgfältigen Umgang mit dem Gegenstand angesichts des organisationsinternen Vorhandenseins der Information disponiert ist.

Bei der Anfechtung (§§ 121, 318 und 1954) läßt sich die Beteiligung durch den Bezug auf das anzufechtende Rechtsgeschäft ermitteln. Da hier für den Fall der Kenntnis wiederum ein rechtsgeschäftliches Tätigwerden - eben die Anfechtung - angezeigt ist, geht allerdings die rechtsgeschäftliche Zuständigkeit der unmittelbaren Beteiligung mit der Folge vor[535], daß die Kenntnis - fahrlässige Unkenntnis reicht nicht - eines insoweit unzuständig Beteiligten gegenüber der Unkenntnis eines zum Ausspruch der Anfechtung Befugten unerheblich ist.

Hinsichtlich der nach § 852 I erforderlichen Kenntnis der anspruchsbegründenden Umstände ist zwar die Nähe zum Verletzungssachverhalt ein Anhaltspunkt für die Annahme einer Beteiligung, weil es auf die Kenntnis des Verletzten ankommt. Weil das für den Fall der Kenntniserlangung veranlaßte Verhalten - die Geltendmachung des Ersatzanspruchs - in die Zuständigkeit der Vertretungsberechtigten fällt, kann allein die Beteiligung deren Unkenntnis allerdings nicht aufwiegen. Andererseits wird der Mangel einer derartigen Beteiligung durch die Zuständigkeit für die Erkundung der maßgeblichen Tatsachen auch dann ausgeglichen, wenn der Zuständige selbst zur Geltendmachung des Anspruchs nicht befugt ist.

Dasselbe gilt für die nach § 626 II erforderliche Kenntnis vom Kündigungsgrund. Beteiligt ist ja in erster Linie der, dem gegenüber die Kündigung auszusprechen ist. Daß sein Wissen den Lauf der Frist nicht in Gang setzt, ist selbstverständlich[536].

---

534 Vgl. unten IV. 4.

535 Vgl. auch oben IV. 2. a).

536 Für den Fall einer deliktischen Handlung eines Organisationsmitgliedes zu Lasten der Organisation vgl. MK-*Stein*, § 852 Rz. 15.

d) Beteiligung ohne Organisationszugehörigkeit

Für die Wissenszurechnung *nicht* entscheidend ist, ob der Wissende oder fahrlässig Unwissende an einem bestimmten Vorgang beteiligt ist, ohne Mitglied der Organisation zu sein. Das ergibt sich aus der oben[537] vorgenommenen Ausrichtung der Wissensfrage auf den organisierten Geschehensablauf selbst, statt auf die Organisation als Rechtssubjekt oder wirtschaftliche Einheit[538]. Denn für die Frage, ob einem bestimmten Geschehensablauf Wissen zur Verfügung stand, ist die Art und Weise der Einbindung des Wissenden oder fahrlässig Unwissenden in diesen Geschehensablauf wesentlich wichtiger als die Art und Weise der rechtlichen Beziehung zur Organisation. Es liegt auf der Hand, daß etwa das Wissen einer permanent beratenden Anwaltskanzlei um das Vorliegen eines Wettbewerbsverstoßes (§ 21 UWG) die Geschäftsführung einer KG eher zur Geltendmachung entsprechender Unterlassungs- oder Schadensersatzansprüche disponiert, als das entsprechende Wissen eines ausschließlich durch seine Einlage an der KG beteiligten Kommanditisten, der zwar die Fakten kennt, hingegen nicht imstande ist, deren rechtliche Bedeutung auch nur im Ansatz zu erkennen, weil er die Geschäfte der KG nicht verfolgt.

Auch für die Anwendung des § 166 I BGB ist ja unerheblich, welcher Art das der Vollmacht des Vertreters zugrundeliegende Rechtsverhältnis ist. Hierbei ist allerdings nochmals zu betonen, daß § 166 I nicht eigentlich eine Regel der Wissenszurechnung ist, weil die Erheblichkeit des Vertreterwissens bereits aus der Zurechnung seines rechtsgeschäftlichen Handelns folgt[539]. Ob der Wissensstand einer Person maßgeblich für die rechtliche Stellung einer Organisation ist, hängt grundsätzlich - Ausnahme: Willensmängel[540] - nicht von der Vertretungsbefugnis dieser Person ab. Andererseits entfällt mit der Vertretungsbefugnis natürlich das Wissenszurechnungsproblem, wenn das Rechtsgeschäft, in dessen Zusammenhang Kenntnis erheblich ist, mangels Vertretungsmacht gar keine Wirkung für die Organisation hat.

Eine Grenze für die Wissenszurechnung wird allerdings auch in diesem Zusammenhang durch solche Tatbestände gezogen, die Kenntnis im ausschließlichen oder überwiegenden Interesse der Organisation erheblich werden lassen, was indes nichts weiter bedeutet, als daß die Art und Weise der Verantwortlichkeit einer der Organisation nicht angehörenden Person den Anforderungen genügen muß, die insoweit auch für Organisationsmitglieder gelten. Sie muß also im Hinblick auf das einen Willensmangel ausschließende

---

537 Vgl. II. 3.

538 Vgl. für die "Wissenszurechnung im Konzern" *Drexl* S.507ff. und S.519 (Leitmotiv der *funktionalen* Einheit, Beherrschbarkeit als Zurechnungskriterium).

539 Vgl. Teil A III. 1. a) bb).

540 Vgl. oben IV. 2. a) aa).

(positive) Wissen in der fraglichen Angelegenheit zur Vertretung der Organisation befugt sein. Sofern das für den Fall der Kenntnis angezeigte Verhalten rechtsgeschäftlicher Art ist, muß sie für den fraglichen Vorgang mindestens sachlich zuständig sein. Schlichte Beteiligung reicht hingegen nicht, weil allein die Beteiligung eine der Organisation zuzurechnende Verantwortlichkeit für den fraglichen Vorgang nur vermittelt, wenn der Beteiligte im Dienst der Organisation beteiligt ist.

e) Beispiel: Haftung des Eigenbesitzers bei Beteiligung eines bösgläubigen Besitzdieners am Besitzerwerb

Wer einen Gegenstand zur Verfügung hat, der in das Vermögen eines anderen gehört, ist angehalten, mit dem Gegenstand sorgfältig umzugehen und ihn für die Herausgabe bereitzuhalten, wenn er weiß, daß er einem anderen zusteht. Wer schon bei der Vermögensverschiebung davon weiß, kann von ihr ablassen oder sich an den Zuständigen wenden. Hier geht es um Kenntnis des Mangels des Besitzrechts, der Rechtsgrundlosigkeit einer Vermögensverschiebung und des Rücktrittsgrundes beim Vertrag[541]; nur beim Erwerb vom Nichtberechtigten reicht - im Augenblick des Erwerbs - grob fahrlässige Unkenntnis vom Mangel des Besitzrechts, um eine Haftung des Erwerbers für den Fall der schuldhaften Verschlechterung der Sache oder der Unmöglichkeit ihrer Herausgabe zu begründen, § 990 I S.1. In all diesen Fällen steht die Möglichkeit der Rücksichtnahme auf rechtlich geschützte Interessen Dritter im Vordergrund. Diese Rücksichtnahme betrifft nicht die rechtsgeschäftliche Entscheidungsfreiheit des Erwerbers, auch wenn sich der Erwerb durch Rechtsgeschäft vollzieht. Deshalb ist in allen Fällen die faktische Beteiligung des Wissenden wichtiger als seine Befugnis zu rechtsgeschäftlichem Handeln für die Organisation. Das soll im folgenden am Beispiel des Besitzerwerbs mittels eines bösgläubigen Besitzdieners[542] gezeigt werden.

Beim Erwerb vom Nichtberechtigten ist der Bezug zum Rechtsscheinstatbestand ausschlaggebend. Hier sind also - als für die Wissenszurechnung in Betracht kommende Personen - zunächst die angesprochen, die die Sache in Besitz nehmen und den Besitz ausüben. Wer am Erwerb beteiligt ist und den Mangel des Besitzrechts kennt oder grob fahrlässig kennen muß, verhindert nicht nur den Eigentumserwerb, sondern setzt auch die Bedingung für den Eintritt der Haftungsverschärfung, weil in diesem Fall eine Disposition des Erwerbes in seiner konkreten Organisation zu demjenigen Verhalten besteht, das vom Besitzer für den Kenntnisfall verlangt werden kann.

---

[541] Vgl. Teil B III. 2. e).
[542] Vgl. Teil A, III. 1. a) dd).

Was hier nun gegen die Zurechnung des Wissens eines Besitzdieners sprechen könnte, ist der Umstand, daß den gutgläubigen Besitzer - Verschulden vorausgesetzt - eine Schadensersatzpflicht treffen kann, die das Gesetz an sich nur für den Fall vorsieht, daß er bösgläubig ist oder wird. Dieser Widerspruch ist aber nichts weiter als die typische Wissenszurechnungsproblematik. Die Frage ist, ob Umstände im Verhältnis zwischen Besitzdiener und Besitzer einerseits, zwischen diesen beiden und dem Eigentümer andererseits den Widerspruch unerheblich erscheinen lassen und die Wissenszurechnung rechtfertigen.

Das ist der Fall. Der Eintritt der über die Herausgabepflicht hinausgehenden Haftungsverschärfung nach § 990 I BGB ist gerechtfertigt, weil das vorhandene oder leicht erlangbare Wissen um den Mangel des Besitzrechts es dem Besitzer ermöglicht, schon beim Erwerb der Sache und dann im Umgang mit ihr den Interessen des Eigentümers Rechnung zu tragen[543]. Diese Erwägung rechtfertigt die Haftungsverschärfung auch dann, wenn nicht der Besitzer selbst, dafür aber sein Besitzdiener bösgläubig ist.

Wer durch einen Besitzdiener Besitz erlangt, wird eben durch dessen Handeln überhaupt erst Besitzer[544]. Deshalb nimmt die Wissenszurechnung dem gutgläubigen Besitzer in Ansehung seines Besitzrechtes nichts, was er *ohne* Wissenszurechnung haben würde. Denn zur Herausgabe ist er schon deshalb verpflichtet, weil er kein Eigentum erworben hat. Auf Schadensersatz wiederum haftet der Besitzer trotz Wissenszurechnung nur, wenn er die Sache *schuldhaft* nicht herausgeben kann. Die Wissenszurechnung konfrontiert den Besitzer allerdings mit Sorgfaltspflichten hinsichtlich der herauszugebenden Sache, und insofern auch mit dem Haftungsrisiko für den Fall, daß die Herausgabe schuldhaft unmöglich wird. Diese Belastung des Besitzers ist deshalb gerecht, weil der Besitzdiener an die Stelle des Besitzers tritt, soweit diejenigen Handlungen betroffen sind, in deren Zusammenhang es auf den guten Glauben des Besitzers ankommt. *Sein* Verhalten erfüllt den Tatbestand des Besitzerwerbes i.S.d. § 990 I, nicht das des Besitzers, und auf die beim Erwerb des Besitzes vorhandene Information kommt es nach § 990 I an. Soweit jemand nach Vollzug des Besitzerwerbes vom Mangel des Besitzrechts des Besitzers positive Kenntnis erhält und als Besitzdiener anzusehen ist, übet *er* die tatsächliche Gewalt über die Sache aus, nicht der Besitzer. Der Besitzdiener ist mithin ein konstitutives Element der Besitzorganisation des Besitzers, also des Zusammenhanges von Handlungen, auf die sich die aus dem Besitz folgenden Rechte und Pflichten beziehen. Das, was ihn in rechtlicher Hinsicht vom Besitzer unterscheidet, fällt für die Frage des Eintritts der Haftungsverschärfung

---

543 Vgl. Teil B III. 3. e).

544 So argumentiert auch die "Einheitstheorie" von *Hoche* S.73ff., S.77f., dagegen das Korreferat von *Westermann*, Besitzerwerb, S.82.

im Rahmen des § 990 I BGB nicht ins Gewicht. Daß der Besitzdiener keinerlei Rechte auf oder aus dem Besitz hat und nur zur Selbsthilfe greifen darf (§ 860 BGB), kann kaum entscheidend sein, ebenfalls nicht, daß Herausgabe- und Schadensersatzpflicht nicht ihn sondern den Besitzer treffen. Das, was man für den Fall der Kenntnis oder der nur auf Fahrlässigkeit beruhenden Unkenntnis vom Besitzer selbst erwarten darf, kann und darf ungeachtet seiner rechtlichen Stellung im übrigen auch der Besitzdiener mit Wirkung für den Besitzer, nämlich sich in einer Art und Weise verhalten, die der erlangten Kenntnis oder den auf den Mangel des Besitzrechts hinweisenden Umständen Rechnung trägt.

Der Beitrag, den der Besitzdiener schon als solcher für die Organisation leistet, rechtfertigt es, seinen Wissensstand im Rahmen des § 990 I in Betracht zu ziehen. Insbesondere muß es nicht auf die Selbständigkeit des Besitzdieners, auf eine "Ermächtigung" zu selbständigem Handeln ankommen, weil es insoweit weder um seine Befugnis zur Abgabe einer Willenserklärung im Namen der Organisation, noch um die Erfüllung einer Verbindlichkeit geht[545]. Dies betrifft etwa den Fall des Arbeiters, der gestohlene Sachen von einem LKW abládt, diese Sachen für die Organisation erwirbt und weiß, daß es sich um Diebesgut handelt. Wenn die Organisation in dieser Weise Besitz erlangt, muß es ihr Risiko sein, sich hierbei eines bösgläubigen Besitzdieners bedient zu haben, wobei sich diese Risikozuweisung nicht aus §§ 166 oder 831, sondern aus § 990 I BGB ergibt. Es steht der Bösgläubigkeit des Besitzers nicht entgegen, daß er die Kenntnis vom Mangel seines Besitzrechtes zufällig, ohne es zu wollen oder es verhindern zu können, erlangt hat. Selbst Unkenntnis reicht ja aus, wenn die Situation durch Zufall so ist, daß Kenntnisnahme und entsprechendes Verhalten möglich waren. Wesentlich ist die Disposition des in bestimmter Weise organisierten Besitzerwerbes. Eine solche Disposition liegt im Fall des Arbeiters vor, wenn er positive Kenntnis hat oder grob fahrlässig nicht hat, in die Organisation des Besitzerwerbes als Beteiligter eingebunden ist und deswegen kraft seines Wissens oder bei aufmerksamem Verhalten den Besitzerwerb der Organisation verhindern kann. Wenn es sich um Sachen handelt, die ein Angestellter erwirbt, ohne hinsichtlich der Ausübung des Besitzes Weisungen unterworfen zu sein, er sie also nicht als Besitzdiener für die Organisation und folglich die Organisation selbst nicht Besitz erwirbt, scheidet deren Haftung selbstverständlich aus, unbeschadet einer etwaigen Einstandspflicht nach §§ 31, 831 BGB[546].

Der Verzicht auf eine - beim Vertreter hinsichtlich der Abgabe einer Willenserklärung immerhin vorhandene - Selbständigkeit des Besitzdieners belastet die

---

[545] Ebenso *S.Lorenz* S.551 und dort Fn.19; allgemein *Waltermann*, AcP S.199f. und *Medicus*, Probleme S.10, der § 831 BGB für einschlägig hält; anders *Wilhelm*, AcP S.1ff.

[546] Vgl. BGH NJW 1971,1358

Organisation nicht regelwidrig: Denn dessen böser Glaube begründet allein noch keine das Vermögen des Besitzers berührende Leistungs- oder Ersatzpflicht. Er begründet nur eine verschärfte Haftung für den Fall, daß die Herausgabe der Sache schuldhaft unmöglich wird. Demgegenüber wird die Organisation durch die Willenserklärung eines Vertreters[547] oder schuldhaftes Handeln eines Erfüllungsgehilfen mit einer ihr Vermögen betreffenden Verbindlichkeit belastet, weshalb für diesen die Erfüllungsgehilfeneigenschaft und eine bereits bestehende Schuld, für jenen die Ermächtigung zu selbständigem Handeln erforderlich ist.

Einschränkungen ergeben sich nicht aus der organisationsinternen Zuständigkeitsordnung, sondern vom Gegenstand der Kenntnis her, der Kenntnis bzw. grob fahrlässigen Unkenntnis vom Mangel des Besitz*rechts*[548]. Je schwieriger die Frage nach der Besitzberechtigung zu beantworten ist, desto höher sind die Anforderungen an das diesbezügliche Wissen des Besitzdieners. Je eher die Möglichkeit organisationsinterner oder -externer Rechtsberatung besteht, desto eher wird andererseits auch grobe Fahrlässigkeit anzunehmen sein[549]. Hierin liegt aber kein Problem der Wissenszurechnung, sondern ein solches der Bösgläubigkeit desjenigen, dessen Wissensstand aufgrund seiner Beteiligung als zurechenbares Wissen in Betracht kommt[550].

4. Wissen um Informationsbedarf

Ein weiteres, bereit mehrfach am Rande erwähntes[551] Kriterium für die Annahme einer Disposition bestimmter organisationsinterner Geschehensabläufe zu demjenigen Verhalten, das für den Kenntnisfall erwartet werden kann, ist das Wissen um Informationsbedarf, in zweifacher Hinsicht: Das Wissen um Informationsbedarf kann in der Person desjenigen vorliegen, der die maßgeblichen Umstände weder kennt noch (grob) fahrlässig nicht kennt, hingegen für einen bestimmten Vorgang zuständig oder an ihm beteiligt ist. Es kann aber auch bei jemandem vorliegen, der die maßgeblichen Umstände kennt bzw. (grob) fahrlässig nicht kennt, ohne für den Vorgang zuständig oder auch nur an ihm beteiligt zu sein. Der Erste sieht, daß es darauf ankommt, ob etwas der Fall ist oder nicht, weiß aber nicht, was der Fall ist. Fahrlässigkeit liegt darin nur, wenn er Anlaß hat, von dem auszugehen, was tatsächlich der Fall ist. - Der Zweite hingegen weiß was der Fall ist und sieht, daß es ein anderer nicht weiß.

---

547 Bei Willenserklärungen, die auf den Abschluß eines Vertrages gerichtet sind.

548 Vgl. *Staudinger-Gursky*, § 990 Rz. 8f., BGHZ 26,256.

549 Vgl. oben III. 3. a.E.

550 Vgl. oben I. 2.

551 Vgl. oben 2. a) aa) und bb).

Das Wissen um Informationsbedarf in der Person des einen oder des anderen stellt einen Anlaß zu Aktualisierung der Information dar, die andernorts vorhanden ist oder dort fehlt: Es ist ein konkreter Anlaß für zielgerichtete Kommunikation (für die Überwindung der "Wissensaufspaltung"). Dieses Wissen schafft eine spezifische Beziehung zwischen der fraglichen Information einerseits, dem Vorgang, in dessen Zusammenhang es auf Kenntnis ankommt, andererseits, und ist deshalb ein Kriterium zur Erfassung von Handlungsmöglichkeiten relativ unabhängig von etwa bestehenden Zuständigkeiten oder Beteiligungen.

a) Wissen um Informationsbedarf und Kenntnis der maßgeblichen Umstände

Anhand dieses Kriteriums kann zunächst beurteilt werden, ob Wissen jenseits der unmittelbar - sachlich oder mit Vertretungsbefugnis - Zuständigen oder Beteiligten der Organisation zugerechnet werden kann. Hier geht es also um die Person desjenigen, der die maßgeblichen Umstände kennt, ohne für den fraglichen Vorgang zuständig oder an ihm beteiligt zu sein. Weil die Wahrscheinlichkeit entsprechender Kommunikation eben wegen des Mangels dieser Nähe zu dem fraglichen Vorgang gering ist, müssen, damit von der geforderten Disposition gesprochen werden kann, höhere Anforderungen an das Wissen dieser Person gestellt werden. Der Betreffende muß nicht nur die jeweils erheblichen Umstände positiv kennen, sondern eben auch wissen, daß an einer bestimmten Stelle innerhalb der Organisation entsprechender Informationsbedarf im Hinblick auf einen konkreten Vorgang (Erwerb, Vertragsschluß etc.) besteht. Von diesem Vorgang muß er also Kenntnis haben. Sofern eine rechtliche Wertung erforderlich ist, muß er imstande sein, sie vorzunehmen. Unter diesen Voraussetzungen kommt auch eine filialübergreifende Zurechnung seines Wissens in Betracht[552], sofern nicht darüber hinaus filialübergreifende Zuständigkeiten oder Beteiligungen auszumachen sind.

b) Wissen um Informationsbedarf ohne Kenntnis der maßgeblichen Umstände

Des weiteren kann, aus der Perspektive des Unwissenden, aber konkret Zuständigen oder Beteiligten, der ihm bewußt werdende Informationsbedarf in Verbindung mit der anderweit vorhandenen Information jedenfalls als fahr-

---

[552] Vgl. BGH NJW 1989, 2879 und 2881: Zurechnung des Wissens (Kenntnis der Anfechtbarkeit einer Vollmachtserteilung zum Zweck der Kreditaufnahme, § 142 II BGB) des Filialleiters einer Bank, das dieser bei Kreditverhandlungen in seiner Filiale erworben hat, zur Kreditvergabe durch eine andere Filiale, wobei beide Kredite der Finanzierung desselben Vorhabens dienten, die Vertreter der Bank diesen Zusammenhang kannten und ein Informationsaustausch beider Filialen möglich und naheliegend war; hierzu noch unten im Text, V. 6. a).

lässige Unkenntnis der Organisation behandelt werden, wenn zusätzliche Anforderungen erfüllt sind. Das ist der Fall, wenn derjenige, der die maßgeblichen Umstände nicht kennt, weiß, daß bestimmte Information in einem konkreten Zusammenhang benötigt wird, weil es für die rechtliche Beurteilung darauf ankommt, ob die Dinge so oder anders liegen, und wenn er weiß, wo die Information hierüber vorhanden sein kann. Wenn die fragliche Information dort erlangt werden kann, also vorhanden ist, die auf ihre Aktualisierung gerichtete Kommunikation aber unterbleibt, wird man von fahrlässiger Unkenntnis der Organisation sprechen können.

Darin liegt nichts weiter als eine vom Fahrlässigkeitsbegriff her gebotene Konkretisierung der im Verkehr erforderlichen Sorgfalt. Nur bezieht sich die Sorgfalt insoweit nicht auf die Interpretation der gegebenen Umstände, sondern auf die Vergegenwärtigung intern vorhandener Information, d.h. auf die Nutzung des organisationsinternen Kommunikationsnetzes. Wenn es um die Kenntnis einer natürlichen Person ginge, könnte man vielleicht von Anforderungen an das Erinnerungsvermögen, an die Aktivierung des Gedächtnisses sprechen.

Schließlich ist das Wissen um Informationsbedarf ein wichtiges Kriterium bei der Entscheidung darüber, ob eine Organisation als fahrlässig unwissend anzusehen ist, wenn eines ihrer Mitglieder im Zugriff auf Datenbestände die fragliche Information hätte erlangen können. Die Bedeutung solchen "Aktenwissens" erfolgt in einem eigenständigen Abschnitt, weil seine Behandlung ein für die Wissenszurechnung bei Organisationen charakteristisches Problem darstellt.

5. Möglichkeiten des Zugriffs auf Datenbestände ("Aktenwissen") als Problem der fahrlässigen Unkenntnis (§ 122 II BGB)

Abschließend ist zu untersuchen, welche Bedeutung organisationsintern vorhandene Datenbestände für die Wissenszurechnung bei Organisationen haben.

a) Datenbestände erfüllen nicht den Tatbestand der "Kenntnis"

Weil Daten für sich genommen nicht als Information gelten können[553], scheidet die Annahme positiver Kenntnis aus, solange niemand diese Daten aufgegriffen und als Information aufgefaßt hat[554]. Dies ist nicht nur eine vom Informationsbegriff her naheliegende Konsequenz, sondern die vor dem Hintergrund der

---

553 Vgl. oben II. 2. a).

554 Ebenso *Medicus*, AT Rz. 900, *W.Schultz*, NJW 1996, S.1393, OLG Köln, VersR 1990,1261.

Funktion der Kenntnis-Tatbestände gebotene Wertung. Gespeicherte Daten sind handlungsirrelevant, wenn sie nicht abgefragt und so zu Information werden. Gerade die Frage, ob bestimmte Information organisiertem Handeln zur Verfügung stand oder nicht, ist aber anhand der Kenntnis-Tatbestände zu beantworten, wobei dann, wenn positive Kenntnis notwendig ist, Daten als Information handlungsrelevant geworden sein müssen.

Besteht innerhalb der Organisation die Möglichkeit des Zugriffs auf Daten und wurde diese Möglichkeit nicht genutzt, kann aber der Tatbestand der fahrlässigen Unkenntnis erfüllt sein. Fahrlässige Unkenntnis einer Person soll, soweit der Umgang mit gespeicherten Daten betroffen ist, nach der im folgenden zu begründenden Ansicht dann vorliegen, wenn diese Person weiß, daß es auf die fragliche Information ankommt und daß sie im Zugriff auf Datenbestände erlangt werden kann. Die Möglichkeit, vielleicht auch die Notwendigkeit der Formulierung von Sorgfaltsanforderungen im Umgang mit Daten ist allerdings nicht auf organisiertes Handeln beschränkt. Sie kann sich auch im Hinblick auf natürliche Personen ergeben. Weil Thema der Arbeit die Wissenszurechnung bei Organisationen ist, soll hier aber nur die Frage behandelt werden, welchen Einfluß die Existenz solcher Datenbestände auf die Wissenszurechnung bei Organisationen hat. Die wie angedeutet zu beurteilende fahrlässige Unkenntnis eines Organisationsmitgliedes sollte der Organisation dann zuzurechnen sein, wenn dieses für den Vorgang verantwortlich ist - d.h. für ihn zuständig oder an ihm beteiligt -, in dessen Zusammenhang Kenntnis erheblich wird. Das Wissen um den Informationsbedarf und um die Möglichkeit der internen Datenabfrage rechtfertigt die Annahme fahrlässiger Unkenntnis, Zuständigkeit oder Beteiligung rechtfertigen die Zurechnung zur Organisation. In welchem Maße jeweils Zuständigkeit oder Beteiligung erforderlich bzw. ausreichend sind, richtet sich nach den Kriterien, die in den vorigen Abschnitten dargelegt wurden.

b) Definition der fahrlässigen Unkenntnis

Das Fahrlässigkeitselement hat zunächst wesentlich den Zweck einer Erleichterung der Darlegungs- und Beweislast: Es reicht, Umstände vorzutragen und gegebenenfalls zu beweisen, bei deren Vorliegen ein Sorgfältiger Kenntnis erlangt hätte. Dieser Zweck besagt aber nicht viel darüber, welche Umstände das sein sollen.

Das dogmatische Problem des Kennenmüssens ist die Konkretisierung der "im Verkehr erforderliche(n) Sorgfalt" (§§ 122 II ("kennen mußte"), 276 I S.2 BGB). Die erforderliche Sorgfalt hat zunächst einen anderen Bezugspunkt als diejenige, die auf die Bewirkung einer Leistung (§§ 242, 276 I S.2 BGB) gerichtet ist, weil niemand zur Kenntnisnahme einem *anderen* gegenüber verpflichtet ist[555]. Ohne diesen Bezug auf ein konkretes Schuldverhältnis erhält der Begriff der Fahrlässigkeit, auf den der Begriff des (Kennen)-*Müssens* verweist[556], einen anderen Sinn. Wer eine Leistung zu Recht erwartet, darf darauf vertrauen, daß sie wie geschuldet erbracht wird. Wer die Leistung schuldet, kann damit rechnen, welches Verhalten und welches Wissen erforderlich sind, um sie zu erbringen, und darf damit rechnen, nicht überobligationsmäßige Aufwendungen vornehmen zu müssen. Das Fehlen einer solchen Leistungsbeziehung bedeutet, daß sie selbst kein Anlaß für die Berechtigung der wechselseitigen Verhaltenserwartungen bezüglich des Kennenmüssens sein kann. Zwar steht auch die deliktische Fahrlässigkeit (§ 823 I) nicht im Rahmen eines konkreten Schuldverhältnisses, weil fahrlässiges Handeln in Verbindung mit einer Rechtsgutsverletzung ein solches erst begründet. Aber das hier angesprochene Kennenmüssen steht nicht im Dienst des Rechtsgüterschutzes. Auch kommt es zwar gerade innerhalb vertraglicher Schuldverhältnisse häufig auf Kennenmüssen an. Dieses Kennenmüssen ist aber gerade nicht Bestandteil der - sei es hauptsächlich oder begleitend - geschuldeten Leistung, so daß die Notwendigkeit einer eigenständigen Begründung des Kennenmüssens ungeachtet dieses Schuldverhältnisses bestehen bleibt.

Das schließt allerdings nicht aus, die Sorgfaltsanforderungen im Bezug auf konkrete Leistungs- oder (Verkehrs-)Pflichtverhältnisse zu konkretisieren, sofern solche bestehen. Hier wird das Kennenmüssen aber nicht von § 122 II BGB her, sondern eben vom jeweiligen Pflicht- oder Leistungstatbestand her definiert[557]. Diese Unterscheidung ist auch bei der Konkretisierung der Fahrlässigkeit im Hinblick auf den Umgang mit Daten zu beachten. Soweit vertragliche oder gesetzliche Pflichten für den Umgang mit Daten bestehen, wird die Wissenszurechnungsfrage bei Organisationen durch die aus diesem Rechtsverhältnis folgenden Verhaltensanforderungen überlagert. Das hat regelmäßig zur Folge, daß sich der Pflichtige gerade nicht darauf berufen kann,

---

555 Vgl. *U.Huber* S.261.

556 Das Gesetz spricht bei der Verwendung des Substantivs von "Kennenmüssen", vgl. § 166 II BGB.

557 Vgl. BGH NJW 1989,2879, S.2880, hier zum Kennen-Müssen im Rahmen des § 142 II BGB (Anfechtung einer Bevollmächtigung zur Aufnahme eines Kredits wegen arglistiger Täuschung des Bevollmächtigten): "Der Filialleiter der Kl. war *im Interesse der Darlehensnehmer* verpflichtet, sich nicht der Erkenntnis zu verschließen, die sich ihm ... aufgrund seines unstreitigen Wissens aufdrängen mußte.", ebenso S.2881: Unkenntnis der anderen Filiale fahrlässig (§§ 142 II, 122 II, 276 I S.2), weil Aufklärung über die erheblichen Umstände im Interesse des Verhandlungspartners geboten war. (Vgl. zu diesem Fall unter dem Gesichtspunkt der filialübergreifenden Wissenszurechnung noch unten im Text V. 6. a))

bestimmte Umstände nicht gekannt zu haben. Dieser Einwand wird ihm durch den objektiven Fahrlässigkeitsbegriff abgeschnitten, weil sich die - aus Vertrag oder Gesetz - berechtigten Erwartungen der Gegenseite auf den Umgang mit Information erstrecken. In diesem Fall spielt es keine Rolle, daß der Pflichtige die fraglichen Umstände *außerdem* noch aufgrund der Existenz bestimmter Datenbestände hätte zur Kenntnis nehmen müssen. - Die Überlegungen dieses Abschnitts beziehen sich nur auf diejenige erforderliche Sorgfalt (im Umgang mit Daten, die einer Organisation zur Verfügung stehen), deren Inhalt *nicht* durch ein derartiges Leistungs- oder Pflichtverhältnis mitbestimmt ist, weil der verbleibende Bereich über die Wissenszurechnungsproblematik im engeren Sinne hinausgeht.

Die mit dem Begriff des Kennenmüssens angesprochene Sorgfalt bezieht sich auf "Umstände" (§ 166 I und II BGB) und die Möglichkeit ihrer Wahrnehmung. Die Möglichkeit der Wahrnehmung ergibt sich gleichfalls aus Umständen, solchen nämlich, die den Schluß darauf zulassen, daß die in den Kenntnis-Tatbeständen angesprochenen Umstände so sind, wie sie sind[558], daß also die Sache mangelhaft oder der Veräußerer nicht Eigentümer ist, daß der Vertreter ohne Vertretungsmacht handelt etc. Das Urteil des Kennenmüssens bezieht sich auf das Verhältnis einer Person zu diesen Umständen, auf die Möglichkeit, angesichts der Umstände einen bestimmten Sachverhalt zu erkennen. Dabei sind die "Umstände", die auf den wahren Sachverhalt schließen lassen, von Fall zu Fall variabel, unveränderlich ist hingegen der normative Bezugspunkt, das Erkenntnisvermögen einer Person, die mit der *für diese Erkenntnis* erforderlichen Sorgfalt handelt, also anders als beim Fahrlässigkeitsbegriff der §§ 276 I S.1 und S.2, 823 I nicht mit der gebotenen Rücksicht auf die Leistungs- oder Integritätsinteressen Dritter.

c) Begriff der Fahrlässigkeit im Umgang mit gespeicherten Daten

Die Frage lautet demnach, unter welchen Voraussetzungen eine Organisation als fahrlässig unwissend angesehen werden kann, wenn die fraglichen Daten in Akten oder elektronischen Datenbanken vorhanden sind und deren Nutzung nicht schon Gegenstand einer anderweit begründeten Organisationspflicht ist. Das Bemühen um eine Definition der Sorgfalt kann in diesem Zusammenhang ebensowenig wie sonst bei der Fahrlässigkeit auf die Konstruktion einer abstrakten Figur (etwa des "ordentlich informierten Organisationsmitgliedes") gerichtet sein. Sie muß vielmehr die Problematik des Tatbestandszusammenhangs und dessen Wertungen berücksichtigen. Das gelingt auch beim Kennenmüssen,

---

558 "Letztlich ist jedoch immer die Aufmerksamkeit geboten, die "nach den Umständen ... verlangt werden darf", womit auf Recht und Billigkeit (Art. 4 ZGB) im Einzelfall verwiesen wird", *Sieger*, S.13 m.w.N.

weil auch hier ein solcher Tatbestandszusammenhang vorhanden ist, der Kenntnis wie Kennenmüssen im Hinblick auf einen bestimmten Vorgang und auf Möglichkeiten, seiner planwidrigen Entwicklung gegenzusteuern, relevant werden läßt.

Aus dieser Perspektive läßt sich die Frage nach der erforderlichen Sorgfalt im Umgang mit Datenbeständen präzisieren. Es geht darum herauszufinden, ob für einen bestimmten Geschehensablauf die Möglichkeit bestand, sich die fragliche Information im Rückgriff auf vorhandene Daten zu verschaffen. Hier kommen zum einen die oben genannten Kriterien der Verantwortung für einen planmäßigen Verlauf dieses Vorganges zum Einsatz: Die Beziehung zu diesem Geschehensablauf wird durch die Zuständigkeit für oder die Beteiligung an ihm vermittelt. Zum anderen muß die "Möglichkeit" spezifiziert werden. Diese Möglichkeit der Informationsverschaffung ist gewährleistet durch das Wissen um Informationsbedarf und um die Existenz organisationsintern verfügbarer Datenbestände. Organisationsintern verfügbare Daten sind dabei allerdings nicht (nur) solche, die organisationsintern *vorhanden* (gespeichert) sind, sondern auch solche Daten, auf die - etwa im Rahmen eines Datenverbundes[559] - aus der Organisation des konkreten Geschehensablaufs heraus zurückgegriffen werden kann[560].

Wo sich der Datenspeicher befindet, ist also gleichgültig. Angesichts der - bereits durch die Erfindung der Schrift gegebenen, aber durch elektronische Medien nochmals nachhaltig erweiterten[561] - Möglichkeiten raum- und zeitübergreifender Kommunikation erschiene eine *solche* Beschränkung unsinnig. Weil die damit einhergehenden Wissensmöglichkeiten aber nur die Kehrseite des möglichen Unwissens sind und die Informationsverarbeitungskapazitäten mit den Möglichkeiten nicht Schritt halten, ist eine Beschränkung sinnvoll, die den Informationsverarbeitungskapazitäten individuellen resp. organisierten Handelns Rechnung trägt. Diese Beschränkung muß sich an den Funktionen der Kenntnis-Tatbestände orientieren, diese wiederum verlangen, soweit organisiertes Handeln betroffen ist, nach einer Berücksichtigung der organisationsspezifischen Relevanzstrukturen[562]. - Die Unkenntnis eines Zuständigen oder Beteiligten gilt demnach dann als fahrlässige Unkenntnis der Organisation, wenn er wußte, daß es auf die fragliche Information ankommt und ihm der Zugriff auf diese Daten möglich war, weil er wußte, daß die entsprechenden Daten verfügbar sind.

---

559 Z.B. des HUK-Verbundes bzw. des Verbundes der Schadensversicherer, vgl. *Prölss/ Martin*, VVG, Vorbem. II Rz. 16.

560 Zur Bedeutung des Datenschutzrechts in diesem Zusammenhang vgl. unten V. 5.

561 Vgl. *Luhmann*, Gesellschaft der Gesellschaft, Bd. 1 Kap. 2, V.-VII.

562 Vgl. oben I. 2.

Darin liegt zunächst eine Konkretisierung des "Anlasses", auf derartige Daten zurückzugreifen[563]. Der Anlaß besteht zum einen in der Beziehung der fraglichen Person zu dem Vorgang, in dessen Zusammenhang es auf Kennenmüssen ankommt, zum anderen im Wissen um Informationsbedarf und um die Möglichkeiten der "Bedarfsdeckung". Andererseits liegt darin eine Absage an den Gedanken, die Unterlassung des Zugriffs auf Akten oder elektronische Datenbanken sei allein deshalb fahrlässig, weil die in ihnen enthaltenen Daten "typischerweise aktenmäßig festgehalten" werden[564]. Die Sachverhalte können sich überschneiden, weil typischerweise vorhandene Daten häufig auch solche sein werden, von denen die für einen bestimmten Vorgang Verantwortlichen wissen, daß sie vorhanden sind. Das hier vorgeschlagene Kriterium ist aber enger, weil es an das Verhalten bestimmter Personen und deren Beziehung sowohl zu diesen Daten, als auch zu dem fraglichen Vorgang anknüpft. Diese Restriktion ist erstens deshalb gerechtfertigt, weil von Fall zu Fall erhebliche Ungewißheit darüber bestehen kann, welche Informationen typischerweise aktenmäßig festgehalten werden[565]. Vergleicht man einige der aufgrund gesetzlicher Dokumentationspflichten festzuhaltenden Informationen[566] mit den Kenntnisgegenständen[567], wird deutlich, daß letztere sich häufig nicht dazu eignen, aktenmäßig festgehalten zu werden, weil sich die zugrundeliegenden Sachverhalte[568] entweder dauernd ändern, oder nur in einem ganz bestimmten, nicht vorhersehbaren Moment für die Organisation von Bedeutung sind. Zweitens trägt sie dem Umstand Rechnung, daß organisiertes Handeln in um so höherem Maße auf eine selektive Nutzung der vorhandenen Daten angewiesen ist, je differenzierter die Arbeitsteilung und je umfangreicher die Datenbestände sind[569]. Das geschieht in der Weise, daß über die spezifische Beziehung zu dem fraglichen Vorgang (Zuständigkeit oder Beteiligung) hinaus das Wissen um Informationsbedarf und um die Möglichkeit organisationsinterner Informations-

---

563 Vgl. Teil A II., S.11.

564 Vgl. Teil A II. und die Nachweise ebd., Fn. 52.

565 Vgl. z.B. die Kritik von *W.Schultz*, a.a.O. (Fn. 554), S.1393, Fn. 11 (zu BGH NJW 1995, 2159).

566 Vgl. den Überblick bei *Streitz*, S.221.

567 Vgl. oben III.3.

568 Das sind, um nur einige Beispiele zu nennen, in denen (teils grob) fahrlässige Unkenntnis ausreicht: Anfechtbarkeit oder Nichtigkeit einer Willenserklärung (§§ 122 II, 142 II), Täuschung des Erklärenden durch einen Dritten (§ 123 II S.1), Person und Aufenthalt des Empfängers (§§ 132 II S.1, 372 S.2), Bestand eines relativen Veräußerungsverbotes (§§ 136 II, 932ff.), Erlöschen der Vollmacht etc. (§§ 169, 173, 179 III), Gefahr eines ungewöhnlich hohen Schadens (§ 254 II), Unmöglichkeit der Leistung (§ 307 I S.1 und 2), Scheinbarkeit der Eingehung oder des Anerkenntnisses eines Schuldverhältnisses (§ 405), Erlöschen des Auftrags oder Auflösung der Gesellschaft (§§ 674, 729).

569 Vgl. oben II. 2. und 3.

beschaffung gefordert wird. Damit gilt im übrigen, daß die gegebenen Kriterien um so eher erfüllt sind, je geringer die Arbeitsteilung, im wesentlichen also: je kleiner die Organisation ist.

e) Wissen um Informationsbedarf und Möglichkeiten der Informationsbeschaffung als Voraussetzungen fahrlässiger Unkenntnis im Umgang mit Daten

Die damit aufgeworfene Frage, ob es zur Annahme fahrlässiger Unkenntnis nicht ausreichen sollte, neben der spezifischen Beziehung zu dem fraglichen Vorgang allein auf die abstrakte Möglichkeit des Zugriffs abzustellen, muß wiederum den Unterschied zum allgemeinen Fahrlässigkeitsbegriff beachten[570]. Geht man von diesem aus, müßte die abstrakte Möglichkeit der Kenntnisnahme ausreichen, es dürfte also nicht darauf ankommen, daß die Betroffenen auch wissen, daß und wo die fragliche Information erlangt werden kann. Der Zweck dieser Objektivierung greift aber bei der Bestimmung der fahrlässigen Unkenntnis im Hinblick auf den Umgang mit Datenbanken oder Akten nicht. Der allgemeine Fahrlässigkeitsbegriffs dient als Ausgangspunkt für die Formulierung bereichsspezifischer Standards, weil es um den Schutz berechtigter Leistungs- und Integritätsschutzinteressen der Gegenseite geht. Es soll nicht zu Lasten des Gläubigers oder des Deliktsopfers gehen, daß Schuldner oder Täter den Anforderungen an ein zu Recht erwartbares Verhalten nicht entsprechen. Demgegenüber gibt es beim Kennenmüssen keinen Anlaß für Standardisierung. Man darf aufgrund eines Schuldverhältnisses mit einer Leistung und generell mit der Beachtung der eigenen Integritätsinteressen rechnen, außerdem damit, daß Schuldner und jeder am Wirtschaftsverkehr Beteiligte wissen, was sie zur Vermeidung von Pflichtverletzungen zu unternehmen haben, nicht aber damit, daß jemand die hier - d.h. für die Wissenszurechnung - relevante Kenntnis hat. Deshalb ist es unangebracht, sich *ex ante* auf ein Urteil darüber festzulegen, unter welchen Umständen jemand hätte Kenntnis haben müssen. Denn das hängt von den Umständen ab. Das Fahrlässigkeitsurteil beim Kennenmüssen knüpft nicht an eine Pflichtverletzung an, sondern an eine Relation zwischen dem Unwissenden und eben jenen "Umständen", aus denen sich für einen Sorgfältigen Kenntnis ergeben kann, wobei sich die Sorgfaltsanforderungen wiederum auf die Umstände und ihre Erkennbarkeit beziehen. Um Erkennbarkeit, nicht um Vorhersehbarkeit geht es. Dabei reicht allein die abstrakte Möglichkeit der Kenntnisverschaffung für die Annahme fahrlässiger Unkenntnis nicht aus. Denn diese Möglichkeit besteht *immer*, da ja der Sachverhalt so ist, wie er ist (das Grundstück ist kontaminiert[571], der Scheck entwendet, der Vertreter hat keine Vertretungsmacht etc.), auch wenn die An-

---

570 Vgl. oben 5. b) und bereits Teil B III. 2. b).

571 § 460 BGB - nur hier reicht (grob) fahrlässige Unkenntnis (des Käufers).

strengungen, Kenntnis von diesem Sachverhalt zu erlangen, unterschiedlich hoch sein mögen. An das Verhalten desjenigen, auf dessen Kenntnis es ankommt, werden aber nur geringe Anforderungen gestellt. Er muß sich eben nicht bemühen, Kenntnis zu erlangen, wohl aber darum, die geschuldete Leistung zu erbringen und sein Verhalten so einzurichten, daß andere nicht geschädigt werden. Er muß es deshalb nicht, weil der andere selbst zumutbare Möglichkeiten hat, durch sein eigenes Verhalten die Situation so zu wenden, daß es auf Kenntnis eben nicht ankommt[572] (der Verkäufer kann, wenn er den Mangel nicht kennt, die Sache untersuchen und den Käufer aufklären, der Aussteller auf den Scheck aufpassen, der Vertretene den Vertreter aus dem Verkehr ziehen). Es müssen deshalb, damit man von Kennenmüssen sprechen kann, konkrete Anhaltspunkte dafür vorliegen, daß ein bestimmter Sachverhalt so ist und nicht anders (daß ein Grundstück kontaminiert, ein Scheck entwendet, der Vertreter nicht vertretungsbefugt ist etc.). Die Existenz eines Datenbestandes, dessen Bearbeitung die fragliche Information zu Tage fördern könnte, ist aber kein Anhaltspunkt, der auf diese Umstände schließen läßt. Es muß ein "Anlaß" hinzukommen, auf die Daten zuzugreifen, und jedenfalls dieser Anlaß muß dem im übrigen Unwissenden bewußt sein.

All das schließt im übrigen ja nicht aus, daß das Verhalten eines für den fraglichen Vorgang Verantwortlichen aufgrund *anderer* Umstände als i.d.S. fahrlässig anzusehen ist. Wenn etwa der Bankangestellte aufgrund der Beschaffenheit eines Schecks erkennen muß, daß der Einreicher nicht legitimiert ist, spielt es keine Rolle, ob er dies außerdem im Zugriff auf bankinterne Datenbestände - etwa die üblichen Kontobewegungen des Einreichers oder des Ausstellers - hätte erkennen müssen. Nur dann, wenn solche Verdachtsmomente eben nicht vorliegen, stellt sich die Frage, ob er nicht den internen Datenbestand hätte abfragen müssen. Die Tatsache wiederum, daß solche Verdachtsmomente "beim Erwerb" nicht vorliegen, rechtfertigt höhere Anforderungen an eine derartige Nachforschungspflicht, weil das Fehlen dieser Momente zuerst ein Anlaß dafür ist, auf die Scheckberechtigung des Einreichers zu vertrauen.

---

[572] Vgl. Teil B IV. 1.

6. Zusammenfassung

Das Rechtsproblem der Wissenszurechnung bei Organisationen besteht in der Entscheidung darüber, ob die Kenntnis oder (grob) fahrlässige Unkenntnis einer Person die für diesen Fall vorgesehenen Rechtsfolgen zu Lasten der Organisation auslösen soll, obgleich eine oder mehrere andere Personen die je maßgeblichen Umstände weder kennen noch kennen müssen.

Ausgangspunkt der dogmatischen Behandlung dieses Problems ist die Frage, welche Beziehung diejenige/n Person/en, die die maßgeblichen Umstände kennt/kennen oder kennen muß/müssen, zu demjenigen Geschehensablauf hat/haben, in dessen Zusammenhang Kenntnis erheblich wird.

Bereits ohne Rücksicht auf den Kenntnisstand lassen sich unterschiedliche Grade der Beziehung zu einem bestimmten Geschehensablauf ausmachen, wobei der Unterschied im Grund der Verantwortung für dessen planmäßigen Verlauf liegt. Insoweit kann zwischen der Zuständigkeit für und der Beteiligung an einem bestimmten Geschehensablauf unterschieden werden. Hinsichtlich der Zuständigkeit wiederum ist zwischen der extern verbindlichen rechtsgeschäftlichen Zuständigkeitsordnung und der lediglich intern bindenden sachlichen Aufgabenzuweisung zu unterscheiden. Sachlich zuständig sind diejenigen Personen, die nach der organisationsinternen Zuständigkeitsordnung mit demjenigen Geschehensablauf betraut sind, in dessen Zusammenhang Kenntnis oder Kennenmüssen erheblich werden. Auch die Bestimmung der Beteiligung orientiert sich an den diesbezüglichen Vorgaben des Tatbestandes, der Kenntnis oder Kennenmüssen zu einem bestimmten Zeitpunkt und im Zusammenhang mit einem bestimmten Vorgang erheblich werden läßt. Unabhängig von Zuständigkeit oder Beteiligung vermag die Kenntnis der fraglichen Umstände eine Verantwortung für den planmäßigen Ablauf eines bestimmten Vorganges zu begründen, wenn der Mangel einer unmittelbaren Beziehung durch das Wissen um Informationsbedarf des oder der Zuständigen bzw. Beteiligten ausgeglichen wird.

Welche Anforderungen an die Verantwortlichkeit derjenigen Person zu stellen sind, die für sich den Tatbestand der Kenntnis oder des Kennenmüssens erfüllt, richtet sich zuerst danach, in welchem Maße der einschlägige Kenntnis-Tatbestand Rücksicht auf die organisationsinterne Zuständigkeitsordnung gebietet. Diese Rücksicht ist um so eher geboten, je stärker die normativen Vorgaben des Tatbestandszusammenhanges die rechtsgeschäftlichen Entschließungsfreiheit in den Vordergrund rücken. Je geringer dieser Bezug auf ein rechtsgeschäftliches Verhalten und je eher das für den Kenntnisfall angezeigte Verhalten auf den Schutz der gegnerischen Interessen bezogen ist, desto größeres Gewicht kommt allein der faktischen Beteiligung desjenigen zu, der die fraglichen Umstände kennt oder kennen muß. Darüber hinaus ist für die Bestimmung der Anforderungen an die Verantwortlichkeit desjenigen, der die erheblichen Umstände kennt oder kennen muß, von Bedeutung, worauf sich die Kenntnis bezieht und welches Verhalten für den Fall der Kenntnis zu Recht erwartet werden kann. Je offensichtlicher die rechtliche Bedeutung der als Tatsache erkannten Umstände ist, desto geringer sind die Anforderungen an die Beziehung des Wissenden zu dem Vorgang, in dessen Zusammenhang Kenntnis erheblich wird.

Während die Vertretungsbefugnis ein Ausschlußkriterium für die Wissenszurechnung sein kann - mit der Folge, daß nur der oder ein konkret Befugter für die Wissens- oder Nichtwissenszurechnung in Betracht kommt -, erweitern die Kriterien der sachlichen Zuständigkeit, der schlichten Beteiligung oder des Wissens um Informationsbedarf den Kreis der für die Wissenszurechnung in Betracht kommenden Personen, schließen also die Erheblichkeit des Kenntnisstandes jeweils vorrangig verantwortlicher Personen nicht aus.

V. Vorschläge zur Lösung einzelner tatbestandsübergreifender Probleme der Wissenszurechnung bei Organisationen

1. Bedeutung der Rechtsform der Organisation

Die Frage, welche Bedeutung der Rechtsform einer Organisation für die Wissenszurechnung zukommt, wird unterschiedlich beantwortet. Wenn man die Regel, wonach das Wissen auch nur eines Kollektivvertreters genüge, um Kenntnis der vertretenen Person anzunehmen, zu den "Grundsätzen des Körperschaftsrechts" rechnet[573], könnte damit gemeint sein, daß sie jedenfalls für Gesellschaften auf vertraglicher Grundlage nicht gilt. Dem entspräche die gesetzliche Grundlage dieses Grundsatzes, § 28 II BGB, der dem Vereinsrecht entstammt[574]. Allerdings betrifft die älteste auffindbare Entscheidung, in der sich diese - gleichfalls als Grundsatz bezeichnete - Regel findet, eine OHG. Hier stützte das Reichsgericht[575] seine Annahme, der böse Glaube auch nur eines Gesellschafters stehe dem Eigentumserwerb der Gesellschaft entgegen, just auf die "Eigentümlichkeit des Gesellschaftsvermögens", da die Wirkung

---

[573] BGHZ 20,149 (S.153), *Kübler* § 10 III 3.b), KK-*Mertens*, 1.Aufl. § 76 AktG Rz. 12, *Wiesner* S.1533.

[574] Die Regel selbst ist älter als das BGB, vgl. RG Urt. v. 02.02.1885 (= Bolze Bd. 1 Nr. 1186 = SeuffA 40,275 = Gruchot 29 Nr. 43) sowie RG JW 1889,154. Entsprechende Vorschriften etwa in §§ 78 II S.2 AktG, 35 II S.3 GmbHG und § 25 I S.3 GenG.

[575] Urt. v. 24.06.1882, RGZ 9,143 zu Art. 306 HGB.

(des bösen Glaubens) nur eine einheitliche, in Ansehung des ganzen Eigentumes an der Sache sein könne. Und, mehr nebenbei, heißt es in einer späteren Entscheidung des Reichsgerichts[576], in Rechtsprechung und Lehre sei "allgemein anerkannt, daß das Wissen eines der mehreren Gesamtvertreter (genüge), um das der juristischen Person *oder Gesellschaft* zu begründen."[577] Zudem finden sich § 28 II BGB entsprechende Regeln auch im Recht der OHG und der KG (§§ 125 II S.3, 161 II HGB), außerdem neuerdings in § 7 III PartGG, der auf § 125 II HGB verweist[578]. Demgegenüber sind Körperschaften des öffentlichen Rechts von der Regel des § 28 II BGB ausgenommen, §§ 86 S.2, 89 I BGB.

Wenn man davon ausgeht, daß § 28 II BGB[579] zur Lösung der Wissenszurechnungsfrage bei Organisationen nichts wesentliches beiträgt[580], kann jedenfalls die Frage dahinstehen, ob eine Begrenzung der angesprochen Regel auf Körperschaften angezeigt ist. Eher müßte man wohl, wenn man den entsprechenden gesetzlichen Vorschriften Bedeutung für die Wissenszurechnung beimißt, von einem für die Gesamtvertretung geltenden Grundsatz sprechen. Damit wäre jedenfalls die Irrelevanz der Rechtsform der Organisation erwiesen[581]. Die obigen Ausführungen haben indes gezeigt, daß es erstens auch dann noch Ausnahmen von diesem Grundsatz gibt, und daß er zweitens als übergeordnetes Problemlösungsprinzip und *insofern* als Grundsatz nicht geltend kann, weil die Wissenszurechnungsprobleme über die Frage nach der Erheblichkeit des Wissens auch nur eines Gesamtvertreters weit hinausreichen.

Wichtiger ist die neuerdings aufgetauchte Frage, ob bestimmte andere, explizit für die Wissenszurechnung bei juristischen Personen entwickelte Regeln auch für Personen(handels)gesellschaften gelten sollen. Zunächst war der 8.Senat des BGH mit der Frage befaßt, ob sich eine GmbH & Co KG das Wissen eines verstorbenen Geschäftsführers zurechnen lassen müsse[582]. In der Entscheidung heißt es:

"Die Zurechnung von Wissen eines ausgeschiedenen oder gar verstorbenen Organmitglieds kommt bei Personengesellschaften nicht in Betracht, da sie in ihrem Bestand nicht in dem Maße von den jeweils handelnden Gesellschaftern unabhängig sind wie juristische Personen von ihren Organvertretern."

---

576 Urt. v. 08.02.1935, JW 1935,2044.

577 Ausdrücklich für eine GmbH & Co KG RG JW 1927,1675.

578 Vgl. auch *Jüttner*, S.217: Zweifelhaft sei, ob § 28 II BGB Ausfluß der Organtheorie sei.

579 - und die entsprechenden Vorschriften des AktG, des GmbHG und des GenG, vgl. oben Fn. 574.

580 Vgl. Teil A, III. 2.

581 Vgl. auch *Flume*, AcP S.444f. und *ders.*, ebd. Fn.10, *Jüttner* S.217f. (für Arglistfälle).

582 Urt. v. 17.05.1995, NJW 1995,2159.

Es sei nicht gerechtfertigt, die OHG und die KG hinsichtlich ihrer Rechtspersönlichkeit anders zu behandeln als die Gesellschaft bürgerlichen Rechts. Ob der gleichfalls für juristische Person geltende Grundsatz[583], wonach das Wissen eines ausgeschiedenen oder verstorbenen Organmitgliedes jedenfalls dann zuzurechnen sei, wenn es typischerweise aktenmäßig festgehalten werde, könne dahingestellt bleiben[584], weil das hier erhebliche Wissen nicht typischerweise aktenmäßig festgehalten werde.

Zu bemerken ist hierzu zunächst, daß hinsichtlich des eingangs genannten, für die Gesamtvertretung und nicht für Körperschaften geltenden Grundsatzes eine Gleichbehandlung der OHG und der KG mit juristischen Personen angesichts der Gesetzeslage durchaus angebracht wäre, wenn man die einschlägigen Vorschriften überhaupt für die Wissenszurechnung fruchtbar machen wollte, so daß man fragen könnte, ob nicht auch hinsichtlich der Zurechnung des Wissens eines ausgeschiedenen oder, wie hier, gestorbenen Organmitglieds eine Gleichbehandlung angebracht erscheint. Entscheidend war für den BGH aber offensichtlich nicht so sehr die Frage der Rechtsform an sich, sondern der hieraus folgende Unterschied in der rechtlichen Verselbständigung bei der Personengesellschaft einerseits, der juristischen Person andererseits: Die Kontinuität des Wissens werde bei der juristischen Person durch die Unabhängigkeit derselben vom Handeln ihrer Organmitglieder gewährleistet. Aber dieser Gedanke hat sich nicht als tragend erwiesen, weil die Verselbständigung, die aus der Rechtssubjektivität der juristischen Person folgt, nichts über die Kontinuität des Wissens aussagt[585]. Wenn der Komplementär (oder der Kommanditist[586]) einer KG aufschreibt, was er weiß, ist diese Kontinuität eher gewährleistet als für den Fall, daß das Vorstandsmitglied einer AG sein Wissen auf die Dauer seiner Mitgliedschaft verschweigt und mit ins Grab nimmt[587]. Wenn man also dem Argument typischerweise aktenmäßig festgehaltenen Wissens zustimmen wollte,

---

583 Dieser "Grundsatz" stammt aus BGHZ 109,327 (= NJW 1990, 975, S.976). Der Gedanke war dort allerdings, zusammen mit einer Reihe weiterer Argumente, auf die "Frage der Risikoverteilung bei Grundstücksgeschäften der vorliegenden Art" bezogen worden (vgl. Teil A, III. 6.).

584 Anders dann das Urteil desselben Senats vom 31.01.1996 (NJW 1996, 1205): Für die Komplementär-GmbH gelte ebenfalls, daß die Zurechnung des Wissens ausgeschiedener Organmitglieder davon ab½hänge, ob dieses Wissen typischerweise aktenmäßig festgehalten werde. Vgl. hierzu mit in der Sache unterschiedlicher Kritik *Pfeiffer*, EWiR § 166 BGB 1/96, 635ff., und *v. Reinersdorff*, WiB 1996, 395f., *Scheuch*, LM.

585 A.A. *M.Wolf*, LM Nr. 34 zu § 166 BGB, unter 2. b) aa) (zur im Text genannten Entscheidung des BGH).

586 Oder dessen Sekretärin.

587 *Medicus*, Probleme, S. 14 (unter V. 2. a)). Zum Problem des Wissens ausgeschiedener oder verstorbener Organisationsmitglieder sogleich unter V.4.

müßte die Rechtsform ohne Bedeutung sein[588]. Dasselbe gilt für die plausiblere Version, daß nämlich jedenfalls dann, wenn es - wie bei § 463 S.2 - auf positive Kenntnis ankommt, nur konkret aktenmäßig oder sonstwie "festgehaltenes" Wissen als solches der Organisation ansieht[589].

Gänzlich bedeutungslos werden Rechtsformunterschiede, wenn man eine Pflicht zur ordnungsgemäßen Kommunikation als Verkehrspflicht zum Ausgangspunkt der Wissenszurechnung nimmt[590]. Denn diese Pflicht knüpft an Risiken der Arbeitsteilung an, Arbeitsteilung wiederum charakterisiert organisiertes Handeln schlechthin, gleich, in welcher Rechtsform[591]. -

Nach der hier vertretenen Ansicht kommt dem Argument ordnungsgemäßer Kommunikation geringere Bedeutung zu[592]. Die Wissenszurechnung wird insbesondere nicht anhand einer aus der Arbeitsteilung folgenden Pflicht zur Organisation der Information oder der Kommunikation begründet, sondern im Verweis auf die vor allem an Zuständigkeit und Beteiligung anknüpfende Verantwortlichkeit für einen bestimmten Geschehensablauf[593]. Nicht die Arbeitsteilung ist hier also der Grund für die Wissenszurechnung, sondern die Art und Weise der ungeachtet des Wissens vorhandenen Beziehung des oder der Wissenden zu diesem Geschehensablauf.

Für die Behandlung der Rechtsformproblematik ergibt sich daraus allerdings kein Unterschied. Was zunächst die Empirie des Informationsverhaltens in Unternehmen angeht, sind signifikante Unterschiede zwischen einzelnen Unternehmensträgern, insbesondere im Umgang mit EDV-Systemen, offenbar nicht

---

588 Ähnlich *M.Wolf*, a.a.O. (Fn. 585), allerdings unter Hinweis darauf, daß nicht die Typizität der Dokumentation, sondern die Pflicht zur Organisation des Informationsaustauschs - diese aber wiederum: rechtsformübergreifend - maßgeblich sei; vgl. auch *Habersack*, in: Großkommentar HGB, § 125 Rz. 25. A.A. *Reischl* S.787f., der zwischen Personen-(handels)gesellschaften ohne und solchen mit Beteiligung einer GmbH unterscheidet: Wer die Vorteile der Rechtsform einer GmbH & Co KG für sich in Anspruch nehme, müsse auch die für die Komplementär-GmbH als juristische Person geltenden Wissenszurechnungsregeln in Kauf nehmen.

589 *W.Schultz* (Anm. zur genannten Entscheidung des BGH), NJW 1996, S.1393, *ders.*, Anm. zu BGH NJW 1996, 1205 (vgl. oben Fn. 584), NJW 1997,2093. Zur Bedeutung des Aktenwissens vgl. oben IV.5.

590 So schließlich der 5. Senat des BGH, Urt. v. 02.02.1996 (= NJW 1996,1339); vgl. Teil A, III. 7.; ebenso *Scheuch* (Fn. 584), *dies.*, GmbHR S.831, zuvor bereits *Grunewald*, FS-Beusch, S.301.

591 *v.Reinersdorff*, WiB 1996,495ff., *Taupitz*, EWiR S.585 und JZ S.734ff. (beide zur vorgenannten Entscheidung des BGH), *Hagen* S.161.

592 Vgl. Teil A, III. 7.

593 Vgl. oben III.1., 2.

auszumachen[594]. Wesentlich für die Wissenszurechnung ist die Art und Weise der Beziehung des oder der Wissenden zu demjenigen Vorgang, in dessen Zusammenhang Wissen erheblich wird. Diese Beziehung und die aus ihr resultierende Verantwortlichkeit für dessen planmäßigen Verlauf ergeben sich allerdings, soweit es auf Vertretungsmacht und interne Zuständigkeit ankommt, aus der Art und Weise der rechtlichen Beziehung zur Organisation einerseits, der je organisationsspezifischen sachlichen Zuständigkeitsordnung andererseits. Wie die Organisation rechtlich verfaßt ist, spielt dabei aber keine Rolle, solange sie nur über eine rechtsgeschäftliche und - sei es auch nur im Ansatz vorhandene - sachliche Zuständigkeitsordnung verfügt, solange sie m.a.W. arbeitsteilig organisiert ist.

Anders sieht es aus, wenn nicht die Zurechnung des Wissens einzelner Organisationsmitglieder in Rede steht, sondern die Wissenszurechnung innerhalb verbundener Unternehmen[595]. Daß die Grenzen der Wissenszurechnung bei Organisationen aus der Perspektive des je betroffenen Geschehensablaufs gezogen werden müssen, und nicht mit den ohnehin weder sozial noch gar räumlich zu identifizierenden Grenzen der Rechtssubjektivität identisch sind, wurde bereits dargelegt[596]. Bei der Wissenszurechnung im Konzern kann die Rechtsform des Adressaten der Kenntnis-Norm insofern Bedeutung erlangen, als die rechtlichen Möglichkeiten der Einflußnahme auf einen bestimmten Geschehensablauf von der Art und Weise der Unternehmensverbindung abhängen. Die Mehrheitsbeteiligung an einer GmbH erlaubt unter Umständen eine stärkere Beherrschung als die Mehrheitsbeteiligung an einer AG, weil nach den Organisationsverfassungen der beiden Gesellschaftsformen die Gesellschafter der GmbH stärkeren Einfluß auf deren Geschäfte nehmen können als die Aktionäre der AG[597]. Je eher - vom Tatbestand der Kenntnis-Norm her - faktische Einflußnahmemöglichkeiten gegenüber rechtlichen Beherrschungsmöglichkeiten im Vordergrund stehen[598], desto geringer wird allerdings das Gewicht einer diese faktischen Möglichkeiten lediglich indizierenden Rechtsform.

2. Bedeutung des Unterschieds zwischen öffentlich-rechtlich und privatrechtlich verfaßter Organisation

Ebenso ohne unmittelbare Bedeutung für die Wissenszurechnung ist der Unterschied zwischen öffentlich-rechtlichen und auf privatrechtlicher Grundlage ver-

---

594 *Witte* S.156f.; vgl. auch den Überblick bei *Theis* Kap. 4.

595 Vgl. hierzu *Drexl*, passim, *Roemmer-Collmann*, S.201ff.

596 Vgl. oben III.1.; zur filialübergreifenden Wissenszurechnung unten V. 6.

597 *Drexl* S.516f.

598 Vgl. oben IV. 3. d).

faßten Organisationen, soweit der hier allein angesprochene Bereich fiskalischen Handelns[599] betroffen ist[600].

Mittelbare Auswirkungen sind allerdings in zweierlei Hinsicht denkbar. Zum einen kann es sein, daß sich die Wertungsvorgaben des Tatbestandszusammenhanges, der Kenntnis erheblich werden läßt, aufgrund der Beteiligung einer juristischen Person des öffentlichen Rechts[601] verändern, weil sie ungeachtet der privatrechtlichen Handlungsform durch Wertungen des öffentlichen Rechts überlagert werden. Ebenso mag es Fälle geben, in denen allein die öffentlich-rechtliche Organisationsform Erwartungen an einen bestimmten Umgang mit Information berechtigt[602]. Im Hinblick auf Behörden wird man mit größerem Recht als gegenüber privaten Unternehmen sagen können, daß "Entgegennahme und Weiterleitung (bestimmter) Information"[603] im Interesse des Bürgers zu erfolgen haben. Denn diese finanzieren die entsprechenden Aktivitäten der öffentlichen Hand. In beiden Fällen liegt das Problem aber nicht in der Bestimmung der Wissenden im Verhältnis zu den Unwissenden, also in der Wissenszurechnung, sondern in der Entscheidung darüber, ob die anhand eines subjektiven Tatbestandsmerkmals in Kauf genommene Ungewißheit der Gegenseite zumutbar ist[604]. Verneint man das, wird Kenntnis unerheblich.

Zum anderen wird, soweit Kenntnis erheblich ist, der sachlichen Zuständigkeitsordnung größere Bedeutung zukommen müssen, weil und soweit diese durch den Zweck der Erfüllung öffentlicher Aufgaben vorgegeben ist.

---

599 Zur vor allem bei § 48 IV VwVfG und den entsprechenden Landesgesetzen akuten Problematik des Behördenwissens vgl. *Schoch* und *Pieroth* (siehe Literaturverzeichnis), kurz auch *Roemmer-Collmann* S.205ff.

600 Ebenso bereits RGZ 59, 400 und 131, 343, aus der neueren Rspr. BGHZ 109,327 und 117,104; zur Wissenszurechnungsfrage bei § 839 BGB vgl. zuletzt BGH NJW 1998, 142 (Verletzung der Dienstaufsicht, §§ 92ff. BNotO); aus der Literatur vgl. *Schilken* S.144f., *Grunewald*, LM unter 1., *Waltermann*, AcP S.183, *Jüttner* S.209 und *Kohler-Gerig* S.212ff. Die Gleichstellung folgt aus §§ 89, 31 BGB, soweit das Wissen einzelner Organwalter betroffen ist; vgl. aber Teil A, III. 3.

601 Körperschaft, Anstalt oder Stiftung, vgl. §§ 1 VwVfG, 89 BGB

602 Ebenso *Roemmer-Collmann*, S.209; die in BGHZ 109, 327 dokumentierte Entscheidung (vgl. Teil A, III. 6.) wäre hierunter zu zählen (s. auch *Flume*, AcP S.447ff.), wenn nicht der Käufer das Grundstück bereits über 10 Jahre vor Übergabe selbst mitgenutzt und allen Anlaß gehabt hätte, sich um den Zustand der Kühlhalle zu kümmern; vgl. auch *Giesberts* S.367 (unter VI.).

603 Vgl. *Bohrer* S.124ff. (siehe Teil A, III. 7. Fn. 209).

604 Vgl. Teil B IV. 3.

3. Privat erlangtes Wissen

Bei der Frage nach der Bedeutung privat erlangten Wissen stehen sich zwei - in diesem Punkt - nicht weiter begründete Entscheidungen des BGH gegenüber[605]. In beiden Fällen ging es um die Kenntnis des Geschäftsführers einer GmbH, so daß jedenfalls die Organstellung nicht das entscheidende Kriterium gewesen sein kann. In der Literatur wird überwiegend die Auffassung vertreten, jedenfalls hinsichtlich des Wissens eines Organmitgliedes sei die Art und Weise der Kenntniserlangung unerheblich[606].-

Privates Wissen von Organmitgliedern ist ein Problem nur, wenn man die Wissenszurechnung auf die Organstellung bzw. die Organmitgliedschaft stützt. Dann kann man auf den Gedanken kommen, das private Wissen eines Organmitgliedes entspreche dem "nicht in Ausführung der ihm zustehenden Verrichtung" (§ 31 BGB) erlangten, also der Organisation nicht zurechenbaren Wissen. Die Modalitäten der Zurechnung sind aber verschieden, weshalb sich auch die Zurechnungskriterien unterscheiden. Schadensverursachende Handlungen eines verfassungsmäßig berufenen Vertreters werfen die Frage auf, wer den Schaden tragen soll, wenn nicht das Opfer: Der Vertreter oder die Organisation. Kriterium ist die Schadensverursachung in Ausführung der dem Vertreter zustehenden Verrichtung. Bei der Wissenszurechnung geht es nicht um die Frage, ob es auf das Wissen des Vertreters oder dasjenige der Organisation ankommt, sondern darum, die Erheblichkeit (oder Unerheblichkeit) des Vertreterwissens gegenüber der Unkenntnis anderer zu begründen. Dieses Problem ist ein solches, weil das Organmitglied der Organisation ebenso angehört wie die Unwissenden. Einen Schaden haben beide nicht verursacht, aber die Organisation hat sich nicht so verhalten, wie man es für den Kenntnis-Fall von ihr erwarten darf. Ob man es aufgrund der Kenntnis des Organmitgliedes von ihr erwarten durfte, hängt von der Art und Weise der Beziehung des Organmitgliedes zu dem fraglichen Vorgang ab. Entscheidendes Kriterium ist die Möglichkeit der Einflußnahme auf diesen Vorgang. Hierfür ist die Art und Weise der Kenntniserlangung unerheblich.

Auf welche Art und Weise derjenige, dessen Wissen gegenüber der Unkenntnis Anderer erheblich ist, sein Wissen erlangt hat, ist grundsätzlich irrelevant. Anders als bei der richterlichen Überzeugungsbildung muß die rechtserhebliche

---

605 BGH WM 1955,830 und BGH NJW 1990,2544.

606 *Sieger* S.62ff., *Baumann* S.295, *Wiesner* S.1536, *Grunewald*, FS- Beusch S.306, 319, *Westerhoff* S.79 *Roemmer-Collmann* S.189ff. und *Reichwein* S.6f., S.8. für privates Wissen der Organmitglieder, a.A. wohl *Jüttner*, S.215f. ("Auch ein Organ ist eben nicht nur Organ").

Kenntnis nicht in einem geregelten Verfahren gewonnen werden[607], sie soll vielmehr ein Handeln im eigenen Interesse oder dem der Gegenseite ermöglichen. Bei der gewillkürten Vertretung kommt es nicht darauf an, ob der Vertretene zufällig (oder mit Bedacht) einen Vertreter ausgewählt hat, der die erheblichen Umstände bereits vorher wußte oder seinerseits zufällig erlangt hat. Dasselbe gilt für organisiertes Handeln. Entscheidend ist nicht, wie die Kenntnis erlangt wurde, sondern daß sie vorhanden ist *und* zu entsprechendem Handeln Anlaß gibt.

Aus letzterem ergeben sich Einschränkungen, die aber nicht die Unterscheidung zwischen privat und nicht privat erlangtem Wissen betreffen, sondern die Anforderungen, die über dieses Wissen hinaus an den Wissenden zu stellen sind. Wer die erheblichen Umstände kennt, ohne sie einem bestimmten Vorgang zuordnen zu können, weil er die Kenntnis privat erlangt und mit dem Vorgang nichts zu tun hat, kann keinen Einfluß nehmen und bleibt deshalb bei der Wissenszurechnung außer Betracht.

4. Ausgeschiedene und verstorbene Organisationsmitglieder

Die Zurechnung des Wissens verstorbener Organmitglieder wurde früher mit dem Hinweis auf deren Organstellung begründet[608]. Insbesondere die neuere Literatur lehnt dies im Ergebnis wie in der Begründung einhellig ab[609]. -

Das Wissen eines verstorbenen Organisationsmitglieds wird der Organisation unter keinen Umständen zugerechnet, wenn sein Versterben vor demjenigen Zeitpunkt liegt, in welchem es auf Kenntnis oder Kennenmüssen ankommt; unerheblich ist natürlich anschließendes Versterben. Alles andere wäre nicht zu begründen, wenn man die Handlungsrelevanz des Wissens als Grund seiner rechtlichen Erheblichkeit ansieht. Die rechtliche Verselbständigung der juristischen Person gegenüber den ihr angehörenden "natürlichen" Personen garantiert die Möglichkeit der vom Mitgliederwechsel unabhängigen Zurechnung von Verhaltenserwartungen, nicht aber die Konservierung von Wissen, dessen

---

607 Vgl. *Luhmann*, Verfahren, S.65f.

608 Vor allem RG JW 1935,2044, danach ausdrücklich nur noch BGH WM 1959,81, anders allerdings bereits RG SeuffA 77, Nr. 65, immerhin angedeutet in BGH NJW 1995, 2159; in BGHZ 109, 327 (= NJW 1990, 975) wurde nicht wirklich Wissen des verstorbenen Bürgermeisters zugerechnet, sondern auf aktenmäßige Dokumentation und andere Kriterien abgestellt.

609 Vgl. nur *Baumann* S.294, *Flume*, AT I/2 § 11 IV (bes. S.403), sowie *ders.*, JZ S.550 und *Medicus*, AT Rz. 904c (jeweils zu BGH Urt. v. 08.12.1989 = JZ 1990,548 = BGHZ 109, 327), *Grunewald*, FS- Beusch S.307, vgl. auch *Habersack*, in: Großkommentar HGB, § 125 Rz. 25. und *Roemmer-Collmann* S.185ff.

sich sein "Besitzer" nicht in irgendeiner Weise entäußert, indem er es aufschreibt oder mitteilt, also für Kommunikation zur Verfügung stellt[610]. Wenn er dies tut, ist es nicht mehr (nur) sein Wissen, so daß auf ihn für die Zurechnung nicht zurückgegriffen werden muß. Dabei wird nicht verkannt, daß die Wissenszurechnungsfrage eine Wertungsfrage ist. Daß verstorbene Organisationsmitglieder ihr Wissen weder mitteilen noch sonst ihm entsprechend sich verhalten können, bindet die Wissenszurechnung nicht schon. Wohl aber die zuvor angesprochene Erwägung, daß das rechtlich relevante Wissen deshalb relevant ist, weil vom Wissenden ein bestimmtes Verhalten mit besseren Gründen erwartet werden kann, als vom Nichtwissenden.

Nicht wesentlich anders verhält es sich im entscheidenden Punkt mit der Zurechnung des Wissens ausgeschiedener Mitglieder. Falls ihr Ausscheiden dem für die Wissenszurechnung maßgeblichen Zeitpunkt nachfolgt, ist ihr Ausscheiden irrelevant. Falls sie vorher ausscheiden, ohne ihr Wissen verfügbar zurückzulassen, ist ihr Wissen irrelevant.

5. Kommunikationsverbote

Schwieriger ist die Frage zu beantworten, welchen Einfluß Rechtsnormen, die den Umgang mit Information betreffen, auf die Wissenszurechnung haben. Die hier so genannten Kommunikationsverbote betreffen Mitteilungen ("Übermittlungen"[611], "Offenbarungen"[612]) bestimmten Inhalts. Beispiele finden sich insbesondere im Datenschutzrecht[613], daneben ist an Verschwiegenheitspflichten bestimmter Berufsgruppen[614] oder Funktionsträger[615] zu denken.

Fragen aus diesem Zusammenhang sind, soweit ersichtlich, in der Rechtsprechung bislang nicht entscheidungserheblich geworden[616]. Die Stellungnahmen in der Literatur gehen über Andeutungen durchweg nicht hinaus[617], lediglich *Roemmer-Collmann*[618] hat sich etwas umfassender diesen Fragen

---

610 Vgl. oben II. 2. und 3.

611 Vgl. § 3 V Nr.3 BDSG.

612 Vgl. § 203 StGB.

613 Zur Zulässigkeit der Speicherung personenbezogener Daten eines Kreditnehmers s. LG Hamburg, WM 1997,621.

614 Vgl. die in § 203 StGB und §§ 53, 53a StPO genannten, außerdem § 2 I Ziff.1 AGB-Banken.

615 Vgl. z.B. §§ 93 S.2, 116 und 404 AktG.

616 In LG Frankfurt, VersR 1987,1185 und BGH NJW 1992,1099 (S.1100) wird Datenschutz nur am Rande erwähnt.

617 Vgl. *Taupitz*, Wissenszurechnung, S.27 (dort Fn 111) und JZ 1996, S.763 (Vorgaben des Datenschutzes seien zu beachten), ebenso kurz *Kohte* S.638.

618 S. 192-196.

gewidmet. Man muß daher überlegen, in welcher Weise der Zusammenhang von Wissenszurechnung und Datenschutz überhaupt problematisch werden kann. Vorab ist eine Unterscheidung danach sinnvoll, ob Regeln für den Umgang mit Information zu einem Problem nur der Kenntnis oder des Kennenmüssens, oder darüber hinaus auch ein solches der *Zurechnung* von Kennen oder Kennenmüssen werden können. Wenn man das Problem der Wissenszurechnung bei Organisationen darin sieht, daß über die Erheblichkeit der Kenntnis oder fahrlässigen Unkenntnis einer Person angesichts der auch nicht fahrlässigen Unkenntnis einer anderen, ebenfalls in Betracht kommenden zu entscheiden ist, schließen sich folgende Fragen an: Zum einen ist fraglich, ob verbotswidrig erlangte Kenntnis gegenüber der Unkenntnis anderer deshalb - generell und im Rahmen der Wissenszurechnung - unerheblich ist, weil sie verbotswidrig erlangt ist (a). Sodann ist zu überlegen, ob die Kenntnis einer an sich für die Wissenszurechnung in Betracht kommenden Person deshalb nicht zugerechnet werden soll, weil das für den Fall der Kenntnis angezeigte Verhalten gegen eine Norm für den Umgang mit Information verstieße (b). Zuletzt ist fraglich, ob Mitteilungsverbote der Annahme fahrlässiger Unkenntnis insofern entgegenstehen, als ein Mitteilungsersuchen innerhalb desjenigen Geschehensablaufs, der Kenntnis oder Kennenmüssen erheblich werden läßt, die Kenntnis verbotswidrig zu Tage fordern würde (c).

a) Zurechnung verbotswidrig erlangter Kenntnis?

Die Frage nach der Zurechnung verbotswidrig erlangten Wissens ähnelt derjenigen nach der Bedeutung privaten Wissens. Man wird, was zunächst die Erheblichkeit der Kenntnis selbst angeht, im Ergebnis sagen können, daß es auf die Modalität der Erlangung auch hier nicht ankommt, daß vielmehr entscheidend ist, ob das Wissen einer Person zur Verfügung steht, die – aufgrund ihrer Beziehung zu dem fraglichen Vorgang - für die Wissenszurechnung in Betracht kommt. Auch in diesem Fall[619] drängt sich ein Vergleich mit Wissensverwertungsverboten der Prozeßordnungen auf. Soweit solche Erhebungs- und Verwertungsverbote bestehen, haben sie den Zweck, Handlungen zu unterbinden, die zwar die Entscheidungsbasis der um Erkenntnis Bemühten optimieren könnten, jedoch die Rechtsstellung der Beschuldigten etc. beeinträchtigen[620]. Bei der rechtserheblichen Kenntnis geht es aber gerade darum, Handlungsmöglichkeiten in eigenem oder fremdem Interesse vor dem Hintergrund vorhandener oder eben nicht vorhandener Information auszuloten[621]. Wer

---

619 Vgl. bereits oben unter 3.

620 Zu Beweisverwertungsverboten im Strafverfahren vgl. *Schroth* (s. Literaturverzeichnis).

621 Vgl. Teil B IV. 3. Ebenso wohl *Roemmer-Collmann*, S.193f.

Kenntnis hat und sich nicht entsprechend verhält, sollte sich nicht darauf hinausreden können, daß er - außerdem - sein Wissen verbotswidrig erlangt hat.

Eine diesem an sich selbstverständlichen Gedanken widersprechende gesetzliche Regelung scheint in § 5 TDG (entsprechend §§ 5, 18 III Md-StV) enthalten; dort heißt es:

§ 5 Verantwortlichkeit[622]

...

(4) Verpflichtungen zur Sperrung der Nutzung rechtswidriger Inhalte nach den allgemeinen Gesetzen bleiben unberührt, wenn der Diensteanbieter unter Wahrung des Fernmeldegeheimnisses gemäß § 85 des Telekommunikationsgesetzes von diesen Inhalten Kenntnis erlangt[623] und eine Sperrung technisch möglich und zumutbar ist.

Damit wird aber kaum gemeint sein, daß eine nach den allgemeinen Gesetzen bestehende Verpflichtung, zum Zweck der Beseitigung eines rechtswidrigen Zustandes die Möglichkeit des Zugriffs auf bestimmte Daten zu unterbinden, entfällt, wenn der Anbieter die Kenntnis von den fraglichen Inhalten unter Verstoß gegen § 85 TKG erlangt hat. Legt man die Begründung der Vorschrift[624]

---

622 § 5 "Verantwortlichkeit" TDG lautet:
(1) Diensteanbieter sind für eigene Inhalte, die sie zur Nutzung bereithalten, nach den allgemeinen Gesetzen verantwortlich.
(2) Diensteanbieter sind für fremde Inhalte, die sie zur Nutzung bereithalten, nur dann verantwortlich, wenn sie von diesen Inhalten Kenntnis haben und es ihnen technisch möglich und zumutbar ist, deren Nutzung zu verhindern.
(3) Diensteanbieter sind für fremde Inhalte, zu denen sie lediglich den Zugang zur Nutzung vermitteln, nicht verantwortlich. Eine automatische und kurzzeitige Vorhaltung fremder Inhalte auf Grund Nutzerabfrage gilt als Zugangsvermittlung.
(4) Verpflichtungen zur Sperrung der Nutzung rechtswidriger Inhalte nach den allgemeinen Gesetzen bleiben unberührt, wenn der Diensteanbieter unter Wahrung des Fernmeldegeheimnisses gemäß § 85 des Telekommunikationsgesetzes von diesen Inhalten Kenntnis erlangt und eine Sperrung technisch möglich und zumutbar ist.
Zur Haftung des Providers vgl. *v.Bonin/Köster* S.823ff., *Roßnagel* S.3, *Hoeren* Kap. V. 5.

623 Im Original nicht kursiv.

624 (BT-Dr. 13/7385, S.19ff.):
"Während Absatz 1 bis 3 die strafrechtliche und deliktische Verantwortlichkeit der Diensteanbieter für eigenes Verschulden zum Gegenstand haben, stellt Absatz 4 klar, daß die objektiven, d. h. keine Schuld voraussetzenden Verpflichtungen der Diensteanbieter zur Unterlassung von Rechtsgutverletzungen für alle Diensteangebote davon unberührt bleiben sollen. Dies gilt auch für die Diensteanbieter, die nur den Zugang zu fremden Inhalten vermitteln und dabei rechtswidrige Inhalte in ihrem Proxy-Cache-Server zwischenspeichern. Regelmäßig setzen Unterlassungspflichten im öffentlichen Recht, aber auch im Zivilrecht nur die Rechtswidrigkeit und eine andauernde Rechtsverletzung bzw. Wiederholungsgefahr voraus, nicht aber ein Verschulden. Eine selbständige verschuldensunabhängige Verpflichtung, Störungen der öffentlichen Ordnung und rechts-

aus, liegt vielmehr die Annahme nahe, daß eine Verpflichtung, sich Kenntnis entsprechender Inhalte entgegen den Vorschriften des TKG zu verschaffen - natürlich - nicht ausgesprochen werden sollte. "Unberührt" bleiben also die "allgemeinen Bestimmungen", die eine Sperrpflicht auslösen können, falls "Kenntnis" erlangt wird, wobei die Datenschutzbestimmungen des TKG einer anderweit begründbaren Pflicht, Kenntnis zu erlangen, entgegenstehen können.

Damit ist allerdings nur gesagt, daß die verbotswidrige Erlangung der Kenntnis keinen Einfluß auf deren *Erheblichkeit* i.S.d. jeweiligen Kenntnis-Tatbestandes hat. Noch nicht geklärt ist, ob die Verbotswidrigkeit der *Zurechnung* solcher Kenntnis entgegensteht. Nach der hier vertretenen Ansicht beruht die Zurechnung auf der Verantwortlichkeit des Wissenden für den planmäßigen Verlauf desjenigen Geschehens, in dessen Zusammenhang Kenntnis erheblich wird. Diese Verantwortlichkeit rechtfertigt die Wissenszurechnung insofern, als sie auf der Zuständigkeit, der Beteiligung oder dem Wissen um Informationsbedarf des Wissenden beruht, also auf einer ungeachtet seines Kenntnisstandes bestehenden, organisationsspezifischen Beziehung zu dem fraglichen Vorgang. Die Zurechnung wäre also nur dann zu verneinen, wenn diese Verantwortlichkeit aufgrund der Art und Weise der Informationserlangung entfiele. Das ist indes nicht der Fall. Normen, die den Zugriff auf bestimmte Information untersagen, ergänzen ja die für den Fall der Kenntnis berechtigten Verhaltenserwartungen um solche, die den Umgang mit Information betreffen. Sofern die Organisation selbst Adressat der erstgenannten Verhaltenserwartungen ist, entfällt deren Berechtigung nicht dadurch, daß eines ihrer Mitglieder[625], in dessen Person die für die Wissenszurechnung maßgeblichen Kriterien vorliegen, auch den letztgenannten Erwartungen nicht entspricht. Das

widrige Verletzungen privater Rechte zu unterlassen, enthält Absatz 4 nicht; die Vorschrift verweist insoweit auf die allgemeinen Vorschriften über die Verpflichtung des Störers zur Unterlassung bzw. Beseitigung der Störung der öffentlichen Sicherheit und Ordnung oder der Verletzung privater Rechte. Die Unterlassungspflichten, hier der Sperrung rechtswidriger Inhalte gegenüber den Nutzern, sollen nicht weiterreichen, als dem Diensteanbieter rechtlich und tatsächlich möglich ist. Die ausdrückliche Bezugnahme auf das Fernmeldegeheimnis nach § 85 Telekommunikationsgesetz -- das selbstverständlich auch in den Fällen des Absatzes 1 bis 3 zu beachten ist -- soll besonders hervorheben, daß Diensteanbieter, die lediglich den Zugang zur Nutzung vermitteln, mit dem Teledienst zugleich Telekommunikationsdienstleistungen erbringen und durch das Fernmeldegeheimnis gehindert sind, individuell abgerufene oder sonst nicht öffentlich übermittelte Inhalte von sich aus mitzulesen und Inhalt und Umstände der Telekommunikation von sich aus Dritten zu offenbaren. Die Pflicht zur Sperrung wird daher bei solchen nichtöffentlichen Inhalten durch die zuständigen Behörden oder Dritte angestoßen werden müssen, die den Anbieter auf die Zwischenspeicherung rechtswidriger Inhalte z. B. in seinem Internet-Server hinweisen.

625 Vgl. aber oben IV. 3. d).

gilt nicht nur für Information, die entgegen den Vorschriften des Datenschutzes erlangt ist, sondern auch für solche Information, die unter Mißachtung einer Geheimhaltungspflicht nachgefragt und mitgeteilt wurde.

b) "Kenntnis" trotz Mitteilungsverbotes bezüglich der fraglichen Umstände?

Schwieriger ist die zweite Frage zu beantworten. Schwieriger deshalb, weil "Kenntnis" um der Aktualisierung bestimmter Handlungsmöglichkeiten willen erheblich wird[626], im Falle etwaiger Mitteilungsverbote hingegen die Handlungsmöglichkeiten des Wissenden rechtlich eingeschränkt sind. Die Planvorgaben des Kenntnis-Tatbestandes, der subjektive Handlungsmöglichkeiten ausloten soll, werden hier durch diejenigen des Verbotstatbestandes überlagert.

Ein Problem wird hieraus aber nur, wenn das für den Fall der Kenntnis gebotene Verhalten tatsächlich gegen diejenige Norm verstieße, die den Umgang mit Information betrifft. Das ist etwa dann der Fall, wenn Kenntnis Aufklärung gebietet (Arglist) und der Verkäufer zur Geheimhaltung verpflichtet ist. Hingegen kann beispielsweise der Erwerber, dem die Information anvertraut wurde, daß nicht der Veräußerer, sondern ein anderer Eigentümer der Sache ist, sich an diesen wenden oder vom Erwerb Abstand nehmen, ohne daß hierin zwangsläufig ein Vertrauensbruch läge[627].

Hinsichtlich der hiernach verbleibenden Fälle kann man weiter danach unterscheiden, in wessen Interesse die Verbotsnorm Anforderungen an den Umgang mit Information stellt: Im Interesse der Organisation oder im Interesse eines Dritten. Das Organisations- resp. Unternehmensinteresse ist betroffen, wenn die erhebliche Information deshalb nicht an Unbefugte mitgeteilt werden darf, weil der Wissende organisationsverfassungsrechtlichen Verschwiegenheitspflichten unterworfen ist. Drittinteressen sind hingegen betroffen, wenn Informationsverarbeitungsregeln der Datenschutzgesetze greifen[628], ebenso im Falle vertraglich begründeter oder institutioneller[629] Geheimhaltungspflichten[630].

So mag etwa der Vorstand einer Aktiengesellschaft über Umstände informiert sein, deren Kenntnis eine Arglisthaftung der Organisation aus § 463 S.2 BGB begründet. Aufklärung des Käufers würde gegen die Verschwiegenheitspflicht des § 93 I S.2 AktG verstoßen, weil die erheblichen Umstände als Betriebs-

---

626 Vgl. Teil B IV. 3.

627 Vgl. auch *Roemmer-Collmann*, S.194.

628 Vgl. § 3 V S.1 BDSG: "Verarbeiten ist das Speichern, Verändern, Übermitteln, Sperren und Löschen personenbezogener Daten."

629 Z.B. Bank-, Fernmeldegeheimnis.

630 Hier ist an Dienst- oder Arbeitsverträge, Forschungs- und Entwicklungs- und überhaupt solche Verträge zu denken, in deren Ausführung Know-How bereitgestellt wird.

geheimnis gelten. Das ändert allerdings an der Arglisthaftung der Gesellschaft nichts. Die an Zuständigkeit, Beteiligung oder Wissen um Informationsbedarf anknüpfende Zurechnung wird durch das Mitteilungs(=Aufklärungs-)verbot nicht berührt, weil die der Organisation zuzurechnende Verkaufsentscheidung auf das Wissen um den Bestand dieses Verbots zurückgreifen kann. Wenn der Vorstand den Zustand des Kaufgegenstandes (z.B. eines Grundstücks oder Unternehmens) kennt und weiß, daß er den Käufer nur unter Verstoß gegen etwaige Verschwiegenheitspflichten aufklären kann, muß der Verkauf eben unterbleiben, wenn er gleichwohl in Aussicht genommen wird, müssen die Haftungsrisiken eben mitkalkuliert werden. Der Interessenkonflikt ist nicht unausweichlich, sondern Folge einer der Organisation infolge des Handelns ihres Organs zurechenbaren Verkaufsentscheidung.

Fraglich ist allerdings, ob das zuvor Gesagte auch gelten soll, wenn die den Umgang mit Information beschränkende Norm den Schutz der Interessen Dritter zum Gegenstand hat, wenn also für den Kenntnis-Fall Aufklärung angezeigt ist, die Aufklärung ihrerseits aber eine im Verhältnis zu Dritten pflichtwidrige - vertrags- oder gesetzeswidrige - Offenbarung oder Informationsübermittlung darstellte.

Ein solcher Fall kann dann vorliegen, wenn der Dritte selbst Teil der vertraglichen Leistung ist[631], und die Art und Weise des Umgangs mit der fraglichen Information sein informationelles Selbstbestimmungsrecht berührt. Das Problem liegt hier allerdings nicht so sehr bei der Wissenszurechnungsfrage, sondern bei der Frage danach, ob trotz vorhandenen Wissens die – verschiedenen[632] - für den Arglistfall vorgesehenen Rechtsfolgen mit Rücksicht auf diejenigen Interessen nicht eintreten sollen, die die Verbotsnorm schützen will. Das ist im wesentlichen ein Problem der Auslegung der einschlägigen datenschutzrechtlichen Bestimmungen. Wenn man diesen Konflikt zugunsten des Käufers entscheidet und eine Aufklärungspflicht bejaht, kommt es nur noch darauf an, ob der Wissende - aufgrund seiner Zuständigkeit, Beteiligung etc. –

---

631 Nur zur Veranschaulichung: *actio de dolo* des Käufers, wenn der Verkäufer Gesundheits- und Charaktermängel eines Sklaven verschweigt (vgl. *Medicus*, SRBT § 74, I 2), trotz informationellen Selbstbestimmungsrechts des letzteren? - Vgl. aber auch BGH NJW 1991,1223: (Keine) Aufklärungspflicht des Verkäufers einer Steuerberaterpraxis über Zuverlässigkeit eines wichtigen Mitarbeiters. Nicht an dem nur am Rande erwähnten (S.1224) Persönlichkeitsrecht des Mitarbeiters scheiterte die Annahme einer Aufklärungspflicht, sondern am zeitlichen Abstand des Vertragsschlusses zu denjenigen Vorgängen, die den Mitarbeiter als unzuverlässig erscheinen ließen.

632 Unwirksamkeit eines Haftungsausschlusses, Schadensersatz, Verjährung etc. vgl. §§ 443, 460 S.2, 463 S.2, 476, 477 I S.1, 478 II, 479 S.2, 480 BGB.

aufklären kann. Entscheidet man anders, ist die Wissenszurechnungsfrage gegenstandslos.

Eine Fallkonstellation, in der die Frage nach dem Einfluß von Verschwiegenheitspflichten auf die Wissenszurechnung erheblich wird, liegt vor, wenn der Wissende nicht der Organisation, deren Kenntnis in Rede steht, wohl aber jemandem anderen gegenüber zu Verschwiegenheit verpflichtet ist. So verneinen *Lutter*[633], *Werner*[634] und ihm folgend *Westerhoff*[635] und *Canaris*[636] die Berechtigung der Zurechnung von Kenntnissen, die ein Vorstandsmitglied anläßlich seiner Tätigkeit im Aufsichtsrat eines anderen Unternehmens erlangt hat. *Westerhoff* meint, da dieses Wissen in der Regel der strafbewehrten (§ 404 AktG) Verschwiegenheitspflicht unterfalle, könne es der Organisation, der das Aufsichtsratsmitglied vorsteht, nicht zugerechnet werden. Dieses Ergebnis sei von schlagender Evidenz[637].

Das ist nicht durchweg richtig[638] - sowenig allerdings, wie die mit dem Hinweis auf Verschwiegenheitspflichten angegriffene These zutrifft, allein die Organstellung sei für die Wissenszurechnung hinreichend. Zweifellos ist die Verschwiegenheitspflicht des Aufsichtsrates ein wichtiges und notwendiges Element der Organisationsverfassung[639]. Dasselbe gilt aber für die Aufklärungspflicht als Element des Kaufrechts. Nicht hingegen für die Mehrfachmitgliedschaft. Es ist keineswegs selbstverständlich, daß die AG aus der Vertragshaftung entlassen wird, wenn das betreffende Vorstands- resp. Aufsichtsratsmitglied in seiner Funktion als Vertreter der AG den Haftungsausschluß aushandelt. Mehrfache Bindung birgt das Risiko, nicht allen Bindungen gerecht werden zu können. Es gibt keinen Grund, dieses Risiko dem Käufer aufzuerlegen. Auch der Verweis auf § 404 AktG trägt jedenfalls dann nicht, wenn die Interessen des Käufers gleichermaßen strafrechtlichen Schutz genießen (z.B. nach §§ 257, 259, 263 StGB)[640].

Das gilt um so mehr für Fälle, in denen das für den Kenntnis-Fall gebotene Verhalten gar keine Verletzung der Verschwiegenheitspflicht mit sich bringt[641],

---

633 (s. Literaturverzeichnis) S.241-243.

634 (s. Literaturverzeichnis) S.265; vgl. auch Ziff.3 des Diskussionsberichts, S.271f.

635 (s. Literaturverzeichnis) S.78.

636 Bankvertragsrecht, Rz. 106 a.E. ("grundsätzlich").

637 Plastisch auch *Druey*, S.305: "Es versteht sich, dass der Kirche nicht zugerechnet wird, was ihre Pfarrer in der Beichte und Seelsorge hören."

638 Vgl. auch *Lutter* S.243 und *Werner* S.265.

639 Vgl. nur *K.Schmidt* § 28 III 1. c).

640 Vgl. auch *Lutter* S.243.

641 Vgl. oben V. 5. b); *Lutters* Prämisse, wonach Wissenszurechnung *immer* auch Redepflicht bedeute (S.242), ist, falls sie so gemeint ist, in dieser Allgemeinheit nicht richtig;

etwa in den Gutglaubenserwerbsfällen. Das Organisations- und Aufsichtsratsmitglied kann sich dem Erwerb widersetzen und auf dessen Unterlassung hinwirken, ohne über seine persönlichen Gründe hierfür und die Herkunft seines Wissens irgend jemand aufklären zu müssen. Hinzu kommt - bei diesen und anderen Zuständigkeitskonflikten[642] -, daß dem Geheimhaltungsinteresse des beaufsichtigten Unternehmens das allgemeine Interesse des Wirtschaftsverkehrs an einer Beachtung der Transaktionsbefugnisse entgegentritt[643]. Auch dieser Konflikt läßt sich nicht im Rückgriff auf oder anhand der Konstruktion von Interessen-Rangordnungen lösen. Zu bedenken ist aber, daß die Wissensmöglichkeiten der Organisation, der der Betreffende als Vorstand angehört, durch dessen Mitgliedschaft im Aufsichtsrat einer anderen Organisation vergrößert werden (und umgekehrt gilt dasselbe). Denn nicht alles unterliegt der Geheimhaltungspflicht. Das Argument vom Nutzen und Nachteil - nicht der Arbeitsteilung[644], sondern - der Mehrfachmitgliedschaft für beide Organisationen bietet sich geradezu an. Jedenfalls dann, wenn derjenige Vorgang, in dessen Zusammenhang Kenntnis erheblich wird, just auf Initiative des betreffenden Mitgliedes in Angriff genommen wird oder dieser Vorgang im übrigen von Wissen profitiert, welches der Geheimhaltungspflicht nicht unterliegt, sprechen m.E. die besseren Gründe für eine Berücksichtigung auch der geheimzuhaltenden, den guten Glauben ausschließenden Kenntnis. - All das gilt natürlich nur, sofern nach den oben gegebenen Kriterien der Wissenszurechnung das Wissen des betreffenden Mitgliedes überhaupt für maßgeblich erachtet werden kann.

c) Fahrlässige Unkenntnis trotz Informationsbeschaffungsverbots?

Eine etwas andere Problematik kennzeichnet diejenigen Fälle, in denen sich jemand innerhalb der Organisation Information verschaffen kann, hingegen mit Rücksicht auf auch extern verbindliche Regeln für den Umgang mit Information nicht verschaffen darf. Hier scheint die praktische Relevanz der Fragestellung auf den ersten Blick größer[645]: Betroffen ist der Umgang mit personenbezogenen Daten i.S. der Datenschutzgesetze, Adressaten sind, soweit Wissenszurechnungsfragen Bedeutung erlangen können[646], neben Behörden vor allem

---

vgl. auch *Roemmer-Collmann* S.193 und *Werner* S.266, allerdings auch unter Hinweis auf die praktischen Schwierigkeiten entsprechenden Verhaltens.

642 Bezogen auf Transaktionszuständigkeiten, vgl. Teil B IV. 3. f).

643 Vgl. zum Gutglaubenserwerb Teil B III. 3.

644 Vgl. Teil A, III. 5.

645 Vgl. die - allerdings spärlichen - Nachweise oben Fn. 617.

646 I.V.m. §§ 16ff., 23 II VVG bzw. im Zusammenhang mit der Haftung aus Art. 21 ScheckG i.V.m. §§ 989, 990 BGB.

Banken und Versicherungsunternehmen[647]. Daneben kann natürlich auch hier die Frage auftauchen, ob der Unwissende fahrlässig handelt, wenn er solche Personen nicht fragt, die hinsichtlich der erheblichen Umstände einer Verschwiegenheitspflicht unterliegen.

Der Einfluß datenschutzrechtlicher Vorschriften auf die Wissenszurechnung soll zuerst behandelt werden. Er ist geringer, als es den Anschein hat. Denn erstens betrifft das Datenübermittlungsverbot nur Übermittlungen an Dritte; zu diesen gehören nicht diejenigen Personen, die der speichernden "Stelle" angehören, außerdem weder die mit der Speicherung beauftragen Personen oder Stellen noch die betroffenen Personen selbst (§ 3 VIII, IX BDSG). Innerhalb dieses Personenkreises unterliegt der Datenzugriff also keinen datenschutzrechtlichen Hindernissen. Zweitens ist die Übermittlung von Daten auch über diesen Pesonenkreis hinaus unter bestimmten Voraussetzungen zulässig, §§ 15-17, 28 BDSG. Der Schalterbeamte einer Bank, der sich bei der kontoführenden Stelle über die Kontobewegungen des Ausstellers informiert, wird regelmäßig nicht gegen Bestimmungen des Datenschutzes verstoßen, weil entweder eine "Übermittlung" an Dritte schon nicht vorliegt, oder die schutzwerten Interessen des Betroffen gem. § 28 BDSG der Übermittlung nicht entgegenstehen[648]. Die Frage, ob er das im Rahmen der verkehrserforderlichen Sorgfalt (§§ 122 II, 276 I S.2 BGB) tun muß, wird also nicht dadurch präjudiziert, daß er es datenschutzrechtlich nicht dürfte. Schließlich unterfällt Information etwa über die Vermögensverhältnisse einer juristischen Person nicht den Bestimmungen der allgemeinen Datenschutzgesetze[649].

Wirklich problematisch sind also nur solche Fallkonstellationen, in denen 1) personenbezogene Daten 2) im Rahmen der Kenntnis-Tatbestände rechtliche Relevanz erlangen, wenn 3) der Zugriff auf diese Daten tatsächlich unzulässig ist. Nimmt man 4) die Einschränkung hinzu, daß nur solche Tatbestände in

---

647 Vgl. den Diskussionsbeitrag von *Honsel*, in: *Klingmüller*, Hg., Möglichkeiten der Wissenszurechnung, S.35; zur Wissenszurechnung im Versicherungsunternehmen siehe *Meyer-Reim/Testorf* S.1137ff., *Schimikowski* S.626ff. und *Weyers*, Versicherungsvertragsrecht, Rz. 501 a.E. (alle ohne Erwähnung der Datenschutzproblematik).

648 Auch das Bankgeheimnis ist nicht berührt, weil es "die Bank" verpflichtet, nicht die kontoführende Stelle, und weil nur die Abstandnahme vom Scheckerwerb verlangt wird, keine "Auskunft" über oder "Weitergabe" von Daten, die dem Bankgeheimnis unterfallen (vgl. Nr. 2 AGB-Banken und *Kohls* Rz. 49ff.). Ähnlich die Einschätzung von *Roemmer-Collmann*, S.195f.

649 Vgl. für die hier angesprochenen personenbezogenen Daten § 3 I BDSG; anderes gilt hinsichtlich der dem Fernmeldegeheimnis unterliegenden Angaben (vgl. etwa § 89 II TKG); zu den für Multimediadienste geltenden Datenschutzbestimmungen des IuKD (insbes. des Teledienste-Datenschutzgesetzes) und des Mediendienste-Staatsvertrages vgl. *Roßnagel* S.4f., *Hoeren* Kap. 2, unter VII.

Betracht kommen, die fahrlässige Unkenntnis ausreichen lassen[650], verschwindet das Problem nahezu vollständig, weil sich kaum ein Sachverhalt ausmalen läßt, der allen vorgenannten Bedingungen entspricht: Bei einer Reihe von Kenntnis-Tatbeständen bezieht sich die Kenntnis von vornherein auf Umstände, die nur selten Gegenstand personenbezogener Daten sein werden, weil die fraglichen Umstände permanenten Änderungen unterliegen oder nur zu ganz bestimmten Gelegenheit Bedeutung erlangen, was eine datenmäßige (= kostenaufwendige) Erfassung unrentabel macht[651]. Bei theoretisch denkbaren Überschneidungen wird die datenschutzrechtlich Zulässigkeit der Nachfrage regelmäßig zu bejahen sein. Soweit beispielsweise der gute Glaube an Veräußerungsberechtigungen betroffen ist, wird ein Zugriff auf personenbezogene Daten des Berechtigten, aus denen sich die Nichtberechtigung des Veräußerers ergibt, regelmäßig im Interesse des Berechtigten selbst liegen, so daß die Übermittlung - sofern überhaupt eine solche vorliegt - zulässig wäre.

Übrig bleiben also im wesentlichen solche Fälle, in denen der Zugriff auf Information über jemandes Gesundheit oder Vermögensverhältnisse möglich ist, der Zugriff eine Übermittlung darstellte, hingegen untersagt ist, weil eine entsprechende Verarbeitung (Übermittlung) der Information seinen Interessen widerspricht. Für die Wissenszurechnung ließe sich folgende Fallkonstel-

---

650 Vgl. oben Fn. 415 und 568.

651 Im Einzelnen ist betroffen die - teil nur grob - fahrlässige Unkenntnis:
Des Dritten von der Änderung des Vorstandes, § 68 S.2, des Erklärungsempfängers oder eines Dritten von der Anfechtbarkeit oder Nichtigkeit der Willenserklärung, § 122 II, Erklärungsempfängers oder eines Drittberechtigten von der Täuschung des Erklärenden durch einen Dritten, § 123 II S.1 und 2, des Erwerbers vom Bestand eines relativen Veräußerungsverbotes, § 136 II, eines Dritten von der Anfechtbarkeit der Willenserklärung, § 142 II, des Dritten vom Erlöschen der Vertretungsmacht, § 173, vom Erlöschen der gem. §§ 674, 729 fortbestehenden Vollmacht, § 169, vom Mangel der Vertretungsmacht, § 179 III, des Schuldners von der Gefahr eines ungewöhnlich hohen Schadens, § 254 II, des Schuldners/Täters von der Tatbestandsverwirklichung, der Rechtswidrigkeit (Vorsatz), § 276, eines Vertragsteiles von der Unmöglichkeit der Leistung, § 307 I S.1, des anderen Teils von der Unmöglichkeit der Leistung, § 307 I S.2, des Zessionars von der Scheinbarkeit der Eingehung oder Anerkennung des Schuldverhältnisses, § 405, des Beauftragten vom Erlöschen des Auftrags in anderer Form als durch Widerruf, § 674, des Geschäftsführers ohne Auftrag vom entgegenstehenden Willen des Geschäftsherrn, § 678, des Hinterlegers von der Gefährlichkeit der hinterlegten Sache, § 694, des qua Gesellschaftsvertrag zur Geschäftsführung befugten Gesellschafters von der Auflösung der Gesellschaft, § 729, des einen Teils von der Absicht des anderen auf Zahlung der Differenz, § 764, des Behauptenden von der Unwahrheit seiner Behauptung, § 824, des Schädigers der die Sittenwidrigkeit begründenden Umstände, § 826, des Erwerbers von der Beschlagnahme von Erzeugnissen und sonstigen Bestandteilen des mit einer Hypothek belasteten Grundstücks, § 1121 II.

lationen ausmachen[652]: Eine Bank kann auf Information über die Vermögensverhältnisse des Scheckeinreichers zugreifen, aus denen hervorgeht, daß dieser aller Wahrscheinlichkeit nach nicht legitimiert ist (Art. 21 ScheckG, §§ 989, 990 BGB[653]). Dann stellt sich die Frage, ob eine Person, die nach den oben dargestellten Kriterien für die Wissenszurechnung in Betracht kommt, als grob fahrlässig unwissend anzusehen ist, wenn sie den Zugriff unterläßt. Es liegt nahe anzunehmen, daß die im Verkehr erforderliche Sorgfalt kein rechtswidriges Verhalten gebietet. Das würde allerdings auch in diesem Fall nicht verlangt, weil die Übermittlung[654] personenbezogener Daten auch dann zulässig ist, wenn und "soweit es zur Wahrung berechtigter Interessen Dritter ... erforderlich ist ... und kein Grund zu der Annahme besteht, daß der Betroffene ein schutzwürdiges Interesse an dem Ausschluß der Übermittlung hat" (§ 28 II BDSG). Jedenfalls gegenüber dem Scheckdieb oder -hehler wird die Schutzwürdigkeit zu verneinen sein, so daß auch in diesem Fall den Datenschutzbestimmungen kein Einfluß auf die Wissenszurechnung zukommt.

Hinsichtlich des Einflusses von Verschwiegenheitspflichten ist das Problemfeld von vornherein nicht durch den Bezug auf "persönliche oder sachliche Verhältnisse einer bestimmten oder bestimmbaren Person" (§ 3 I BDSG) eingeschränkt. Allerdings kann sich natürlich auch hier die Frage stellen, ob das, was einer der Verschwiegenheitspflicht unterliegende Person gesagt wird, geheimgehalten werden muß. Nicht alles, was einem Geheimnisträger anvertraut wird, gilt ja als Geheimnis[655]. Nur dann, wenn letzteres zu bejahen ist, stellt sich die weitere Frage, ob fahrlässig unwissend ist, wer Nachfragen bei dem Schweigepflichtigen unterläßt. Um an das oben genannte Beispiel der Personalunion von Vorstands- und Aufsichtsratsmitgliedschaft (in unterschiedlichen Unternehmen) anzuknüpfen, stünde hier zur Debatte, ob die Vorstandskollegen fahrlässig unwissend sind, wenn sie die Nachfrage bei dem wissenden, aber der Schweigepflicht unterliegenden Kollegen[656] unterlassen. Das Problem unterscheidet sich von dem zuvor behandelten dadurch, daß nicht

---

652 Vgl. noch unten im Text V. 6. b); nicht einschlägig ist der Fall BGH NJW 1993,2807 (= VersR 1993,1089), weil §§ 16, 17 VVG fahrlässige Unkenntnis nicht ausreichen lassen, *Prölss/Martin*, VVG, §§ 16,17 Rz. 33 und § 20 Rz. 3. Zur Zulässigkeit der Eingabe von Information über den Versicherungsnehmer in Datenverbünde der Versicherer vgl. die in derselben Sache ergangenen Urteile des OLG Frankfurt/Main, VersR 1982,568 und 1981, 1070 (zur Rechtsschutzversicherung) sowie *Prölss/Martin*, a.a.O., Vorbem. II Rz. 16.

653 Wenn man den Anspruch des Ausstellers auf Bereicherungsrecht stützt (vgl. *Aden*, NJW S.413ff.), entfällt mit der Fahrlässigkeit (§ 819 I statt § 990 BGB) auch dieses Problem.

654 Vgl. oben Fn. 628.

655 Vgl. nur *Geßler/Hefermehl-Hefermehl*, § 93 AktG Rz. 15ff.

656 Vorausgesetzt ist also, daß *dessen* Wissen nicht bereits der Organisation zuzurechnen ist, vgl. oben V. 5. b).

das für den Kenntnis-Fall vorgesehene Verhalten (z.B.: Aufklärung) gegen Geheimhaltungspflichten verstieße, sondern erst und nur die Erlangung der Kenntnis auf diesem Wege. Dieser Unterschied ist erheblich. Das wird zunächst daran deutlich, daß genau betrachtet nicht die Frage der Wissens*zurechnung* betroffen ist, sondern bereits die des Wissens selbst - bzw. hier: des fahrlässigen Unwissens. *Insofern* ähnelt es dem Problem, das die Behandlung der Kollision von Aufklärungs- und Geheimhaltungspflichten auszeichnet[657]. Hier ist allerdings nicht fraglich, ob trotz Kenntnis die an sich für den Kenntnis-Fall vorgesehenen Rechtsfolgen mit Rücksicht auf Geheimhaltungspflichten des Wissenden entfallen sollen, sondern ob Unkenntnis trotz solcher Geheimhaltungspflichten fahrlässig ist. Die Frage ist zu verneinen - so, wie sie zu verneinen wäre, wenn die Übermittlung von Daten auf eine entsprechende Nachfrage hin mit Rücksicht auf bestehende Datenschutzvorschriften tatsächlich unzulässig wäre. Der Grund liegt darin, daß die im Verkehr erforderliche Sorgfalt bei der Kenntniserlangung (§ 122 II BGB) nicht die Mißachtung der für den Umgang mit Information geltenden Regeln verlangt.

6. Filialübergreifende Wissenszurechnung

Das Problem einer filialübergreifenden Wissenszurechnung soll anhand zweier durch den Bundesgerichtshof entschiedenen Fälle behandelt werden, die eine solche Fragestellung zum Gegenstand hatten; in beiden Entscheidungen hat der BGH die Frage nicht grundsätzlich beantworten wollen, sondern als solche unbeantwortet gelassen.

a) BGH Urt. v. 01.06.1989 - III ZR 261/87[658]

Die Klägerin verlangte vom Beklagten die Rückzahlung eines Darlehens, welches sie ihm zur Finanzierung des Erwerbs einer Eigentumswohnung gewährt hatte. Als Verkäufer war der Kaufmann L beteiligt. Dieser beabsichtigte, ein Mietwohnungsgrundstück in Kanada zu erwerben, in Eigentumswohnungen aufzuteilen und an deutsche Käufer zu veräußern. Ausweislich der dem Beklagten vorgelegten Werbeunterlagen sollten die Gesamtmieterträge über 900.000 DM jährlich betragen. L gab einer Reihe von Käufern, darunter dem Beklagten, eine Mietgarantie und versprach die Übernahme der Kreditverpflichtungen, soweit die Mieterträge nicht ausreichen sollten. Der Beklagte zeichnete eine Erwerbsverpflichtung und bevollmächtigte U, einen Bruder des L, zum Kauf und zur Finanzierung einer Eigentumswohnung. U erwarb die

---

657 Vgl. oben V.5.b); Überschneidungen sind deshalb ausgeschlossen, weil Arglist positive Kenntnis voraussetzt.

658 NJW 1989,2879 = WM 1989,1364.

Wohnung für den Beklagten und führte die Finanzierung durch. Dabei wurden 30% des Kaufpreises von der Filiale der Klägerin in B kreditiert, 10% von der Filiale der Klägerin in M. L zahlte zunächst die Kreditzinsen, fiel dann aber in Konkurs. Die Mieteinnahmen deckten die Zinsverpflichtungen bei weitem nicht. Die von L in den Werbeunterlagen genannten Beträge waren weit überhöht, was L und U wußten. Die Unrichtigkeit der Angaben in den Werbeunterlagen und das Maß der Unterdeckung waren außerdem dem Filialleiter F der Klägerin in B bekannt, nicht erweislich hingegen war, daß irgend jemand in der Filiale in M. diese Umstände gekannt hätte. Diese Filiale hatte lediglich eine Bonitätsprüfung der Erwerber durchführen lassen, hingegen keine objektbezogenen Unterlagen vorliegen. Der Beklagte erklärte gegenüber U die Anfechtung der ihm erteilten Vollmacht wegen arglistiger Täuschung und teilte das der M.-Filiale der Klägerin mit. Die Klägerin kündigte das seitens der Filiale M. gewährte Darlehen. Sie fordert Rückzahlung von Kapital und Zinsen, der Kläger verlangt widerklagend die Feststellung, auch zur Zahlung von Zinsen auf das seitens der Filiale in B. gewährte Darlehen nicht verpflichtet zu sein.

Der BGH hat die Klage abgewiesen und der Widerklage stattgegeben. - Der Beklagte hatte die u.a. auf die Aufnahme des Darlehens bei der Klägerin gerichtete Bevollmächtigung des U wegen arglistiger Täuschung wirksam angefochten. Der Darlehensvertrag mit der Klägerin wäre also mangels Vertretungsmacht nur als wirksam geschlossen anzusehen, wenn die Klägerin die Anfechtbarkeit der Vollmachtserteilung weder kannte noch kennen mußte, §§ 142 II, 173, 172 i.V.m. § 171 BGB. Dabei interessiert hier nur die Begründung zur Klageabweisung, weil die Widerklage das in B. gewährte Darlehen betraf, so daß sich die Frage nach einer filialübergreifenden Wissenszurechnung nicht stellte. Der BGH führte hierzu aus[659]: Die Zurechnung der Kenntnisse F's auch für das später in M. gewährte Darlehen sei deshalb gerechtfertigt, weil dieses Darlehen der Finanzierung desselben Wohnungskaufs wie das vorher in B. gewährte gedient habe und dieser enge Zusammenhang vor Abschluß des Kreditvertrags in M. bekannt gewesen sei; ein Informationsaustausch sei daher möglich und naheliegend gewesen. Es komme deshalb nicht darauf an, ob sich die M.-Vertreter der Klägerin tatsächlich mit der B.-Filiale in Verbindung gesetzt und welche Auskünfte sie erbeten und erhalten haben. Jedenfalls in derartigen Fällen sei es gerechtfertigt (und geboten), einer Bank durch eine umfassende Wissenszurechnung die Möglichkeit zu nehmen, den Informationsaustausch zwischen ihren - rechtlich unselbständigen - Filialen im eigenen Interesse auf bestimmte Fragen zu beschränken, andere Punkte aber dabei

---

[659] Unter II. 3. b); die tragenden, hier wiedergegebenen Gründe finden sich im zweiten Teil des letzten Absatzes.

auszuklammern, obwohl deren Aufklärung im Interesse eines Verhandlungspartners geboten sein könne.

Es geht also um Kenntnis oder Kennenmüssen (§ 142 II BGB) der klagenden Bank als möglicher Anspruchsinhaberin. M. und B. waren rechtlich unselbständige Filialen der Klägerin. Fraglich ist nun, ob angesichts des Wissensstandes "der Bank" von Kenntnis oder Kennenmüssen die Rede sein kann.

Weil Kennenmüssen nach § 142 II ebenso erheblich ist wie positive Kenntnis, läßt sich die Frage von zwei Seiten her angehen: Man kann fragen, ob es auf die Kenntnis des F, oder ob es, falls Fahrlässigkeit zu bejahen wäre, auf die fahrlässige Unkenntnis der in M. beteiligten Mitarbeiter ankommt. Dabei ist es m.E. unnötig kompliziert, nach der Zurechnung im Verhältnis zwischen F (in B.) und der Filiale in M. zu fragen, weil ja auch M. nicht klagt. An den Sachproblemen ändert das allerdings nichts. Problematisch im Hinblick auf die Frage der Wissenszurechnung ist, daß F nicht an der Kreditvergabe in M. beteiligt war, in M. hingegen die erhebliche Kenntnis - jedenfalls bei der Kreditvergabe - nicht vorlag.

Fraglich ist zunächst die Erheblichkeit der Kenntnis des F. Das impliziert die Frage nach dessen Verantwortlichkeit[660] für den in Rede stehenden Vorgang, die Kreditvergabe in M. Da F hierfür weder als Vertreter noch organisationsintern sachlich zuständig[661] und auch nicht sonst beteiligt war[662], kommt eine Zurechnung seiner Kenntnis nur in Betracht, wenn

- nach den Vorgaben des einschlägigen Tatbestandszusammenhanges nicht Rücksicht auf die rechtsgeschäftliche oder sachliche Zuständigkeitsordnung zu nehmen ist[663], und
- F kraft seines Wissens um Informationsbedarf[664] in M für diesen Vorgang und dessen planmäßigen Verlauf[665] verantwortlich gemacht werden kann.

Die erste Bedingung zielt auf das für den Kenntnisfall gebotene Verhalten und den Schutzzweck der Kenntnis. § 142 II spricht von der Kenntnis bezüglich der "Anfechtbarkeit", wobei die tatsächlichen Umstände gemeint sind, die den Beklagten zur Anfechtung berechtigten; eine rechtliche Würdigung dieser Umstände muß nicht stattgefunden haben[666]. Erheblich wird die Kenntnis der die Anfechtung begründenden Umstände aus zweierlei Gründen: Erstens soll,

---

660 Vgl. oben IV.1.
661 Vgl. oben IV. 2. a) und b).
662 Vgl. oben IV. 3.
663 Vgl. oben IV. 2. a) cc).
664 Vgl. oben IV. 4.
665 Vgl. oben III. 1. und 2.
666 BGH NJW-RR 1987,1457 unter II. 3. a) a.E.

wer mittelbar Rechte aus einem ursprünglich wirksamen Rechtsgeschäft herleitet, auf dessen Bestand und damit den Bestand seiner eigenen Rechtsposition vertrauen dürfen. Zweitens soll umgekehrt der, der den planwidrigen Verlauf der sein Recht begründenden Vorgänge kennt (oder kennen muß), in seinem eigenen Interesse dazu angehalten werden, diesem Verlauf entweder entgegenzuwirken oder sich vorab herauszuhalten. Nicht in dem Sinne, daß er hierzu verpflichtet wäre, sondern so, daß er mit rechtlichen Nachteilen rechnen muß, wenn er sich nicht entsprechend verhält[667]. Die - hier so genannten – Planvorgaben des einschlägigen Tatbestandszusammenhanges[668] beziehen sich auf die rechtsgeschäftliche Entscheidungsfreiheit des Anfechtenden und die für rechtsgeschäftliches Handeln mit Wirkung für Dritte geltende Zuständigkeitsordnung. Nach der Verantwortlichkeit des F für die Beachtung dieser Vorgaben ist also zu fragen, nicht nach dessen Verantwortlichkeit für selbstbestimmtes Handeln der Klägerin. Damit entfällt die Notwendigkeit, die Zurechnung des Wissens des F an dessen Vertretungsmacht anzuknüpfen. In den Vordergrund treten anderweitige Möglichkeiten der Einflußnahme - auf die Kreditvergabe in der Filiale M. der Klägerin. Denn das ist der Vorgang, in dessen Zusammenhang es auf Kenntnis oder Kennenmüssen ankommt.

Weil F, soweit dies aus dem veröffentlichten Sachverhalt ersichtlich wird, für die Kreditvergabe an den Beklagten weder sachlich zuständig noch in irgendeiner Art und Weise an ihr beteiligt war, bleibt die zweite Frage zu beantworten, ob nicht allein kraft seiner Kenntnis von einer Verantwortlichkeit für den Vorgang in M. auszugehen ist. Das wäre der Fall, wenn F über die Kenntnis der gemäß § 142 II erheblichen Umstände hinaus Kenntnis davon gehabt hätte, daß in M. eine Kreditvergabe an den Beklagten in Aussicht genommen wird. Denn nur unter diesen Umständen würde man davon sprechen können, daß F die Bedeutung seines Wissens auch für den Vorgang in M. ersichtlich war, daß er also um Informationsbedarf in M. wußte[669]. Aus dem veröffentlichten Sachverhalt ist nicht mit Sicherheit erkennbar, ob F dies wußte. Die Kreditvergabe in B. ging derjenigen in M. offenbar zeitlich voraus; wie lange, wird nicht klar. Daß beide Kredite der Finanzierung desselben Vorhabens dienten, war offenbar nur in M. bekannt[670]. Geht man davon aus, daß F zwar die

---

[667] Vgl. oben III. 2.

[668] Vgl. oben III. 2.

[669] Vgl. oben IV. 4.

[670] Es heißt (a.a.O. (Fn. 659)): "Die Zurechnung der Kenntnisse F's für das später in M. gewährte Darlehen war hier jedenfalls gerechtfertigt, weil dieses Darlehen der Finanzierung desselben Wohnungskaufs wie das vorher in B. gewährte diente und dieser enge Zusammenhang vor Abschluß des Kreditvertrags in M. bekannt ... war." - Wem bekannt war? In M.? Oder bezieht sich M. (nur) auf den Abschluß des Kreditvertrages? Im folgenden gehe ich von letzterem aus; dafür spricht die zeitliche Abfolge.

fiktiven und weit überhöhten Mieterträge als solche erkannte, nicht jedoch wußte, daß U - für den Beklagten - auch in M. ein Darlehen würde aufnehmen wollen, wäre das erforderliche Zusatzwissen zu verneinen, damit die Verantwortlichkeit des F für den Vorgang in M. Sein Wissen wäre also der Klägerin - für diesen Vorgang! - nicht zuzurechnen, weil er auf dessen planmäßigen Verlauf trotz Kenntnis der Anfechtbarkeit keinen Einfluß nehmen konnte.

Dagegen ließe sich einwenden, daß F natürlich auch ohne dieses Zusatzwissen die Filiale in M hätte informieren *können*, sogar sehr einfach: per Post, Telefon, E-Mail, aller Wahrscheinlichkeit nach auch ohne Verstoß gegen Bankgeheimnis oder Datenschutzvorschriften[671]. Fraglich ist aber, ob das verlangt werden konnte, ob er er es also hätte tun *müssen*. Vorausgesetzt, die Klägerin hat ein größeres Filialnetz, wäre die Frage stellen, an wen diese Information zu geben wäre - im Zweifel an alle Filialen. Denn woher sollte F wissen, daß U demnächst auch in M ein Darlehen würde aufnehmen wollen? Zudem stellt sich die Frage nach dem Zeitpunkt der Information und den Umgang mit ihr; denn wenn nicht klar ist, wann und ob überhaupt U in Zukunft ein Darlehen aufnehmen wird, müßte dafür gesorgt werden, daß die Information überall präsent gehalten wird. All das kostet Geld und ist angesichts des Inhalts der Information eine heikle Angelegenheit.

Darauf kommt es aber auch nicht an. Ein Informationsaustausch war tatsächlich "möglich und naheliegend", der Anstoß hätte allerdings von der Filiale in M. ausgehen müssen. Obgleich der BGH von einer Zurechnung des Wissens des F (erst zu M, dann zur Klägerin) spricht, dürfte dies auch die maßgebliche Wertung gewesen sein: Nicht Zurechnung des Wissens des F, sondern Zurechnung der fahrlässigen Unkenntnis der Filiale M. - filialübergreifend insofern, als das Fahrlässigkeitsurteil die unterlassene Nachfrage bei der Filiale in B. betrifft.

Dabei ist von der Frage nach der Fahrlässigkeit die der Zurechnung zu unterscheiden; nicht jedes fahrlässige Verhalten und nicht jede fahrlässige Unkenntnis eines Organisationsmitgliedes gilt als solches der Organisation. Die Zurechnung ist hier einfach zu begründen, sie beruht auf den kumulativ erfüllten Bedingungen erstens der Zuständigkeit der Unwissenden für den planmäßigen - s.o. - Verlauf der hier betroffenen Kreditvergabe, zweitens ihrer Beteiligung an diesem Vorgang. Schwieriger ist indes die Frage nach der Fahrlässigkeit zu beantworten. Als entscheidend für die Annahme fahrlässiger Unkenntnis erweisen sich vorliegend

[671] Vgl. oben V. 5.

- das Wissen um Informationsbedarf und um die Möglichkeit der Bedarfsdeckung in M. (durch Nachfrage bei F in B.) sowie
- das Schuldverhältnis (Darlehensvergabe) mit dem Beklagten

Mit dem erstgenannten Kriterium wird die Frage nach Wissensmöglichkeiten auf vorhandene Zweifel gelenkt. Zweifel bedeuten, gleich, woher sie rühren, daß es Aufklärungsbedarf gibt[672]. Diesen Bedarf haben die Mitarbeiter der Klägerin in M. gesehen, sie haben Informationsbedarf signalisiert, indem sie zwar nicht die Gebrüder L und U, wohl aber die Darlehensnehmer einer Bonitätsprüfung unterzogen haben. Daß dies routinemäßig geschieht, ändert nichts. "Zweifel" meint nicht eine Empfindung oder eine Bewußtseinstatsache, sondern eine kommunikativ ablaufende, nachvollziehbare und organisierbare Situation[673]. Der Zweifel kann also programmiert sein, weil man schon vorher weiß, was aufzuklären sein wird, und sich auf Empfindungen oder Gedanken von Mitarbeitern seitens der Organisation nicht verlassen will[674].

Allerdings bestand Informationsbedarf aus der Perspektive der Mitarbeiter in M. nur hinsichtlich der Bonität (u.a. des Beklagten), nicht hinsichtlich der die Anfechtung des Beklagten begründenden Tatsachen (§ 142 II). Fraglich ist also, ob die im Verkehr erforderliche Sorgfalt ungeachtet eines in diese Richtung gehenden Zweifels, aber auch ungeachtet eines nicht nur auf die Kreditvergabe in B., sondern auch auf deren Hintergründe verweisenden Anhaltspunktes ein Nachfragen in F. verlangte. Diese Frage ist im vorliegenden Fall nicht mehr allein anhand subjektiver Kriterien oder der konkreten (zufälligen) Umstände zu beantworten, sie kann und muß vielmehr die objektive Pflichtenlage mit einbeziehen, hier also erstens den Darlehensvertrag mit dem Beklagten, zweitens die Tatsache, daß es sich bei der Klägerin nicht um irgendeinen, sondern um einen professionellen Darlehensgeber, um eine Bank handelte. Die durch den Verweis auf "Kenntnis" der Klägerin gegebene Chance, sich auf subjektiv-konkrete Handlungsmöglichkeiten zurückziehen zu können, vermindert sich im Interesse der Gegenseite, wenn und soweit über die Sorgfaltsanforderungen des Kennen-*Müssens* rollenspezifisch generalisierte und auch *insoweit* berechtigte Erwartungen an den Umgang mit Information mit zuberücksichtigen sind[675]. Die Mitarbeiter in M. hätten sich als Mitarbeiter einer *Bank* angesichts des *Vertrages* mit dem Beklagten in dessen Interesse über die Hintergründe der Kreditvergabe bei F. in B. informieren müssen, weil ihnen der Zusammenhang beider Kredite bekannt war, weil der Beklagte als Vertrags-

---

672 Vgl. oben IV. 4.

673 Vgl. Teil B IV. 2.

674 Vgl. oben II. 2. a) und 3.

675 Vgl. Teil B IV. 2. b) und oben IV. 5. b).

partner von ihnen in dieser Rolle berechtigterweise erwarten durfte, daß sie die mit dem finanzierten Projekt verbundenen Risiken erkennen können, und weil sie durch Nachfrage bei F. eine entsprechende Information auch tatsächlich erhalten hätten. Das bedeutet: Allein aufgrund des Darlehensvertrages und der Tatsache, daß es sich bei der Klägerin um eine Bank handelt, folgt noch nicht, daß die Unkenntnis der Mitarbeiter in M. als fahrlässig anzusehen ist. Denn die Umstände, welche die Anfechtbarkeit der Bevollmächtigung rechtfertigten, hatten mit der Kreditvergabe unmittelbar gar nichts zu tun. Ein dieser Kenntnis entsprechendes oder gar auf deren Erhalt gerichtetes Verhalten durfte der Beklagte nicht schon deshalb zurecht erwarten, weil er mit einer Bank kontrahiert hatte. Das gehört nicht zum Leistungs- und Schutzpflichtinhalt des Darlehensvertrages. Hinzukommen mußte die Kenntnis des Zusammenhanges der filialübergreifenden Kreditvergaben, damit das Wissen um Informationsbedarf hinsichtlich der von M. aus vorgenommenen Kreditvergaben und um die Möglichkeit der Deckung dieses Informationsbedarfs in B.

Das letztgenannte Kriterium wirft die Frage auf, ob Fahrlässigkeit auch anzunehmen gewesen wäre, wenn - trotz entsprechender Nachfrage - F. keine oder eine wahrheitswidrige Auskunft gegeben hätte. Man kann die Frage verneinen, weil dann zwar dem F., nicht aber den Mitarbeitern in M. ein Vorwurf zu machen wäre, oder mit Treu und Glauben arbeiten - letztlich kommt es nicht darauf an, denn wenn man bei F. in B. gefragt hätte, wäre zu dessen Kenntnis das Wissen um Informationsbedarf in M. hinzugekommen, und *sein* Wissen wäre, infolge der kraft seines nunmehr vollständigen Wissens anzunehmenden Verantwortlichkeit für die Kreditvergabe in M., der Bank zuzurechnen.

b) BGH, Urt. v. 19.01.1993 - XI ZR 76/92[676]

Die Klägerin, eine Maschinenbau-GmbH, verlangte von der beklagten Bank Schadensersatz, weil diese bei der Hereinnahme eines Inhaberverrechnungsschecks zur Einziehung grob fahrlässig nicht erkannt habe, daß der Scheck abhanden gekommen sei. Den Scheck, der auf eine andere Bank gezogen war und auf einen Betrag von annähernd 200.000,-- DM lautete, hatte die Klägerin unter dem 11.01.1991 für die H-GmbH ausgestellt und zur Post gegeben. Dort wurde er gestohlen. K, der im April 1988 bei der Filiale G. der Beklagten ein Privatkonto eröffnet und sich dort als technischer Angestellter ausgegeben hatte, reichte den gestohlenen Scheck bei der Filiale N. der Beklagten zur Gutschrift auf das vorgenannte Konto ein. Über ihre Filiale in G. legte die Beklagte den Scheck der bezogenen Bank mit einer Deckungsanfrage vor, nach

---

[676] NJW 1993,1066.

Eingang der Bezahltmeldung wurde der Scheckbetrag dem K. am 22.01.1991 gutgeschrieben. Am selben Tag hob K, was er bei der Einreichung des Schecks angekündigt hatte, in der Filiale N. 150.000,-- DM ab, weitere 30.000,-- wenige Stunden später bei der Filiale B. der Beklagten. - K's Konto war vor der Gutschrift durch Ausgabe von Euroschecks und Euroscheckkartenzahlungen um 13.000,-- DM ungenehmigt überzogen. Die Beklagte hatte deswegen bereits einen Mahnbescheid gegen ihn erwirkt. Das Konto wies lediglich unregelmäßige Umsätze auf, solche über 10.000,-- DM überhaupt nicht. Von all dem war in der Filiale in N. nichts bekannt.

Der BGH hat, anders als die Vorinstanzen, der Klage stattgegeben. Die für die Wissenszurechnung maßgebliche Passage lautet, unter Weglassung der zitierten Rechtsprechung und Literatur[677]:

"Maßgebend ist nach § 166 I BGB das Wissen der Personen, die die Bank bei der Hereinnahme von Schecks vertreten. Das ist zunächst der Angestellte, der den Scheck am Annahmeschalter entgegennimmt. Daneben kommt es aber auch auf das Wissen des Angestellten an, dem der Scheck zur Prüfung und weiteren Bearbeitung vorgelegt wird. Denn der Besitzerwerb, in dessen Zeitpunkt die Bösgläubigkeit des Erwerbers gegeben sein muß (§ 990 I BGB), setzt einen entsprechenden Willen voraus. Dieser erlangt Endgültigkeit erst, wenn die Scheckabteilung oder die sonst zuständige Stelle den Scheck geprüft und den Einziehungsauftrag angenommen hat. Diese Stelle war hier die Filiale der Beklagten in G."

Damit war der Fall entschieden, denn daß die Filiale in G Anlaß zu nachhaltigsten Zweifeln an der Scheckberechtigung des K hätte haben müssen, wenn nach dieser Vorgeschichte K dort mit einem nicht auf ihn ausgestellten Scheck über 200.000,-- DM aufgetaucht wäre, liegt auf der Hand. Nur, und da liegt das Problem, hatte K - man wird vermuten können: in realistischer Einschätzung des Sachverhalts - den Scheck eben nicht bei G, sondern bei N eingereicht. Und dort hatte K lediglich angekündigt, daß er einen Betrag von 150.000,-- DM umgehend abheben werde, eine Aussage, die für sich genommen sicherlich kein Verdachtsmoment darstellt.

Die eingangs wiedergegebene Begründung aus § 990 I BGB ist nicht unproblematisch. Dabei soll hier nicht darauf eingegangen werden, ob § 990 (i.V. m. Art. 21 ScheckG) überhaupt die richtige Anspruchsgrundlage ist. Hiergegen spricht Einiges[678]. Zum einen wird das Papier selbst häufig unbeschädigt und insofern nicht "verschlechtert" herausgegeben werden können[679]. Vor allem aber liegt die Beeinträchtigung der Interessen des Ausstellers nicht darin, daß

---

677 Vgl. *Canaris*, Bankvertragsrecht, Rdnr. 798 und *Baumbach-Hefermehl* Art. 21 ScheckG Rdnr. 10.

678 Siehe *Aden*, NJW S.413ff., vgl. auch *Staudinger-Gursky*, § 990 Rz. 74 bez. der Haftung der bezogenen Bank.

679 Wohl auch bei Fremdschecks, die die bezogene Bank aufbewahrt.

ihm das Sacheigentum entzogen worden ist, sondern darin, daß er den Geldwert der Schecksumme einbüßt, ohne, wie geplant, seiner Zahlungsverpflichtung entledigt zu sein. Eine ausschließlich[680] bereicherungsrechtliche Qualifikation des Problems läge also näher - mit Konsequenzen auch für die Wissenszurechnung[681]. - Geht man trotz dieser Bedenken von § 990 I BGB aus[682], stellt sich die Frage, weshalb nicht der Schalterangestellte - für die Bank, § 855 - Besitz erwirbt[683], und wenn nicht, wer eigentlich Besitzer des Papiers ist, solange[684] die Scheckabteilung nicht über die "Hereinnahme" entscheidet. Die Frage wäre weniger wichtig, wenn sich im Anschluß an den Zeitpunkt des Besitzerwerbes nicht die Haftungskriterien zugunsten des Besitzers änderten (§ 990 I S.2). Denn positive Kenntnis der fehlenden Scheckberechtigung des K war auch der Filiale in G. offenbar nicht nachzuweisen.

Die Annahme einer bis in die Scheckabteilung - hier also: bis in eine weitere Filiale - sich verzögernde Willensbildung bezüglich des Besitzerwerbes ist ersichtlich von dem Gedanken getragen, die vom Gutglaubensbegriff her anzustellenden Erwägungen bezüglich der erforderlichen Sorgfalt auf diejenige Stelle zu konzentrieren, bei der die Entscheidung über das weitere Schicksal des Schecks fällt[685]. Das ist m.E. in der Sache richtig, wenn dies wie hier auch diejenige Stelle ist, die das Konto des (nichtberechtigten) Scheckeinreichers führt, weil typischerweise erst hier die spezifischen, aus den Kontobewegungen und den übrigen Daten des Kontoführers sich ergebenden "Verdachtsmomente" wahrgenommen werden können, die gegen die Scheckberechtigung des Einreichers sprechen, während der an den Besitz anknüpfende Rechtsschein mit der Übertragung des Besitzes auf den Schalterbeamten gleichsam verbraucht wird. Die Erweiterung des Kreises des mit Sorgfaltspflichten konfrontierten Personals ist also im Hinblick auf die typischerweise vorhandenen Möglichkeiten gerecht-

---

680 Vorbehaltlich der Anwendbarkeit des § 826 BGB.

681 Statt des (ehemaligen) Besitzers kommt es auf den Bereicherten/Nichtberechtigten an, bei ihm gem. § 819 I auf positive Kenntnis. Andererseits entfiele hier die Notwendigkeit, den Besitzbegründungswillen bis in die Scheckabteilung zu strecken.

682 So zuletzt noch BGH NJW 1997,1917, Palandt-*Thomas*, § 990 Rz. 10.

683 Vgl. auch *Reinhardt* S.125f., *Isele* S.257 und *Woeste*, S.133.

684 Nach meinen - vielleicht nicht repräsentativen - Informationen kann das einen Tag dauern, bei Fremdschecks, die nicht dezentral bearbeitet werden, auch etwas länger; vgl. hierzu auch *Bischoff/Zehnpfennig/Jung* S.213f. Im vorliegenden Fall lag vor der Scheckbearbeitung in der Filiale G. noch der Transport des Schecks dorthin - "tatsächliche Sachherrschaft" des K?

685 Dabei ist allerdings auch hier anzumerken, daß bei einer realistischen Betrachtung dort nicht die "endgültige" Entscheidung über die Erlangung der tatsächlichen Sachherrschaft hinsichtlich des Papiers, getroffen wird, sondern die über die Gutschrift und deren Modalitäten, über die Belastung des Ausstellerkontos oder die Einziehung bei der bezogenen Bank, vgl. *Isele*, *Reinhardt* (wie Fn.683).

fertigt, einem planwidrigen Verlauf der Transaktion gegenzusteuern. Nur liegt die wirklich problematische Planwidrigkeit, anders als beim Erwerb sonstiger beweglicher Sachen, nicht bereits in der Erlangung des Besitzes vom Nichtberechtigten, sondern erst in der dem Willen des Ausstellers widersprechenden Verwendung des Schecks.

Wichtig für die hier zu behandelnde Frage nach einer filialübergreifenden Wissenszurechnung ist aber folgendes: Wenn die in der Scheckabteilung vorhandene bzw. nur grob fahrlässig nicht vorhandene Kenntnis hinsichtlich der Scheckberechtigung des Einreichers der Bank zugerechnet werden soll, weil dort erst der Besitzerwerb stattfindet, ist das Problem kein solches der filialübergreifenden Wissenszurechnung, weil nicht erst das in beiden Filialen vorhandene bzw. grob fahrlässig nicht vorhandene Wissen der Bank schadet, sondern nur die grob fahrlässig Unkenntnis *einer einzigen* Filiale - hier der Filiale G. der beklagten Bank. Es kommt dann in der Tat nicht darauf an, "ob und unter welchen Voraussetzungen mit Rücksicht darauf, daß die Beklagte rechtlich eine Einheit bildet, eine filialübergreifende Wissenszurechnung zu erfolgen hat." Der Sachverhalt ist vielmehr gerade so zu beurteilen, als ob K

"den streitgegenständlichen Scheck bei der Filiale der Beklagten in G eingereicht hätte."[686] -

c) Abschließende Bemerkungen

Das Problem der filialübergreifenden Wissenszurechnung stellt sich dann, wenn die rechtlich erhebliche Kenntnis oder die Möglichkeiten, bei Anwendung der im Verkehr erforderlichen Sorgfalt von den maßgeblichen Umständen Kenntnis zu erlangen, auf mehrere Filialen einer Organisation verteilt ist bzw. sind. Problematisch ist nicht, ob einer Filiale das Wissen resp. das fahrlässige Unwissen einer anderen zuzurechnen ist, sondern ob angesichts einer solchen Verteilung noch davon gesprochen werden kann, daß aufgrund des Vorhandenseins der Information von der Organisation dasjenige Verhalten erwartet werden konnte, das für den Fall der Kenntnis bzw. der fahrlässigen Unkenntnis zurecht von ihr erwartet werden kann. Diese Frage ist grundsätzlich um so eher zu bejahen, je eher hinsichtlich des fraglichen Vorganges von einer filialübergreifenden Organisation eben dieses Vorganges gesprochen werden kann. Räumliche Distanz und institutionelle Selbständigkeit stehen einer filialübergreifenden Wissenszurechnung nur insofern entgegen, als sie Handlungsmöglichkeiten im Rahmen dieses Vorganges selbst beeinträchtigen.

Damit erlangt vor allem die Frage nach der Eingrenzung desjenigen Vorganges Bedeutung, in dessen Zusammenhang Kenntnis oder Kennenmüssen erheblich werden, weil er zum einen die Kriterien seines planmäßigen Verlaufs vorgibt,

---

686 Vgl. BGH a.a.O., unter II. 1. a) aa) und b) a.E.

zum anderen die filialübergreifend vorhandenen Zuständigkeiten und Beteiligungen so wie den filialübergreifend vorhanden Informationsbedarf ersichtlich werden läßt. Weil diese Eingrenzung vom konkreten Tatbestandszusammenhang her vorzunehmen ist, kann sich die Wahl der Anspruchsgrundlage auf die Kriterien der Wissenszurechnung auswirken. Darin liegt allerdings kein Spezialproblem der filialübergreifenden Wissenszurechnung. Wenn derjenige Vorgang, auf den der fragliche Tatbestandszusammenhang verweist, im konkreten Fall filialübergreifend organisiert ist, steht einer filialübergreifenden Einbeziehung des Wissensstandes des für dessen planmäßigen Verlauf verantwortlichen Personals nichts im Wege.

FRANKFURTER WIRTSCHAFTSRECHTLICHE STUDIEN

Herausgegeben von Friedrich Kübler, Hans-Joachim Mertens, Eckard Rehbinder, Rudolf Wiethölter

Band 1 Tomas Brinkmann: Unternehmensinteresse und Unternehmensrechtsstruktur. Aufgaben und Grenzen eines normativen Regulativs unternehmenspolitischer Prozesse. 1983.

Band 2 Rüdiger Hahn: Behinderungsmißbräuche marktbeherrrschender Unternehmen. Eine Untersuchung der Beeinträchtigung von Wettbewerb und Marktstruktur durch horizontalen Nichtleistungswettbewerb als Gegenstand der Mißbrauchaufsicht nach § 22 Abs. 4 S. 2 Nr. 1 GWB. 1984.

Band 3 Peter Buchmann: Registerpublizität und Gläubigerschutz bei der Einmann-Gesellschaft. 1984.

Band 4 Christian Joerges/Eugen Hiller/Knut Holzscheck/Hans-W. Micklitz: Vertriebspraktiken im Automobilersatzteilsektor. Ihre Auswirkungen auf die Interessen der Verbraucher. 1985.

Band 5 Annette Boerner: Die Haftung des herrschenden Kommanditisten. 1985.

Band 6 Dirk H. Mahler: Rechtsmißbrauch und einstweiliger Rechtsschutz bei Dokumentenakkreditiven und "Akkreditiven auf erstes Anfordern": Eine rechtsvergleichende Untersuchung. 1986.

Band 7 Brigitte Kratz: Ausländische Eingriffsnorm und inländischer Privatrechtsvertrag. 1986.

Band 8 Dimitris Tsibanoulis: Die genossenschaftliche Gründungsprüfung. 1987.

Band 9 Jürgen Braun: Rechtsfragen des Transport-Unfall-Informations- und Hilfeleistungs-Systems der deutschen chemischen Industrie. 1987.

Band 10 Thomas Pfeiffer: Die Bedeutung des privatrechtlichen Immissionsschutzes. Eine Untersuchung zu §§ 1004, 906 BGB. 1987.

Band 11 Michael Bothe/Josef Brink/Christian Kirchner/Albrecht Stockmayer: Rechtsfragen der internationalen Verschuldungskrise. Voraussetzungen, Formen und Verfahren internationaler Umschuldungsmaßnahmen und Umschuldungsvereinbarungen. 1988.

Band 12 Felix Dörr: Die fehlerhafte GmbH. 1989.

Band 13 Rolf Trittmann: Anwendungsprobleme des Haager Beweisübereinkommens im Rechtshilfeverkehr zwischen der Bundesrepublik und den Vereinigten Staaten von Amerika. Exklusive Regelung zur Überbrückung der Unterschiede zwischen dem kontinental-europäischen und anglo-amerikanischen Zivilprozeßrechtssystem? 1989.

Band 14 Margaretha Sudhof: Dreieckige Rechtsverhältnisse im Wirtschaftsverwaltungsrecht - Am Beispiel von Konkurrentenklagen. 1989.

Band 15 Michael Weigel: Schriftformklauseln in Allgemeinen Geschäftsbedingungen. 1989.

Band 16 Hans-Peter Schröder: Der sichere Weg bei der Vertragsgestaltung. 1990.

Band 17 Matthias Haas: Haftungsfreizeichnungsklauseln in Allgemeinen Geschäftsbedingungen. Eine rechtsdogmatische und ökonomische Analyse. 1991.

Band 18 Andreas Hahn: Instandhaltungsverträge. Begriffe, Einordnung, Rechtsfolgenbestimmung, Auswirkung auf die Kautelarpraxis. 1991.

Band 19 Jürgen Götz: Der Entherrschungsvertrag im Aktienrecht. 1991.

Band 20 Friedrich Wächtershäuser: Das Gesellschaftsrecht des internationalen Joint Ventures. 1992.

Band 21 Christina Escher-Weingart: Nutzungsausfall als Schaden und sein Ersatz. 1993.

Band 22 Jean-Claude Zerey: Rechtliche Probleme der Finanzierung von *Leveraged Buyouts* und *Tender Offers* durch Banken in den USA und in der Bundesrepublik Deutschland. Eine rechtsvergleichende Studie über die Rolle der Banken bei Unternehmenskontrolltransaktionen in den USA und in der Bundesrepublik Deutschland. 1994.

Band 23 Markus Bauer: Gläubigerschutz durch eine formelle Nennkapitalziffer - Kapitalgesellschaftsrechtliche Notwendigkeit oder überholtes Konzept? Eine rechtsvergleichende Untersuchung der Gläubigerschutzkonzepte des amerikanischen und deutschen Kapitalgesellschaftsrechts. 1995.

Band 24 Marion Vollmann: Minderheitenschutz im aktienrechtlichen Beschlußmängelrecht. Eine Bestandsaufnahme und Vorschläge zu einer rechtspolitischen Reform. 1997.

Band 25 Lydia Klose-Mokroß: Gläubigerschutz im Kapitalgesellschaftsrecht am Beispiel der Lehre von der verdeckten Sacheinlage. 1997.

Band 26 Stephan Aubel: Der vereinfachte Bezugsrechtsausschluß. Aktionärs- und Gesellschaftsinteressen beim vereinfachten Bezugsrechtsausschluß nach Maßgabe des § 186 Absatz 3 Satz 4 AktG. 1998.

Band 27 Kurt Peter Dittrich: Die Privatplazierung im deutschen Kapitalmarktrecht. Eine Untersuchung der Vorschriften des Auslandinvestmentgesetzes, des Wertpapier-Verkaufsprospektgesetzes und des Gesetzes über Kapitalanlage-Gesellschaften unter Berücksichtigung des Rechts der Vereinigten Staaten von Amerika und des Vereinigten Königreichs. 1998.

Band 28 Viola Sailer: Aktienrechtliche Minderheitskompetenzen zwischen Mißbrauch und unternehmerischer Entscheidungsfreiheit. 1999.

Band 29 Marc Zimmerling: Kapitalerhaltung und Konzernfinanzierung. Eine Untersuchung der kapitalerhaltungsrechtlichen Problematik aufsteigender Sicherheiten im Konzern. 1998.

Band 30 Joachim Wichert: Die Finanzen der Kommanditgesellschaft auf Aktien. 1999.

Band 31 Kerstin Andrea Müller: Produktverantwortung und ihre Durchsetzung. Eine kartellrechtliche Beurteilung von Selbstverpflichtungen im Umweltrecht aus deutscher und europäischer Sicht unter besonderer Berücksichtigung der Altautoentsorgung. 1999.

Band 32 Bettina Friedrich: Konvergenzen im Gesellschaftsrecht. Recht-Fertigung durch Status- und Befundsicherung. 2000.

Band 33 Rudolf Lemke: Haftungsrechtliche Fragen des Ratingwesens – ein Regelungsproblem? 2000.

Band 34 Klaus R. Roller: Die Vergütung des Aufsichtsrats in Abhängigkeit vom Aktienkurs. 2000.

Band 37 Kristofer Bott: Wissenszurechnung bei Organisationen. 2000.

Printed by
CPI books GmbH, Leck

FSC
www.fsc.org
MIX
Papier | Fördert
gute Waldnutzung
FSC® C083411

Kolibri 360 GmbH
Ferdinand-Jühlke-Straße 7
99095 Erfurt, Deutschland
produktsicherheit@kolibri360.de